SOCIOLOGIE
DE L'ACTION

OUVRAGES DU MÊME AUTEUR

LIBRAIRIE FÉLIX ALCAN

PHILOSOPHIE PREMIÈRE

L'Ancienne et la Nouvelle Philosophie. 1 vol. in-8 de la *Bibliothèque de philosophie contemporaine*. . . . . 7 fr. 50

L'Inconnaissable; sa métaphysique, sa psychologie. 1 vol in-18 de la *Bibliothèque de philosophie contemporaine*. . . 2 fr. 50

La Philosophie du Siècle. 1 vol. in-8 de la *Bibliothèque de philosophie contemporaine*; 2ᵉ édition . . . . 5 fr.

Agnosticisme. 1 vol. in-18 de la *Bibliothèque de philosophie contemporaine*; 2ᵐ édition. . . . . 2 fr. 50

La Recherche de l'Unité. 1 vol. in-18 de la *Bibliothèque de philosophie contemporaine*; 2ᵉ édition. . . . . 2 fr. 50

CRITIQUE PHILOSOPHIQUE

A. Comte et H. Spencer. 1 vol. in-18 de la *Bibliothèque de philosophie contemporaine*; 2ᵉ édition. . . . . 2 fr. 50

Frédéric Nietzsche. 1 vol. in-18 de la *Bibliothèque de philosophie contemporaine*; 3ᵉ édition. . . . . 2 fr. 50

SOCIOLOGIE

La Sociologie. 1 vol. in-8 de la *Bibliothèque scientifique internationale*, cart. à l'anglaise; 4ᵉ édition. . . . . 6 fr.

L'Éthique. Le Bien et le Mal. 1 vol. in-18 de la *Bibliothèque de philosophie contemporaine*; 2ᵉ édition. . . . . 2 fr. 50

Le Psychisme social. 1 vol. in-18 de la *Bibliothèque de philosophie contemporaine*; 2ᵉ édition . . . . 2 fr. 50

Les Fondements de l'Éthique. 1 vol. in-18 de la *Bibliothèque de philosophie contemporaine*; 2ᵉ édition. . . . . 2 fr. 50

Constitution de l'Éthique. 1 vol. in-18 de la *Bibliothèque de philosophie contemporaine*. . . . . 2 fr. 50

Nouveau Programme de Sociologie. 1 vol. in-8 de la *Bibliothèque de philosophie contemporaine* . . . . 5 fr.

EN PRÉPARATION

Le concept sociologique de Vérité, l'Action savante et le concept sociologique de Justice. 1 vol. in-18.

De la Sociologie au Socialisme. 1 vol. in-8.

LIBRAIRIE PAUL OLLENDORFF

Qu'est-ce que le crime? Brochure. . . . . 1 fr.

Qu'est-ce que le progrès? Brochure. . . . . 1 fr.

LIBRAIRIE SCHLEICHER FRÈRES

Pourquoi je ne suis pas positiviste. Brochure. . . . . . 1 fr. 50

Morale et Politique. Brochure. . . . . 1 fr. 50

1291-07. — Coulommiers. Imp. PAUL BRODARD. — 2-08.

SOCIOLOGIE

DE

L'ACTION

LA GENÈSE SOCIALE DE LA RAISON
ET LES ORIGINES RATIONNELLES DE L'ACTION

PAR

EUGÈNE DE ROBERTY

Professeur à l'Université Nouvelle de Bruxelles.

PARIS

FÉLIX ALCAN, ÉDITEUR

LIBRAIRIES FÉLIX ALCAN ET GUILLAUMIN RÉUNIES

108, BOULEVARD SAINT-GERMAIN, 108

1908

SOCIOLOGIE

DE

L'ACTION

LA GENÈSE SOCIALE DE LA RAISON

ET LES ORIGINES RATIONNELLES DE L'ACTION

PAR

EUGÈNE DE ROBERTY

Professeur à l'Université Nouvelle de Bruxelles.

———◆✕◆———

PARIS

FÉLIX ALCAN, ÉDITEUR

LIBRAIRIES FÉLIX ALCAN ET GUILLAUMIN RÉUNIES

108, BOULEVARD SAINT-GERMAIN, 108

———

1908

PRÉFACE

Ce volume clôt la série de mes essais sur *la morale considérée comme sociologie élémentaire*. A son titre primitivement annoncé (*La Morale, l'Art et la Conduite humaine*) j'ai substitué celui de *Sociologie de l'Action*; ce qui veut dire que le même sujet sera traité dans les pages suivantes à un point de vue beaucoup plus large et systématique que celui auquel je m'étais placé en traçant, il y a onze ans, les lignes essentielles, le plan succinct de ce travail.

Le vaste champ des phénomènes du monde surorganique se peut diviser, d'une façon sommaire, en deux grands domaines : celui de la pensée sociale et celui de l'action sociale, au sens strict de ces termes; car, dans tout autre sens, l'action elle-même n'est, comme nous le savons, qu'un mode — le dernier dans la série causale et le premier dans la série téléologique — de la pensée.

La connaissance des phénomènes de l'ordre surorganique se pourrait par suite, semble-t-il, poursuivre et atteindre par deux sortes d'études rigoureusement connexes, intimement liées entre elles : 1° la recherche des

lois primaires de l'interaction psychique, « l'étiologie »
sociale ; et 2° la recherche des lois secondaires de cette
même « interinfluence », ou la sociologie de l' « acte »
proprement dit, de la conduite. Nos quatre premiers essais
— autant qu'une délimitation de ces matières est possible
ou utile dans l'état présent du savoir sociologique —
furent principalement consacrés à l'étiologie sociale qu'il
s'agissait avant tout, ne l'oublions pas, de fonder ou de
constituer. Ce cinquième et dernier essai, au contraire,
sera partiellement voué à la seconde classe d'études,
qui jouit déjà d'une longue existence, qui embrasse les
investigations sociologiques les plus variées, qui réunit en
un seul corps de doctrines les disciplines sociales les
mieux connues : les diverses théories éthiques, les
sciences du droit, du langage, des religions, des mœurs
primitives, la préhistoire et l'histoire, la science économique (aujourd'hui simple sociologie des classes sociales),
la politique ou science du gouvernement (sociologie de
l'État), la pédagogie, etc., etc.

La sociologie de la pensée pratique et téléologique, la
« sociologie de l'action », l'étude des faits concrets et particuliers précède nécessairement la sociologie des autres
modes de la pensée sociale, l'étude des phénomènes
sociaux abstraits et généraux. La première est le point de
départ naturel et la base de la seconde. C'est par l'examen des actes (des faits au sens propre du terme) que
débute la recherche sociologique. Son objet initial, la
pensée pratique et finaliste, revêt des formes impératives :
il faut, on doit, il est bon, il est utile d'agir de telle ou
telle sorte. Et le savoir sociologique qui se confine d'abord
dans l'empirisme et la description pure, se distingue à
peine de son objet : il est aussi impératif et téléologique que

les phénomènes ou les événements (le contenu de la pensée pratique) qu'il s'efforce d'analyser et qu'il ne parvient, en somme, qu'à décrire d'une manière superficielle. Dans cette sociologie de la première heure, le fait à expliquer est régulièrement pris pour l'explication du fait. Préjugé tenace, qui a survécu à toutes les vicissitudes de la raison humaine, préconception qui n'a pas perdu son empire sur les esprits les plus remarquables. « En matière sociale, dit par exemple M. Tarde, on a sous la main, par un *privilège exceptionnel*, les causes véritables, les actes individuels dont les faits sont faits. »

Mais j'ai à peine besoin de faire ressortir que si la sociologie générale de la conduite (qui porta toujours et porte encore le nom de morale) et les diverses sociologies particulières de l'action (connues sous les noms d'histoire, de droit, d'économie sociale, de politique, etc.) ont existé jusqu'à nos jours sans se développer en profondeur, sans s'épanouir en un savoir, de plus en plus abstrait, des autres modes de la pensée sociale, sans passer, en un mot, de l'étude des effets les plus apparents des phénomènes à celle de leurs causes intimes et cachées, il n'en saurait être indéfiniment ou même plus longtemps ainsi ; ni de faire remarquer que cette nouvelle évolution a déjà, en vérité, commencé et ne peut désormais que se continuer et s'accentuer. Les diverses disciplines sociales tendent manifestement à perdre leur ancien caractère de connaissances « normatives », pour revêtir celui de sciences « explicatives ». Toutes se préparent à dévoiler les causes profondes de la pensée pratique et finaliste, et plus d'une semble déjà orienter ses recherches vers les modes plus simples ou plus élémentaires de la pensée sociale. La « sociologie de l'action », en d'autres termes, au lieu de persister à demeurer une connaissance empirique, presque un art, tend à devenir une science des causes de l'action, un savoir théorique ou abstrait.

Sur la « sociologie de l'action » intimement liée de la sorte à la « sociologie de la pensée » viendra se greffer beaucoup plus tard, sans nul doute, une connaissance méthodique des grandes règles guidant l'application des vérités sociales acquises, une véritable « technologie du bonheur », collectif et socio-individuel, si l'on envisage le but final des divers *arts* sociaux, ou une « technologie du progrès », également collectif et socio-individuel, si l'on a surtout en vue les moyens d'atteindre et de réaliser cette fin, le bonheur.

On entend souvent dire que l'étude de l'aspect objectif ou externe des phénomènes sociaux et psychologiques est à la fois plus fructueuse et plus facile que l'étude de leur aspect subjectif ou interne. Objectif, subjectif, externe, interne, — voilà des termes vagues, équivoques et qu'on aimerait mieux ne pas voir employer. Les limites entre l'objectif et le subjectif, l'externe et l'interne sont fuyantes, imprécises, souvent impossibles à fixer. Le subjectif ou l'interne par rapport à un groupe de phénomènes apparaît comme objectif et externe à l'égard d'un autre groupe. Ainsi, par exemple, la pensée s'offre comme un phénomène subjectif tant que le sociologue analyse un événement social, et elle se présente comme un phénomène objectif quand le psychologue la décompose en ses éléments et y distingue ce qui est d'origine sociale de ce qui est d'origine physiologique.

Il n'y a, en vérité, qu'une manière d'étudier les choses qui soit rationnelle, et la recette, vieille comme l'esprit humain, est des plus simples : aller du connu à l'inconnu, marche qui comprend à la fois les deux méthodes, à peu près inséparables, de l'induction et de la déduction. La première de ces méthodes précède régulièrement, dans tous les cas, que nous le voulions ou non, que nous le sachions ou que nous l'ignorions, la seconde. Car la marche inductive comprend, en réalité, le passage du concret, de l'effet toujours plus particulier, à l'abstrait, à la cause toujours plus générale, passage que rend possible ou plutôt que rend nécessaire l'interaction psychique, l'expérience collective. Entendue de cette façon, l'expérience sociale se traduit indifféremment par les termes : « induction » (passage du concret à l'abstrait) ou « recherche cognitive ».

L'induction est la forme fondamentale, la forme-mère de toutes les méthodes de l'esprit. C'est l'interaction mentale, la socialité prise sur le fait, l'origine réelle de la raison et de la connaissance, du savoir physique aussi bien que du savoir surorganique.

Comme toute autre recherche cognitive, l'induction sociologique remonte des effets aux causes. Elle observe, elle décrit, elle analyse les agrégats concrets, particuliers ou sensibles, elle les rend intelligibles en découvrant leurs éléments abstraits, généraux ou rationnels. Tâche longue et ardue, semée d'écueils, où les analyses hâtives et incomplètes qui se résolvent en abstractions verbales, alternent avec les déductions prématurées.

Aujourd'hui, — à moins que nous ne nous trompions d'une façon grossière, — la sociologie semble avoir fait un pas important. Elle paraît être parvenue non seulement à décomposer tous les agrégats sociaux concrets en quelques éléments de plus en plus abstraits (tels que les quatre modes fondamentaux de la pensée sociale, le mode analytique, le mode synthétique, le mode syncrétique et le mode pratique : autant de facteurs sous-jacents, pour ainsi dire, et immédiats des faits sociaux les plus complexes), mais encore à découvrir entre ces éléments une étroite corrélation, une succession constante de cause à effet, et à formuler ainsi la loi la plus générale — *prima facie* — de l'évolution surorganique tout entière. Mais comment la sociologie moderne se comportera-t-elle vis-à-vis de ces divers éléments? Que devra-t-elle faire pour se spécialiser, — et le succès de ses analyses futures en dépend, — pour étudier à part et à fond chacun des quatre grands facteurs sociaux énumérés plus haut?

I connaissance de tous ces facteurs réunis forme ce qu'on peut appeler l'*étiologie sociale* au sens large du terme, la science des causes constantes des phénomènes sociaux les plus variés. L'étiologie sociale ou *sociologie générale* s'oppose de la sorte aux diverses études, aux nombreuses disciplines spéciales qui lui servent de sources et qui toutes, à mesure de leur développement, enrichissent, d'une part, la science abstraite, et, de l'autre, la mettent à contribution pour expliquer d'une façon rationnelle les phénomènes particuliers que ces disciplines ne cessent d'observer et de décrire. Le nombre et les limites ou la compétence de ces analyses scientifiques dépendent de causes multiples et complexes qu'on désigne — tant qu'on ne les connaît pas — sous le nom de hasards de la recherche, de la rencontre ou de la découverte. Classifier *a priori* de telles spécialités, distribuer d'avance entre elles, d'une façon logiquement justifiable, la matière concrète de la science, voilà, semble-t-il, ainsi que j'en avais déjà fait la remarque dans ma *Sociologie*, un effort destiné plutôt à rester vain et stérile. Mais la même objection n'atteint pas la « sociologie générale », si l'on veut bien admettre qu'elle existe déjà ou, du moins, qu'elle se forme sous nos yeux, que ses linéaments essentiels sont tracés et connus.

Dans quel ordre étudiera-t-on les grands facteurs de l'évolution sociale? La réponse ne saurait être douteuse. L'esprit de la méthode inductive exige que nous allions de l'effet à la cause. Or, si la pensée pratique et téléologique est une cause à l'égard des phénomènes sociaux concrets, elle est un effet par rapport aux autres modes de la pensée sociale. Dans les limites de la sociologie générale ou « étiologie » des sociétés, on commencera donc nécessairement par la *sociologie de l'action*. On expliquera les actes et la conduite des hommes (les faits économiques, juridiques, politiques, etc.) par les facteurs qui les déterminent, les trois modes de la pensée qui constituent cette partie initiale de l'expérience collective qu'on nomme « recherche » et qu'on peut très justement opposer à sa fraction terminale,. l'action appliquée.

De même, lorsqu'on voudra étudier séparément le mode syncrétique et symbolique de la pensée sociale (dans ce qu'on pourrait appeler la *sociologie de l'art*), on remontera des phénomènes esthétiques à leurs conditions philosophiques et scientifiques.

Pour la *sociologie de la pensée synthétique et apodictique*, on passera des phénomènes religieux et philosophiques à leurs causes scientifiques (ainsi que j'ai tâché de le faire dans mon *Ancienne et Nouvelle Philosophie*, où j'ai établi sur cette base la loi de corrélation entre la philosophie et les sciences et la loi des trois types de la métaphysique).

Enfin la *sociologie du savoir* (ou gnoséologie sociale) nous conduira à la constatation des causes intimes qui, dans l'individu vivant au milieu de ses semblables aussi bien que dans les groupes formés par de tels individus, transforment le fait biologique de « conscience » en fait social de « connaissance ». Cette dernière partie de la sociologie générale nous mettra directement en face de la source de toute expérience collective, l'interaction des cerveaux ou esprits individuels, la socialité (hypothèse que le sociologue pose et qu'il tente de vérifier); elle sera une véritable embryologie des sociétés. Nous aboutissons ainsi à une classification naturelle des diverses sections ou des principaux chapitres de la sociologie générale. La recherche se dirigera ici de la sociologie de l'action à la sociologie de la connaissance; mais l'exposition didactique, l'enseignement devra sans doute préférer la marche inverse.

Les sciences, selon le mot si juste de Leibnitz, s'abrègent en s'augmentant. Elles s'unifient en se développant. Leur matière ou leur contenu est d'abord éparpillé en une foule de disciplines particelles distinctes ; puis, au fur et à mesure du progrès de la généralisation et de l'abstraction scientifiques, ces diverses études, sans cesser pour cela d'exister séparément, se combinent en des systèmes de plus en plus vastes qui finissent par aboutir à une seule science générale. Toutes les connaissances humaines ont subi ce processus. Ainsi se sont formées peu à peu la physique abstraite, la science du mouvement intramoléculaire, et la chimie générale, la science du mouvement intermoléculaire, et c'est de la même façon que les spécialités biologiques se développent sous nos yeux en une sorte de science générale qui, d'une part, est sans cesse nourrie et renouvelée par les études physiologiques et pathologiques les plus spéciales, et qui, de l'autre, sert à éclairer et à diriger la marche de ces mêmes études.

Nulle science générale des sociétés n'a existé dans le passé. Mais la place d'une telle science, pendant la longue période où toutes les disciplines sociales se confondaient avec la philosophie, a été tenue par un savoir vague, imprécis, moitié philosophique et moitié scientifique, dont l'empirisme radical se voilait sous de vaines formules *a priori* : j'ai nommé la morale ou l'éthique. C'était là un embryon informe de la sociologie de l'action, qui jamais ne dépassa cet étiage, qui jamais ne s'éleva à la connaissance des vraies causes de la conduite humaine, qui demeura toujours moins une science empirique qu'une *philosophie* (prématurée) *de l'action*. Cela est si vrai que de notre temps même beaucoup d'auteurs définissent encore ainsi la morale. Et c'est dans ce sens qu'il faut entendre ma thèse, que l'éthique déverse actuellement tout son contenu dans la sociologie. Car si la morale est en voie de disparaître, c'est, bien entendu, comme toute chose et tout phénomène, pour subir une rénovation ou une transformation. Et, en effet, non seulement elle ressuscite dans la sociologie de l'action, mais elle s'élargit et s'approfondit dans toutes les autres parties de l'étiologie sociale. Pratiquement, pour des motifs opportunistes, on pourra désirer conserver le nom vénérable de morale. Mais théoriquement, après avoir constaté le caractère profond des changements survenus au cours de l'évolution historique, on préférera peut-être laisser tomber en désuétude l'ancien vocable, pour le remplacer avec avantage par le nom différentiel et plus exact de « sociologie de l'action ».

Certaines de mes thèses, en sociologie aussi bien qu'en philosophie, furent, dès leur apparition, caractérisées par la critique comme allant à l'encontre des idées reçues, des théories régnantes. Elles me valurent le renom d'un esprit dissident et m'attirèrent tantôt le blâme et tantôt l'éloge. Il me sera toutefois permis de constater que le paradoxe d'hier tend à devenir aujourd'hui une solution acceptable; et, demain, ce sera peut-être un lieu commun. Ainsi, pour me borner à la seule sociologie, les mêmes doctrines (sur la relation essentielle entre le social et le mental, sur la double racine de la raison humaine, sur la nature intime du fait surorganique, sur son identité avec le fait moral, sur les rapports entre l'individu et les groupes collectifs qu'il aide à former, et bien d'autres encore) qui semblaient devoir rester longtemps, sinon toujours, des vues personnelles, ont déjà perdu ce caractère. Formulées en des termes qui varient d'un auteur à l'autre, elles se retrouvent actuellement dans une foule d'ouvrages où elles tendent à devenir ce qu'on appelle des opinions courantes. Mais, ainsi qu'il arrive régulièrement en de tels cas, les écrivains qui contribuèrent le plus à la diffusion de mes idées (sauf quelques rares exceptions que j'aurai sans doute l'occasion de signaler au cours de ce travail) furent aussi ceux qui, loin de les creuser davantage, de les développer, pour ainsi dire, « en avant », de les pousser à leurs limites extrêmes, afin de les dépasser, prirent soin surtout d'en affaiblir la rigueur logique, d'en atténuer la portée par des compromis avec les vues anciennes et par des raccords — plus ou moins réussis — avec les théories traditionnelles. Dans mes derniers ouvrages, et principalement dans la *Constitution de l'Éthique* et le *Nouveau Programme de Sociologie*, j'ai réagi autant que j'ai pu contre ces timidités et ces équivoques de la pensée sociologique contemporaine; et j'accentue encore cette opposition dans le présent volume. Car j'estime que ce n'est pas seulement dans la sphère de l'action, c'est aussi et surtout dans celle de la connaissance qu'on recule quand on n'avance pas.

SOCIOLOGIE DE L'ACTION

LIVRE PREMIER
LES ORIGINES SOCIALES DE LA RAISON

CHAPITRE PREMIER
L'interaction mentale et ses aspects essentiels.

1. La phénoménalité surorganique. — 2. L'interaction conscientielle dans les
espèces animales et dans l'espèce humaine. — 3. Les faits psychiques. —
4. Les groupes sociaux, les institutions. — 5. La phase psychophysique
et la phase psychologique de la vie sociale. Le langage. — 6. Les principaux modes de l'interaction mentale. — 7. Les lois sociologiques et le
principe de l'égalité de l'action et de la réaction.

1. *La phénoménalité surorganique.* — Le cerveau, a-t-on dit,
ou plutôt l'écorce cérébrale est « une surface sur laquelle viennent se projeter les organes des sens » et, par leur intermédiaire, la nature ou le monde. Or le monde comprend aussi
bien les phénomènes de la vie sociale, les rapports qui se
nouent et se dénouent constamment entre les divers cerveaux
et qui, latents à tous les degrés de l'échelle vivante, s'actua-
lisent, deviennent effectifs dans certains cas et sous certaines
conditions. La vie sociale vient alors se projeter à son tour,
grâce aux organes des sens, sur la surface de chaque écorce
cérébrale liée par des rapports de similitude ou de différence,
de coopération ou d'opposition, à des cerveaux congénères.

Cette projection constitue ce que nous appelons la phénoménalité surorganique; comme la projection d'une autre grande série naturelle ou d'un autre ordre fondamental de rapports — de ceux compris sous le nom générique d'organisation ou de vie et qui, précisément, aboutissent au fait cérébral, matière première ou substratum du fait social — constitue ce qu'on nomme la phénoménalité organique; comme, enfin, la projection sur la même surface d'un ordre encore plus simple de rapports — désignés par le terme de mouvement soit intra, soit intermoléculaire, base ou condition essentielle du fait vital — constitue la phénoménalité physico-chimique. L'univers ou, ce qui revient au même, sa projection dans le cerveau (fait vital) et sa conception par l'esprit (fait social), est un vaste système de rapports qui se compliquent au fur et à mesure qu'ils s'emboîtent, qu'ils s'encastrent les uns dans les autres en se prenant mutuellement pour objet. « Organisation » et « socialisation » sont les noms abstraits par lesquels se désignent et se laissent résumer les grandes étapes, les phases les plus notoires du processus évolutif mondial, de la complication naturelle et conceptuelle des choses.

Les rapports intercérébraux qui forment l'essence de ce que nous appelons le phénomène social modifient la cérébralité organique en lui permettant d'atteindre des idées générales, de se remplir de concepts abstraits, produits de l'expérience collective, au lieu de s'arrêter aux images et aux représentations concrètes, produits de l'expérience bio-individuelle. Le terme de « surorganique » n'a pas d'autre sens. Il sert à distinguer le phénomène social du phénomène vital, tout en indiquant que le premier ne se manifeste *concrètement* — ne se projette, par l'intermédiaire des organes des sens, sur l'écorce cérébrale — que s'il est accompagné du second (accouplement auquel on donne le nom de complexité supérieure). L'unité sensitivo-motrice, qui est de nature et d'origine vitales, se développe ainsi, par degrés insensibles, en unité foncière de la pensée et de l'action (ou de la pensée spéculative et de la pensée pratique), qui est de nature et d'origine sociales (*note* 1).

2. *L'interaction conscientielle dans les espèces animales et dans l'espèce humaine.* — L'interaction psychique ne pouvant, de

toute évidence, se produire que là où l'on observe (ou là où l'on peut rationnellement soupçonner) des vestiges quelconques de vie psychique, il y a lieu de poser le problème général des frontières qui bornent dans la nature ce mode particulier de l'énergie universelle. La phénoménalité surorganique couvre-t-elle, dans le monde des réalités *concrètes*, le champ entier de la phénoménalité organique, s'étend-elle aussi loin que celle-ci, s'y joint-elle à un faible degré partout et toujours, ainsi que cela s'observe, dans la même réalité concrète, pour les phénomènes chimiques par rapport aux phénomènes physiques? Ou bien les limites de la première sont-elles plus étroites que celles de la seconde, et dans ce cas par quels points, plus ou moins approximativement tracés, passe la ligne de démarcation? Cette frontière enclave-t-elle dans le monde social les groupes concrets si intéressants connus sous le nom de sociétés animales? Laisse-t-elle en dehors de ce monde les groupes autrement conditionnés portant le nom d'espèces vivantes? Exclut-elle totalement du domaine qu'elle circonscrit certaines espèces inférieures?

Selon une hypothèse plus que probable, formée par analogie avec des suppositions constamment vérifiées dans les autres sciences de la nature, l'interaction psychique ou la vie collective ne présente, chez les sociétés animales et chez les sociétés humaines, qu'une différence de degré. Le sociologue fera donc bien de ne pas s'arrêter aux groupements humains primitifs comme dernier échelon. S'il veut approfondir les problèmes fondamentaux de sa science, il descendra plus bas, jusqu'aux sociétés animales. Mais il se gardera néanmoins de confondre, avec certains investigateurs, même sagaces et pénétrants, ces groupes sociaux embryonnaires avec les groupements zoologiques désignés par le terme d'espèces vivantes. Dans ce dernier cas, il ne pourrait s'agir tout au plus que d'une interaction psychique ou d'une socialité, pour ainsi dire, *latente*. Dans les espèces considérées comme telles, la conscience des individus qui les composent demeure isolée, solitaire, elle ne se subordonne en aucune façon aux exigences de la vie en commun, qui d'ailleurs n'existe ici qu'accidentellement. En admettant même un concours de circonstances exceptionnellement favorable, l'action que de pareils individus exercent les uns sur les autres est trop faible et insignifiante pour faire surgir cet ensemble caractéristique de phénomènes auquel on peut donner le nom générique d'*expérience collective*. La conscience reste ici bio-individuelle, elle ne se transforme pas peu à peu, sous l'influence croissante du milieu social, en conscience commune à tout le groupe.

Dès aujourd'hui, on peut noter, dans la lente évolution qui tire le social des limbes du biologique, trois phases ou degrés qui se suivent nécessairement : la conscience bio-individuelle, la conscience du groupe ou conscience collective, et enfin la conscience socio-individuelle. Dans les sociétés animales et dans les sociétés humaines encore sauvages, à la conscience bio-individuelle s'ajoute, sans pour cela la faire disparaître ou l'amoindrir, la conscience commune au groupe entier, qui se peut considérer comme le germe primordial de la conscience socio-individuelle. Enfin dans les sociétés humaines civilisées — et c'est par là que se mesure le plus sûrement leur degré de culture — la conscience socio-individuelle qui n'est rien autre que la « connaissance » (non plus le germe, mais l'arbre ou la plante), se différencie de plus en plus de la conscience collective sans toutefois l'affaiblir (au contraire, elle la renforce, elle rend le lien social de plus en plus étroit et solide, cela, bien entendu, sans porter le moindre préjudice à la conscience bio-individuelle). En règle générale, pour que cette différenciation ultime se produise, pour que la conscience socio-individuelle se détache nettement et en couleurs vives sur le fond toujours un peu terne de la conscience du groupe, un degré assez élevé de « socialisation » est nécessaire ; degré qui n'est atteint *de facto* que par les sociétés humaines déjà sorties de la barbarie ancestrale. Dans les sociétés tout à fait primitives et, à plus forte raison, dans les sociétés animales, cette différenciation n'a pas lieu, ou elle s'indique à peine : la vie psychique de l'individu reste purement biologique d'une part, et, de l'autre, elle se confond étroitement avec la vie psychique de tous les individus formant le groupe social (phénomène de la conscience collective).

L'intelligence est considérée tantôt comme la condition première, et tantôt comme le produit ou le résultat de la vie sociale. C'est que, sous le terme équivoque d'intelligence, on comprend à la fois, et sans les distinguer, des phénomènes de l'ordre biologique et des phénomènes appartenant à l'ordre social.

L'expérience bio-individuelle au cours de laquelle se manifeste la vie psychique élémentaire est un fait exclusivement vital. Mais l'expérience collective, le contrôle permanent des expériences bio-individuelles les unes par les autres, et leur transmission indéfinie d'une génération d'êtres vivants aux générations suivantes, contrôle et transmission qui apparaissent comme la condition nécessaire d'une vie psychique plus intense et plus complexe, — voilà le fait déjà social. Caractérisée, dès sa prime origine, par la formation lente et graduelle d'idées génériques, de concepts plus ou moins abstraits, l'expérience collective a pour base et pour point de départ l'expérience bio-individuelle commune à toutes les espèces vivantes. La sociologie est fondée sur la biologie, comme celle-ci est fondée sur les sciences du monde inorganique. Les motifs qui ont fait admettre en physique (et par la suite en chimie) la distinction entre le « virtuel » et l'« actuel » (ou, *grosso modo*, entre ce qui échappe à nos sens et ce qui s'enregistre par eux), conservent leur valeur en biologie et en sociologie. Dans la première, partout où le déterminisme physicochimique est seul nettement observable (ainsi que cela a lieu chez les êtres très inférieurs, les plastides, par exemple), la sensation et la conscience vague se doivent considérer, en vertu du principe de « continuité » (*natura non facit saltus*), comme existant à l'état virtuel. Leurs traces ne se révèlent toutefois à notre esprit — par nos sens, et très indirectement encore, — qu'à des degrés plus élevés dans l'échelle des êtres. De même, dans la seconde, partout où la sensibilité consciente (la série des faits psychiques qui forment la trame de l'expérience bio-individuelle) s'accuse d'une façon certaine à côté du déterminisme purement mécanique, l'expérience collective, l'interaction des divers états conscientiels élémentaires, en un mot, la socialité et la floraison mentale qui en dépend, se doivent à leur tour concevoir comme virtuellement possibles. L'observation des sociétés animales d'une part, les faits si nombreux concernant l'intelligence très ouverte et très simiesque des animaux supérieurs qui ne forment pas de groupes permanents, de l'autre, viennent à l'appui de cette dernière hypothèse.

La virtualité psychique accordée aux protozoaires apparaît comme une nécessité de l'ordre logique (dérivant de l'expérience universelle ou unanime). Mais une cause virtuelle est le contraire d'une cause agissante; aussi voyons-nous que tout ce que l'observation constate chez ces êtres inférieurs, mouvements, déplacements, préhension de nourriture, ingestion, choix des aliments, digestion, etc., se laisse ramener aux réactions chimiques dont ils sont le siège. Pour qu'une telle explication devienne insuffisante, il faut remonter assez haut dans la hiérarchie animale. On jugera. alors que la conscience, la vie psychique élémentaire s'est éveillée ou actualisée. Et quand, plus tard, on ne pourra plus expliquer par cette seule cause les faits étudiés, on estimera qu'à l'expérience bio-individuelle est venue se joindre l'expérience collective, ou que l'interaction mentale s'est actualisée à son tour.

3. *Les faits psychiques.* — Les psychologues sont depuis longtemps divisés sur la question de la priorité ou primauté des divers états psychiques. Selon la thèse dite intellectualiste, soutenue par l'école socratique, par les stoïciens, par les cartésiens, par Herbart et ses disciples modernes, les états affectifs dérivent des états représentatifs; supprimez ceux-ci, ceux-là s'évanouissent. Les états affectifs sont le résultat de la coexistence de représentations qui se conviennent ou se combattent; on peut les comparer à des accords musicaux ou à des dissonances qui diffèrent des sons primitifs — sensations et représentations — mais qui n'existent que par eux (Herbart); ou encore les considérer comme indiquant subsidiairement l'élévation ou la diminution, l'accélération ou l'arrêt de l'activité représentative (Nahlowsky). Et selon la thèse contraire, défendue de notre temps par Bain, Spencer,

Maudsley, Lange, James et d'autres, les états affectifs, quoique toujours accompagnés de faits intellectuels, dérivent d'une façon directe de i activité motrice inconsciente. Ils sont l'expression immédiate de la vie organique profonde et simple, tandis que les états intellectuels ou représentatifs jouent le rôle d' « épiphénomènes ». Enfin une troisième école affirme le parallélisme immanent de ces deux classes d'états. De même qu'une seule cause, le mouvement appelé chaleur, par exemple, détermine deux effets qui nous semblent opposés, la congélation et l'évaporation, des causes organiques semblables produisent alternativement les états représentatifs et les états affectifs.

Une donnée essentielle du problème est systématiquement ignorée de tous les psychologues : c'est la modification profonde apportée à l'ensemble du phénomène qu'ils observent par l'adjonction au fait vital du fait social. Les phénomènes psychologiques portent déjà l'empreinte de l'interaction prolongée des esprits, ils sont fortement marqués au coin de l'expérience collective. Or, celle-ci s'exerce indifféremment sur tous les états psychiques, à la seule condition qu'ils soient déjà conscients. Car tout ce qui demeure au-dessous du seuil de la conscience échappe à l'interaction des esprits, n'est pas touché par la causalité sociale. Le surorganique est par sa nature, *ex definitione*, de l'interconscientiel. Mais, devenu l'objet d'une discrimination consciente, tout état affectif se transforme nécessairement en état représentatif interne, qui s'oppose à l'état représentatif ayant conservé un caractère externe. L'interconscientiel d'origine externe constitue ce qu'on appelle l'idée (plus ou moins générale et abstraite), ou encore la connaissance objective, et l'interconscientiel d'origine interne — ce qu'on appelle le sentiment, ou encore la connaissance subjective.

L'interconscientiel se développe en ce fait bio-social ou psychologique, la connaissance. Mais ce n'est là, en somme, que la formule la plus générale où viennent se résumer les aspects si divers de la phénoménalité surorganique. La socialité qui s'exprime par l'expérience collective s'empare tour à tour de tous les processus psychophysiques conscients et leur fait subir des modifications essentielles ; telle l'action chimique qui détermine dans la matière régie par les lois physiques des changements frappants. Je ne citerai ici, à titre d'exemple, que deux processus d'origine manifestement organique auxquels les psychophysiciens et les psychologues attribuent avec raison une importance capitale dans la genèse et l'évolution de toute vie intellectuelle supérieure. C'est l'association des idées et l'attention. Comment l'interaction prolongée des consciences agit-elle sur ces phénomènes ?

Que les différents types de liaisons mentales se laissent réduire, en dernière analyse, à l'association par contiguïté, comme l'affirment les psychologues et les logiciens qui, depuis Hume jusqu'à Stuart Mill et Bain, ont le mieux étudié ce problème, ou que ces liaisons aient une origine plus complexe, il est évident que dans le cadre étroit de la vie et de l'expérience bio-individuelles le processus associatif n'aura ni l'ampleur, ni la variété, ni la force de pénétration qu'il ne tarde pas à acquérir dans les limites plus larges de la vie et de l'expérience collectives. Il y aura entre ces deux cas la différence qui existe entre une ligne unique bientôt brisée et un réseau infiniment enchevêtré où toute ligne interrompue est sans cesse renouée à une ligne nouvelle. L'individu social saisit dans chacun de ses états présents ce qui ressemble non seulement à l'un de ses états antérieurs, mais à une foule de situations pareilles chez une foule d'individus semblables. Et dans cette masse d'impressions d'abord fuyantes, ensuite fixées, il utilise, à côté de sa propre expérience, celle de tout son groupe. Plus celui-ci est vaste (et chez le savant et le philosophe modernes, par exemple, il embrasse l'humanité entière), et plus sont larges, variées, complexes les associations d'idées formées par ses membres.

Des considérations analogues s'appliquent au phénomène étudié en psychologie sous le nom d'attention. Que celle-ci soit, dans son germe, une sensation très intense (Condillac), ou une discrimation, un état conscientiel exceptionnellement fort (école psychologique anglaise), qu'elle se réduise tout entière à des composantes physiologiques ou qu'elle s'accom-pagne seulement d'une modification neurique et d'une adaptation musculaire correspondantes, il semble certain que l'expérience collective — qui implique l'interaction des états conscientiels forts ou attentifs — produit dans ces états des altérations pareilles à celles qui changent la conscience en connaissance. L'attention psychologique pure, toujours prompte à se relâcher, à se détacher d'un objet pour se tourner vers un autre, devient soutenue, persévérante, systématique, rationnelle; et c'est sans doute dans cette attention de nature surorganique ou sociale qu'il faut chercher l'origine de ce qu'on appelle une méthode ou la méthode.

Les processus chimiques s'accomplissent sous l'action directe de la phénoménalité physique. Les processus vitaux se produisent sous la dépendance étroite de la phénoménalité chimique. Enfin les processus sociaux s'effectuent sous l'influence immédiate de la phénoménalité organique. Pour ne citer qu'un exemple décisif des liens de la dernière sorte, la conservation de l'espèce assurée par sa multiplication apparaît comme la condition première de toute existence sociale.

4. Les groupes sociaux, les institutions. — La phénoménalité surorganique se manifeste par la formation et la lente évolution des groupes sociaux, depuis les collectivités rudimentaires qui réunissent tout d'abord les individus biologiques, jusqu'aux groupements modernes les plus complexes et les plus variés, qualitativement et quantitativement, — faits qui nous frappent à la fois comme une abolition de certains groupes primitifs, le clan, la tribu et plus tard la caste, la corporation féodale, etc., et comme l'avènement d'unions nouvelles, la classe, la profession, la nation, l'État et ainsi de suite.

Mais ce que les sociologues ont noté et décrit comme un vaste processus d'élargissement du cadre primitif des sociétés, comme une augmentation de leur « volume », comme une sorte de « gonflement » du noyau social élémentaire, ou encore comme une « constitution du milieu collectif » au double point de vue du « nombre des individus formant le groupe » et de la « densité » de celui-ci, — tout cela se laisse ramener au fait primordial de l'interaction conscientielle s'étendant et s'intensifiant sans cesse sous la pression régulière et constante de la phénoménalité biologique. Nulle autre hypothèse, dans l'état actuel du savoir social, ne saurait, ce nous semble, expliquer d'une façon plus satisfaisante l'évolution qui remplit l'histoire et qu'on nous dépeint comme un phénomène de croissance continuelle du groupe primitif, en étendue, par suite de l'effacement des frontières géographiques, et en profondeur, par suite de la chute des barrières sociales (2). Ce tableau est exact, sauf sur un point : il ne fait pas assez ressortir que l'abolition simultanée et progressive des frontières géographiques et des barrières sociales fut précédée par l'établissement également graduel des unes et des autres; ou, en d'autres termes, que nous avons affaire ici, non pas à une loi abstraite, à un trait essentiel du développement des sociétés, mais bien à une loi empirique, à un « accident » caractéristique tout au plus de cette phase particulière de l'évolution qui dure encore et qui nous intéresse, qui nous touche d'une façon directe. Cet accident revêt, par suite, à nos yeux, une importance exagérée (*fallacia accidentis*). Mais rien ne nous garantit que les mêmes causes qui, après avoir d'abord aidé à l'établissement de multiples frontières géographiques et ensuite contribué à leur abolition relative, n'amèneront pas un nouveau morcellement, une décentralisation radicale des grands États; et rien ne nous assure que les causes qui, après avoir d'abord favorisé la formation des castes, des classes, des divisions sociales de toute sorte, et ensuite déterminé la destruction plus ou moins lente ou rapide des droits particuliers ou privilèges de ces divers groupes, que ces causes ne conduiront pas dans l'avenir à une spécialisation autrement conditionnée, certes, mais plus profonde encore, du travail, de l'action, de l'effort humains.

Sans doute, si l'on fait du groupe social le substitut ou l'équivalent du phénomène surorganique, on pourra attribuer au premier toutes les propriétés du second. Mais encore faudra-t-il prendre garde à deux écueils, dont l'un consiste à confondre l'idée générique avec l'une des espèces que cette idée connote et embrasse, et l'autre à opposer d'une façon absolue l'une des espèces au genre entier. Rien n'est plus faux, par exemple, rien n'est moins conforme à la réalité historique que l'antithèse vulgaire qui campe l'individu en face du groupe comme sa négation abstraite. L'interaction psychique qui établit et maintient les collectivités humaines, façonne et affine sans cesse, au même titre, l'individu social. Et l'histoire, envisagée de ce point de vue, semble prouver que si les collectivités naissent, disparaissent, revêtent les formes les plus diverses, du clan sauvage à l'État quasi mondial et de celui-ci à la commune fédérée et autonome, si les sociétés se centralisent pour accomplir certaines fonctions plus ou moins temporaires, propres à une phase de développement, et se décentralisent pour en remplir d'autres, sujettes aux mêmes réserves, — ces mouvements en sens inverse, ces multiples changements de front aboutissent toujours à la puissance accrue, à la liberté plus grande du groupe médullaire, l'individu social. L'État encore despotique (ou ignorant les lois essentielles des sociétés) remplacé par l'individu-État, pour ainsi dire, ce *desideratum* anarchique s'accorde peut-être sur plus d'un point avec la tendance générale de l'évolution humaine.

Les frontières géographiques ne s'effaceront pas toujours au profit, d'ailleurs plus apparent que réel, des États-monstres rêvés par les conquérants du passé et les impérialistes du présent; ni même au profit de l'État universel qui, si jamais il se réalise, cessera aussitôt d'exister (l'idée d'État universel impliquant une contradiction évidente dans les termes). Et les barrières entre sexes, castes, classes et ainsi de suite, formées d'obligations économiques, juridiques ou politiques improprement appelées « droits » puisque, étant différentes pour chaque espèce de groupes, elles constituent autant de « privilèges », ces clôtures ne se détruiront pas toujours au profit d'une uniformisation croissante de la matière sociale, ou en faveur d'une sorte de « médiocratie » permanente. Mais la disparition des unes et des autres contribuera — ainsi que cela a constamment eu lieu sous la surface trompeuse des faits extérieurs — à l'essor différentiel de l'individu qui, n'étant arrêté par aucun obstacle d'origine collective (privilège, inégalité, injustice) et devenu citoyen du monde, pourra de plus en plus donner libre carrière à ses facultés, à son talent, à son génie. Faire du nivellement social le synonyme d'*abaissement* du niveau intellectuel des individus qui forment le groupe (et des sociologues de marque, tel M. Simmel, ont abondé dans ce sens), me semble à peu près aussi logique que de venir déclarer qu'une route unie, une chaussée bien construite abaisse l'étiage des « records » de vitesse possibles; étiage qui, au contraire, s'élèverait sur les vieux chemins creusés d'ornières et par là même, peut-être, très différents les uns des autres.

Dans cette sorte de questions les sociologues sont vaincus d'avance par la complexité excessive des faits sociaux concrets. Et soit qu'ils s'attaquent à leurs problèmes plutôt en philosophes qu'en sociologues, soit qu'une vaste hypothèse directrice quant à la nature du phénomène surorganique leur fasse défaut, nous les voyons enclins à confondre le vital avec le social (la race, par exemple, avec la nation, ou la population avec l'État), nous les voyons sans cesse cherchant à expliquer par les mêmes causes la différenciation ou l'intégration biologiques et la différenciation ou l'intégration sociales (3).

On a opposé le « fait social » au « fait collectif » en définissant le premier comme l'action d'un individu sur un autre individu, et le second comme l'action d'un groupe entier sur un individu ou d'un groupe sur un autre groupe. Cette distinction nous semble illusoire. Derrière l'individu social qui agit sur un autre individu et qui subit son action, il y a toujours un groupe ou des groupes nombreux, historiques et contemporains. Tout fait socio-individuel est donc, originellement, un fait collectif. On a prétendu, d'autre part, que le fait collectif — mœurs, lois, institutions, — si on ne le décompose pas en autant de rapports simples entre individus sociaux, reste inexpliqué et inexplicable. C'est le contraire, croyons-nous, qui est vrai. L'interaction socio-individuelle, ainsi que nous proposons d'appeler l'action d'un individu social sur un autre, ou les rapports réciproques d'un couple d'individus sociaux, nous semble plus complexe que l'interaction collective qui s'exerce d'un groupe à un autre ou d'un groupe à un individu. C'est par la seconde qu'il faut chercher à éclairer la première. L'interaction socio-individuelle, loin de s'offrir comme le résultat ultime d'une longue analyse, se présente plutôt comme son point de départ, le fait vivant et réel observé et décrit *prima facie*. L'analyse qui sert à réduire les effets complexes à leurs causes simples, exprime les faits concrets en termes abstraits. A ce point de vue, le groupe est déjà une abstraction plus haute que l'individu social. Aussi se range-t-il logiquement dans la série des causes, et l'individu social dans celle des effets (1).

L'individu, entend-on dire, est ce qu'il y a de plus simple dans les phénomènes sociaux. Simplicité qui rappelle d'une façon étonnante celle avec laquelle l'animal tout entier ou, plus tard, ses organes s'offraient aux yeux des anciens physiologistes qui décrivaient les caractères externes des êtres vivants! Les sociologues ont procédé et procèdent encore de la même façon. L'exemple le plus mémorable de cette orientation fausse fut donné par les économistes qui élevèrent les rapports privés, les transactions inter-individuelles au rang de dernier principe explicatif de tous les phénomènes économiques. L'individu ayant subi l'action d'un ou de plusieurs milieux collectifs constitue un phénomène des plus complexes. Et, d'abord, c'est toujours un fait concret ou bio-social, le seul peut-être, dans cette classe, que nous puissions observer directement. Mais, dira-t-on, le groupe est composé d'individus sociaux ; c'est donc aussi un fait bio-social. Conclusion hâtive et plutôt illogique : car si les individus formant le groupe sont autant de phénomènes bio-sociaux, le groupe comme tel peut aussi bien désigner la seule interaction que subissent et se transmettent ces individus, — interaction soit limitée d'une façon quelconque (groupes spéciaux), soit entendue d'une manière générale (le groupe synonyme de société). Le groupe dans les deux cas est un fait exclusivement social, un phénomène abstrait, une propriété des choses, un mode d'existence que l'esprit peut concevoir comme isolé ou comme joint à d'autres modes. On voit que l'erreur provient du sens équivoque attribué par le langage usuel au mot groupe. Dans une acception de ce terme, c'est l'idée de somme qui prédomine (comme dans les mots troupeau, forêt, lac, rivière, etc.) ; on n'y veut marquer, au premier plan, qu'une propriété unique des choses, leur quantité; le groupe n'est que l'individu répété un certain nombre de fois. Et, dans un autre sens, si l'on n'élimine pas l'idée de nombre, on ne lui laisse, tout au plus, qu'une valeur secondaire, négligeable, et l'on fait prévaloir l'idée d'une action constante exercée par les individus les uns sur les autres. Le phénomène social — tel le groupe — est à tous égards plus simple que le phénomène bio-social, tel l'individu dans lequel, si nous en abstrayons la vie physiologique, nous retrouvons le groupe (mais trop souvent, hélas! par suite de nos fausses méthodes de recherche, à l'état d'énigme indéchiffrable). La voie qui conduit de l'individu au groupe, frayée dans ces derniers temps, est la bonne; il faut y persévérer, il faut à tout prix éviter l'erreur — devenue classique en son genre — des économistes qui s'estiment individualistes parce qu'ils ne dépassent jamais le fait individuel ou bio-concret.

Les institutions sociales auxquelles on attribue avec raison le pouvoir de transformer l'individu biologique en *personne morale*, ou la faculté de faire surgir la moralité (socialité) interne et externe, s'offrent comme autant de séries interpsychiques plus fixes, plus régulières que les autres, comme autant de courants sociaux ayant déjà creusé leur lit et qui coulent entre les mêmes rives. Plus est vaste, numériquement parlant, le groupe dans lequel se produit et *se répète* — condition essentielle — la même interaction psychique, et plus l'institution qui représente ce courant collectif nous paraîtra importante. Il en sera de même si l'interaction est particulièrement forte ou puissante dans un groupe, quel que soit le « volume » de ce dernier. Les deux conditions peuvent se combiner, l'interaction peut être à la fois large et intense : les institutions qui l'exemplifient revêtent alors à nos yeux un maximum d'autorité. Cela est vrai aussi bien des institutions depuis longtemps à l'œuvre (la famille et l'église autrefois, l'atelier et l'école aujourd'hui) que de celles qui se forment lentement sous nos yeux, l'État de plus en plus socialiste, par exemple (5).

5. *La phase psychophysique et la phase psychologique de la*

vie sociale. Le langage. — Observée dans ses manifestations concrètes, la socialité, comme tous les autres modes de l'énergie universelle, revêt des aspects multiples et divers. Ces aspects coexistent ou se suivent. Laissons de côté le premier cas et la question de savoir s'il ne se réduit pas au second, si ce que nous appelons coexistence n'est pas une suite d'impressions, etc., ultrarapide, instantanée, et occupons-nous de la succession seule. On exprime les faits de cette sorte en disant que la socialité évolue, qu'elle se développe. Et on cherche à ramener ses innombrables formes concrètes à quelques types communs unis entre eux par un rapport de succession cons-tante — ou nécessaire — auquel on donne le nom de relation causale. On arrive ainsi à ranger tous les phénomènes sociaux concrets en deux grandes classes : 1° les faits où se manifeste l'action réciproque exercée les uns sur les autres par les états conscientiels simples ou biologiques; et 2° les faits où s'ex-prime l'action réciproque exercée les uns sur les autres par les états conscientiels plus complexes qui résultent de la première interaction, qui se forment sous son influence directe. Inutile d'ajouter que ceux-là précèdent toujours ceux-ci; ou, en d'autres termes, que l'interaction cérébrale élémentaire, *psychophysique*, apparaît comme la cause inva-riable de l'interaction cérébrale dérivée, *psychologique*.

Dans le monde des phénomènes concrets, grâce au proces-sus interactif ou social qui s'en empare, le fait biologique (cérébral) se transmue sans cesse en fait bio-social ou psycho-logique; et celui-ci forme aussitôt la matière ou l'objet du même processus indéfiniment prolongé ou continué. Le fait psychologique plus complexe se substitue alors au fait bio-logique plus simple, il prend sa place et joue son rôle. Et l'interaction, qui à l'origine est toujours psychophysique, devient — quand les circonstances s'y prêtent, quand rien ne brise son essor naturel — psychologique. Le passage de l'un de ces ordres de faits à l'autre s'accomplit sans doute par gradations insensibles. La réalité concrète est pleine de nuances, de formes intermédiaires. L'esprit humain s'en rend très bien compte; mais cela ne l'empêche pas, dans tous les domaines du savoir, de toujours poser à nouveau le problème des limites, sinon fixes ou stables, du moins mobiles et approximatixes, qui séparent les phénomènes en autant de catégories ou de groupes distincts. L'analyse du savant n'a pas d'autre but. Le sociologue devra donc à son tour s'efforcer de résoudre cette question qui pour lui est capitale : où finit, dans le domaine du concret, l'interaction psychophysique, et où commence l'interaction psychologique? Quel est le fait concret où se laisse saisir, pour la première fois et expérimentalement, d'une façon exacte et précise, la transformation du phénomène psychophysique en phénomène psychologique? En d'autres termes encore, quel est le premier fait bio-social observable, le fait-limite entre l'interaction cérébrale élémentaire qui produit le fait bio-social, et l'interaction dérivée qui le développe?

Le rôle d'un tel fait est joué par la parole humaine. Envisagé d'une façon concrète, le langage articulé est un phénomène bio-social dont l'étude incombe à la psychologie. Considéré d'une façon abstraite, dans les éléments intimes qui le composent, le langage est à la fois un phénomène biologique (étudié par la physiologie) et un phénomène social (étudié par la sociologie). Aujourd'hui on répète à satiété que le langage est un fait « psychologique » compliqué par les conditions de la vie en commun. Je n'ai pas besoin de faire ressortir ce qu'une pareille analyse, qui ne décompose pas le fait psychologique en ses parties constituantes, offre de grossier et de superficiel.

Laissons de côté l'aspect biologique et considérons uniquement l'aspect social de la parole. Dans la discussion jadis célèbre qui s'éleva autour du problème : le langage est-il postérieur ou antérieur à la pensée? on ne prit pas garde au caractère vague de ce dernier terme, la pensée, qui embrasse à la fois des phénomènes antérieurs et des phénomènes postérieurs au fait social, à l'interaction conscientielle. Or, c'est là une distinction importante et qu'il ne faut jamais perdre de vue. L'interaction psychique, en modifiant la nature de notre expérience qui, d'isolée et de fragmentaire, devient collective et continue, a pour effet immédiat la formation, dans les cerveaux qu'elle touche, de notions plus ou moins générales et abstraites et de sentiments plus ou moins complexes, mais toujours idéalisés. Ces idées et ces sentiments se superposent aux images concrètes et aux émotions simples et, comme celles-ci, en vertu des mêmes lois physico-chimiques et physiologiques, aboutissent à des mouvements de diverses sortes. Le langage articulé est la série des mouvements spéciaux où s'extériorise l'interaction psychique, l'expérience collective. Là où cette interaction et cette expérience sont nulles ou faibles, le langage fait défaut ou reste non développé, rudimentaire.

L'interaction psychique s'exerçant sur la pensée bio-individuelle (encore concrète) ou sur le mouvement qui l'extériorise, fait surgir la pensée collective (déjà plus ou moins générale et abstraite) et le verbe qui l'exprime. A côté du contenu conscientiel d'origine et de nature biologique l'interaction trouve ainsi un nouveau contenu conscientiel (d'ordre composé, bio-social) qu'elle contribue à former et qui, à son tour, subit le sort du premier. Dès ce moment, le contact des consciences dépasse les bornes du temps présent et les limites de l'existence bio-individuelle. Il unit les consciences contemporaines avec celles du passé d'une part, avec celles de l'avenir de l'autre (phénomène de tradition ou filiation historique). Et l'interaction psychique, sans pour cela cesser de remplir sa fonction originelle, s'exerce sur la pensée collective et le langage qui l'extériorise : de psychophysique, elle devient psychologique.

Nous obtenons la série causale suivante : 1° formation, avec les matériaux fournis par les représentations, les images concrètes, les émotions simples, etc., et à l'aide des mouvements qui extériorisent ce premier contenu conscientiel, d'idées plus ou moins générales et abstraites (opposition de l'espèce au genre) et de sentiments plus ou moins complexes (basés également sur la distinction entre le général et le particulier); 2° expression ou extériorisation de ce nouveau contenu conscientiel, élaboration lente du langage; 3° communication et échange spontanés des signes ainsi formés (langue parlée et plus tard écrite); 4° communication et échange (qui nous semblent de plus en plus voulus ou intentionnels), à l'aide de la parole et plus tard de l'écriture, des idées elles-mêmes et des sentiments qui les accompagnent.

Enfin, en renversant les termes de la série causale, nous obtenons la série finaliste qui transforme les effets en buts et les causes en moyens. Cette série ou séquence est essentiellement subjective. Elle fait rayonner le monde autour du sujet sentant et pensant. Elle ramène les choses non plus à leurs conditions propres d'existence, mais à celles du sujet qui les observe, qui les juge, qui les désire ou qui les craint. Elle subordonne, par conséquent, les moyens (les causes effectives) aux buts (les effets nécessaires) et elle fait suivre ceux-ci par ceux-là (les buts par les moyens, les effets par les causes). Appliquée aux choses de l'esprit ou, ce qui revient au même, aux choses sociales, elle est foncièrement pratique (utilitaire) ; car elle accorde ici à la volonté (représentée par l'action) la primauté sur la pensée (représentée par la connaissance). Dans le cas spécial qui nous occupe, la série pratique ou téléologique se décomposera donc ainsi : 1° but ultime : communication, voulue ou intentionnelle, d'idées, de sentiments, etc. ; 2° moyen immédiat conduisant à ce but et servant lui-même de but aux moyens plus éloignés ou indirects : langage parlé et écrit ; 3° élaboration du langage ; 4° acquisition ou formation d'idées, de sentiments, etc.

Les deux premiers termes dans la série finaliste — qui sont les deux derniers dans la série causale — embrassent les phénomènes essentiels de l'interaction *psychologique*. Et les deux derniers termes dans la série finaliste — qui sont les deux premiers dans la série causale — les phénomènes essentiels de l'interaction *psychophysique*. Ceci nous conduit à considérer, dans l'ordre subjectif ou finaliste, l'interaction psychologique comme le but et l'interaction psychophysique comme le moyen ; et, dans l'ordre objectif ou causal, celle-ci comme la cause et celle-là comme l'effet. Cette brève analyse suffit pour montrer combien vagues et superficielles sont les notions courantes sur les rapports de la pensée et du langage, notions qui s'affirment en ces thèses bien connues : le langage a permis l'action d'une conscience sur une autre ; le langage a « désindividualisé » la pensée ; le langage est sorti du besoin de communiquer à autrui sa pensée, et ainsi de suite.

L'action d'une conscience sur une autre constitue la condition primordiale de la formation du langage; mais la finalité naturelle de l'esprit le pousse constamment à renverser ce rapport, à prendre l'effet pour la cause, à voir dans la parole la source première de la pensée. D'autre part, c'est le concept déjà généralisé par l'expérience collective (la pensée « désindividualisée ») qui s'exprime par la parole, ce n'est pas la parole qui produit originellement le concept; de même, dans une classe voisine et plus simple de faits, c'est la sensation qui détermine le mouvement réflexe, ce n'est pas celui-ci qui engendre celle-là. Enfin, le langage existe déjà et les hommes échangent des idées (cela aussi naturellement que l'arbre se couvre, sous l'action de la chaleur et de la lumière printanières, de feuilles vertes), quand le concept abstrait du langage se forme dans les esprits et y devient lui-même l'objet d'un échange constant.

Il n'est pas rare de voir attribuer à un seul « moment » de l'évolution interpsychique, à la formation du langage, ce qui, en réalité, est le résultat de la série causale tout entière. La parole devient ainsi une sorte de *deus ex machina*, la cause unique de la tradition, de l'éducation, de l'imitation, du progrès social. C'est elle qui engendre et développe les idées, qui fait du concept subjectif, du « rêve particulier et illusoire de l'individu isolé », une réalité objective « se précisant, se rectifiant par les rapports sociaux ». Chaque idée étant l'équivalent d'expériences particulières innombrables, c'est encore le verbe tout-puissant qui rapproche ces expériences, qui les confronte, qui en fait jaillir l'essor incomparable de l'humanité au-dessus de l'animalité, qui donne à l'homme la domination sur la nature.

Certes, le langage est un fait infiniment précieux dans l'évolution surorganique : il sert de frontière entre la phase potentielle, latente — et souvent avortée — de cette évolution et sa phase effective. Là où il ne se forme pas, il y a sensation, perception, représentation, conscience bio-individuelle, pensée asociale, — il n'y a pas d'idéation abstraite ni de véritable socialité, j'entends de socialité se manifestant par une connaissance, une philosophie et un art qui se développent sans cesse et qui commandent à une activité également progressive.

Le langage s'élabore avec lenteur, au fur et à mesure de la naissance des idées qu'il sert à exprimer. Ses débuts sont marqués par l'absence de termes génériques et par la formation de mots ayant une signification très concrète (chez certaines tribus sauvages, toutes les variétés du chêne, par exemple, ont des noms spéciaux, et le mot chêne et, à plus forte raison, celui d'arbre n'existent pas; chaque cours d'eau, chaque doigt de la main a un nom, et les termes plus généraux de rivière, de fleuve, de doigt sont inconnus). Mais l'expérience collective, en se prolongeant, fait de plus en plus ressortir les similitudes des choses ou leurs identités; elle dépose ainsi dans les cerveaux les germes d'idées de plus en plus générales; et les nouvelles générations forment des mots de plus en plus abstraits (souvent en élargissant simplement le sens des vieux termes, le nom de « pouce », par exemple, venant à désigner chez certaines peuplades tous les doigts de la main).

Le biologisme qui prévaut encore dans les sciences sociales, nous fait accepter comme une vérité très sûre cette proposition : le langage humain sort du geste animal. En réalité, le geste animal (au sens large du terme qui comprend tous les mouvements expressifs, le frottement des antennes chez les insectes, les cris, les sons vocaux grossiers émis par les singes, etc.) et le langage humain ont une origine commune : ils sont le produit de la socialité; mais, chez les animaux, celle-ci s'arrête dès ses premiers pas (et c'est la répétition du même, c'est l'habitude, l'automatisme, l'instinct héréditaire ou atavique); et chez l'homme, elle se développe et s'épanouit. Mais ce qui a fait éclore, à côté du geste, la parole, c'est l'interaction psychique ayant trouvé des conditions particulièrement favorables à son exercice prolongé et ininterrompu. Il ne faut pas l'oublier dans la science spéciale de cette classe de phénomènes, la sociologie. Il faut y éviter de confondre l'évolution sociale arrêtée, qui n'est plus une évolution, avec l'évolution sociale effective. Gardons-nous d'imiter le philo-

sophe de la nature qui, parce que les phénomènes physiques
conditionnent les phénomènes chimiques, attribuerait la
formation du sel marin, par exemple, à la gravité universelle,
et n'accorderait aux propriétés chimiques de la matière
qu'une valeur de second, voire même de troisième rang. Mais,
comme ce philosophe, une école nombreuse de sociologues
modernes a tout l'air de nous dire : l'action d'une conscience
sur une autre, l'expérience collective, la solidarité, la coopération, ces phénomènes, quoique réels, sont subsidiaires ;
l'important, l'essentiel, c'est la vie, la constitution cérébrale!

Quelque chose de très peu scientifique encore, c'est le
recours à cette entité verbale, l'utilité, les motifs pratiques,
pour expliquer pourquoi la parole a prévalu sur le geste. Le
geste, dit-on, monopolise les mains, il empêche de vaquer à
d'autres travaux, il est inefficace dans l'obscurité, il est trop
peu nuancé, il offre une foule de désavantages qui se laissent
résumer ainsi : il n'affranchit pas assez la pensée des liens du
concret. La parole possède les mérites opposés. A ce compte,
l'homme primitif aurait choisi la parole en considération de
sa supériorité sur le geste; par intuition, instinctivement,
ou en connaissance de cause, il n'importe. Or, les choses se
sont passées, sans nul doute, d'une manière différente. Les
abstractions formées par l'expérience collective s'exprimèrent
spontanément par la parole, tout comme le phénomène
physico-chimique de la combustion du bois à l'air libre se
manifeste par la chaleur qu'il dégage, la flamme qu'il fait
jaillir, le bois qu'il fait crépiter. L'utilité du langage vocal,
— comparativement au geste, — loin d'être la cause de la
parole, est son effet, son résultat. L'utile ici, comme partout
ailleurs, marque « la nécessité qui lie l'effet à sa cause ». La
parole étant l'effet nécessaire de l'abstraction, est utile à
celle-ci. Mais subjugués par la téléologie, par l'inversion finaliste inconsciente qui se prend pour un rapport causal, nous
en arrivons à envisager la parole comme un moyen, non pas
d'exprimer l'idée abstraite, mais de la former, ou comme une
vraie cause de l'abstraction.

6. *Les modes essentiels de l'interaction mentale.* — Nous

avons vu que l'interaction psychologique a pour origine,
pour point de départ l'interaction psychophysique. L'analyse
abstraite permet d'isoler, de concevoir séparément chacun de
ces deux aspects fondamentaux de la socialité; mais la réalité
concrète les réunit toujours d'une façon étroite. Cependant,
dans les premières phases de l'évolution sociale, l'interaction
psychologique est nécessairement faible, lente, épisodique; le
langage qui l'extériorise, qui l'exprime à la fois physiologiquement et mécaniquement, est rudimentaire, à peine ébauché.
Dans les phases suivantes, au contraire, cet aspect de la socialité se développe d'une façon de plus en plus rapide et commence à porter les riches floraisons mentales qui caractérisent
l'état civilisé des groupes humains. Mais en quoi consiste ou à
quoi se reconnaît le nouvel essor que prend l'interaction des
esprits? A notre avis, ce développement est, par essence, un
processus de différenciation. L'évolution sociale manifeste,
à son tour, la loi universelle de causalité; et cela signifie
que son début, l'interaction psychophysique, est moins
différencié que son cours ultérieur, l'interaction psychologique (6).

L'interaction psychologique remplit cette phase évolutive où se marque de plus en plus et s'accentue la formation
inévitable de plusieurs modes à la fois distincts et successifs
de la pensée sociale. D'une façon générale, ces modes, — nos
lecteurs le savent, — ont été ramenés par nous aux quatre
divisions suivantes : la pensée analytique et hypothétique,
la pensée synthétique et apodictique, la pensée syncrétique et
symbolique, et la pensée pratique et téléologique. Les générations qui se succèdent au cours de l'histoire ne succombent
que physiologiquement; leur expérience collective, la pensée
sociale qui les anime, ne meurt pas avec eux. Quand une
génération d'hommes disparaît, quand elle semble avoir
quitté pour toujours la scène où se joue le grand drame
humain, sa socialité s'est déjà entièrement transformée en
connaissances, en croyances philosophiques ou religieuses,
en conceptions esthétiques et en œuvres d'art, enfin en idées
pratiques et en actes de toutes sortes. Et une nouvelle vague
d'interaction mentale, surgissant du même fond organique et

inorganique inépuisable, s'élève aussitôt avec la génération suivante, — vague qui charrie et transmet plus loin l'ensemble des résultats, positifs ou négatifs, précédemment obtenus.

L'interaction psychophysique contient en soi le germe lointain de la différenciation quaternaire qui s'affirme avec une force croissante dans l'interaction psychologique dont elle constitue la marque distinctive. Ce germe ou cette racine se retrouve dans l'opposition primordiale entre les énergies psychophysiques de l'individu isolé et l'ensemble des mêmes énergies chez tous les autres individus avec lesquels le premier entre en une suite de relations constantes. L'affirmation du « moi » est déjà une opération analytique, et l'affirmation d'autrui, du groupe, une opération synthétique de l'esprit. La science et la philosophie reflètent de la sorte le contraste permanent entre l'individu et la société. Dans l'existence sociale, chaque individu se voue aux autres individus, au groupe, chaque unité est multipliée par toutes les autres. Telle semble être l'origine de la pensée synthétique (ou religieuse au sens étymologique du mot), d'abord intimement confondue avec la pensée analytique ; celle-ci ne se sépare de celle-là qu'au fur et à mesure de la formation et du développement, dans le milieu collectif, de l'individu social, de la personne morale.

La pensée syncrétique se greffe spontanément sur les deux formes précédentes de la pensée sociale ; elle en dérive d'une façon nécessaire. Car si, d'une part, l'individu tend à se « socialiser », l'analyse à se transformer en synthèse, la connaissance particulière en conception générale, — de l'autre, le groupe tend à s' « individualiser », la synthèse à se retrouver dans l'élément unique, mais déjà choisi, trié avec soin (types grossis, gonflés par la conception et le sentiment esthétiques), la philosophie à se transformer en art. L'art représente la synthèse philosophique avec laquelle il se confond d'abord étroitement (l'animisme et l'anthropomorphisme des premières conceptions synthétiques, où Dieu « personnifiait » l'univers en général et plus particulièrement peut-être, selon une remarque de M. Simmel, « la communauté conçue comme législatrice des individus », — rôle que tient également le Dieu-Humanité dans la religion comtiste). Dépouillé de ses attributions physiologiques, l'amour offre un caractère esthétique prononcé précisément en raison de sa profonde tendance à représenter en une personne choisie, élue entre toutes, le groupe social ou humain. Enfin, la pensée pratique établit entre les formes indiquées de l'interaction collective et tout ce qui, dans l'univers, ne rentre pas dans le groupe social, tout ce qui lui demeure extérieur (la nature opposée à l'humanité), — un rapport particulier et très intéressant. En effet, l'homme ne pouvant être considéré comme la cause efficiente de la nature, la pensée pratique invertit le rapport causal, elle le transmue en un rapport finaliste; et c'est par cet artifice ou cette méthode que la raison s'aperçoit elle-même comme dominant la nature dont elle fait partie, dont elle est issue et qu'elle représente (7).

7. *Les lois sociologiques et le principe de l'égalité de l'action et de la réaction.* — Avant de terminer ce chapitre où l'inter-action psychique est envisagée hypothétiquement comme la cause ultime de la série totale des processus complexes — et par certains de leurs aspects inexplicables d'une autre façon — qui constituent ce qu'on appelle l'évolution des sociétés, disons quelques mots du principe de causalité dans son application à cette classe spéciale de recherches. Dans les sciences des phénomènes les plus simples et les plus géné-raux, tel le mouvement, ce principe revêt encore la forme d'un rapport d'égalité entre deux phases successives de l'évolution mécanique, dont l'une porte le nom d' « action » et l'autre celui de « réaction ». Mais ce rapport s'observe-t-il dans les sciences des phénomènes les plus complexes et les plus particuliers, telle l'interaction mentale? Le principe de l'égalité de l'action et de la réaction conserve-t-il la même valeur en mécanique et dans toutes les autres branches de la connaissance, y compris la sociologie?

En mécanique, une bille qui roule tend, sous l'action de la pesanteur, à pénétrer dans le sol; mais celui-ci développant une réaction égale et opposée, la bille ne s'enfonce pas; ou bien, si le sol est sablonneux, marécageux, la bille y descend jusqu'au point précis où la réaction, la résistance des particules du sol devient égale à l'action du poids de la bille. En sociologie, une idée (une connaissance) accompagnée du sentiment corrélatif tend, par suite de l'interaction mentale, à pénétrer dans les cerveaux des membres du groupe où elle déterminera une même conduite. Mais l'idée nouvellement émise se heurte toujours à la résistance, à l'opposition des idées et des mœurs anciennes. Et ici la même alternative se présente : ou l'antagonisme est égal, et l'idée glisse sur les esprits des hommes sans pouvoir modifier leur conduite ; ou la contrariété est plus faible, et l'idée s'assimile, elle pénètre avec toutes ses conséquences dans les cerveaux, mais seulement jusqu'au point précis où des idées plus résistantes, par leur nombre ou leur qualité, la contre-balancent, lui font contrepoids. Le principe de l'égalité de l'action et de la réaction n'est qu'une des nombreuses formules logiques où s'exprime la loi universelle de la conservation de l'énergie et son corollaire direct, le principe de l'identité de la cause et de l'effet. En vérité, dans l'exemple mécanique, l'action de la bille et la réaction du sol apparaissent comme des *effets* (divers *in concreto*, mais nécessairement identiques *in abstracto*) de la *même* cause : soit le mouvement en général, soit la pesanteur en particulier. En constatant leur égalité, l'esprit les ramène à leur cause commune et affirme en même temps l'identité de celle-ci et de chacun de ses effets. Dans l'exemple sociologique, un phénomène tout pareil a lieu : l'idée nouvelle et l'idée ancienne sont également des effets, divers en apparence, mais identiques en réalité, de la même cause : l'interaction conscientielle. Le principe de l'égalité de l'action et de la réaction se vérifie ainsi dans tous les ordres de la connaissance, sans la moindre exception.

Et ce principe implique encore nécessairement, en mécanique aussi bien qu'en sociologie, le phénomène si souvent décrit par les logiciens comme une réaction des effets sur leurs causes. C'est parce que la résistance du sol est elle-même un effet de la pesanteur, c'est-à-dire du mode d'énergie qui tend à faire pénétrer la bille dans le sol, que nous pouvons parler indifféremment d'une réaction égale à l'action et d'une réac-

tion de l'effet sur sa propre cause. Et c'est parce que l'idée
ancienne est elle-même un effet de l'interaction mentale, c'est-
à-dire du mode d'énergie qui donne naissance à l'idée nouvelle, qu'ici encore nous pouvons parler à la fois d'une réaction égale à l'action et d'une réaction de l'effet sur sa cause (8).
Quand nous constatons — et les historiens sont unanimes
sur ce point — que toute institution (mœurs, droits acquis,
forme gouvernementale, etc.), résultant elle-même d'un progrès
(d'une expérience et d'une connaissance), s'oppose à un progrès
ultérieur (à une expérience et à une connaissance élargie ou
approfondie), — que tout droit tend à devenir privilège, que
toute liberté tend à devenir tyrannie, etc., — nous constatons,
dans la réalité sociale, la loi de conservation de l'énergie (de
l'identité de la cause et de l'effet) et ses corollaires logiques,
l'égalité de l'action et de la réaction, et la réaction de l'effet
sur sa cause.

Ce dernier corollaire offre un intérêt particulier en sociologie, parce qu'il sert de base ou de point de départ à l'inversion finaliste. C'est à « la réaction de l'effet sur sa cause » que
s'attache de préférence le mode pratique ou téléologique de la
pensée sociale. Voici, par exemple, une somme de savoir due
à l'expérience collective, et son effet — le régime de la propriété privée, les mœurs, les formes de production capitalistes.
Comment cet effet réagira-t-il sur sa cause? En vertu de la loi
universelle de conservation de l'énergie (ou de l'identité de la
cause et de l'effet), le capitalisme tendra à maintenir le niveau
de savoir (ou de liberté) qui lui donna naissance et qui lui
est le plus favorable. Au point de vue de la causalité pure,
nous continuerons à voir dans le capitalisme l'effet d'un
certain degré d'expérience collective, d'un certain degré de
savoir ou de liberté (que les esprits plus avancés ou qui se
croient tels taxeront d'ignorance et de despotisme). Mais nous
nous garderons de dire, avec les marxistes, que le capitalisme
est la cause d'un pareil degré d'expérience collective ou de
connaissance. Pour passer à cette affirmation, nous devrons
nous placer au point de vue de la finalité, invertir la relation
causale, considérer le capitalisme comme un motif d'action,
et l'expérience collective ou la connaissance comme un moyen

servant à atteindre ce but. Le capitalisme nous apparaîtra alors comme une condition qui détermine un certain niveau de savoir, une certaine forme de civilisation, et non pas comme un phénomène déterminé et produit par ce niveau ou cette forme. Or, c'est presque toujours exclusivement sous cet aspect finaliste que nous concevons et que nous nous représentons la réaction de l'effet sur sa cause. Mais le point de vue et le rapport téléologique est souvent confondu avec le point de vue et le rapport causal; et nous tombons dans l'erreur qui consiste à prendre, *bona fide*, la cause pour l'effet et inversement.

CHAPITRE II

Les faits de conscience et les faits de connaissance

1. Le milieu cosmique et le milieu social. — 2. Les faits de conscience et les faits de connaissance. — 3. La réalité du monde sensible. — 4. Le problème de la connaissance dans la psychologie empirique basée sur la métaphysique idéaliste. — 5. L'action en biologie et en sociologie. — 6. Conclusions générales.

1. *Le milieu cosmique et le milieu social.* — Ces deux termes : *conscience* et *connaissance*, sont, dans toutes les langues, aussi vagues et imprécis que les phénomènes qu'ils servent à désigner et sur la nature desquels on émet aujourd'hui les hypothèses les plus contradictoires.

Et d'abord, qu'est-ce que la conscience ? Il fut un temps — il n'est pas éloigné — où tous « les bons esprits », les juges dont la compétence se mesure surtout à leur nombre, n'éprouvaient aucun embarras pour formuler la thèse banale : la conscience est le phénomène essentiel, le fait irréductible, le *quid proprium* de cette discipline fondamentale ou abstraite, la psychologie. Depuis, la pensée analytique, si emphatiquement décrite par Bacon : *Facienda est naturæ solutio et separatio non per ignem certe, sed per mentem, tanquam ignem divinum*, a fait quelques progrès sérieux. Beaucoup d'entre nous se refusent d'ores et déjà à traiter le phénomène psychologique comme les anciens physiciens traitaient la terre, le feu, l'air et l'eau. Nous n'y voulons plus voir un phénomène simple, indécomposable. Nous le réduisons à ses éléments constitutifs : le phénomène vital et le phénomène social.

Nous estimons que tout fait psychologique est un phénomène bio-social, et nous rangeons la psychologie parmi les
sciences concrètes (avec le sens particulier que nous attachons à ce terme).

Mais la conscience est-elle vraiment un fait bio-social,
psychologique? Ne serait-elle pas plutôt un phénomène purement organique? Ou encore un phénomène exclusivement
social, surorganique? Les psychologues des vieilles écoles ne
se sont-ils pas grossièrement trompés — l'histoire des
sciences abonde en exemples d'erreurs de cette sorte — et
n'ont-ils pas pris pour point de départ de leurs études un
fait appartenant à un ordre essentiellement distinct de phénomènes, à une science voisine (ce qui suffirait, certes, à
expliquer le caractère infécond de leurs efforts)?

Les psychologues modernes tendent de plus en plus à
séparer les états de conscience en deux classes : 1° les états
qui ne se manifestent que chez les êtres groupés en sociétés;
et 2° les états qui ne dépendent pas du « milieu social », mais
seulement du « milieu cosmique », qui sont extérieurs et
antérieurs aux rapports sociaux, qui sont, comme on dit,
strictement« individuels ». Cette tendance résume une longue
suite d'observations qui paraissent concluantes; et elle confirme, ai-je besoin de le dire, notre conception fondamentale
sur les rapports qui doivent se former entre la biologie et la
sociologie, d'une part, et la psychologie, de l'autre.

Tous les faits de conscience ont pour théâtre l'individu; mais
les uns sont bio-individuels et les autres socio-individuels.
Les uns ressortissent à la biologie, et la psychologie qui s'en
occupe n'est encore, en vérité, que de la psychophysique. Et
les autres appartiennent déjà en grande partie à la sociologie.
N'oublions pas que l'individu social est à la fois un groupe
réel, formé par l'union intime, la fusion de l'individu biologique avec ses ancêtres et ses contemporains (tradition,
éducation, imitation, etc.), et l'élément constitutif dernier
d'une infinité de groupes de plus en plus étendus (famille,
tribu, nation, classe, etc.). Par suite, la psychologie qui
étudie les faits socio-individuels de conscience pourrait être
déjà de la bio-sociologie.

Qu'est-ce que la conscience bio-individuelle et qu'est-ce que la conscience socio-individuelle ?

La première est le résultat ultime des processus « d'interaction chimique » qui constituent la vie. A un degré infime, elle est peut-être, comme le croit Wundt, possédée par la plante. Elle est très développée chez tout animal supérieur. Elle reste toujours, dans son essence, identique aux phénomènes connus sous le nom d'irritabilité ou d'excitabilité. La sensation est la fonction primordiale de tout centre nerveux et sans doute même, sous une forme de plus en plus élémentaire, de tout protoplasme. L'inconscient organique n'est que le plus bas degré du conscient vital, c'est l'irritation ou la sensation sourde, imprécise, qui précède et prépare la phase suivante, « l'affectivité » ou émotivité déjà différenciée (plaisir, peine), comme celle-ci précède et prépare la phase ultime, dite de « réactivité motrice ». La conscience bio-individuelle établit ainsi des relations — qui sont variables à l'excès, selon les diverses espèces animales — entre le monde extérieur, le « milieu cosmique », et l'organisme constamment affecté, influencé, modifié par ce milieu. Elle constitue ou représente l'unité organique de l'être vivant.

La seconde, la conscience socio-individuelle, est le résultat immédiat d'une interaction qu'on peut appeler biologique puisqu'elle s'exerce sur les consciences bio-individuelles. Inférieures, ces consciences, en s'influençant les unes les autres, déterminent chez l'individu soumis à ce nouveau processus la formation d'une conscience sociale obscure et confuse (sociétés animales instinctives, automatiques, stationnaires). Et supérieures, elles déterminent, chez l'individu subissant l'interaction conscientielle, la formation d'une conscience sociale de plus en plus claire et distincte (sociétés humaines raisonnables et progressives). Dans la réalité concrète, la conscience sociale se greffe sur la conscience bio-individuelle et transforme l'individu biologique en individu bio-social.

Laissons de côté cette transformation dans le cas des collectivités animales, sur lesquelles nous ne possédons encore que des données extrêmement vagues, pour ne nous occuper que de l'évolution qui a lieu dans les sociétés humaines.

L'interaction conscientielle débute par former des consciences socio-individuelles rudimentaires et peu différenciées ; ce qui veut dire que leur moyenne ou résultante, la conscience du groupe, coïncide alors, à peu de chose près, avec chacune de ses composantes. Celles-ci demeurent pareilles à ce point qu'on peut toujours les remplacer par la conscience du groupe. Les collectivités restreintes et se distinguant à peine les unes des autres, qui surgissent dans ces conditions, dominent et absorbent l'individu. Mais à mesure que l'évolution sociale se prolonge, l'interaction psychique produit des consciences socio-individuelles de plus en plus développées et différenciées ; et l'écart entre la conscience du groupe et les consciences socio-individuelles augmente. La collectivité absorbe de moins en moins l'individu social. En même temps, les groupes formés par de tels individus se diversifient et s'étendent, deviennent à la fois plus compacts et plus vastes.

La différenciation et la concentration ou l'intégration des groupes sociaux a toujours pour point de départ la différenciation et l'intégration des consciences socio-individuelles. On ne doit pas l'oublier, sous peine de tomber dans l'illusion finaliste qui prend l'effet pour la cause réelle et *vice versa*. Certes, si l'on substitue l'idée de société à celle d'interaction conscientielle, on pourra affirmer que la conscience socio-individuelle est une émanation de la conscience du groupe. Mais on s'expose ainsi à tomber dans la grave erreur logique qui consiste à tirer « originellement » les composantes de leur résultante commune.

2. *Les faits de conscience et les faits de connaissance.* — Nous avons vu qu'entre la conscience bio-individuelle et la conscience socio-individuelle il y avait place pour un processus spécifique qu'on ne saurait actuellement réduire à l'ensemble des phénomènes qui constituent la vie ; et nous avons pu « hypothétiquement » concevoir ce processus, nous avons pu nous le figurer comme une « interaction de consciences bio-individuelles ». La conscience socio-individuelle nous est apparue comme l'effet immédiat et nécessaire de cette interac-

tion. Il s'agit maintenant de savoir si l'on peut utilement se servir du même terme : la conscience, pour dénommer à la fois la matière première du processus social et ce processus lui-même ou son principal résultat. Nous ne le pensons pas. Distinguer ces deux classes de phénomènes par de simples adjectifs n'est peut-être point suffisant; un tel procédé manquera toujours de rigueur scientifique. Si la conscience socio-individuelle est une modification profonde de la conscience bio-individuelle, il vaut mieux la désigner par un nom, un vocable spécial. Ce terme d'ailleurs existe dans toutes les langues et, dans son acception la plus large, il exprime bien ce que nous voulons dire. C'est le terme de *connaissance*.

Ainsi se marquera la séparation de la pensée subjective et passagère, particulière et concrète, n'entrant en contact qu'avec la matière inorganique ou la matière vivante traitée comme le reste de la nature, et la pensée objective, générale et abstraite, la pensée de l'être qui, associé avec ses pareils, se sert de leur expérience indéfiniment continuée et accumulée pour combler les innombrables lacunes de son observation individuelle, morcelée et fragmentaire.

Ce qui est vrai du rapport entre la conscience et la connaissance l'est également du rapport entre la mémoire psycho-physique et ce qu'on pourrait appeler la mémoire sociale. Conscience, mémoire, association par contiguïté, etc., — ces divers aspects du fait biologique résultent de l'expérience bio-individuelle. Et connaissance, liaison rationnelle des idées, logique, méthodologie et ainsi de suite — ces divers aspects du fait social dérivent de l'expérience collective ou socio-individuelle.

Les psychologues identifient volontiers ces deux sortes d'expériences. La seconde, à leurs yeux, s'offre comme un simple prolongement de la première. A la fois représentative, affective et motrice, la conscience, affirment-ils, est tantôt spontanée, tantôt réfléchie. Spontanée, la conscience représentative se manifeste par les « sensations » et leurs combinaisons immédiates, les « perceptions »; la conscience affective — par les « émotions » (plaisirs et douleurs simples); enfin la conscience motrice — par les « impulsions et les mouvements

plus ou moins instinctifs ». Et devenue l'objet ou la matière
d'une élaboration réfléchie, la conscience représentative se
transforme en « connaissance intellectuelle, en idées générales,
en concepts abstraits »; la conscience affective — en « sentiments » (combinaisons d'émotions à la fois atténuées et intel-
lectualisées et plus durables); enfin la conscience motrice —
en « volitions, en actes délibérés, en jugements de valeur ».
Mais d'où vient une telle élaboration? Elle ne s'observe que
dans les milieux sociaux; si elle tombe d'un ciel quelconque,
c'est du ciel social. Il y a là un phénomène nouveau qui
s'interpose, pour ainsi dire, entre le fait étudié par le psychologue sous le nom de « conscience » et celui auquel il donne
le nom de « connaissance ».

La conscience biologique est le produit des sensations
éparses non rattachées au « moi » (non centralisées par les
centres nerveux supérieurs) et qu'on peut caractériser comme
autant d'impressions indécises, de représentations obscures, de
mouvements automatiques ou réflexes. Un « état conscient »
est essentiellement une totalisation ou synthèse « d'états
inconscients ». Et la connaissance est le produit de l'interaction qui a lieu entre ces états totalisés ou pleinement développés; elle se forme à la suite d'une expérience non seulement
répétée ou multiple, mais déjà collective; elle est l'effet nécessaire du phénomène social. Dans l'évolution cosmique, dans
le flux incessant des phénomènes, les « états cognitifs » qui
totalisent les états conscients apparaissent comme autant
d'îlots qui interrompent ou coupent le courant universel, qui
tendent à transformer le changement continu des choses en
changement discontinu. Cette transformation forme l'essence
même de la pensée analytique, toujours plus ou moins conjecturale.

A cette question: où commence le phénomène surorganique,
où débute, sur la scène du monde, l'esprit? — on peut, dans
l'état présent de notre savoir, répondre par trois hypothèses.
Selon l'une, la phénoménalité surorganique commence avec
ce qu'on appelle la conscience sourde, la sensation, ou l'inconscient; elle se développe avec la conscience bio-individuelle et
elle atteint son point culminant avec la connaissance ou con-

science socio-individuelle. Selon l'autre, l'inconscient est un phénomène organique, mais la conscience est déjà surorganique au même titre que la connaissance. Selon la troisième enfin, la connaissance seule serait d'ordre surorganique. Nous rejetons les deux premières hypothèses pour adopter la troisième (9). Il nous semble difficile de voir dans la conscience bio-individuelle synthétisant les sensations autre chose qu'un de ces termes intermédiaires, si fréquents dans la nature, qui relient les phases successives d'une évolution et figurent déjà, dans l'une de ces phases, le germe obscur qui s'actualisera dans l'autre. Le mot « esprit », comme le mot « vie », s'applique indifféremment aux deux zones concentriques, la sphère biologique plus vaste et la sphère sociologique plus restreinte. Mais le phénomène surorganique au sens propre du terme ne commence pas avec l'esprit au sens vague du mot, comprenant tous les faits de conscience et tous les faits de connaissance. Il n'embrasse que ces derniers faits. La *raison* est ce que l'interaction des consciences, bio-individuelles d'abord et ensuite socio-individuelles, apporte de nouveau — ou du moins de réalisé, d'actualisé et non plus de virtuel ou latent — dans l'ensemble total et dans l'évolution des phénomènes.

Ce qui, ici, pourrait donner le change et nous induire à remonter plus haut qu'il ne convient dans la série causale universelle, c'est l'impossibilité empirique de séparer les faits de connaissance des faits de conscience tels qu'ils se produisent chez l'homme et même chez quelques espèces animales (soit sociables, soit domestiquées et faisant, en quelque sorte, partie des sociétés humaines). Dans les limites de l'expérience sensible, le phénomène vital se manifeste en dehors et indépendamment du fait social; mais ce dernier n'y apparaît jamais sans être accompagné par le premier. La connaissance, la mémoire des idées et des sentiments et leur association se confondent dans la réalité concrète avec la conscience, la mémoire des images ou des états émotifs et l'association mécanique des éléments nerveux. L'interaction psychophysique suffit pour transformer le phénomène vital en fait bio-social élémentaire. Et dans l'animalité tout finit là, tout se borne à la production de certains états psycholo-

gi ques très simples. Mais, dans l'humanité, l'interaction
psychophysique se développe spontanément en interaction
psyc hologique, et la question capitale — pour toute sociologie future — des rapports de la conscience avec la connaissance se complique d'une façon extraordinaire. Examinons
sommairement quelques-uns de ses aspects.

Toute interaction psychique régulière et prolongée s'accompagne de ce phénomène, la différenciation du « moi » d'avec
« autrui ». Or, si une telle différenciation est identifiée avec
la conscience (thèse ordinaire des psychologues), celle-ci ne
d oit-elle pas se concevoir comme un produit immédiat de la
vie sociale, et ne pourra-t-on pas dire que, dans la mesure
exacte où les animaux ont un moi « différencié », ils en sont
redevables à leur socialité rudimentaire? Il n'y a pas d'animal
conscient qui ne soit doué d'intelligence à un degré quel-
co nque, qui ne possède une psychologie embryonnaire : il
n'y a donc pas d'animal conscient dont les faits et gestes ne
portent des traces de cette forme ultime de l'énergie mondiale,
la socialité.

Rien de plus juste peut-être en théorie. Mais toute recherche
scientifique a pour première condition de succès l'étude du
phénomène dans cette phase évolutive où il devient accessible à l'expérience (soit parce qu'il est suffisamment développé
et frappe directement nos sens, soit parce que ceux-ci sont
déjà pourvus de puissants moyens pour le grossir et l'accentuer). Il y a de la sorte dans toutes les branches du savoir
des phénomènes situés à leur frontière extrême, aux confins
qui touchent à la science voisine et inférieure; mais l'analyse
de ces phénomènes est nécessairement réservée au savoir
futur, méthodologiquement mieux pourvu et plus parfait.

Toutefois le problème — si complexe — du passage du
vital au social comporte une autre solution, plus exacte peut-
être. Selon ce nouveau point de vue, nous confondons, sous
le terme de conscience, deux phénomènes essentiellement distincts, dont l'un aurait une origine et une détermination biologiques, et l'autre une origine et une détermination sociales.
La séparation du « moi » et du milieu ambiant composé soit
d'objets inertes, soit d'êtres vivants de la même espèce ou

d'espèces diverses, mais posés comme des quantités inégales à moi, plus grandes ou plus petites, inspirant la crainte ou le désir, etc., tel serait le fondement de la conscience biologique. Et la différenciation du « moi » d'avec « autrui » posé comme égal à moi, comme un autre moi-même, comme mon semblable, formerait le fondement de la conscience sociale. Cette égalité constituerait l'essence du phénomène appelé « justice » (et de ses divers succédanés sociaux), — notion qui, malgré les anecdotes tirées de certaines biographies animales, ferait totalement défaut à la vie biologique. Mais, s'il en est ainsi, la terminologie en usage est manifestement défectueuse. On étend de la façon la plus impropre le sens du terme « conscience » lorsqu'on veut lui faire embrasser à la fois le phénomène biologique de la domination du plus fort et le phénomène social de la justice, — au risque ensuite de restreindre tout aussi arbitrairement sa signification en la limitant au seul phénomène social (*10*).

N'hésitons pas à tracer une ligne nette de démarcation entre ces deux ordres de faits qui relèvent de deux sciences abstraites différentes. La conscience est un aspect de la sensibilité, une phase particulière dans l'évolution de celle-ci, un développement que des causes nombreuses peuvent toujours arrêter ou faire avorter. Prétendre, avec la majorité des anciens psychologues, que la conscience est irréductible à la sensation, équivaut à affirmer gratuitement que « sentir qu'on sent » n'est plus « sentir ». Certes, la conscience est une résultante; elle ne surgit qu'à la suite de sensations répétées. Une sensation unique, toujours la même, ne s'accompagnerait jamais de conscience. La conscience est donc essentiellement de la sensibilité à la fois repliée sur elle-même et différenciée. Et dans la réalité concrète elle s'unit intimement à divers processus physico-chimiques, elle apparaît comme un fait cosmo-vital.

D'autre part, la connaissance n'est pas un aspect de la conscience, une phase particulière dans l'évolution de celle-ci, ou son simple développement. Connaître, ce n'est pas être conscient qu'on est conscient. L'action réciproque d'une conscience sur une autre, d'où surgit le phénomène de connaissance, n'est pas nécessairement ce retour de la conscience sur elle-même. Ce serait plutôt le contraire : une projection de la conscience dans le monde extérieur, une pénétration *en* autrui et sans doute aussi une imprégnation *par* d'autres consciences. Dans la réalité concrète, néanmoins, la connaissance est inséparable aussi bien de la conscience que des processus physico-chimiques qui accompagnent cette dernière. Le phénomène cognitif ou social devient nécessairement, dans ces conditions, de moins en moins abstrait, ce qui veut dire qu'il apparaît soit comme un fait bio-social, psychologique (degré intermédiaire dans l'échelle abstractive), soit comme un fait cosmo-bio-social, historique.

Dans une conscience isolée des autres jamais une connaissance ne surgit. Pour que le phénomène cognitif le plus rudimentaire se produise, il faut déjà une collaboration de consciences; et pour que la connaissance s'épanouisse dans toute son ampleur, cette collaboration doit être permanente dans le temps et contiguë dans l'espace, transmissible d'une génération d'esprits aux générations suivantes. La connaissance, considérée par rapport à sa source — l'interaction conscientielle — est donc un phénomène collectif; mais envisagée dans ses derniers résultats, saisie dans ses points terminaux, dans les consciences biologiques où elle s'extériorise, elle est toujours un phénomène socio-individuel.

Si un neurone unique est excité, ou s'il ne transmet pas son excitation à d'autres neurones, disent les physiologistes, il y a sans doute sensation, mais il n'y a pas encore conscience. De même, peuvent dire les sociologues, si un individu laisse se dérouler ses processus conscientiels sans les communiquer — d'une façon constante, habituelle, régulière — à d'autres individus, et sans en recevoir de communications analogues, il demeurera conscient, il ne deviendra pas savant au sens large du terme, il ne pourra ni généraliser, ni abstraire, ni raisonner d'une manière logique. Il sera spontanément et diversement affecté, il n'aura pas de sentiments complexes durables et transmissibles. Il sera mû par des désirs, des besoins obscurs, des impulsions de toutes sortes, il n'aura pas de volonté dite libre, motivée par des idées et des sentiments, c'est-à-dire,

au fond, par des connaissances analytiques, ou des synthèses
de telles connaissances, ou des conceptions syncrétiques et
symboliques. Enfin il *s'agitera*, il se déplacera, il se trans-
portera consciemment (ou inconsciemment) dans le sens de
la poursuite ou de la fuite, il n'*agira* pas d'une façon rationnelle (ou irrationnelle), en connaissance (ou en méconnaissance) de cause.

3. *La réalité du monde sensible*. — L'interaction mentale transforme une partie de nos états conscientiels, puisés aux sources
profondes de la vie, en états cognitifs, — en phénomènes surorganiques quand on les considère abstraitement, et bio-sociaux
lorsqu'on les envisage dans leurs manifestations concrètes. Et
la quantité et surtout la qualité des états conscientiels devenus
états cognitifs distingue l'homme inculte de l'homme civilisé,
l'âme esclave de l'esprit libre. Mais ce n'est pas ainsi — j'ai
à peine besoin de le dire — que le problème est posé et résolu
par la psychologie empirique qui se confond encore avec la
philosophie et qui se plaît à ramener toute connaissance à la
« connaissance de la conscience », comme elle le dit dans son
jargon ; qui tombe par suite dans l'illogisme consistant à
identifier le genre entier — la connaissance — avec l'une de
ses espèces, — la connaissance de la conscience. De là, il n'y a
qu'un pas à faire — et il fut franchi — pour identifier, selon la
version strictement idéaliste, le monde avec la représentation
du monde. L'illogisme passait inaperçu tant qu'on voyait
dans la conscience et la connaissance deux faits du même
ordre surorganique au lieu de considérer, avec nous, la conscience comme un fait biologique, et la connaissance comme
un fait social (*in abstracto*) ou un fait bio-social (*in concreto*).

La connaissance du monde extérieur précède et conditionne
la connaissance de la conscience (loi de Comte). Mais la métaphysique idéaliste ne tendait à rien de moins qu'à établir entre
le premier terme et le second (dans lequel elle voyait la seule
connaissance directe) un rapport diamétralement opposé. Dans
les deux cas, n'avions-nous pas affaire à un phénomène psychologique ? Or, tant que régnait la théorie illusoire qui voyait

dans le fait psychologique un phénomène simple, élémentaire, irréductible, l'esprit était sollicité de ramener à ce fait, avec la connaissance de la réalité, cette réalité elle-même.

Dans la conscience, phénomène biologique, jamais le moindre doute ne s'élève quant à l'existence réelle du monde extérieur. Ce n'est que dans la « connaissance de la conscience » (d'abord très incomplète et insuffisante, ce qui explique beaucoup de choses dans l'histoire de cet effarant problème métaphysique) qu'un tel scepticisme a pu naître et se former. Qu'est-ce qui se passe quand apparaît la connaissance, celle de la réalité physique, chimique, biologique et, dans cette dernière classe, celle de l'espèce appelée réalité con. cientielle? Selon la théorie bio-sociale, il arrive régulièrem nt ceci : une interaction *sui generis* se produit entre les phénomènes biologiques appartenant à l'espèce « conscience », et cette interaction constitue une propriété, un attribut nouveau qui se joint dans certains agrégats à d'autres attributs ou propriétés. C'est l'expérience collective (ou socio-individuelle) surgissant à côté de l'expérience bio-individuelle et venant la compliquer. C'est en même temps, si l'on analyse le contenu de ces deux sortes d'expériences, l'idée générale ou abstraite se greffant sur les représentations et les images concrètes; c'est le sentime t se rangeant à côté ou au-dessus de l'émotion ; c'est la raiso se différenciant du jugement aperceptif (*11*).

A la confusion du phénomène de « connaissance » ave celui de « conscience » se doit le sens vague des deux termes, et surtout du dernier qui s'applique également à la vacillante lueur des précoces « distinguo » de la perception externe et aux théories scientifiques les plus abstraites. La perception externe est une « organisation » immédiate de la conscience, et nullement de la connaissance. Celle-ci a pour base et pour point d'attache l'abstraction, la généralisation — un fait nouveau, la « socialisation » des consciences. Et la perception externe peut d'autant moins prétendre à la qualité de connaissance qu'elle ne traduit jamais exactement la réalité. Le monde extérieur n'est pas tel que nous le percevons : cette vérité, entrevue ou devinée par les vieilles cosmogonies de l'Orient, soutenue par la plupart des philosophes grecs, réaffirmée par les modernes, est irréfutablement démontrée par la psychophysique.

La sensation, la perception externe, l'imagination, en un mot, le contenu immédiat de la conscience n'est pas une connaissance du monde externe (et encore moins une connaissance du monde interne, connaissance qui se développe plus tard, la perception distincte des choses précédant toujours la perception distincte du « moi »). La conscience ne nous donne qu'une sorte de signalisation énigmatique de la réalité. Seules, l'abstraction et la généralisation — résultat du choc interconscientiel — nous sollicitent à « déchiffrer » ce message sibyllin de l'univers. La réduction du monde inorganique au « mouvement », celle du monde organique à une « interfluence » de certaines réalités physico-chimiques, et celle du monde surorganique à une « interaction » de certaines réalités vivantes (les consciences), — toutes ces tentatives poursuivent notoirement le même but : la traduction, en termes clairs de l'esprit, du langage obscur de nos sens.

4. *Le problème de la connaisance dans la psychologie empirique basée sur la métaphysique idéaliste.* — L'idée de causalité est évidemment due aux procédés généralisateurs et abstracteurs de la connaissance. La conscience livrée à elle-même est totalement incapable de séparer un effet de la cause ou de la longue chaîne de causes qui le produisent (la sensation, par exemple, de l'excitation physique qui nous semble différer de la première par sa nature même). Et c'est la connaissance — ou plus exactement le concept de causalité qu'elle élabora — qui fit germer dans l'esprit le vague soupçon d'une réalité externe *autre* que celle donnée dans la sensation ; et qui ensuite chercha à étayer cette idée sur la théorie — grossièrement empirique — des qualités secondes venant du sujet et non de l'objet (son, couleur, etc.) et des qualités premières appartenant aux choses elles-mêmes (étendue, résitance) ; théorie d'ailleurs insoutenable, qui ne voit pas que les qualités premières, plus générales, et les qualités secondes, plus particulières, sont également des effets — transformés par une multitude de causes intermédiaires — d'une cause ou d'un complexus de

causes que la science a précisément pour but de découvrir.

Quoi qu'il en soit, rêve *bien lié* de Leibnitz, hallucination *vraie* de Taine, simple signalisation ou sténographie selon nous, la conscience du monde extérieur garantit la réalité de ce monde, comme la présence de l'effet garantit l'existence de la cause. Et la connaissance du monde externe — cette nouvelle complication des choses due à l'interaction des consciences — prouve non seulement que cette réalité diffère de celle qui se découvre immédiatement dans la conscience, mais que, selon les lois de la logique (établies de la même façon), il ne peut en être autrement; elle montre aussi en quoi consiste ou réside cette différence (analyse, séparation des causes par l'effort des diverses sciences et étude abstraite de chaque groupe).

La conscience est un symbolisme perpétuel. Oui, mais ce n'est pas la conscience qui l'affirme, c'est la connaissance de la conscience, basée à son tour sur une foule de connaissances plus générales et plus simples. Il n'y a qu'un moyen de dévoiler le symbolisme de la conscience : c'est de faire ressortir les dissemblances (sinon toutes, du moins celles qui nous paraissent, à tort ou à raison, les plus essentielles) qui existent entre son contenu et l'objet de la connaissance. Donc il faudrait, ou ne pas parler de symbolisme, ou admettre qu'à la suite de la connaissance, par la philosphie, nous pénétrons déjà au cœur des choses (très imparfaitement sans doute, mais là n'est pas la question).

On entend dire souvent : nous ne pouvons nous évader de nous-mêmes; comment, dès lors, croire que nous connaissons les choses autrement que nous ne les sentons? L'objection semble irréfutable tant qu'on identifie la conscience avec la connaissance. Mais elle tombe d'elle-même lorsque, d'accord avec nos principales thèses sociologiques, on évite cette confusion. En vérité, par le monde social, par l'interaction des esprits, par la connaissance qui en est l'effet nécessaire et la manifestation la plus éclatante, le « moi » se transforme en « nous », et le sujet en objet. Ce passage du contenu concret ou « subjectif » de la conscience à son contenu abstrait ou « objectif » forme l'essence même du savoir.

La loi de l'identité des contraires surabstraits tend d'autre part à prouver que, dépouillée de toute qualification concrète, l'erreur n'est qu'une négation fausse de la vérité, une réaffirmation de celle-ci (le mal et le bien, l'égoïsme et l'altruisme, le néant et l'existence, Dieu et l'Univers, etc.). Les erreurs, à ce point de vue, ne sauraient être que particulières ou partielles ; ce sont des vérités incomplètes ou confuses ; et la réalité (cognoscibilité) de l'erreur ainsi comprise ne peut évidemment pas être invoquée en faveur de l'irréalité (incognoscibilité) de la vérité universelle ou totale (agnosticisme dogmatique). Cet argument suprême destiné à ébranler la valeur du savoir se retourne contre ceux qui l'emploient. L'Inconnaissable, quand il n'est pas relatif, quand il n'est pas de l'inconnu, apparaît comme une simple contradiction dans les termes.

La négation de toute différence, soit générique, soit même spécifique, entre la conscience et la connaissance, — tel est le postulat tacitement admis par les gnoséologies et les philosophies matérialistes ou idéalistes du passé, et le postulat hautement proclamé par le phénoménisme d'origine sensualiste (*1.2*). C'est la faute capitale que nous reprochons aux diverses métaphysiques. Les innombrables lacunes des études sociologiques expliquent les contradictions des théories courantes de la connaissance et la fausse position du problème de la réalité du monde sensible. La confusion de la conscience (phénomène vital) avec la connaissance (phénomène bio-social) enfermait les ontologistes dans un cercle vicieux. Il leur était interdit, sous peine d'enfreindre les canons élémentaires de la logique, d'admettre à la fois que la conscience, sous son aspect primordial, fût un symbolisme du monde, et que la même conscience — développée en connaissance — pût scruter le fond des choses. Aussi furent-ils nécessairement amenés à voir dans les lois et les rapports les mieux établis par la science de nouveaux symboles (de la réalité transcendante) « plus pratiques, plus maniables, plus clairs, mieux adaptés aux besoins de l'esprit et plus expressifs » que les symboles fournis par la perception externe.

Est-ce à dire que la connaissance telle que nous la concevons sort du relatif, abandonné à la seule conscience, pour entrer

dans l'absolu? En aucune manière. La distinction entre le phénomène vital et le phénomène bio-social n'entraine point cette
conséquence absurde. De quoi s'agit-il, en vérité? D'un simple
progrès gnoséologique aboutissant, dans ce domaine spécial du
savoir, au constat que l'idée de « noumène » est adéquate à
celle de « phénomène abstrait ». Le noumène, c'est le phénomène considéré d'une façon abstraite, et le phénomène, c'est
le noumène envisagé d'une manière concrète. Le mode analytique et hypothétique de la pensée sociale est pluraliste par
sa nature. L'apophtegme : il n'y a de science que du général,
implique l'existence de genres et d'espèces multiples. En
revanche, le mode synthétique et apodictique de la pensée
sociale est moniste par essence. La philosophie — tout son
passé le démontre — ne se sépare de la science qu'à la condition de concevoir la variété analytique infinie des genres et
des espèces comme une échelle logique, également infinie, un
passage jamais interrompu du concret à l'abstrait et *vice versa*,
— tâche qui lui est singulièrement facilitée par les synthèses
partielles des sciences (*13*). Sans la «pluralité» du savant, quel
sens aurait pu avoir « l'unité » du philosophe? L'aspect synthétique, moniste, nouménal du monde est inconcevable en
dehors de son aspect analytique, pluraliste, phénoménal; et
les progrès, la perfection de la pensée philosophique sont en
raison directe des progrès, de la perfection de la pensée scientifique. Dans le domaine de celle-ci, nous ne pouvons pas
dépasser le multiple et le relatif, et dans le domaine de celle-
là, il nous est impossible de ne pas chercher la réalité sub-
stantielle de l'univers.

5. *L'action en biologie et en sociologie*. — Revenons aux
caractères essentiels qui distinguent la connaissance de la
conscience. « Un mouvement quel qu'il soit, dit Taine dans
un passage souvent cité de son livre sur *l'Intelligence*, ne
ressemble en rien à une sensation.... Nous ne pouvons con-
vertir aucune des deux conceptions en l'autre... et l'analyse,
au lieu de combler l'intervalle qui les sépare, semble l'élargir
à l'infini. » La conscience n'identifie ni les choses, ni leurs
relations entre elles; elle ne saurait, par suite, établir un

rapport quelconque entre le concept de mouvement et le concept de sensation. Et c'est pourtant la conscience, l'expérience bio-individuelle qui, laissée à elle-même, confond la sensation dérivée d'un coup sur la rétine avec celle produite par une source lumineuse. Elle le fait en raison même de son impuissance à décomposer une sensation et, à plus forte raison, une perception, une représentation, un jugement, ou encore une émotion, une impulsion, une volition, en leurs éléments constitutifs. Mais la connaissance, l'expérience collective ou socio-individuelle, possède déjà ce pouvoir. Elle élabore des moyens puissants — la logique et la méthodologie — capables de suppléer aux défauts, aux lacunes de la conscience et de corriger ses nombreuses illusions. Aussi parvient-elle à ramener le phénomène complexe, concret et subjectif — la sensation lumineuse, calorique, gustative, etc. — à ses éléments simples, abstraits et objectifs, les phénomènes physiques et chimiques déjà réduits au mouvement, et les phénomènes vitaux.

Dans ce problème — qui au jugement des âges futurs paraîtra sans doute aussi mal posé que possible — les psychologues ne se rendent pas bien compte de ce qu'ils recherchent. Séparer, par une ligne sévère de démarcation, une sensation gustative, par exemple, du mouvement chimique qui la produit, n'est-ce pas maintenir entre l'effet et la cause, ou encore entre le phénomène concret et l'idée abstraite corrélative, une distinction sans laquelle nulle expérience, nulle connaissance ne seraient possibles ni nécessaires? Rien n'aurait pu s'affirmer, dans ces conditions, du monde, pas même sa divisibilité infinie. Ne s'agit-il, au contraire, que de tirer certaines conclusions de milliers d'expériences contrôlées les unes par les autres, et au cours desquelles l'idée abstraite de sensation gustative et l'idée abstraite de mouvement chimique se purent toujours extraire des mêmes faits particuliers et concrets? Une telle analyse n'élargit point, elle comble le fossé dont parle Taine. Elle établit l'identité, non pas de la sensation et du mouvement (deux processus différents parce qu'inégalement complexes), mais de celui-ci et de la chose sentie lorsqu'on l'envisage d'une façon de plus en plus abstraite.

La réalité sociale manifeste des lois que le sociologue trouve, formule et codifie, comme le physicien ou le biologiste découvre, formule et codifie les lois de la réalité physique ou celles de la réalité vivante, — en employant les mêmes méthodes essentielles. Mais la réalité sociale, c'est l'interaction des esprits, c'est l'expérience commune ayant pour premier et principal effet, d'où dérivent tous les autres, le phénomène cognitif. Il s'ensuit que la sociologie, l'étude de la réalité sociale, est avant tout une connaissance de la connaissance, une sorte de vaste « gnoséologie » qui étudie le même objet que les théories psychologiques du savoir, mais à un autre point de vue. La théorie sociologique isole dans les faits de connaissance cet élément abstrait qui leur est commun, l'interaction mentale qu'elle considère comme la vraie cause de tous les phénomènes qui, n'étant ni organiques, ni inorganiques, se rangent *co ipso* dans un cadre phénoménal différent. Et la théorie psychologique qui analyse les mêmes faits se produisant dans les cerveaux individuels, les envisage comme le résultat complexe de causes ou de propriétés sociales et de causes ou de propriétés vitales déjà respectivement déterminées par le sociologue et le biologue. L'une est une étude foncièrement abstraite, l'autre une étude foncièrement concrète de la même réalité cosmique.

Le phénomène concret auquel nous donnons le nom de « conscience psychologique » est essentiellement une « conscience de la connaissance » que nous possédons sur les choses, sur leur nature inorganique, organique ou sociale. Les lents progrès de la pensée analytique et hypothétique nous permettent un jour d'apercevoir que ce qui nous semblait simple et irréductible — la « conscience psychologique » — est en vérité un composé bio-social (conscience psychophysique d'une part, connaissance de l'autre). La sociologie est alors fondée comme science abstraite, distincte aussi bien de la biologie que de la science concrète correspondante, la psychologie. Nous concevons pour la première fois le phénomène social — la connaissance due à l'interaction conscientielle — comme isolé, séparé aussi bien de sa base biologique (la conscience psychophysique encore incapable de classifier la réalité en genres et en espèces) que de la combinaison concrète (la conscience de la connaissance ou réalité bio-sociale) dont ce phénomène est un élément constitutif. Certes — et malheureusement — ce n'est pas à la connaissance, mais à ses effets très divers et lointains que les observateurs encore superficiels et empiriques que nous sommes rés ervent le nom de phénomènes sociaux. Les naturalistes et plus particulièrement les biologues suivirent les mêmes errements. Ne s'occupèrent-ils pas d'abord de l'organisme total, puis de ses grands appareils, enfin des tissus, abandonnant l'étude des vraies causes de la vie à la chimie organique, comme nous abandonnons l'étude du phénomène cognitif à la théorie de la connaissance, à la méthodologie, à la logique, à la psychologie et en partie à la psychophysique, c'est-à-dire à la biologie?

La sociologie identifiée avec le savoir moral (celui-ci n'étant qu'un autre nom de l'ancienne sociologie empirique, ou de la réalité sociale grossièrement conçue et décrite) fut toujours et reste l'étude des causes effectives de nos actes, de notre conduite. Aujourd'hui il s'agit seulement de se bien pénétrer de l'idée que ces causes sont nos connaissances physiques, chimiques, biologiques (nous nous arrêtons là, on en verra plus loin la raison), d'abord confondues avec leurs effets immédiats, les dogmes philosophiques et les conceptions esthétiques, et demeurant elles-mêmes vagues, fragmentaires, imprécises, et ensuite de plus en plus différenciées entre elles et avec la philosophie et l'art. La connaissance du phénomène inorganique, la connaissance du phénomène organique, enfin la connaissance de ces deux sortes de connaissances (qui forme la connaissance sociale ou morale), ces trois ordres de causes rendent compte de toutes nos actions; et considérées dans leur évolution complète, avec la somme entière des effets, proches ou lointains, qu'elles produisent, ces trois ordres de causes constituent toute la réalité surorganique venant compliquer la réalité organique, comme celle-ci complique la réalité inorganique. En distinguant ces deux derniers aspects du monde de leurs connaissances respectives, nous apercevons, par le fait, un troisième et ultime aspect de l'univers, la phénoménalité surorganique. Celle-ci, si l'on se satisfait d'employer la vague terminologie qu'élabora la métaphysique, est la réalité mondiale « qui se pense elle-même » (à la différence de la vie qui dans son point culminant est la réalité mondiale « qui se sent elle-même »). Une telle pensée est d'abord confuse, indistincte; ensuite, quand l'interaction psychophysique se transforme en interaction psychologique, cette pensée se différencie de plus en plus; elle devient à la fois analytique et hypothétique (savoir), synthétique et apodictique (religion ou philosophie), syncrétique et symbolique (art), enfin pratique et téléologique (action). Une série évolutive se forme ainsi dont le premier terme contient « en puissance » tous les autres. A ce point de vue, il est loisible de faire de ce terme le substitut de la série tout entière et de définir, par suite, la réalité surorganique comme la connaissance de la réalité mondiale.

Nos mœurs, nos coutumes, nos lois, nos codes, nos institutions, nos devoirs, nos droits — tout cela rentre dans la même catégorie de phénomènes. A leur prime origine, à la frontière (idéale) qui sépare la réalité surorganique de la réalité organique, ces phénomènes apparaissent comme autant d'interactions psychophysiques, comme autant de causes déterminant des effets qu'on peut désigner sous le nom générique d'idéation abstraite, — sorte de matière sociale première qui, en se combinant de diverses façons avec la phénoménalité organique, produit les phénomènes concrets appelés faits psychologiques. Pas n'est besoin d'ajouter que la réalité surorganique conserve, à travers ses métamorphoses, son caractère originel. Mais elle évolue, elle se déploie en une longue série phénoménale où chaque terme conséquent dépend du terme antécédent. Autrement dit, la réalité surorganique se développe en une floraison constamment renouvelée d'idées scientifiques, philosophiques et esthétiques qui tendent à devenir et deviennent nécessairement des actes, c'est-à-dire encore des idées, mais déjà pratiques et foncièrement téléologiques, utilitaires, appliquées. Et lorsqu'on soumet cette évolution à l'analyse, à l'étude scientifique, on y distingue deux grandes périodes, séparées à leur tour par une frontière idéale :

l'époque préhistorique où l'idéation est encore semi-abstraite, où l'idée et l'acte s'absorbent mutuellement ; et l'époque historique — la période de civilisation, si grossière et précaire que soit celle-ci — dans laquelle se produit un fait capital, la séparation de la théorie et de la pratique.

Dans la sociologie qui étudie les origines de la civilisation et aussi bien dans celle qui s'occupe de son développement, on peut, je le répète, substituer à la série évolutive totale son premier terme. Ce qui, dans la moralité, les coutumes, le droit, les institutions des divers groupes humains, est social, se ramène, en dernier lieu, aux connaissances que les membres de ces groupes, les individus sociaux, possèdent sur les phénomènes naturels qui les entourent, qui forment leur milieu. Dans ces choses si complexes et parfois si subtiles qu'on appelle des faits et des rapports sociaux, il n'y a, au fond, comme réalité ultime, ou pénultième, pour employer un terme spencérien, que de la mécanique (des mathématiques, de la physique, de la chimie théoriques et surtout appliquées) et de la biologie (et surtout de la médecine et de l'hygiène). Conclusion qui peut paraître et qui paraîtra choquante à première vue. On pourra se demander si elle n'équivaut pas à rayer la réalité sociale du nombre des diverses réalités cosmiques, à nier son existence, à tomber, en somme, en un matérialisme aigu ou outré. Nous ne le pensons pas. Dans cette conception, l'univers, la réalité cosmique totale revêt successivement trois aspects différents : 1° la phénoménalité matérielle ou mécanique, qui est générale, universelle ; 2° la phénoménalité vivante ou sensible, qui nous paraît déjà plus particulière (conscience de la nature, y compris la conscience de cette conscience) ; 3° la phénoménalité surorganique ou savante qui nous paraît encore plus restreinte (connaissance de la nature, y compris la connaissance de cette connaissance).

Nous touchons ici à une nouvelle objection. Que devient, dans cette hiérarchie, le savoir social lui-même, distingué des deux autres groupes fondamentaux de connaissances ? Si notre schéma ne conteste point la réalité du monde surorganique qu'il identifie avec un mode spécial de l'être, il semble cependant qu'il doit nier le savoir social auquel il ne laisse aucun phénomène concret à étudier, à analyser, à réduire en ses éléments abstraits?

Il n'en est rien. Si la connaissance du monde extérieur, de la nature limitée aux phénomènes inorganiques et organiques constitue la réalité surorganique, un nouvel objet d'études s'offre *eo ipso* à l'esprit, une nouvelle science surgit qui s'ajoute à la série des sciences se terminant par la biologie. La sociologie sera la connaissance des diverses connaissances qui forment et remplissent à elles seules la réalité sociale ou, plus exactement, qui apparaissent, sinon comme la cause la plus élémentaire ou la plus abstraite des phénomènes sociaux — cette cause, nous le savons, est l'interaction conscientielle, — du moins comme la cause qui, dans la phase historique de l'évolution, représente le plus immédiatement l'expérience collective. Et le savoir social, ainsi envisagé ou défini comme la connaissance de la connaissance, aura sa place marquée dans la série scientifique. Il en sera l'unique conclusion logiquement admissible; et, comme toute autre connaissance, il fera partie de la réalité surorganique, de la phénoménalité sociale.

Dans la psychologie — sorte de sociologie concrète — l'esprit s'étudie lui-même en tant que phénomène composé, bio-social. Dans la sociologie il s'étudie comme phénomène abstrait. Et dans la partie descriptive de la science sociale qui, accumulant les matériaux sur lesquels opérera sa partie abstraite, représente aujourd'hui la forme empirique de la recherche sociale — forme qu'on qualifie d'objective, mais qui mérite ce nom beaucoup moins que la théorie pure, — l'esprit étudie ses propres œuvres, ses faits et gestes (histoire), ou les principes directeurs de sa conduite générale (morale, droit, etc.).

6. *Conclusions générales.* — Résumons-nous. L'interaction des consciences est le *primum movens* de la recherche et du savoir physique, chimique, biologique. Aussi ces connaissances, considérées abstraitement comme autant d'effets de cette cause ultime, constituent-elles la *réalité sociale* la plus

simple. Mais l'interaction conscientielle, dans les mêmes conditions abstraites, est en outre la cause génératrice de la recherche et de la connaissance des effets de ses propres effets (tels que nous les indiquâmes plus haut); elle engendre ainsi une réalité sociale de plus en plus complexe. Nous en devons conclure que la connaissance limitée à la phénoménalité inorganique et à la phénoménalité organique constitue une partie seulement de la réalité sociale; le reste est formé par la connaissance de cette connaissance.

En d'autres termes encore, l'interaction des esprits est le germe, l'embryon d'où sort et se développe toute connaissance, celle qui se porte vers « ce qui n'est pas » interaction mentale aussi bien que celle qui a cette interaction elle-même pour objet. Cette cause initiale commune et ces deux grandes catégories d'effets, dont la seconde est conditionnée par la première (il n'y a pas de savoir social possible sans une connaissance préalable du reste de la nature), forment ensemble la trame essentielle de toute évolution sociale. Dans cette dernière l'analyse distingue, elle sépare les uns des autres, comme autant d'aspects d'une réalité unique, quatre « moments » successifs : 1° l'interaction mentale; 2° la connaissance de la nature ou du monde extérieur; 3° la connaissance de cette connaissance (qui tient ici le rôle que la conscience de la conscience joue vis-à-vis des sensations et des représentations conscientes) ; 4° tous les effets produits, à un titre quelconque, par ces deux sortes de connaissances (philosophie, art et surtout action). Je n'ai pas besoin d'ajouter que, suivant une habitude contractée dans la période empirique du savoir social, loin de faire embrasser à ce dernier les quatre moments précités dans leur ordre sériel, on donne à la sociologie pour objet une partie minime — mais sautant aux yeux et pratiquement très importante — de l'évolution totale : on en fait la science de la seule conduite humaine.

La réalité sociale, je le répète, considérée *sub specie causalitatis*, est essentiellement un phénomène cognitif. Mais il existe un autre nom pour désigner cette réalité, un nom beaucoup plus vague et insignifiant, mais d'autant plus répandu et populaire. C'est le terme, depuis longtemps employé par les hommes, de *raison* (y compris sa négation ou son degré inférieur, la déraison). C'est la raison et la déraison ou, si l'on ne considère, avec la prétendue science objective, que les effets ultimes de l'évolution sociale, ce sont les actes rationnels et les actes irrationnels qui forment — chacun en conviendra — la matière propre, le contenu de l'histoire des sociétés. Le terme de « connaissance » (et respectivement « d'ignorance ») substitué à celui de « raison » (et de « déraison ») ne modifie rien au fond des choses ; il est simplement plus exact et plus rigoureux, — à la condition toutefois de lui conserver son sens large, ou d'éviter d'en faire le synonyme de tel ou tel état historique du savoir (*14*).

CHAPITRE III

La nature sociale de l'Idée.

1. Le passage de la conscience à la connaissance et l'illusion idéaliste. — 2. L'interaction mentale et l'abstraction. — 3. Genèse de la logique. — 4. Les deux grandes méthodes rationnelles de recherche, l'induction et la déduction, et les principes directeurs de la connaissance.

1. *Le passage de la conscience à la connaissance et l'illusion idéaliste.* — L'expérience multipliée et indéfiniment renouvelée par le contact permanent de consciences semblables fait surgir, du fond organique commun à tous les êtres vivants, le phénomène connu sous le nom de *raison*. L'animalité douée de conscience n'est pas totalement exclue du domaine rationnel. Mais l'interaction mentale étant ici faible et surtout intermittente, ses produits les plus précieux, les concepts de temps, d'espace, de causalité, de finalité, de nécessité, d'universalité, d'identité, de contrariété, etc., demeurent vagues, non développés; ils n'aboutissent qu'à une logique et à une méthodologie extrêmement rudimentaires et à une conduite ou à une activité téléologique de la même sorte. Ces notions ne s'épanouissent dans le règne animal ni en science, ni en philosophie, ni en art; ou plutôt, toutes ces choses ne s'y rencontrent qu'à l'état d'ébauches imparfaites, sinon d'avortements perpétuels. L'animalité est et reste « incivilisable ».

La théorie qui fait intervenir la « socialité » (sous l'aspect d'une longue expérience collective renforçant d'une façon indéfinie la brève expérience bio-individuelle) pour expliquer aussi bien le passage de l'organique au surorganique, de l'animalité à l'humanité, que les innombrables formations concrètes ou bio-sociales (psychologiques) qui en résultent, cette théorie jette un jour cru sur la vanité des efforts que coûta à la métaphysique le trop célèbre problème de l'âme distincte du corps. A la racine de cet insuccès se trouve la confusion de la conscience avec la connaissance.

L'histoire de cette erreur capitale, du moins dans la philosophie européenne, c'est la curieuse et instructive histoire de l'idéalisme sous toutes ses faces et dans toutes ses métamorphoses. Au début, la confusion est complète. Pour Socrate, la science est *innée*; pour Platon, l'âme ne trouve les vérités éternelles de la raison qu'en se découvrant elle-même. Mais Aristote, déjà, est choqué, semble-t-il, par la thèse enfantine de ses prédécesseurs; et nous le voyons chercher à y remédier par une théorie de la connaissance qui, dans ses grandes lignes, rappelle beaucoup l'apriorisme formaliste de Kant. Aristote admet, comme on sait, deux sortes d'intelligences : le νοῦς παθητικὸς, l'expérience sensible (sensations et images), ou, dans notre terminologie, la conscience; et le νοῦς ποητικὸς, l'intellect actif, créateur, qui tire des données sensibles l'universel et le nécessaire, les idées générales et abstraites; ou, dans notre terminologie, la connaissance. Toutefois l'intellect actif est encore, chez Aristote, aussi inné que l'intellect passif dont il sert à parachever l'œuvre. C'est là, on le voit, un très maigre commencement d'analyse. Mais continuée par les scolastiques, les cartésiens, les leibnitziens, les kantiens, cette recherche, eu égard à la corrélation nécessaire entre l'état des sciences expérimentales et la philosophie, se poursuit, dès lors, dans un sens ou une direction unique : celle d'une part toujours plus grande accordée à l'*a posteriori* sur l'*a priori*, ou à la connaissance acquise et distinguée de la conscience, sur la connaissance tenue pour innée et assimilée à la conscience.

Le domaine de l'*a priori* se rétrécit déjà, quoique d'une façon plus apparente que réelle, chez Descartes, avec sa thèse de l'innéité des vérités premières (l'infini, l'âme, la

matière, le temps, l'espace, — attributs de la divinité, selon
Newton et Clarke); et d'une façon plus prononcée chez
Leibnitz, avec son *a priori virtuel*. Kant enfin semble vouloir
renforcer le virtualisme de Leibnitz. Il établit, entre la
connaissance et la conscience, des rapports tellement équivoques que ni lui-même, ni le siècle qui s'est nourri de sa
pensée, n'ont pu s'y reconnaître. Pour arriver à ce résultat,
il a fallu qu'une science nouvelle, la sociologie, se formât
lentement et éclairât de ses lueurs encore vacillantes certains
coins obscurs de la psychologie et de la gnoséologie. En effet,
voici la thèse que défendent, d'abord Hume, ensuite Kant :
les vérités prétendues intuitives, les notions dites nécessaires
sont des relations vides de tout contenu, des liens qui s'établissent dans notre esprit entre les données des sens au fur et
à mesure que ces données s'y accumulent. Pour Kant, l'expérience sensible, qui fournit toute sa matière à notre savoir
apporte des sensations isolées, autant de pierres sans grande
valeur tant que l'architecte — l'esprit — ne les a pas rangées
dans un certain ordre, ne les a pas unies entre elles par des
rapports — ou formes — que les sens n'atteignent pas, qui
sont les propres données de la raison. Le surorganique, —
l'expérience, la connaissance, la raison *a posteriori* — se
confond avec l'organique, — la conscience, le mécanisme
cérébral, l'antécédent nécessaire de toute expérience ou, dans
la terminologie de Kant, l'*a priori*. L'analyse ici n'est guère
plus profonde que dans la thèse aristotélienne des deux
intellects.

A la base de l'argumentation idéaliste on trouve un postulat matériellement faux, une erreur patente de la psychologie introspective. Ce postulat affirme que nous percevons
les *choses*, non les *rapports* entre les choses; ou qu'un rapport
ne se voit pas, ne se touche pas, etc. Un rapport, dit-on, ne
peut que se penser, il n'a d'existence que dans l'esprit. Or,
c'est là une interprétation grossière et superficielle des processus biologiques, sociaux et bio-sociaux (psychologiques).
Les phénomènes auxquels nous donnons le nom d'objets ou
de choses ne sont que des agrégats, des sommes, des faisceaux de qualités; et celles-ci ne sont que des rapports plus

ou moins simples (unilatéraux) ou complexes (multilatéraux), et des combinaisons de rapports. Nous continuons néanmoins à affirmer que nos sens perçoivent d'une façon immédiate les choses telles quelles. Nous donnons manifestement le nom d'objets aux modifications biologiques subies par nos centres cérébro-nerveux lorsque, à la suite de leur activité propre, ils entrent en contact avec les phénomènes externes ou internes (d'origine physico-chimique, vitale ou surorganique); et nous appelons propriétés des choses les rapports ainsi formés. Aucune sensation n'aurait pu naître si, soit dans la conscience — cet appareil enregistreur de *rapports*, et seulement de rapports, — soit dans l'Univers — ce faisceau de rapports divisible à l'infini en faisceaux partiels, — tout eût été immuable, uniforme, non gradué (une température absolument égale aurait, par exemple, vite fait d'abolir les sensations de chaud et de froid). Ce que nous sentons, ce que nous percevons, ce que nous nous représentons, ce dont nous nous souvenons, etc., est constitué par des différences de rapports, des variations qui, dans certaines limites étroites, sont attribuées par nous au même phénomène, et dans d'autres, plus larges, à des phénomènes distincts. La différenciation des sens ne semble pas avoir d'autre origine que l'adaptation de l'organe enregistreur à de tels écarts dans les rapports enregistrés.

Les rapports dits universels et nécessaires (le temps et l'espace, par exemple, conçus d'une façon abstraite) embrassent les rapports qui, à un titre ou à un degré quelconque, nous paraissent particuliers et contingents. Mais ces deux sortes de rapports sont également l'œuvre commune de l'univers et de sa partie consciente, l'esprit; et, dans un certain sens, plus encore l'œuvre de l'univers que du cerveau. Soutenir avec Kant que les rapports universels et nécessaires (les « formes de la sensibilité ») dépendent uniquement de l'esprit, tandis que les rapports particuliers et contingents sont tirés de l'expérience, équivaut à nier cette collaboration constante dans le cas où elle semble la plus certaine. Et l'on doit dire la même chose de cette classe intermédiaire de principes rationnels que Kant attribue aussi à la seule phénoménalité cérébrale : les catégories de l'entendement (chez lui au nombre de douze, ramenées, d'ailleurs, à quatre groupes fondamentaux : la quantité, la qualité, la relation, la modalité). L'affirmation kantienne : « Ce n'est pas l'esprit qui se soumet aux lois de l'univers, mais bien l'univers qui se soumet aux lois de l'esprit », ne fait que rééditer le vieux préjugé anthropocentrique. L'esprit a ses lois propres, comme la matière a les siennes. Et l'une des lois les plus générales de l'esprit peut se formuler de la façon suivante : les mêmes rapports qui, dans l'expérience sensible, où vient les chercher la conscience plus ou moins isolée des autres consciences, semblent particuliers et contingents, cessent de paraître tels, revêtent un caractère universel et nécessaire quand l'accord unanime des consciences les transporte et les confine dans l'expérience suprasensible, pour ainsi dire, dans le domaine de la raison (*15*).

L'expérience sensible de Kant, c'est l'expérience bio-individuelle, c'est la cérébralité psychophysique avec son point culminant, la conscience. Et son *a priori*, ses normes de la sensibilité, ses catégories de l'entendement pur, — c'est l'expérience socio-individuelle, c'est la forme concrète de l'expérience collective avec son point culminant, la connaissance. Or, celle-ci, qu'on la conçoive d'une façon abstraite, comme socialité, ou d'une façon concrète, comme expérience socio-individuelle, ne saurait précéder, dans l'évolution mentale, l'expérience sensible ou bio-individuelle. Elle apparaît, au contraire, comme une complication ultérieure de la vie et de la conscience. Si l'expérience sensible ou bio-individuelle se peut comparer au grain, et l'expérience socio-individuelle ou la connaissance à la farine, le rôle du moulin sera joué par la socialité, l'interaction mentale. Chez Kant, au contraire, ce rôle appartient à la farine elle-même. *Nil tam absurdum*, pourrions-nous nous écrier irrespectueusement, mais à bon droit, puisque nous nous plaçons à un point de vue directement opposé! Les idées de temps, d'espace, de causalité, de finalité, de quantité, de qualité, de modalité, etc., sont pour nous le produit de la socialité, ce sont des connaissances comme les autres ou plus abstraites que les autres. Elles ne sont pas l'appareil préexistant et miraculeux qui fonctionne dans le cerveau à côté de l'organisation sensible. Certes, nous pouvons concéder au célèbre philosophe que les concepts abstraits, à mesure qu'ils se forment dans l'esprit, se joignent à la cause qui les fit éclore et renforcent son action ; ainsi le blé déjà broyé facilite le mouvement de la meule courante. Mais est-ce bien là ce que Kant a voulu dire? Il est permis d'en douter. Certes aussi, Kant a *empiriquement* raison quand il déclare que les sens perçoivent les choses elles-mêmes et non les rapports entre les choses ou les rapports entre leurs parties. Mais une analyse plus sévère montre ce qu'il en est de cette vérité de surface. Les sens perçoivent les choses qui sont des sommes de rapports; et pour isoler un rapport (universel, général ou même particulier), il faut nécessairement que la socialité intervienne, qu'une connaissance se forme sur la base de la même expérience sensible, mais devenue déjà collective. Un rapport isolé ne remplit pas l'esprit de la même façon qu'un assemblage de rapports. Aussi disons-nous qu'il ne se voit pas et ne se touche pas; mais il tient néanmoins sa place dans l'esprit, il y occupe un rang (sans doute supérieur); et le verbe « concevoir », opposé à celui de « percevoir », sert à exprimer cette différence hiérarchique (*16*).

2. *L'interaction mentale et l'abstraction*. — Toute connaissance est naturellement et nécessairement engendrée par le fait social, par l'interaction continue des esprits; c'est ce qui distingue le phénomène cognitif du phénomène conscientiel. Comment procède, dans cet enfantement du savoir et de la raison, l'interaction mentale? Signalons ici quelques phases (nous les choisissons parmi les plus apparentes) de ce processus complexe. 1° L'interaction apporte aux centres cérébro-nerveux déjà conscients un flot croissant et varié de produits psychiques (représentations, émotions, volitions) formés en d'autres cerveaux semblables. Dès lors, une sélection de cette matière s'impose en raison même de son abondance et comme une condition nécessaire pour pouvoir continuer à subir l'assaut des impressions externes et internes. 2° Les produits psychiques des cerveaux que l'interaction met en présence et dont elle assure la proximité, pour ne pas dire le contact

permanent, revêtent un double et nouveau caractère; ils deviennent à la fois centrifuges et centripètes; ils se contrôlent les uns les autres, ils se vérifient mutuellement. Ainsi s'élimine peu à peu tout ce qui les différencie, et ressort ou s'accentue tout ce qui leur est commun. Les images concrètes entrent dans la voie où les progrès ultérieurs de la « socialité », du « commerce ininterrompu des âmes » les transmueront en idées générales et abstraites. Les émotions qui accompagnent les images, et les volitions qui dérivent de cette double source subissent simultanément une modification analogue : les unes deviennent des « sentiments » durables, les autres des « volontés » délibérées ou motivées. 3° Par la transmission régulière des acquêts psychiques d'une génération et d'une époque aux générations et aux siècles suivants, transmission qui transforme l'expérience bio-individuelle, essentiellement fugace, médiocre, limitée dans l'espace et le temps, en une expérience collective (avec son substitut concret, l'expérience socio-individuelle) persistante, illimitée, infinie, — l'interaction mentale réalise les conditions qui, seules, rendent possibles et féconds les processus généralisateurs et abstracteurs (subsidiairement, l'association des images concrètes par simple contiguïté se transforme peu à peu en association des idées par ressemblance). 4° Enfin, au fur et à mesure que s'élaborent les produits psychiques énumérés plus haut (idées, sentiments, volontés), l'interaction mentale se complique de plus en plus elle-même. Elle s'empare des nouveaux produits, elle opère sur eux comme sur les anciens. De psycho-physique qu'elle était (et que, d'ailleurs, elle ne cesse jamais d'être au début de toute évolution mentale), elle devient biosociale ou « psychologique ». Elle permet aux cerveaux qu'elle « socialise », qu'elle réunit et dont elle atteste et garantit la collaboration constante, d'atteindre des abstractions de plus en plus hautes, des sentiments de plus en plus affinés, des volontés de plus en plus rationnelles. Elle fonde, en un mot, ces ensembles d'états psychiques et d'actes qu'on appelle les « civilisations humaines »; elle fait fleurir les sciences, les philosophies, les beaux-arts et les arts utiles, et elle assure de plus en plus l'influence de ces grands facteurs de tout progrès sur la conduite des hommes.

On se rend facilement compte, en vérité, de la façon dont la « communion des esprits », l'expérience collective accomplit sa mission civilisatrice. Celle-ci se réduit, en dernière analyse, à l'essor incomparable que la vie sociale donne et qu'elle peut seule donner à la pensée générale et abstraite. En définitive, la « communion des esprits » permet de constater l'un, l'identique, le semblable dans le multiple, le divers, le dissemblable. Mais cette constatation n'a rien d'une grâce d'état et l'expérience collective n'agit pas à la façon d'une lumière subite illuminant de profondes ténèbres. C'est par voie de tâtonnements innombrables, c'est à l'aide d'images, de représentations, d'émotions, de désirs, etc., sans cesse communiqués à autrui ou reçus d'autrui, c'est par le lent établissement d'un « immense réseau de lignes mentales qui, s'entre-croisant dans toutes les directions, réunissent par un double circuit (allant d'une conscience à un nombre indéfini d'autres consciences et revenant de celles-ci à celle-là) les traits communs, les caractères identiques des agrégats concrets qui ainsi s'observent et se réobservent à mille points de vue différents », — que se forment ce que nous appelons les idées de genre, d'abord simples « noms collectifs » peut-être, et ensuite, quand l'expérience renouvelée donne toujours les mêmes résultats et les mêmes groupements psychiques, véritables idées générales et abstraites (*17*).

L'interaction mentale — le phénomène surorganique — apparaît comme le prolongement, la continuation, le résultat de tous les autres phénomènes naturels et, en dernier lieu, du phénomène de la vie. La réalité vivante (concrète, particulière), subissant les lois de l'évolution universelle, se complique par la réalité idéale (abstraite, générale). Le fait — ce qui est — se complique par le droit — ce qui doit être (ici synonyme de raison). En un mot, la matière sous tous ses aspects devient la matière même de l'esprit ou, plus brièvement, l'esprit. Et, ainsi que tout le reste de la nature dont elle fait partie, la socialité — dans le sens précis que nous donnons à ce terme — accomplit son œuvre grandiose par des moyens qui, à première vue, nous frappent comme médiocres et insuffisants. Passons en revue quelques-uns d'entre eux.

Toute représentation mentale d'un objet est un simple agrégat de sensations ou de perceptions; tout concept, au contraire, est déjà une véritable synthèse de représentations. L'unité représentative est concrète par définition, et l'unité conceptuelle est abstraite. L'analyse n'intervient pas dans le premier cas, qui relève de la conscience, phénomène biologique; elle joue le principal rôle dans le second, qui relève de la connaissance, phénomène social.

L'analyse est une division de l'agrégat concret; donc, semble-t-il, une marche de l'unité (concrète) à la multiplicité (abstraite). Et cela serait vrai, s'il n'existait qu'un seul agrégat au monde (ou si le monde — c'est le point de vue du philosophe — était considéré comme un vaste agrégat). Mais, à tout autre point de vue, les objets dans la nature nous paraissent multiples, et leur nombre même nous semble infini. D'autre part, si chaque agrégat était entièrement composé d'éléments dissemblables, l'analyse serait une marche du moins multiple au plus multiple, c'est-à-dire une œuvre vaine, inféconde. C'est ainsi peut-être que l'univers se reflète dans la conscience animale, incapable de franchir les limites étroites de la brève expérience bio-individuelle. Aussi l'analyse ne s'acclimata-t-elle point sur ce sol ingrat (le mépris souvent sincère des êtres grossiers pour toute théorie spéculative est une survivance de l'animalité ancestrale). Mais les choses prennent un autre aspect dès que l'esprit découvre les mêmes éléments dans la multitude toujours croissante des agrégats naturels qu'il décompose; découverte qui n'est guère possible en dehors de l'interaction mentale, du contrôle mutuel des consciences, de la tradition historique sans cesse renouée. L'analyse se présente alors comme une réduction du multiple à l'unité partielle et relative; ce qui veut dire que les éléments découverts, quoique moins nombreux que les agrégats initiaux, restent cependant multiples. Plus cette multiplicité analytique sera constante, et plus les phénomènes seront dits complexes et particuliers. Par contre, plus sera grand le nombre de cas (c'est-à-dire le nombre d'unités perceptives) où se manifestent les mêmes éléments, et plus les phénomènes seront considérés comme simples et généraux. L'échelle abstractive des concepts sert à exprimer et, en quelque sorte, à mesurer ces différences.

Les faits observables se laissent ranger en trois catégories principales : 1° Les faisceaux non déliés de rapports, les objets perçus et représentés, les images que le cerveau se forme des choses en comparant les perceptions et les souvenirs successifs qu'il en a eus; c'est le phénomène biologique ou cérébral tel qu'il se manifeste chez tous les animaux doués de conscience. 2° Les faisceaux de rapports ou les objets perçus et représentés quand on les compare entre eux à la suite de l'accumulation dans la conscience d'une foule d'images concrètes. Celles-ci servent alors de matériaux à l'expérience bio-individuelle qui en tire ce que les psychologues appellent l'image générique, qui est plutôt une pseudo-abstraction qu'une semi-abstraction. L'image générique ne devient semi-abstraite — chez les animaux aussi bien que chez les sauvages et les enfants — qu'à la suite d'une interaction mentale, si faible qu'elle soit. Les images génériques se rapportent toujours à des groupes d'objets assez restreints et mal définis, ou tels que les embrasse l'expérience bio-individuelle aidée de quelques faibles lueurs de socialité. 3° Les faisceaux de rapports déliés réellement pour la première fois. L'interaction mentale, l'expérience devenue socio-individuelle joint, par la tradition, les groupes d'objets observés dans le passé à ceux du présent; elle multiplie, en outre, les expériences bio-individuelles et permet de les contrôler les unes par les autres. La connaissance apparaît ainsi sur le fond biologique de la conscience et s'y superpose. Les conditions de ce nouveau phénomène se résument en deux points : (*a*) le plus grand nombre possible de consciences entre-échangeant les images concrètes et les images génériques, les comparant et découvrant nécessairement leurs ressemblances et leurs dissemblances (cette recherche s'appelle analyse); et (*b*) le plus grand nombre possible de matériaux analysables, donc, d'observations faites sur les agrégats ou les faisceaux concrets de rapports. L'expérience collective et sa manifestation la plus éclatante, le langage articulé, servent à réaliser ces deux conditions essentielles.

Le langage n'exprime pas les perceptions, ni même les images génériques, — les cris et les gestes suffisent amplement à ce but; voilà pourquoi les animaux ne parlent point, c'est-à-dire ne symbolisent pas, par des signes vocaux (et plus tard, nécessairement, graphiques) les concepts de plus en plus abstraits, les éléments de plus en plus simples que la pensée analytique découvre dans les choses. La connaissance est essentiellement une marche du particulier au général, du multip! à l'un, du complexe au simple (le complexe est d'abord l'inanalysé, et le simple — le produit tel quel de l'analyse; mais ensuite on appelle complexe le cas qui réunit le plus grand nombre d'éléments irréduits, d'idées génériques de divers degrés); c'est, en un mot, la marche du concret à l'abstrait. L'analyse reste toujours une division; mais son produit, l'idée abstraite, joue un rôle manifestement synthétique. L'analyse conduit ainsi nécessairement à la synthèse. Amplifiée, étendue à la totalité des phénomènes, et intensifiée — une synthèse unique remplaçant une foule de synthèses particulières, le monisme succédant au pluralisme, — la pensée analytique se transmue en pensée synthétique, la science fait surgir la philosophie.

Certes, on n'obtient pas d'un coup ce double résultat. La marche du concret à l'abstrait est longue, incertaine, remplie de vicissitudes de toutes sortes. Les deux conditions, indiquées plus haut, du développement de la pensée analytique, évoluent d'une façon très lente : les sociétés primitives sont trop petites et trop rudimentaires, elles manquent d'observateurs aussi bien que d'observations; les traditions, les liens entre les générations ne font que s'établir; l'expérience collective et son grand véhicule, le langage, sont encore en voie de première formation. Longtemps, par suite, la connaissance n'atteint, dans toutes ses branches et surtout dans celles qui étudient les agrégats naturels les plus complexes et les plus particuliers, que des *idées spécifiques;* longtemps l'humanité se tient aux plus bas degrés de l'échelle abstractive. Alors fleurit l'empirisme sous sa double face, l'aspect *a posteriori* et l'aspect *a priori* (celui-ci sévissant surtout dans le domaine des sciences dites supérieures, et celui-là dans le domaine des sciences dites inférieures) ; alors s'épanouit le savoir superficiel, descriptif et très souvent verbal, inévitablement accompagné de la confusion du processus analytique et hypothétique de la pensée commune avec son processus synthétique et apodictique.

« L'activité intellectuelle, dit M. Ribot (dans son *Evolution des idées générales*), est toujours réductible à l'un de ces deux types : associer, réunir, unifier ; ou dissocier, isoler, séparer. Ces deux opérations essentielles sont au fond de toutes les formes de la connaissance, des plus basses aux plus hautes, et constituent son unité de composition. » M. Ribot a raison. Ce mode de la pensée sociale que nous appelons « connaissance » n'est pas seulement analytique, il est encore hypothétique. En divisant ou dissociant les choses, l'esprit « suppose » que les éléments par lui isolés sont communs à un groupe plus ou moins vaste d'objets, d'agrégats sensibles (induction). Et associer, réunir, unifier, veut dire, en somme, généraliser. Mais la généralisation (ceux qui ont étudié le mécanisme inductif savent à quoi s'en tenir à cet égard) débute par l'hypothèse qui ainsi accompagne nécessairement l'analyse. Non vérifiée ou incomplètement vérifiée, l'hypothèse conduit à l'empirisme qui n'est souvent que du savoir verbal ; et, vérifiée, elle constitue le savoir à la fois abstrait et réel (*1 8*).

L'élaboration des idées abstraites s'accomplit, disent certains psychologues, dans le plan le plus éclairé de la conscience. Partant de là, on pourrait croire qu'il suffit, pour les étudier, de recourir à « l'observation interne ». Mais l'on se tromperait assurément. S'il veut se rendre compte de l'origine et de la nature des processus complexes appelés généralisation et abstraction, le psychologue devra forcément s'adresser aux lois établies, d'une part, par la psychophysique et, de l'autre, par l'histoire des idées qui est l'histoire du genre humain et la partie descriptive de la sociologie. L'examen attentif de cette double série de lois lui fera reconnaître dans ces processus le produit combiné de l'*organisation* et de la *socialisation* — deux phénomènes distincts dont le second suppose le premier comme le fait vital, par exemple, suppose le fait chimique. Et c'est surtout la socialisation des cerveaux qu'il sera porté à considérer comme restée embryonnaire, comme brusquement arrêtée dans la plus grande partie du règne animal. Usant des méthodes inductives les mieux connues, il lui faudra attribuer à la socialisation ce qui, toutes autres choses égales, ne se rencontre que lorsqu'elle apparaît (*19*).

Nos sens et l'expérience bio-individuelle qui s'y rattache ne peuvent embrasser à la fois qu'un nombre fort restreint d'agrégats concrets. Le champ de la conscience, enseigne le psychophysicien, a des bornes très étroites. Ces limites s'étendent pourtant avec l'expérience collective qui se fractionne en un nombre indéfini d'expériences socio-individuelles. Mais à leur tour les individualités sociales ne voient et n'entendent que par les yeux et les oreilles des individus vivants avec lesquels elles forment des agrégats concrets spéciaux (phénoménalité psychologique). Les expériences socio-individuelles, en vertu de leur fusion concrète avec les processus biologiques de la cérébration, ne peuvent donc, elles non plus, embrasser un nombre trop vaste ou indéfini d'agrégats concrets, ni établir, par suite, entre eux, d'une façon *directe*, des rapports très généraux. Et c'est ici qu'intervient la gradation abstractive. L'abstraction se dévoile toujours comme une généralisation, mais *indirecte*; on voit dans quel sens le général et l'abstrait s'identifient nécessairement.

Comment la socialisation des expériences bio-individuelles, en se servant de l'échelle conceptive, arrive-t-elle à atteindre des idées à la fois générales et abstraites? Elle part de ce fait qui apparaît comme la limite-frontière entre la phénoménalité vitale et la phénoménalité sociale, l'image générique décomposant à peine les agrégats concrets avec lesquels elle tend à se confondre. L'expérience socialisée confronte ces images les unes avec les autres et découvre entre elles des rapports qui sont autant d'abstractions du premier degré; opérant ensuite sur ces résultats, elle pose entre eux de nouveaux rapports, elle aboutit à des abstractions plus hautes ; elle procède de la même façon jusqu'à ce qu'elle se trouve en présence d'idées générales qui, variant selon les époques et le savoir (expérimental ou seulement verbal) acquis, marquent la fin — l'arrêt momentané — du processus spéculatif.

Une étroite corrélation unit toutes nos idées. L'idée plus générale est le rapport qui lie entre elles les idées moins générales (et en ce sens spécifiques). Et toute opposition absolue entre des idées quelconques est vaine, illusoire ; elle prouve seulement qu'à un moment donné de l'évolution mentale, l'expérience collective demeure impuissante à découvrir leur identité générique ou supérieure. Notre loi des contraires surabstraits (c'est-à-dire des idées qu'on oppose d'une façon absolue) n'est que la brève formule qui constate ce rapport universel entre nos concepts. Pour en saisir la véritable portée, il ne faut jamais oublier qu'il s'agit d'une évolution continue ; donc, que ce qui était autrefois « surabstrait » ne l'est plus aujourd'hui, soit qu'on reconnaisse dans certaines oppositions des variétés expérimentales du même phénomène (le chaud et le froid, le sec et l'humide, le solide et le fluide et, dans un autre ordre de faits, la vertu et le vice, le juste et l'injuste, le bien et le mal), ou seulement des variétés imaginaires et factices (Dieu et la nature, le néant et l'être, par exemple ; et ces cas sont peut-être plus fréquents que les premiers). La pointe de notre loi — la plus générale dans l'ordre idéologique — est principalement dirigée, de nos jours, contre les distinctions verbales qu'une science, une philosophie ou une esthétique mal informées font valoir comme des différences réelles — erreur qui, portée au compte de la pensée pratique, se solde toujours, en définitive, par une activité peu raisonnable ; telle, par exemple, l'action basée sur la foi religieuse, la conduite soit simplement absurde (souffrances des martyrs, ascétisme des saints, etc.), soit profondément immorale (fanatisme, appât des récompenses d'outre-tombe, abdication de la raison moderne en faveur de la pensée naïve et confuse du passé, etc.).

Toute science abstraite est une science de l'invisible, du non-senti directement, de « l'inorganoleptique ». Le mouvement n'est ni pesant, ni sonore, ni lumineux; les termes de vibration, d'ondulation, d'élasticité, etc., que nous employons pour caractériser le mouvement d'une façon de plus en plus abstraite, ont une origine et une signification organoleptiques; et cela a permis de soutenir cette thèse, que même dans la science pure nous ne faisons, en définitive, que traduire des sensations d'une espèce en sensations d'une autre espèce. Mais pourrait-il en être autrement? Une séparation absolue entre la pensée abstraite et ses conditions organiques est aussi illusoire qu'une séparation absolue entre la vie et ses conditions physico-chimiques. L'abstrait n'est toujours que le moins concret, le moins « organoleptique », comme le concret, d'ailleurs, n'est que le moins abstrait, le moins « inorganoleptique ».

L'affirmation : « tout phénomène a une cause » signifie autant que la proposition : « tout phénomène est l'un des termes d'une relation constante ». Or celle-ci peut s'établir entre les phénomènes concrets aussi bien qu'entre les éléments abstraits auxquels l'analyse réduit les premiers à mesure qu'elle les décompose. Dans le premier cas, qui est celui de la loi empirique, les termes du rapport ne sont pas toujours égaux à eux-mêmes, ainsi que cela a lieu dans le second cas, qui est celui de la loi théorique. Les lois empiriques qui visent les phénomènes concrets apparaissent, par suite, comme des rapports observés jusque-là et probables dans l'avenir; et seules les lois théoriques qui visent les éléments de plus en plus abstraits des choses formulent des rapports de plus en plus invariables ou logiquement nécessaires.

Reprocher à la connaissance d'être trop abstraite, de se tenir « hors du temps et de l'espace », équivaut presque à reprocher à l'ignorant — son trop grand savoir. Le moindre défaut de la connaissance est son caractère abstrait. Il est à remarquer d'ailleurs qu'un tel reproche n'est jamais recueilli sur les lèvres du mathématicien ou du physicien. Il est le fait des sciences très peu développées. Déjà de plus en plus rare dans la bouche du biologue, on l'entend constamment proférer par les sociologues, les moralistes, les historiens, les juristes, les économistes modernes. Il est encore le fait régulier de tous les praticiens. Moins la technique est commandée par une doctrine abstraite, et plus grande est la suspicion de l'homme pratique à l'égard de ce qu'il appelle avec dédain une théorie; il en arrive à lui dénier toute voix au chapitre.

3. *Genèse de la logique.* — Les idées plus générales naissent de celles qui le sont moins, — par l'observation, l'analyse et la comparaison du contenu de ces dernières. Réunies, ces diverses opérations forment ce que les psychologues appellent le *jugement*, l'affirmation (ou la négation) d'un rapport entre deux concepts (qui portent le nom, l'un, de *sujet*, et l'autre, d'*attribut*). Le jugement, a-t-on pu dire avec raison, est l'énoncé des actes d'abstraction qui conduisent au concept plus général. Les psychologues distinguent encore le jugement représentatif (ou semi-concret, rapprochant des représentations pour en former des images génériques) du jugement conceptuel. Le premier est purement psychophysique; tous les animaux sont capables de former des jugements représentatifs et de les enchaîner, de passer de l'un à l'autre, de raisonner d'une certaine façon; c'est la faculté que nous admirons chez eux sous le nom d'intelligence. Et le second est bio-social, psychologique; il suppose la « socialisation » préalable des images génériques et des jugements représentatifs; il marque la limite précise entre la vie organique et la vie surorganique (qui demeure latente dans le règne animal ou n'y est que très faiblement actualisée). L'enchaînement des jugements conceptuels, le passage de l'un à l'autre constitue le raisonnement *logique*. Celui-ci est « juste » quand tous ses chaînons, tous les membres de la série qu'il forme sont liés nécessairement, quand ils apparaissent dans l'ordre de succession établi par l'expérience commune, universelle (elle nous semble innée parce qu'elle nous vient d'un passé lointain, parce que nous ne distinguons pas son commencement; elle nous semble destinée à durer toujours parce que, après nous, nos descendants raisonnent d'après les mêmes lois).

La logique sert aussi bien à former qu'à justifier ou à légitimer les idées abstraites et générales. Elle nous donne ce qu'on nomme la *certitude*, dont les degrés sont infiniment variés, quoique susceptibles d'être ramenés à trois catégories principales, savoir : 1° la certitude proprement dite, analytique dans la science, synthétique dans la philosophie, syncrétique dans l'art ; 2° la croyance qui échoit en partage aux degrés inférieurs des trois modes fondamentaux de la pensée spéculative et qui est la propre marque de la pensée pratique et finaliste (l'empirisme est une différenciation insuffisante entre ce dernier mode de la pensée sociale et les trois autres ; c'est ce qu'on nomme une connaissance, une philosophie, un art pratiques) ; 3° le doute, l'apanage de la *recherche*, de la forme primordiale des trois modes spéculatifs de la pensée. (Nous disons des trois modes spéculatifs, et non pas du mode pratique et finaliste, parce que toute recherche suppose une lacune dans la connaissance, la philosophie ou l'art correspondants, lacune qu'elle a précisément pour but de combler ; et aussi parce que tant que l'être demeure « raisonnable », il ne peut passer directement — si brève que soit la transition — de la recherche à l'acte.) Mais à vrai dire, à strictement parler, le doute est l'antécédent immédiat de la connaissance seule ; il ne sert de prologue ou de préface à la pensée philosophique que parce que et tant que celle-ci reste confondue avec la science ; et c'est pour les mêmes raisons — de différenciation insuffisante — qu'il devient tantôt le préambule de l'art et tantôt le prélude de l'action elle-même.

En ne considérant que les origines de la certitude, on peut encore définir son degré le plus élevé comme une foi objective ou collective, nécessaire et universelle, et son degré moyen comme une certitude subjective ou individuelle, contingente et particulière. Il ne faut pas oublier non plus que ce qui distingue les croyances naïves des masses, par exemple, de nos plus dogmatiques affirmations, c'est la valeur — réelle ou imaginaire — des connaissances sur lesquelles reposent les unes et les autres. La certitude, en s'affaiblissant, pour un motif quelconque, devient de la croyance, et celle-ci ne tarde pas à se transformer en doute ; et inversement le doute, en s'atténuant, devient d'abord croyance et puis certitude.

Le jugement représentatif ou psychophysique s'exprime par

une série de signes que les psychologues, ayant adopté la classification de M. Romanes, rangent sous ces trois rubriques : 1° les signes « indicatifs » (gestes émotifs des animaux et de l'homme primitif); 2° les signes « dénotatifs » (gestes et cris s'appliquant à des choses ou à des qualités strictement particulières); 3° les signes « connotatifs ou attributifs » (gestes et cris attribuant une qualité à plusieurs objets ou agrégats concrets différents; un feu, une étoile, tout ce qui brille est connoté par le même signe). Et le jugement conceptuel ou bio-social (psychologique) s'exprime par une nouvelle classe de signes que les psychologues appellent « dénominatifs ». C'est la parole, les mots qui donnent des « noms » aux qualités constatées et contrôlées par l'expérience collective, autrement exacte et sûre que l'expérience bio-individuelle. A la vérité, le jugement conceptuel est d'une autre nature que le jugement représentatif, et le terme de jugement aurait dû être réservé pour désigner le premier cas seul. En effet, dans le second cas, tout est subjectif, bio-individuel; on voit *cette* neige blanche, *ce* soleil rouge, *cette* nuit obscure, etc., — on a affaire à des séries d'images concrètes; et ce n'est que dans le second jugement conceptuel qu'on affirme : la neige *est* blanche, le soleil *est* rouge, la nuit *est* sombre, — cela, après avoir formé les concepts abstraits correspondants.

Le grand tort de la psychologie moderne est de ne pas séparer les domaines voisins de l'organique et du surorganique par une *limite précise*, ou même de déclarer que c'est là un effort vain. Au lieu de s'offrir comme une *combinaison rationnelle* de la biologie et de la sociologie, la psychologie se présente ainsi que leur *confusion irrationnelle*. Penser bio-individuellement est tout autre chose que penser socio-individuellement. C'est de la pensée « socialisée » qu'on peut dire ce que Kant disait de la pensée en général : penser, c'est juger. Dans la société seule, le juge existe; dans le reste de la nature, cette idée n'a aucun sens. La pensée sociale se distingue nettement de la pensée bio-individuelle par là qu'elle peut prolonger et varier indéfiniment la même expérience; elle substitue de la sorte constamment à des rapports, à des concepts et à des jugements anciens, des rapports, des concepts et des jugements nouveaux. Ce phénomène constitue ce qu'on appelle le progrès social, qui a toujours à sa base un progrès mental.

La pensée bio-individuelle peut se définir comme une expérience *discontinue*, et la pensée sociale comme une expérience *continue*. Or, les termes *donné* et *logique* reflètent la même distinction du discontinu et du continu. L'agrégat concret ou discontinu est *donné*, il n'est pas logique. Au contraire, sont logiques — tant qu'ils sont continus — le raisonnement, le jugement, l'abstraction, l'idée, qu'ils soient pris ou non pour des « données » par d'autres jugements et raisonnements remplissant, à leur tour, les mêmes conditions. Ce caractère essentiel du jugement logique a très bien été mis en lumière par Taine dans le passage connu de son livre sur *l'Intelligence* où il parle du *moyen terme* (sans lequel il n'y a ni continuité, ni liaison) : « Entre les deux données qui font couple, il s'en trouve une autre, intermédiaire, qui, étant liée d'une part à la première et d'autre part à la seconde, provoque par sa présence la liaison de la seconde et de la première; en sorte que cette dernière liaison est dérivée et présuppose comme condition les deux liaisons préalables (*prémisses*). Rien de plus important que cette donnée intermédiaire, puisque c'est elle qui, par son insertion entre les deux données, les soude en un couple ».

On se rend très bien compte aujourd'hui que la physique dépend, pour tous ses progrès, et dépendra toujours des mathématiques, la chimie de la physique et ainsi de suite jusqu'à la sociologie basée sur la biologie; et cela de telle sorte que tout arrêt prolongé dans l'évolution de la science inférieure se répercute et entraîne les mêmes effets dans toutes les sciences immédiatement ou médiatement supérieures. Mais on peut se demander comment cette loi de la connaissance s'applique au premier terme de la série, soit à la physique non séparée des mathématiques, soit à ce dernier savoir seul? La connaissance aussi bien que l'action (et que les phénomènes intermédiaires, la pensée philosophique et la pensée esthétique) ne sont que des aspects divers, des modalités de la pensée sociale, — de l'interaction des esprits ou des consciences, de l'expérience collective. Il s'agit ici essentiellement d'un seul et même ordre de phénomènes : c'est la plus haute abstraction atteinte par la sociologie, celle qui marque conventionnellement, comme nous avons souvent eu l'occasion de le dire, l'âge adulte, la majorité, la constitution de la science. Et cette identité foncière se peut graphiquement représenter ainsi qu'une courbe fermée, une ligne dont les deux extrémités se touchent. Tous les points de cette courbe seront, en soi, de l'expérience collective, de la *raison*; mais si nous fractionnons la courbe, si nous donnons à l'une de ses sections le nom de connaissance, à la section suivante le nom de philosophie, à la suivante encore le nom d'art, et à celle enfin qui rejoint la connaissance et ferme la courbe, le nom d'action, — une analyse approfondie de la première section ou de la dernière nous apprendra qu'il y a lieu de distinguer soit entre la connaissance trouvée et la connaissance cherchée, soit entre l'action qui applique la connaissance et l'action qui la sollicite (de même qu'une analyse approfondie de ce qui autrefois était considéré comme formant un tout indistinct, la connaissance scientifique et la connaissance philosophique, nous conduisit à séparer rigoureusement la seconde de la première).

Voici donc notre premier ou notre dernier segment subdivisé en deux parts : soit la connaissance et la recherche qui la précède, soit l'action appliquée, la technique, et la recherche qui la suit. Mais j'ai à peine besoin de faire remarquer que la recherche qui précède la connaissance et la recherche qui suit l'action coïncident sur tout leur parcours et ne constituent qu'une seule et même phase évolutive. Et c'est celle-ci qui, touchant immédiatement à la connaissance, s'offrant comme le fondement commun sur lequel s'élève l'édifice entier du savoir, sert en outre plus spécialement de base à son premier étage, la connaissance mathématique ou mathématico-physique. Cette fraction de l'expérience collective, la recherche de la vérité, se peut également considérer (point de vue dynamique) comme une phase qui se répète, qui revient sans cesse (la fameuse doctrine du « retour éternel des choses » nous semble avoir sa racine profonde dans la proximité et le contact nécessaire de l'action appliquée et de la recherche). Or, cette phase a des lois qu'elle trouve ou élabore, en tant que recherche, au fur et à mesure de sa propre manifestation : lois ou normes auxquelles nous donnons le nom de *logique*. La logique est donc le premier produit de l'expérience collective, de la socialité; et c'est ainsi, comme l'ont très nettement vu une foule de bons esprits, qu'elle se confond presque avec les mathématiques.

Le « logique » est une partie constitutive du « psychologique » ou « bio-social », — cette partie notamment qui représente le fond commun de toutes les expériences. C'est le résidu net de l'interaction mentale du passé, résidu définitif parce que toujours conforme à l'expérience sociale du présent et transmis comme tel d'une génération à une autre. La vraie nature du logique a été confusément comprise ou pressentie par les plus anciens penseurs; c'est ainsi qu'Héraclite, par exemple, disait déjà : « La raison commune qui est la raison divine et par laquelle nous devenons raisonnables, est la mesure de la vérité »; ou encore : « La multitude vit comme si chacun avait une raison à soi, mais il n'y a qu'une raison commune à tous; c'est elle qu'il faut suivre » (*20*).

Pour Kant et son école les éléments logiques de la pensée se rangent sous le signe du « transcendental », de l'*a priori* qui se connaît comme tel (distingué du « transcendant », de l'*a priori* inconnaissable). Ces éléments forment la condition préexistante de toute expérience sensible, donc de tout exercice de la pensée. A première vue, le phénomène logique semble ainsi jouer chez Kant le rôle même attribué par nous au phénomène surorganique élémentaire, à l'interaction des consciences. Celle-ci n'est-elle pas l'antécédent et la condition nécessaires de la pensée complexe ou logique? Oui, certes; mais c'est précisément pour cela que la thèse de Kant nous frappe comme une erreur. Les lois logiques étant le produit — lentement éclos — de l'interaction des consciences (c'est-à-dire d'un *fait expérimental* qui, jusqu'à nouvel ordre, ne se laisse pas classer parmi les faits vitaux et, à plus forte raison, parmi les faits chimiques, physiques ou quantita- tifs), — ces lois présentent un caractère apostériorique indéniable. Le principe, la norme logique n'est pas l'antécédent nécessaire de l'expérience (et il n'y en a qu'une, celle des sens, car la vague « expérience totale » que Kant oppose à l'expérience des sens n'est qu'un autre nom du processus abstractif et généralisateur qui construit la norme logique), mais bien son effet, son résultat. Et pour que cet *a posteriori* apparaisse ou s'édifie — avec les éléments que lui fournissent nos sens — un seul postulat est exigible : il faut que l'expérience, de bio-individuelle, devienne collective (socio-individuelle dans chaque cas concret); ou, en d'autres termes, que l'être organique devienne en outre l'être social (*21*).

Résumons-nous. Le phénomène particulier appelé *conscience* — ou monde intérieur, subjectif — est l'effet constant et nécessaire de l'action du monde extérieur ou objectif sur le cerveau. Il y a entre ces deux grandes catégories de faits, le monde intérieur et le monde extérieur, ou les phénomènes conscientiels et toutes les autres classes de phénomènes, une corrélation étroite, une correspondance parfaite. Et le phénomène particulier appelé *connaissance* est l'effet constant et nécessaire de l'action régulière et indéfiniment prolongée des diverses consciences les unes sur les autres, action à laquelle (pour la distinguer du processus plus simple qui fait jaillir la conscience) nous donnons le nom de *socialité*. Le phénomène cognitif consiste essentiellement en ceci, que le commun, l'identique dans les expériences bio-individuelles, dans les faits conscientiels, dans les mondes intérieurs, se sépare, se détache du différent, du particulier et lui survit; et nous obtenons, par rapport au monde extérieur ou objectif : *a*) l'*universel*, s'il s'agit du commun à *toutes* les expériences, à tous les faits conscientiels sans exception (les idées de temps, d'espace, d'antécédent, de conséquent avec leurs nombreux dérivés, et les rapports ou *normes logiques* — toujours les mêmes — qui s'établissent entre ces caractères communs); et *b*) le *général* avec ses degrés multiples — dans tous les autres cas.

Il est à remarquer que certaines notions générales se virent d'abord attribuer l'envergure de concepts universels; et il fallut des siècles d'expérience et de réflexion pour les faire déchoir de ce rang et les remettre à leur vraie place ; telles, à ne citer que des exemples connus, furent les notions de naissance et de mort étendues à tous les phénomènes indistinctement ; ou les idées de but et de moyen, l'appareil logique du finalisme, de la causalité invertie, qui naguère s'appliquait à toute la nature et qui aujourd'hui ne porte que sur l'ensemble des phénomènes rationnels.

En somme, les concepts généraux et surtout les concepts universels sont des expériences constantes, stables, cristallisées et parfois même devenues héréditaires. L'*a priori* se dévoile donc comme un *a posteriori*, mais un *a posteriori* qui évolue sans cesse, qui est lui-même une suite, une série d'*a posteriori* différents (en cela, au moins, que les uns précèdent les autres). Cette diversité d'ailleurs se laisse facilement ramener à deux grands types : l'expérience, la connaissance universelle ou logique ; et l'expérience, la connaissance générale, plus ou moins rationnelle, qui finit toujours par s'accorder avec les concepts ou normes logiques. On donne souvent à cette dernière sorte de connaissance le nom d *objective*, et on lui oppose la connaissance *subjective* dont l'accord avec les lois logiques reste plus vague, plus indéterminé ou même douteux (et qui, par suite, tombe, comme on dit, sous le joug du sentiment, des émotions et subit l'influence de certains processus purement physiologiques ou pathologiques).

Toute connaissance est le produit de l'interaction des consciences qui — ne l'oublions pas — s'offrent comme autant de rapports entre le sujet sentant et se représentant ce qu'il a senti, et l'objet senti et représenté (cet objet est indifféremment le monde externe des choses ou le monde interne des sensations). Toute connaissance repose donc sur cette relation fondamentale, et on a mille fois raison de dire, en ce sens, que notre savoir ne saurait jamais être le produit du sujet seul, ou de l'objet seul. Il y a un sophisme transparent dans l'objection que les aprioristes font à leurs adversaires : que si tous les éléments de la pensée venaient de l'expérience, il y aurait eu, dans l'histoire du monde, un moment, celui du premier acte de connaissance, où cet acte se serait accompli en dehors du sujet. Les aprioristes confondent l'expérience

qui suppose déjà une conscience, c'est-à-dire une relation
entre le sujet et l'objet, avec l'un des termes de cette relation,
l'objet. C'est de ce rapport total que l'esprit humain tire les
normes logiques qui président à ses expériences ultérieures;
il est donc manifeste qu'en faisant dériver ces normes du
sujet seul, les aprioristes tombent platement dans l'illogisme
qu'ils accusent — à tort — leurs contradicteurs de commettre
dans le sens inverse.

Les lois de la nature sont le propre effet des phénomènes,
et non leur cause. De même, les concepts et les lois logiques
sont le résultat de l'expérience collective (ou de la connaissance), et non sa cause. Cependant, ici comme ailleurs, la
finalité inhérente à l'esprit transforme nécessairement l'effet
en but, — en cause finale; et c'est de la sorte qu'on arrive à
affirmer de la façon la plus sérieuse que les concepts et
les lois logiques engendrent la connaissance et lui sont antérieurs. Mais est-il vrai au moins que l'expérience qui découvre
les normes logiques précède nos autres expériences? Si l'on
songe que le savoir logique se confond intimement avec les
premiers pas de la connaissance mathématique, on est tenté
de répondre par l'affirmative. D'autre part, la logique ne
nous apparaît-elle pas encore aujourd'hui comme une des
branches les plus arriérées du savoir humain? A notre gré,
cette contradiction est plus apparente que réelle, et nous
l'expliquons ainsi. Si toutes nos connaissances, en tant que
produits de l'expérience collective, sont des faits sociaux,
aucune d'elles, à l'exception de la sociologie pure, ne constitue
un phénomène social par la matière même sur laquelle s'exerce
une telle expérience. Or, le savoir logique — qu'on le considère
comme un chapitre de la sociologie, ou qu'on l'envisage
comme une partie de la psychologie — résulte toujours d'une
expérience ayant pour objet des phénomènes *bio-sociaux*.
Son passage de l'état empirique à l'état théorique ne pouvait,
par conséquent, avoir lieu avant la double constitution de la
biologie et de la sociologie. Si donc, comme savoir empirique,
la logique (et aussi bien peut-être la morale) fut la première
des sciences, comme savoir théorique, elle ne peut que clore
leur série (22).

4. Les deux grandes méthodes rationnelles de recherche, l'induction et la déduction, et les principes directeurs de la connaissance. — Comme la logique dont elles forment autant d'applications spécialisées, les méthodes du savoir sont des phénomènes bio-sociaux. Nous verrons de suite quelle est ia part biologique dans cette sorte de faits. Quant à leur part sociale, elle leur vient de l'interaction conscientielle, de l'expérience indéfiniment multipliée, prolongée, intensifiée, contrôlée et corrigée. Comme la fonction biologique, la fonction sociale crée son organe, — et la méthode se peut brièvement définir : l'organe propre de l'expérience collective, de la socialité.

La méthode primordiale, celle qui sert de point de départ et d'appui à toutes les autres, c'est, j'ai à peine besoin de le dire, l'*induction*. La « consécution empirique » de Leibnitz expliquée par Stuart Mill comme une « inférence du particulier au particulier », constitue son élément ou sa base biologique. Ainsi limitée, l'induction ne dépasse guère l'expérience bio-individuelle. L'esprit ne voit et n'associe, dans ses jugements représentatifs et les raisonnements qui lient de tels jugements entre eux, que des cas concrets et particuliers. Il ne généralise pas, il ne pose pas l'universalité nécessaire, étant donné l'effet, de la cause correspondante, et *vice versa*. « C'est, dit J. Sully, un état *d'attente...* qui diffère de la simple suggestion associative en ce que l'esprit est moins occupé du souvenir (laissé par le phénomène passé) que de l'attente de la répétition du même fait dans le présent... » Ce germe, la consécution empirique, se développe au cours de toute expérience bio-individuelle, et il y atteint son degré supérieur, ce que les psychologues appellent l'inférence par analogie, sans bien distinguer, d'habitude, la forme psycho-physique de l'analogie d'avec sa forme bio-sociale. La première, l'attente vague dans le présent du fait qui a eu lieu dans le passé, motivée par une ressemblance quelconque du présent au passé et suscitant une série plus ou moins longue d'images génériques, constitue la matière même du raisonnement des animaux et de l'homme biologique (observations sur les enfants et les sauvages). La seconde, l'analogie psy-

chologique, est plus complexe; elle a pour fondement la
causalité. Or, en quoi le rapport de cause à effet se distingue-
t-il de la consécution empirique? Ou plutôt comment celle-ci
devient-elle une succession constante et uniforme, l'analogie
psychophysique — une explication du fait postérieur par le fait
antérieur, l'attente aléatoire, l'appréhension quasi instinctive — une certitude rationnelle ou pour le moins une ferme
croyance? Le fait social rend compte de ces tranformations.
Il est le ferment qui, ajouté à l'expérience organique, la fait
lever, pour ainsi dire, la transfigure, en fait jaillir cette chose
nouvelle, — le concept, l'idée générale et abstraite. La multiplicité indéfinie des expériences particulières qui se complètent et se corrigent sans cesse les unes par les autres, ou,
en d'autres termes, la filiation historique, la tradition
sociale, voilà ce qui donne à l'expérience bio-individuelle la
durée et l'intensité qui lui permettent d'affirmer la nécessité
et l'universalité d'une séquence ou d'une analogie quelconques.
Et le rapport causal (l'explication du phénomène) n'est rien
que cette affirmation d'origine surorganique venant soit renforcer, soit ébranler ou même détruire, comme illusoires et
faux, certains constats d'origine organique.

On a souvent prétendu que l'induction ne pouvait nous
fournir qu'une quasi-certitude (d'ailleurs, estimée suffisante
pour l'action pratique qu'elle doit diriger). L'induction a
pour garantie unique — l'expérience, et il semble que, pour
intensifiée et prolongée qu'elle soit, l'expérien   ne suffit pas
à prouver qu'une succession donnée restera toujours uniforme, constante, ou — ce qui est la même chose — universelle, nécessaire. L'induction, dit-on par suite, ne nous conduit qu'à une croyance forte, à un haut degré de probabilité.

Rien ne semble plus exact. Mais la certitude absolue qu'on
oppose ainsi à la certitude relative, en diffère-t-elle par un
caractère, un trait, un attribut ou encore une relation, un
rapport qui ne se retrouve pas dans celle-ci? Le « relatif »
n'est-il pas une de ces idées surabstraites dont le contraire ne
se peut penser et alléguer que d'une façon formelle ou verbale, un concept que notre esprit ne saurait faire rentrer dans
une idée générique plus large? En d'autres termes, l'« absolu »

n'est-il pas une négation fausse, une réaffirmation du « relatif », comme le « néant », par exemple, est une négation fausse, une réaffirmation de l' « être »? Et de même que dans certaines philosophies — depuis le bouddhisme jusqu'aux thèses pessimistes modernes — le néant n'a jamais servi, au fond, qu'à exprimer la forme ultime et, en ce sens, parfaite de l'être, de même l'absolu, dans le cas qui nous occupe, ne signifie-t-il pas la forme ultime du relatif, celle atteinte en dernier lieu par l'expérience commune des hommes?

La plupart des logiciens caractérisent le jugement dit analytique et le raisonnement déductif comme impliquant un degré de certitude qui ne saurait appartenir au jugement dit synthétique et au raisonnement inductif. Or, le premier cas se ramène manifestement au second; toute déduction repose, finalement, sur une induction. Et si nous apprécions d'une façon différente ces deux attitudes mentales, c'est que, dans la première, la déduction, nous retrouvons une expérience ancienne confirmée une fois de plus, et, dans la seconde, l'induction, nous voyons une expérience nouvelle ou récente à laquelle manque cette sorte de consécration. Toute connaissance est à la fois inductive et déductive; ce sont là deux formes parallèles de croissance ou d'augmentation du savoir (en profondeur et en largeur, pour ainsi dire). Toutefois, les sciences particulières, lorsqu'elles ne subissent pas, par suite ou de leurs progrès antérieurs, ou de leur imperfection même, un temps d'arrêt, sont toujours plus inductives que déductives; tandis que la philosophie est plus déductive qu'inductive précisément parce qu'elle est subordonnée aux sciences. Il en est de même de l'art par rapport à la philosophie. Mais le type déductif le plus parfait est réalisé par la pensée pratique : toute action est un syllogisme — franc ou larvé, nettement exprimé ou sous-entendu; au contraire, le type inductif le plus pur est donné par la recherche cognitive ou la « préconnaissance ».

La déduction, entend-on dire souvent, tire toute sa force de la notion d'identité. Un raisonnement déductif se résout en une série d'équations. L'affirmation déductive (la conclusion) s'explique ou se justifie en dernier lieu par l'expérience à laquelle les géomètres donnent le nom de coïncidence, et les logiciens — celui d'identité de caractères ou d'attributs. Le concept d'identité est plus large que l'idée de causalité; il l'embrasse comme une espèce particulière (l'identité de séquence); il embrasse également l'idée de finalité (la causalité invertie). Mais c'est dans l'ordre téléologique seul que nous arrivons à ériger le concept d'identité avec ses deux corollaires, les idées de causalité et de finalité, en « principes suprêmes » de toute connaissance. Nous envisageons alors ces concepts comme autant de buts, de motifs, de causes finales; nous les prenons pour points de départ et nous aboutissons à la connaissance d'abord, à l'expérience collective ou socio-individuelle ensuite. Dans l'ordre causal, au contraire, nous allons de l'expérience à la connaissance, et de celle-ci à ses « principe directeurs ».

L'induction est définie d'habitude comme une marche du particulier au général, et la déduction comme une marche inverse, du général au particulier. En vérité, les deux méthodes sont deux manières connexes d'identifier les phénomènes, de passer du concret à l'abstrait et *vice versa*. L'induction, qui est la *Via regia* de la connaissance, est toujours essentiellement une généralisation et une abstraction. La déduction n'est qu'une induction renversée; elle se doit, par suite, considérer comme une méthode auxiliaire et subordonnée, dans toutes les sciences, à la méthode fondamentale. L'analyse inductive s'efforce de résoudre le fait concret en ses éléments ultimes. Elle établit, elle constate les rapports entre les diverses parties d'un ensemble donné. Elle ramène une multitude de phénomènes concrets à un nombre de plus en plus restreint de propriétés abstraites. Et elle s'accompagne nécessairement de l'opération contraire qui est à la fois reconstructrice ou synthétique, et explicative. Lorsque l'induction préalable n'atteint que des abstractions peu éloignées de la réalité concrète, l'explication déductive des phénomènes reste empirique. Un nouveau pas — dans l'analyse ou la recherche du semblable — est fait quand l'induction s'applique aux premiers résultats obtenus, aux propriétés des choses où se découvrent des rapports d'identité demeurés d'abord inaperçus. L'explication déductive des faits concrets devient alors plus rationnelle. Ce double mouvement de la pensée se poursuit sans relâche : il ne s'arrête, dans chaque série expérimentale, que devant l'abstraction générique du dernier et suprême degré.

D'ailleurs, le passage du concret à l'abstrait et la marche inverse sont remplis de difficultés, sont parsemés de pièges dont voici peut-être le plus sérieux : le concret étant un faisceau d'abstractions et l'expérience n'opérant directement que sur le concret, toute réduction *expérimentale* du concret à l'abstrait ne peut être qu'une résolution du phénomène *plus* concret en un phénomène *moins* concret. En d'autres termes, nos abstractions les plus subtiles s'affirment et s'offrent encore comme des faisceaux d'abstractions. Connaître, c'est diviser ou limiter ; mais la possibilité de connaître est, comme la divisibilité, infinie, illimitée. Il s'agit du mode analytique de la pensée sociale ; quant à son mode synthétique, il a pour limites — essentiellement variables — les plus hautes abstractions atteintes à un moment donné. De telles abstractions se reconnaissent à ce trait, qu'elles sont toujours identiques à leurs contraires (de là le monisme inhérent à toute conception vraiment mondiale ou universelle).

Chaque quantité se peut penser à la fois comme une somme de parties et comme la partie d'une somme plus grande. Ainsi se traduit, en langage mathématique, cette vérité d'ordre logique : tout phénomène se peut penser à la fois comme un phénomène concret (une somme de parties) et comme un phénomène abstrait (la partie d'une somme). En d'autres termes encore, tout phénomène est essentiellement un rapport entre phénomènes. Toujours et partout, quand ce rapport révèle l'égalité, soit de valeurs discrètes (équations établies par la science), soit de quantités continues (identité philosophique des contraires surabstraits), nous touchons à l'absolu.

L'absolu est un rapport d'identité, il n'est que cela ; il est donc relatif lui-même, et cet absolu remplit l'univers. Nous passons constamment, dans tous les domaines de l'existence, et par tous les modes de la pensée sociale, du relatif à l'absolu, du rapport d'inégalité (plus, moins) au rapport d'égalité, du concret à l'abstrait, et *vice versa*. Et le caractère illimité de la connaissance se figure mieux par un cercle dont chaque segment final est à la fois un segment initial, que par une ligne droite se déroulant à l'infini.

L'appel à l'expérience sensible implique l'appel à la raison, la preuve par le concret implique la preuve logique (par l'abstrait) et *vice versa*. Toute connaissance fait constamment usage des deux sortes de preuves dont chacune a son écueil, qui consiste à être isolée de sa compagne : la preuve logique tend alors à devenir une logomachie vide, une tautologie pure, et la preuve expérimentale reste empirique (analyse superficielle). La maturité ou la perfection d'une science ne saurait se mesurer à la valeur exclusive ou même prédominante qu'on y attribue à l'une ou à l'autre de ces deux faces d'une opération mentale unique, en dépit de sa complexité quelquefois excessive. Cette perfection consisterait plutôt dans l'équivalence et l'accord constant des deux méthodes (ainsi que le prouve l'exemple des mathématiques, où la démonstration logique n'est jamais contredite par l'expérience sensible).

Un dernier mot encore. La conscience étant un rapport entre l'être vivant et tout ce qui n'est pas lui, il s'ensuit que si l'on change l'un des termes du rapport — en substituant un être vivant à un autre ou une ambiance à l'ambiance donnée, — on modifie la valeur du rapport, on altère le contenu de la conscience. Et la connaissance étant un rapport entre les consciences d'une même espèce vivante, il s'ensuit qu'elle ne saurait demeurer invariable — et nous paraître, en ce sens, exacte, positive, certaine — que si ou tant que les termes de la relation qu'elle représente demeurent les mêmes. Or, comme dans la série des temps une telle identité ne se réalise guère, la connaissance ne peut être que relativement certaine. Elle le devient par la généralisation et l'abstraction qui servent à éliminer le coefficient individuel de l'expérience. Autrement dit, plus la connaissance est générale et abstraite, et plus elle se rapproche de la connaissance absolue.

CHAPITRE IV

Le rôle civilisateur des abstractions.
Du totémisme au socialisme.

1. L'idée abstraite et la civilisation. — 2. Les entités. — 3. Les illusions positivistes. — 4. Le monde de la vie et le monde de la survie. — 5. La science phénoméniste et la dialectique. — 6. L'évolution des sciences de la nature et le développement des sciences sociales. — 7. Du totémisme au socialisme.

1. *L'idée abstraite et la civilisation.* — Le rôle joué dans l'histoire des sociétés humaines par la généralisation et l'abstraction fut toujours considérable, décisif, et l'importance sociale de ces opérations intellectuelles n'a pas cessé de croître. Sans leur intervention, toute culture un peu haute de l'esprit eût été matériellement — physiologiquement — impossible. Car les générations humaines se suivent avec rapidité, tandis que s'accumulent et s'entassent les connaissances particulières, concrètes, empiriques. Comment, dans le nombre minime d'années dévolu à l'œuvre pédagogique, une génération aurait-elle pu transférer à la génération suivante, sans recourir à des procédés spéciaux d'emmagasinement et de conservation, ces énormes blocs bruts de connaissances ? Nulle mémoire d'homme n'aurait suffi à l'effroyable tâche. Et depuis de longs siècles l'humanité se serait vue enfermée dans ce dilemme : ou périr, écrasée par la haute montagne du savoir,

ou renoncer à la transmission des connaissances, c'est-à-dire,
dans l'espace de quelques générations, à toute culture de
l'esprit.

Cela est si vrai que c'est justement à notre époque — caractérisée par un foisonnement prodigieux de menues connaissances échappant aux processus réducteurs et régulateurs de
l'abstraction et de la généralisation — que ce cri sacrilège a
retenti comme un cri de délivrance : A bas le savoir hostile
à la vie! Au lieu d'exciter la réprobation universelle, cet
appel impie eut un écho retentissant; il trouva des audi-
toires enthousiastes. Telle nous semble la raison cachée de
l'influence qu'exercèrent · .r les esprits contemporains le
pathos cruel d'un Nietzsche ou. la philosophie naïve d'un
Tolstoï.

Le cas de Nietzsche est particulièrement instructif. Nietzsche
se donne de bonne foi pour l'irréductible paladin de l'individualisme, aristocratique, affirme-t-il, par définition. Or, dans
ses diatribes les plus violentes contre la science, Nietzsche
apparaît toujours, en vérité, comme le servant involontaire,
l'organe inconscient de ce troupeau humain qui lui faisait
horreur, de ces foules abêties pour lesquelles il n'avait pas
assez de dédain et de méprisante pitié. Sans qu'il s'en doute,
il défend, avec une vigueur que personne ne surpassa, les
intérêts pressants de la multitude, ses droits imprescriptibles
aux hautes jouissances de l'âme.

Absorbées comme elles le sont par de rudes travaux physiques,
les masses populaires ploient beaucoup plus facilement que
les élites sous le lourd fardeau des connaissances restées inas-
similées. Et c'est pour répondre à la peine imméritée de telles
foules que surgissent à certaines époques plus chargées de
savoir ou plus démocratiques que les autres, les libérateurs
qui conquièrent d'un coup la grande vogue : les Rousseau
opposant l'état de nature aux vices artificiels de la civilisation,
les Guyau glorifiant l'expansion de la vie physiologique,
les Marx prônant la primauté de la pratique sur la théorie,
de l'action sur la pensée, les Tolstoï dissertant à perte de vue
sur les méfaits de la raison, les Nietzsche raillant l'outre-
cuidante sottise des modernes dévots de la science, tous les

amoureux de la vie en soi, tous les zélateurs de l'action pour l'action! Leurs attaques contre le savoir sont, à leur insu même, provoquées par un malaise social redoutable, — la difficulté soudainement éprouvée de transmettre aux siècles futurs les connaissances acquises par les contemporains. Et leur individualisme outrancier cache mal leur folle appréhension des nombreux dangers courus précisément par le groupe, par la collectivité, par la chaîne ininterrompue des générations de plus en plus expertes et policées, et nullement par l'individu comme tel, qui, échappé au naufrage de la civilisation, retournera à la barbarie primitive, redeviendra vite un bel animal humain.

Quoi qu'il en soit, le cri d'alarme jeté par les prédécesseurs de Nietzsche et par Nietzsche lui-même dans l'intérêt direct — je le répète — des foules démocratiques, fut des plus utiles. Par lui s'exprima l'un des besoins urgents de l'époque. Assez de science empirique, d'adoration du fait brut et inexpliqué, d'érudition pure et desséchante, de nourriture intellectuelle indigeste et intransmissible à l'ensemble des générations futures! La peur encore vague qu'inspire le socialisme ne dénonce-t-elle pas déjà ces générations comme un flot montant de barbares? C'est par les procédés condensateurs et filtrateurs de la raison que l'énorme amas de connaissances particulières se peut transmuer en une sève jeune et nouvelle circulant dans toutes les parties du corps social; et l'excès d'historisme, la pléthore empirique pourrait bien devenir, pour la continuité de la culture et pour la socialité elle-même, un péril mortel, une menace constante d'asphyxie.

2. *Les entités*. — L'abstraction est le premier et le principal résultat de l'expérience collective tant soit peu organisée ou systématisée, et c'est à ce titre qu'elle nous frappe comme le point de départ ou la véritable base de toute civilisation progressive. Mais il y a abstraction et abstraction, comme il y a savoir et savoir. Une classification très large nous permet de distinguer deux grandes espèces d'idées et de connaissances abstraites. L'une forme le savoir réel, exact ou positif, l'autre constitue le savoir verbal, un phénomène qui marque les

débuts de toute science, une sorte de faiblesse infantile qui, prolongée outre mesure, peut conduire à un état pathologique grave. On a maintes fois décrit ce phénomène en s'attachant de préférence à ses traits extérieurs les plus accusés. « Il y a, dit par exemple Whewell, l'historien bien connu des sciences inductives, deux manières de raisonner et de fixer le sens des hautes abstractions employées dans nos recherches : l'une qui consiste à examiner les mots et les pensées que ces mots suggèrent; l'autre qui consiste à porter l'attention sur les faits et les choses qui introduisent dans la langue et mettent en usage les mots et les termes abstraits. Cette dernière voie, la méthode de l'investigation réelle, conduit seule au succès.... La tendance à puiser des principes dans les mots et les termes du langage est discernable de très bonne heure... » (23).

Quelle est la nature intime et l'origine du savoir verbal, et comment réussit-il pendant de longs siècles à tenir la place du savoir réel? Essayons d'expliquer ce phénomène d'une importance majeure.

La connaissance est une activité non seulement analytique, mais encore *hypothétique*, de la pensée sociale. A chaque étape du savoir, nous posons, comme un jalon, une hypothèse qui, nécessairement, s'exprime par des mots, des termes correspondants. Nous obtenons ainsi des notions ayant une valeur purement conventionnelle et qui servent à faire durer, à transmettre, dans le temps ou l'espace, nos conjectures. Mais s'il n'est rien de plus aisé que de construire des suppositions plus ou moins plausibles, sinon spécieuses, et par là d'enrichir la langue de termes génériques (les hypothèses tendant toujours au plus haut degré de généralité, à la plus grande valeur possible), rien n'est plus difficile que de les vérifier. Aussi, neuf fois sur dix, omet-on de le faire ou se contente-t-on d'une vérification hâtive et seulement partielle. La richesse nominale de l'esprit s'accroît ainsi de siècle en siècle et couvre de ses somptuosités rhétoriques l'indigence réelle du savoir. Plus une science est arriérée, et plus elle se trouve encombrée de théories incertaines, aléatoires, plus elle se montre favorable à une luxuriante croissance de concepts verbaux. Cet état de choses caractérise d'abord la jeunesse de la science; les

mathématiques elles-mêmes, comme l'a prouvé le verbalisme
aigu de l'école pythagoricienne, n'ont pas échappé à la règle
commune ; et une faiblesse analogue a toujours formé le trait
distinctif de la philosophie. Les ontologies des plus grands
penseurs, leurs controverses sans fin sur certaines idées générales dans lesquelles il faut voir des conjectures non vérifiées,
des suppositions paresseuses (bien plus que de simples *flatus
vocis*), leurs habiles jongleries avec la matière, l'esprit, l'être,
la substance, le néant, l'objet, le sujet, Dieu, l'univers, le
noumène, le phénomène, avec le temps, l'espace, la cause, la
fin, le mouvement, la vie, la conscience; ou, dans un ordre
plus particulier de recherches, leurs dissertations sur les
facultés de l'âme, l'intelligence, le cœur, la volonté, sur le
devoir, le droit, la responsabilité, la vertu, le vice, le bien, le
mal, sur les biomorphismes récemment introduits en sociologie, le milieu, l'adaptation, la lutte pour l'existence, enfin
sur des notions aussi vagues que le besoin, le désir, l'instinct
social — il est vraiment impossible d'épuiser cette fastueuse
nomenclature, — toutes ces choses, dites et ressassées mille
fois, confirment pleinement notre thèse. Il suffit de comparer
l'atomisme de Démocrite avec celui de nos chimistes, la conception antique de la conservation de la force avec sa conception moderne, les idées des philosophes sur le mouvement
avec celles de nos physiciens, ou encore les vieilles doctrines
sur l'évolution avec nos théories actuelles, pour se rendre
compte de l'énorme différence qui existe entre le savoir verbal
— trésor formé de billets fiduciaires à cours forcé — et le savoir
réel — or pur en lingots ou déjà monnayé. Non pas que nous
jugions utile de disperser à tous les vents ces richesses nomi-
nales, — un tel conseil manquerait de prudence; mais il nous
semble nécessaire de reprendre une à une, pour les vérifier,
toutes ces hypothèses, et de les considérer, en attendant,
comme des problèmes dont la solution future peut nous
réserver les plus grandes surprises (24).

Tout concept ne vaut que par l'expérience qu'il représente.
Si celle-ci est imparfaite ou erronée, le concept le sera aussi;
et quand, en dépit d'une telle tache originelle, nous lui
accordons une valeur objective, nous remplaçons par une

réalité imaginaire la réalité psychologique ou subjective que l'idée la plus absurde conserve toujours. L'histoire des sciences et de la philosophie est pleine de faits de ce genre. Nous attribuons certaines propriétés à des objets qui en sont dépourvus ou qui ne les possèdent qu'en vertu de circonstances fortuites et passagères. Il y a une corrélation nécessaire entre l'expérience tronquée ou inhabile et le concept subjectif. Et « l'entité » n'est pas, ainsi qu'on l'enseigne d'habitude, l'erreur qui consiste à poser l'idée en être réel; car rien, dans s les agrégats concrets, n'est plus élémentairement réel que leurs qualités ou leurs rapports abstraits. Mais les entités représentent autant d'expériences incomplètes, superficielles ou trop brèves. Elles dérivent d'un défaut — qui à la longue devient malheureusement quelquefois un déni — d analyse. Force nous est donc d'en user avec elles comme avec toutes nos connaissances empiriques. Nous ne devons les rejeter qu'à bon escien, qu'au fur et à mesure des corrections apportées par notre expérience élargie et prolongée à celle de nos ancêtres. C'est ainsi, par exemple, que nous ne pouvons plus admettre, dans la science, les nombreuses entités physiques réduites aujourd'hui au concept de mouvement; ni, en philosophie, l'entité divine opposée à l'idée équivalente de nature ou d'univers.

Une seconde catégorie de concepts verbaux est formée par les entités en voie de déchéance; citons comme exemples de cette classe l'affinité chimique, la vie, et, sous certaines réserves, le bien suprême en morale, le beau en esthétique, le juste dans le domaine des sciences du droit, etc. Une troisième classe enfin comprend les entités encore puissantes et d'autant plus utiles ou nécessaires qu'elles nous rappellent constamment les imperfections des analyses multiples dont elles forment le résumé succinct. Tel nous apparaît, entre autres, le concept de socialité qui fonde l'indépendance de la sociologie, qui empêche sa confusion avec la biologie et la psychologie, la science abstraite immédiatement antérieure et la science concrète dérivée. L'expérience des différentes branches du savoir et surtout celle de la biologie (théories vitalistes) et de la chimie (affinité) venant éclairer ce cas spécial, nous attachons déjà au concept de socialité une signification de moins en moins absolue. Pour notre part, nous avons même la prétention — fondée ou non, ce n'est pas à nous de le dire — d'avoir contribué à préciser, à limiter, à interpréter les concepts vagues et plus ou moins équivalents de milieu social, de filiation historique, d'imitation, etc., en précisant, en limitant, en commentant l'expérience collective correspondante et en l'expliquant, en dernier lieu, comme une interaction ou même une « intersubstitution » (une sorte d'affinité mentale) d'états conscientiels simples (psychophysiques) et composés (psychologiques) (*25*).

3. *Les illusions positivistes.* — Le positivisme, celui de Comte aussi bien que celui de ses grands ancêtres à partir du xviie siècle, tomba, au cours de son infatigable croisade contre les « entités », théologiques, métaphysiques ou scientifiques, dans un malentendu plutôt pénible. En effet, cette longue lignée de philosophes ne cessèrent jamais de reprocher à la classe particulière de concepts contre lesquels s'exerçait leur verve, d'être de pures abstractions; or, l'abstraction passait à leurs yeux pour un synonyme de l'irréel, du non-existant. La lutte par eux entreprise dégénéra donc en une vaine campagne contre l'idée abstraite au profit de la chose concrète. Aujourd'hui, dans les sciences commençantes, telles que la sociologie et la psychologie, nous sommes arrivés, semble-t-il, à l'extrême limite de ce mouvement : des écoles entières de théoriciens de la connaissance nous prémunissent contre les terribles dangers des notions abstraites, ces embûches toujours dressées à l'esprit humain, et nous vantent l'incomparable sécurité des voies empiriques remplies de faits concrets et vivants.

Il y a, chez les adeptes de ces écoles, une tendance marquée à considérer les « abstractions vides » comme l'entrave principale, ou l'ennemi héréditaire en quelque sorte, de la connaissance vraiment positive. On nous rappelle que, dans leur période « préscientifique », toutes les branches du savoir ont usé et abusé de l'abstraction. On cite l'alchimiste séduit par la conception abstraite de l'unité, de l'identité essentielle de la matière et se lançant à la poursuite du problème de la transmutation des métaux; le médecin dominé par l'idée d'une cause commune de la santé et de la maladie et se livrant avec ferveur à la recherche de la panacée universelle; et ainsi de suite jusqu'au moraliste que sa croyance aux entités idéologiques convainc qu'il est en son pouvoir, par quelques règles d'or, de bannir du monde social le vice, l'injustice et le malheur. On ajoute qu'il n'y a pas plus de « problème moral », au singulier, que de « problème physiologique » ou de « problème physique ». Il est aussi puéril de chercher le « bonheur en général » que de chercher la « santé en général », etc. On affirme enfin que la connaissance exacte, positive, scientifiquement constituée, dédaigne de telles abstractions : elle se borne à découvrir « les relations réelles » des choses.

Ces formules courantes reflètent des idées peu claires quant à l'essence vraie de tout labeur scientifique. Elles prouvent que sur ce sujet d'une importance capitale la pensée moyenne flotte encore, indécise, hésitante. Qu'est-ce que les « relations réelles » que la science mûre ou constituée s'efforce uniquement de découvrir? Des concepts, des abstractions, et rien que cela. Ou les mots n'ont aucun sens précis, ou un rapport est, par définition, une idée abstraite. La connaissance excluant ou niant les propriétés générales des choses est une notion contradictoire, un illogisme aussi manifeste et abusif que celui impliqué par ce terme : l'incognoscible.

La science rationnelle ne néglige ni l'abstrait, ni le concret, ces deux aspects inséparables des choses. Mais, dans sa période de début, placée en face de la réalité concrète non analysée, irréduite en ses éléments constitutifs, elle travestit facilement le concret en abstrait, elle tombe dans les pièges multiples de l'idéation purement formelle ou verbale. Examinez attentivement les plus hautes généralités des sciences commençantes : sous ces masques abstraits vous verrez vite transparaître la réalité concrète très incomplètement décomposée. Chez l'alchimiste, ce sont certaines substances définies, l'or et l'argent, qui, grâce à quelques procédés des plus grossiers, deviennent capables de communiquer leurs propriétés à tous les autres métaux. Chez le physiologiste primitif qui se confond avec le médecin, ce sont encore quelques liquides ou quelques poudres, certains mélanges extraordinaires dont l'absorption abolit les maux physiques, procure la santé et prolonge la vie. Chez le moraliste, enfin, même chez celui de nos jours, c'est la conscience morale, c'est-à-dire un fait brut, un ensemble concret de qualités psychiques superficiellement observées et décrites, qui produit le miracle de la transsubstantiation du vice en vertu, de l'injustice en justice, du mal et du malheur en bien et en bonheur (26).

Une méprise manifeste gît au fond des éloges qu'on adresse à l'étude comparée et critique d'un ordre quelconque de faits (par exemple, de faits moraux, juridiques, politiques, économiques, etc.), et des reproches par lesquels on accable « la réflexion qui se borne à leur analyse abstraite ». Que veut-on dire? Que la première étude est irréfléchie ou dédaigne l'analyse? Assurément non. Mais, si elle est analytique, elle est par là même abstraite. Le blâme ne saurait atteindre ni la réflexion, ni l'analyse, ni leur résultat inévitable, l'abstraction. Ce n'est donc pas de ces opérations intellectuelles qu'il s'agit dans la phraséologie coutumière. On y en a vue une tout autre opposition : à savoir, l'analyse abstraite des faits moraux dans beaucoup ou dans le plus grand nombre possible de sociétés diverses, et la même analyse se contentant de l'étude d'une morale ou d'une société unique; il s'agit donc, en somme, du constraste entre une induction très étendue et une induction très courte. Il est certain que la première vaut mieux que la seconde; et, lorsque nous pouvons l'instituer, nous lui attribuons une valeur scientifique que nous refusons à sa concurrente. Mais, encore une fois, ni ce que nous appelons la réflexion, ni ce que nous appelons l'abstraction ne sont nullement intéressées à ce débat.

J'ai parlé plus haut de malentendu. Je puis difficilement désigner par un autre terme la protestation positiviste contre ce démon malicieux que nos sociologues et nos psychologues s'efforcent à l'envi d'exorciser, contre ce Protée insaisissable qui revêt à chaque instant sous leurs mains une forme nouvelle : l'Entité. Abandonnons aux coups de cette critique

f acile les entités théologiques, Dieu et les dieux. Le caractère
syncrétique et symbolique (esthétique), c'est-à-dire, en tout
cas, plus concret qu'abs'rait (même chez les panthéistes qui
identifient l'idée de Dieu avec celle d'univers), de ces concepts
anthropomorphes ne fait plus de doute pour personne. Laissons aussi les plus vieilles entités physiques : le chaud, le
froid, le sec, l'humide, les quatre éléments, les vertus essentielles des diverses substances. Il serait malaisé de faire
accroire aux physiciens et aux chimistes de notre époque que
ces descriptions tautologiques s'élèvent bien haut dans l'échelle
abstractive. Bornons-nous aux entités qui figurent encore
dans s le domaine moins cultivé des sciences sociales et psychologiques : la conscience, la raison, le droit naturel, la liberté,
la justice, la volonté de l'État (Staatswille) et, plus récemment, la race, l'esprit national, la souveraineté du peuple, etc.
Il faut être volontairement aveugle pour ne pas voir que nous
nageons ici en plein dans les grandes eaux du concret, des
faits et des événements non analysés ou grossièrement et
insuffisamment décomposés en conglomérats accidentels qui
n'offrent rien de nécessaire, de simple ou d'irréductible. En
vérité, à moins de renoncer au verbe articulé et à l'écriture,
pour revenir au langage des gestes et des exclamations émotives, il est impossible d'être plus assujetti à la réalité concrète
et plus empirique que tous ces prétendus abstracteurs de
quintessence !

L'abstraction verbale est tout autre chose que l'abstraction
réelle s'exprimant par des mots. C'est presque son contraire.
La première est la transposition du concret dans le langage
nécessairement conceptuel; elle n'a donc d'abstrait que son
enveloppe extérieure. Et la seconde est la transcription exacte
de l'idée abstraite dans le langage qui l'exprime si bien. Mais,
comme il ne peut être question, dans les deux cas, que du
plus ou du moins concret et du plus ou du moins abstrait, le
passage du concept verbal au concept réel se produit toujours
d'une manière insensible. Il suit de là que l'attitude de l'esprit
la plus profitable au progrès scientifique est de considérer
comme entachées de verbalisme toutes les abstractions, même
les moins exposées au reproche d'être de simples noms collec-

tifs désignant des agrégats concrets. C'est ce que semblent avoir instinctivement compris les positivistes. Leur erreur fut d'avoir érigé cette règle de prudence pratique en une vérité gnoséologique de premier ordre.

4. *Le monde de la vie et le monde de la survie.* — Devons-nous ajouter qu'à notre sens rien n'est plus insignifiant et plus déplacé, et rien ne révèle mieux le caractère puéril de nos disputes sur ces matières, que la série d'adjectifs qu'on a accoutumé de joindre aux termes désignant la vision abstraite et la vision concrète d'un seul et même univers ? Les abstractions sèches et mortes opposées aux réalités pleines et vivantes, ce contraste semble insinuer que le monde surorganique auquel appartient notre vision abstraite est un univers terne, froid, insipide, par comparaison avec le monde organique remuant, coloré, savoureux, auquel appartiendrait la vision concrète. Or, le monde social, le monde de la raison et de la conduite rationnelle, le plus éloigné du monde inorganique (de la matière estimée inerte et passive), constitue cette portion de l'univers où le mouvement, sous toutes ses faces, atteint son maximum d'intensité et d'où, sous forme d'action humaine, il se déverse à flots continus sur le reste de la nature qu'il entraîne dans son évolution incessante et incomparablement plus rapide. C'est le monde le plus concentré et le plus magnifiquement vibrant qui soit. Ce n'est pas le monde de la vie, non, certes ; et cela pour cette raison bien simple que c'est, littéralement, le monde de la *survie*. Comparez les idées aux organismes et osez soutenir qu'elles n'ont point une durée, je ne dirai pas éternelle (la pérennité ne convient qu'à l'ensemble des forces cosmiques), mais infiniment plus stable ou plus « réelle », et en même temps une évolution plus variée, plus riche en combinaisons inattendues, que la durée plutôt éphémère et l'évolution plutôt uniforme de l'être au sens biologique du mot. L'être vivant se perpétue par l'espèce ; mais n'oublions pas qu'en l'affirmant, nous passons déjà du concret à l'abstrait, nous entrons de plain-pied dans le royaume de l'idée pure, nous constatons entre des agrégats concrets des ressemblances, des identités d'ordre idéologique.

La survie par l'espèce est le don de joyeux avènement que le monde surorganique apporte au monde de la vie qui est aussi celui de la mort, de la sûre dissolution chimique.

Il est incontestable, d'ailleurs, que le monde surorganique, le monde de la survie, s'allie étroitement au monde organique, au monde de la vie et tend en quelque sorte à l'élever à son niveau, à l'entraîner dans son orbite. Et le même rapport se constate entre le monde organique et le monde mécanique ou physico-chimique. C'est pourquoi ni la vision abstraite de la nature, ni sa vision concrète ne sont jamais, l'une, exclusivement surorganique, et l'autre, exclusivement organique (psychophysique). Toutes deux sont bio-sociales, psychologiques. Mais, dans la première, dans la connaissance, c'est l'élément surorganique qui domine, qui fait fonction de chorège, et dans la seconde, dans la conscience, c'est l'élément organique. La vision concrète forme le point de départ de la connaissance qui, dans cette phase initiale, demeure encore foncièrement descriptive, empirique; et la vision abstraite correspond à l'âge adulte du savoir. Dans la première période le défaut de généralisations, le manque d'abstractions réelles se fait vivement sentir, et l'on y supplée par cette formation inférieure, les concepts verbaux. Dans la seconde, on débarrasse l'édifice déjà avancé de la science de la plupart des échafaudages qui l'encombrent sans la moindre utilité. Car c'est à tort, notons-le en passant, qu'on donne pour caractéristique à l'enfance du savoir l'entière absorption de l'esprit par des besoins d'ordre pratique, et qu'on voit dans ce qu'on appelle la tendance d'une discipline à devenir exclusivement théorique la marque certaine de sa maturité. Il n'en est rien; et ce qui différencie ces deux étapes d'une seule et même évolution, ce n'est pas l'absence de toute théorie dans le premier cas, mais seulement le caractère inadéquat du rapport, la nature lâche et précaire des liens qui dans cette phase unissent la théorie à la pratique. Entre les deux périodes se place une époque critique ou de transition, plus ou moins brève ou longue, pendant laquelle de chaudes disputes ont lieu qui roulent sur les plans et les devis, les méthodes et les procédés à employer pour l'œuvre constructrice. On en est déjà là — fort heureusement — dans les sciences sociales et psychologiques. Et, pour notre part, nous ne demandons pas mieux que d'associer nos efforts à ceux de nos contemporains qui se piquent de faire une guerre sans merci aux « entités », aux abstractions verbales des anciennes disciplines morales et politiques. Nous voulons bien contribuer, dans la mesure de nos forces, à chasser de leur dernier refuge ces hôtes autrefois si fêtés et tombés aujourd'hui au rang d'affreux parasites; mais nous déclarons bien haut que c'est pour introniser à leur place les abstractions réelles, les idées, les concepts autrement purs, la « moelle substantifique » de tout vrai savoir. Nous n'avons pas besoin d'ajouter qu'il n'y a qu'un chemin qui mène à ce but : c'est la voie où sont depuis longtemps entrées les disciplines dites exactes qui, parmi les cornues de leurs laboratoires et les tables d'opération de leurs cliniques, continuent triomphalement l'ancienne ascension du concret à l'abstrait, du composé au simple, du particulier au général, du multiple à l'un. Leur exemple devrait suffire à ramener les explorateurs du monde surorganique à une appréciation plus saine des rapports du concret avec l'abstrait, ou de la véritable nature de l'idée.

5. *La science phénoméniste et la dialectique.* — Sans sortir du même ordre d'idées, nous pouvons poser cette question : que signifie la thèse favorite des modernes théories de la connaissance qui assigne au savoir pour unique objet le *phénomène*, et comment cette thèse se concilie-t-elle avec cette autre, également courante, selon laquelle les lois, les rapports nécessaires des choses forment le but dernier des recherches scientifiques?

Quand l'analyse, aidée par l'hypothèse spécialisée ou vérifiable, décompose les agrégats concrets et aboutit à la constatation, entre les phénomènes de plus en plus simples, d'un rapport d'autant plus général et nécessaire que l'expérience correspondante — l'induction — aura été plus étendue et plus prolongée, — elle opère sur le phénomène concret (elle l'a directement pour objet, disons-nous), et non sur le résultat de son opération, l'idée ou le rapport abstrait. Et lorsque, insatisfaite, la pensée analytique cherche à pénétrer plus avant dans l'essence intime des choses, ce n'est pas le rapport trouvé qu'elle soumet à son investigation — elle n'aboutirait ainsi qu'à des exercices logiques verbaux, — mais bien les agrégats concrets déjà décomposés une première fois et leurs diverses parties. Elle continue à s'attacher au seul phénomène concret, elle reste expérimentale dans le sens ordinaire du mot. Et comme le concret et l'abstrait sont des concepts essentiellement corrélatifs, ce processus se renouvelle sans cesse, indéfiniment. Toujours la science analyse la réalité concrète, et toujours elle obtient en résultat l'idée abstraite. Alors même qu'elle est la science spéciale de l'idée, elle envisage et étudie celle-ci comme un phénomène concret, un fait psychologique ou bio-social. C'est dans ce sens qu'elle est toujours phénoméniste.

Entre le savoir objectif ou expérimental et le savoir subjectif caractérisé encore comme verbal, il n'y a, en somme, qu'une seule différence, mais elle explique toutes les autres. Le premier marque la possibilité, pour l'esprit humain, dans certaines conditions déterminées, d'analyser, de décomposer le concret pour en faire jaillir l'abstrait ; et le second témoigne des difficultés, temporairement insurmontables, rencontrées par une telle entreprise. L'opinion vulgaire croit à tort qu'il y a là une inspiration préméditée, que les dialecticiens — anciens et modernes — commettent la faute grave de mal choisir entre deux routes également ouvertes devant eux. Il n'en est rien, ainsi que le prouve l'histoire des sciences naturelles les plus exactes, qui toutes ont passé par des phases de scolastique aiguë (phases dont le retour -- peut-être périodique, régi par une loi à découvrir — reste possible). L'existence de la dialectique montre toutefois que la raison humaine n'abdique jamais : quand elle ne peut pas gouverner effectivement, elle règne nominalement (27).

6. *L'évolution des sciences de la nature et le développement des sciences sociales.* — Le reproche qu'on fait d'habitude aux sciences du monde surorganique : de ne pas se comporter à l'égard de la réalité comme les sciences de la nature extérieure,

de ne pas étudier patiemment et minutieusement « ce qui est », — ce reproche, immérité par le fait, prouve en outre combien peu on se rend compte des vraies conditions qui déterminent les progrès lents ou rapides du savoir.

Dans toute science l'esprit humain passe de l'analyse superficielle des phénomènes à leur analyse de plus en plus parfaite par une gradation quasi insensible, conditionnée bien moins par le zèle ou même le génie de l'observateur, que par les nouvelles données, les découvertes des sciences antécédentes, — lumière forte et presque toujours inattendue jetée sur les faits étudiés, et lumière qui permet cette descente « en profondeur » qu'on explique par des causes et des circonstances en tout cas subsidiaires. Toute patience se serait usée en chimie, et la plus grande minutie n'aurait servi de rien ou serait allée à l'encontre du but poursuivi, aurait abouti au plus « pur verbiage », si le chimiste, faute de données quantitatives et physiques suffisantes, eût ignoré les lois du nombre, de l'étendue, de la pesanteur, de la chaleur, de la lumière, etc. Les alchimistes eurent beau être des expérimentateurs zélés et habiles, ne quittant pas, des vies d'hommes durant, leurs fourneaux et leurs alambics, ils n'obtinrent que des résultats insignifiants ou négatifs, ils ne firent que de la « métachimie » ou de la « préchimie ». Et les naturalistes de la « prébiologie » eurent le même sort. Toute leur admirable persévérance et leur scrupuleuse attention ne servirent qu'à encombrer l'histoire naturelle de petits faits, de petits détails, de petites classifications et de nomenclatures tellement touffues que la meilleure des mémoires suffit à peine pour les retenir. D'autre part, combien de cadavres les médecins et les physiologistes de la même époque ne dépecèrent-ils pas et combien de malades et même de gens bien portants ne tuèrent-ils point, pour arriver aux idées les plus fausses sur les humeurs, sur le rôle des divers organes, sur les fonctions vitales les plus essentielles ? Le mystère de la vie ne commença vraiment à s'éclaircir qu'à la suite de certaines découvertes chimiques.

Les sciences morales et politiques furent et restent logées à la même enseigne. Ce n'est pas la minutie au service de l'observation, ni la patience au service de l'induction, ni tels ou tels procédés merveilleux prônés par Bacon, Descartes et nos modernes logiciens et méthodologistes — procédés que ces philosophes n'inventèrent point ni ne découvrirent, par la raison bien simple qu'ils n'inventèrent ni ne découvrirent l'esprit humain — qui ont manqué à ces sciences. Ce qui leur fit longtemps défaut, ce furent les recherches et les découvertes biologiques, la connaissance des lois de la vie sans laquelle il n'y a pas de connaissance abstraite possible des lois de la superstructure surorganique ou sociale. Prêcher la réforme méthodologique aux sociologues est un moyen assez médiocre pour faire avancer la sociologie; mais quand la méthode recommandée est, en outre, purement descriptive, quand, écartant l'idée d'une véritable expérimentation sociale (qui ne reculerait pas devant la « sociosection » ou législation intentionnellement expérimentale qui sera peut-être largement employée un jour), on nous sollicite à « patiemment et minutieusement » colliger des faits, des faits et encore des faits, nous ne pouvons que frémir à la pensée de ce fatras indigeste capable d'étouffer sous son poids les cerveaux les plus résistants.

Notons encore à ce propos la distinction qui s'impose, dans tout ordre de connaissances, entre les lois empiriques et les lois dites causales (ou abstraites) des phénomènes. Les premières permettent de prévoir et, par suite, de prédire certaines répétitions ou certains enchaînements de faits. Les secondes donnent lieu, en outre, à la manifestation de ce phénomène social particulier qu'il est convenu d'appeler l'intervention modificatrice de l'homme dans le cours naturel des choses. Et, *seules*, elles ont le pouvoir de produire ce dernier effet. Dans un cas, nous avons devant nous des sommes d'éléments toujours susceptibles de variation, puisque nous ne connaissons pas toutes leurs composantes (c'est ce qui distingue la connaissance empirique, ou analyse inachevée, de la connaissance dite scientifique, ou analyse de plus en plus complète); et, dans l'autre, nous sommes placés en face d'éléments identiques et déjà bien définis. Comme nous le verrons par la suite, en étudiant de plus près le déterminisme spécifique des phénomènes sociaux, notre action modificatrice est

inhibitive par essence, elle s'adresse toujours au concret résoluble en ses parties, elle n'a aucune prise sur l'élément abstrait tant qu'il demeure irréductible. Rien ne se perd, rien ne se crée dans l'univers est strictement vrai de l'abstrait, non du concret, variable par définition. Un phénomène peut entièrement disparaître, en tant que phénomène concret : ses éléments seuls subsistent alors et donnent lieu, suivant le cas, à la reconstitution de phénomènes pareils au phénomène disparu, ou à la constitution de phénomènes différents. Notre pouvoir modificateur est conditionné par notre savoir abstrait, et il ne dépend que dans une faible proportion de nos connaissances descriptives. A mesure que la causalité empirique, celle des sommes ou résultantes insuffisamment analysées, cède la place à la causalité abstraite, celle qui réduit les résultantes à leurs composantes, la causalité « inintelligible » se voit remplacée par la causalité « intelligible ». L'intelligibilité d'un phénomène consiste en ceci, que nous le concevons comme un agrégat formé de parties qui se retrouvent exactement pareilles en d'autres agrégats; c'est, littéralement, la « compréhension » du phénomène concret, la vue qui embrasse et saisit tous ses éléments jugés irréductibles. La nécessité empirique appelée probabilité se résout alors en nécessité logique appelée certitude. Conformément à ces vues, dans toute analyse un peu sérieuse ayant pour objet l'évolution des sociétés, il faut prendre soin de tracer une ligne frontière très nette entre l'action des causes biologiques et celle des causes qu'on désigne sous le nom de « facteur économique ». Ces deux grands groupes de faits sont néanmoins très souvent confondus : au profit des causes de l'ordre biologique par les investigateurs des origines sociales, et au profit des causes de l'ordre économique par les historiens des époques de plus en plus civilisées. Arrêtons-nous quelques instants à la première de ces erreurs.

On a donné le nom de *congrégation* au fait par lequel débutent les plus lointaines ébauches de société et qui consiste dans l'affluence d'individus appartenant à la même espèce animale vers les lieux où sont réunies les conditions biologiques — nourriture, etc., — nécessaires à leur existence. Or, ce fait, surtout lorsqu'il se manifeste dans l'espèce humaine, est plus complexe qu'on ne le croit d'habitude ; il offre un double aspect ; il est déjà, par un de ses côtés, surorganique ou social. La congrégation est le résultat aussi bien des besoins physiologiques individuels que d'une expérience collective plus ou moins prolongée portant sur les différentes façons de satisfaire à ces besoins, sur le choix des moyens à employer, sur l'existence de ceux-ci en certains endroits, etc. Et ce qu'on a appelé l'*agrégation génétique* présente le même caractère : c'est, en vérité, une congrégation à base sexuelle donnant naissance aux liens consanguins de famille et de parenté et débutant par le clan matronymique. Dans les deux cas, nous avons devant nous des phénomènes biologiques intimement unis aux premiers germes du fait social ou économique (de l'activité appliquant certains acquêts cognitifs à la satisfaction de nos besoins matériels).

7. *Du totémisme au socialisme.* — Les groupes humains les plus rudimentaires (agrégations génétiques ou groupements mixtes, génétiques et congrégatifs à la fois) apparaissent ainsi comme déjà suffisamment pénétrés par l'élément surorganique, comme déjà fortement imprégnés du ciment social. Et la vraie nature de celui-ci se découvre avec éclat dans un phénomène qui caractérise toutes les sociétés primitives sans la moindre exception. Je veux parler du *totémisme*, fait sociologique universel que les premiers observateurs ont ignoré ou passé sous silence, le jugeant insignifiant, qui plus tard parut assez incompréhensible et mystérieux, et auquel, de nos jours, on reconnaît une valeur réelle, sans toutefois arriver à l'expliquer d'une façon suffisamment claire et uniforme.

Le *totem* (distingué du fétiche strictement individuel) est toujours constitué par une *classe d'objets* ; c'est déjà, par suite, une idée générique, une abstraction. Elle signale la première conquête, manifestée d'une façon extérieure et durable, de l'expérience collective, de l'interaction psychique. Le totem devient un objet de culte pour le clan, pour un groupe d'hommes qui, ralliés par un tel signe de nature abstraite, se comportent comme une famille unique indéfiniment élargie.

Par cela seul qu'ils se donnent le nom du totem, les membres du clan s'attribuent une origine commune, se conduisent les uns envers les autres comme s'ils étaient issus du même sang. C'est le premier lien, *religamen*, le premier système religieux commandant un premier système de rapports sociaux et d'actions collectives (services mutuels et attitudes pareilles vis à-vis des autres clans).

Le totem est presque toujours *tabou*, intangible. L'idée de défense, de contrainte, d'obligation est virtuellement contenue dans celle d'activité ou de recherche commune. Dès la prime origine des sociétés, nous voyons l'interaction mentale et son résultat — la généralisation des expériences isolées et l'abstraction symbolisée inconsciemment par le totem — engendrer une longue suite de prescriptions, de sollicitations et surtout d'inhibitions de nature sociale. L'idée totémique (comme plus tard, dans les groupes sociaux plus avancés, les conceptions religieuses) pénètre la vie entière du sauvage, pré·side à tous ses grands événements, — naissance, puberté, initiation, adoption, mariage, chasse, cueillette ou récolte, maladie, mort; elle jette, en outre, dans ces milieux frustes, par l'idée de tabou qui en dérive, la première semence du *droit*, des plus anciennes notions juridiques (aide, protection, châtiment, etc.).

En dehors de notre hypothèse sur la nature essentielle du fait surorganique, le totémisme s'explique mal ou ne s'explique pas du tout. Quand Spencer et Lubbock s'efforcent de ramener le totem à la nécessité de dénommer le groupe et au besoin de personnifier, de réaliser le signe, le nom lui-même, ils s'arrêtent à mi chemin; car cette nécessité de se donner un « nom collectif » emprunté à une notion collective est évidemment déjà le résultat d'une expérience également col·lective. Le totémisme est la première expression connue de ce produit de l'interaction psychique qui porte indifféremment les noms d'esprit, de raison ou de connaissance; c'est la plus ancienne des généralisations, l'abstraction-ancêtre. Dans cette phase initiale, la connaissance n'apparaît guère que comme une sorte de vague conscience collective de tous les membres du clan, conscience aussi réelle d'ailleurs que les consciences biologiques avec qui elle a un siège commun (le cerveau) et dont elle ne fait que trier, résumer et conserver le contenu le plus essentiel. Elle exprime ce contenu par le langage articulé qu'elle contribue à créer spontanément (en articulant, en joignant les uns aux autres d'une façon régulière et uniforme les cris, les exclamations de la période présociale ou purement zoologique). Et elle se manifeste aussi bien par les phénomènes appelés sympathie, altruisme, instinct social, solidarité, suggestion, imitation, etc., que par cette sorte de mémoire grégaire qu'on nomme tradition (expérience commune emmagasinée et prête à se perpétuer) et qui forme le lien social le plus puissant. A mesure qu'elles s'accumulent, les expériences traditionnelles — véritables réminiscences collectives — se différencient et constituent peu à peu autant d'espèces différentes d'aiguillons et de freins, d'incitations et de contraintes, d'exigences et d'obligations, de droits et de devoirs : traditions ou droits et devoirs familiaux et domestiques, traditions ou droits et devoirs économiques, professionnels, religieux, artistiques, etc.

Le clan totémique envisagé comme une famille indéfiniment élargie et surtout *débiologisée*, pour ainsi dire, une famille qui cesse d'être purement consanguine, marque un progrès considérable dans l'histoire de l'évolution sociale. Et ce progrès s'accomplit *pari passu* avec un progrès mental — de généralisation et d'abstraction — dû uniquement à l'expérience collective.

Le totémisme s'est profondément modifié dans son aspect externe au cours des vicissitudes historiques. Mais il n'en subsiste pas moins par sa racine profonde et ses traits essentiels. Le socialisme, par exemple, n'est-il pas, dans un certain sens, une sorte de totémisme moderne, tendant, par la connaissance (la généralisation et l'abstraction) à *départiculariser* la classe économique, faisant pour celle-ci ce que le totémisme et les formes sociales qui suivirent ont fait pour la famille consanguine et la tribu biologique. Je dis « départiculariser », car il ne peut plus être que vaguement question ici de « débiologiser », à moins que toute départicularisation, en s'attaquant à ce qui reste encore de « dominante biologique » dans l'individu social, ne soit considérée comme un processus similaire.

Le totémisme ancien renfermait le premier germe de la « socialisation » du couple sexuel et du troupeau humain primitifs, socialisation qui fut continuée d'une façon brillante et partiellement accomplie par les groupements collectifs bien connus sous les noms de patrie, de nation, de classe, d'État.

Le totémisme moderne ou socialisme poursuit le même grand œuvre. Il contient le premier germe d'une socialisation plus profonde ou plus égalitaire (économique) de la classe, de la patrie et de l'État lui même : la classe disparaissant, sombrant dans la profession libre et variable ; la patrie s'unissant organiquement aux autres patries ; enfin l'État devenant une fédération logiquement hiérarchisée de groupes sociaux autonomes.

CHAPITRE V

La sociologie, science fondamentale de l'esprit.

1. Les sciences concrètes et la théorie bio-sociale. — 2. L'école positiviste
et l'illusion qui fait dériver le social du psychique. — 3. Psychophysique
et psychologie (« physique » et « chimie » de l'esprit). — 4. Le milieu
cosmique et la socialité. — 5. L'évolution de la sociologie et ses principales étapes. — 6. Conclusion.

1. *Les sciences concrètes et la théorie bio-sociale.* — Les vues
que j'exposai, dans mes premiers ouvrages sociologiques, sur
la nature des sciences abstraites et concrètes, vont nettement
à l'encontre de la conception d'Auguste Comte, pour qui toute
science, étudiant le même objet sous deux aspects différents,
se dédouble en une discipline abstraite et une discipline
concrète.

On a essayé, après Comte, d'améliorer cette division binaire
en opposant le genre à l'espèce, en affirmant que dans tout
ordre de phénomènes on peut étudier séparément les propriétés appartenant à l'ordre entier et les propriétés appartenant aux diverses fractions qui le composent. On peut étudier
la « matière » en général, et les diverses espèces de matière,
les divers corps ou substances (physique et chimie générales et
physique et chimie spéciales) ; la vie en général et les diverses
espèces vivantes ; la société en général et les diverses sociétés
ayant existé ou existantes. On oublie une chose : à savoir,
que seule, la spécialisation des études conduit à la con-

naissance du général, de l'identique dans les espèces. On oppose donc, en réalité, la première phase de l'évolution cognitive, toujours plus empirique, à ses phases ultérieures, de plus en plus abstraites; et ces phases successives, on les présente comme simultanées; on va même plus loin, on place la phase initiale à la suite des autres, la connaissance des espèces à la suite de la connaissance du genre, ce qui est la négation pure et simple de la méthode expérimentale. Certes, on peut conserver le passé à côté du présent, la science descriptive à côté de la science abstraite (la botanique et la zoologie à côté de la biologie par exemple); et l'on peut continuer à perfectionner la première afin, par là même, de faire progresser la seconde; car la science la plus abstraite ne doit jamais cesser de recourir à l'observation des phénomènes correspondants. Toutefois, ainsi que je pense l'avoir prouvé dans ma *Sociologie*, une telle étude ne sera pas une connaissance concrète. Pour constituer celle-ci, il ne suffit pas d'avoir affaire à des phénomènes concrets, il faut encore se rendre clairement compte du but qu'on poursuit en les étudiant. Veut-on, par une analyse persévérante, arriver à mettre en relief, en les isolant, les éléments constitutifs d'un ordre donné de phénomènes? Ou désire-t-on, au contraire, retrouver dans les phénomènes observés les diverses classes de propriétés précédemment disjointes par une série d'études abstraites ? La connaissance obtenue dans le dernier cas correspondra nécessairement à plusieurs séries d'analyses, indépendantes les unes des autres; et loin d'être la science des « espèces d'un genre » — terme qui convient surtout à la phase initiale du savoir abstrait, — elle sera la science d' « une seule espèce déterminée » (le globe terrestre en géologie, par exemple, ou l'espèce humaine en anthropologie).

L'*étude* du concret précède donc, dans l'ordre de la recherche, la *connaissance* de l'abstrait; mais la *connaissance* du concret suit, dans le même ordre, l'*étude* de l'abstrait. C'est l'étude du concret qui mène à la connaissance de l'abstrait, et c'est l'étude de l'abstrait qui conduit à la connaissance du concret. Dans le premier cas, il y a marche du concret à l'abstrait, des phénomènes particuliers à l'une quelconque de leurs propriétés essentielles isolée des autres. Dans le second, il y a marche de l'abstrait au concret, des propriétés qui constituent une existence particulière, à cette existence elle-même; il y a donc, par définition, acheminement de plusieurs sciences aussi abstraites que générales vers une seule science aussi concrète que particulière.

Tous les phénomènes observables sont des faits de conscience. Mais le fait conscientiel, envisagé dans certaines de ses manifestations concrètes, est un phénomène complexe, le plus complexe de tous, c'est un fait *cosmo-bio-social*. La pensée analytique et hypothétique décompose graduellement ce fait. Le mathématicien, le physicien, le chimiste viennent d'abord et prélèvent, sur cet ensemble ou cette somme, leur part spéciale, le monde des phénomènes inorganiques où l'expérience ne tarde pas à découvrir trois sortes d'éléments abstraits : les propriétés quantitatives, les propriétés physiques (mouvement moléculaire) et les propriétés chimiques (mouvement intermoléculaire). A son tour, et puissamment aidé dans sa tâche par l'œuvre analytique accomplie par les trois classes précédentes de savants, le biologiste essaie de dégager, dans le fait conscientiel concret ainsi réduit, un ordre nouveau de phénomènes, les propriétés organoleptiques de la matière. Il y arrive non sans difficulté, par des efforts lents, des tâtonnements pénibles, des hésitations nombreuses qui le poussent tantôt à prendre le résidu conscientiel par lui étudié pour un phénomène simple, indécomposable (il confond ou identifie alors le phénomène vital avec le phénomène psychique), et tantôt à y voir deux ordres de faits distincts et irréductibles l'un à l'autre (il oppose l'âme, l'esprit, l'intelligence aux propriétés organoleptiques de la matière). Dans les deux cas, soit qu'on adopte les conclusions de l'école matérialiste considérant la psychologie comme un simple chapitre de la biologie, soit qu'on s'accorde avec l'école idéaliste faisant de la psychologie une science abstraite et fondamentale, on omet ou rejette également une troisième solution, une nouvelle hypothèse, selon laquelle le phénomène psychologique demeurerait encore un résidu concret, s'offrirait comme un fait bio-social.

Sur la double base du phénomène inorganique plus ou moins bien séparé de sa gangue concrète (ou conscientielle), et du phénomène biologique plus ou moins mal dégagé des mêmes liens, s'élève peu à peu l'étude inductive et d'abord foncièrement empirique de l'esprit humain. Et ici, le grand pas à faire, je le répète, c'est, après avoir reconnu la nature composite du fait psychique, d'en isoler, d'en abstraire l'élément social, en un mot, de fonder la sociologie (*28*).

2. *L'école positiviste et l'illusion qui fait dériver le social du psychique.* — Jeter les bases de la sociologie, c'est nécessairement, qu'on le veuille ou non, rénover, transformer la psychologie; et c'est même, en définitive, en faire une science concrète au sens que nous attachons à ce mot. Il est intéressant, à ce point de vue, de s'assurer si Auguste Comte, l'inspirateur de tant de nos modernes théories sociologiques, contribua à faire avancer la solution du problème proprement psychologique. A-t-il été, comme on essaie quelquefois de l'insinuer, sinon de le démontrer, le protagoniste de la thèse qui fait dériver le psychique du social? On doit, croyons-nous, s'inscrire en faux contre cette interprétation plus qu'arbitraire de la véritable pensée du célèbre philosophe.

Certes, Auguste Comte a exprimé la conviction que les facultés supérieures de l'homme devaient être étudiées « dans le développement historique de l'espèce ». Mais, sans parler du caractère vague de cette thèse qui embrasse peut-être aussi bien l'évolution biologique que l'évolution sociale de l'humanité, l'idée de Comte, dans la mesure où elle s'applique aux seules transformations sociales, contredit également sa conception de la psychologie (comme branche de la biologie) et sa conception de la sociologie.

Comte n'a jamais fait de distinction fondamentale ou essentielle entre la théorie des fonctions psychiques inférieures (sensation, représentation, émotion, etc.), et la théorie des fonctions psychiques supérieures (abstraction, généralisation, processus logique, sentiment, etc.). La psychologie tout entière formait à ses yeux un chapitre — le point culminant — de la biologie. Un esprit aussi exact que Comte, s'il avait eu l'idée d'une psychologie basée en partie sur la sociologie, l'aurait expressément formulée. Ce que Comte a voulu dire et ce qu'il a dit, en vérité, d'une façon très claire, c'est que la scène où l'homme est l'acteur, c'est que l'histoire où s'appliquent ses facultés cérébrales, fait sortir celles-ci de l'ombre, les met en évidence, en pleine lumière, — et naturellement les facultés supérieures, cet élément biologique qui distingue l'espèce humaine des autres espèces animales, beaucoup plus que les facultés inférieures. Voilà tout; et c'est une vue qui fut déjà souvent émise (je ne citerai à cet égard que Kant et Herder), mais qui n'a aucun rapport avec la thèse bio-sociale.

Aussi bien les vrais disciples de Comte ne s'y sont jamais trompés : ils rejettent d'un commun accord l'idée d'une science concrète associant la sociologie à la psychophysique et les facultés supérieures de l'homme à ses facultés inférieures, pour expliquer les unes par l'évolution sociale et son déterminisme particulier, et les autres par la seule évolution de la vie et ses lois. La « socialité », l'interaction mentale constante (psychophysique à son origine) n'est à leurs yeux que l'un de ces fantômes trompeurs que le maître proscrivait; et très honnêtement, ils refusent d'identifier ce qu'ils considèrent comme une nouvelle « entité », avec le « développement historique de l'espèce » dont parle Comte, — lumière éclairant le jeu de nos facultés supérieures, et nullement « cause abstraite » de ces facultés.

En surgissant, et par le seul fait de son existence, le « social » forme avec le « vital » cette combinaison : le phénomène psychologique. Sans le social (l'interaction psychophysique), il n'y aurait jamais eu dans le monde que des combinaisons inorgano-organiques, pour ainsi dire. Le social a agi dans le passé (nous lui devons les civilisations enregistrées et décrites par l'histoire) et il agit dans le présent (nous lui devons nos civilisations modernes et la notion de progrès inconnue à l'antiquité).

Mais l'évolution du phénomène psychique se complique par là, que l'interaction (le phénomène purement social) qui d'abord rapprochait et liait entre eux les éléments biologiques, les émotions, représentations, désirs, volitions, etc., s'étend nécessairement aux nouveaux produits ainsi obtenus, rapproche et lie entre elles ces combinaisons bio-sociales, les idées générales et abstraites, les sentiments complexes, les volontés rationnellement motivées. Demeurant toujours, à sa racine, psychophysique (ce qui est si manifeste chez l'enfant et l'homme inculte, mais ce qui se peut constater, dans une certaine mesure, aussi bien chez l'homme le plus civilisé), l'interaction devient, en outre, psychologique, tel un fleuve que grossissent de nombreux affluents, mais dont la source ne tarit point.

Le « psychologique » se diversifie sans cesse au cours de l'évolution des sociétés humaines. L'affinement bio-social est indéfini comme le progrès de la civilisation dont il est la cause immédiate. Nous touchons ici aux origines cachées de l'illusion si tenace qui nous fait voir dans le phénomène psychologique la source première du phénomène social. En effet, le social est toujours l'une des deux causes du nouveau psychologique, du dernier changement survenu dans nos idées, nos sentiments, nos désirs (socialement nos besoins) et nos volontés (socialement nos actes); mais ce n'est jamais le même courant, la même vague d'interaction mentale qui détermine le nouveau contenu psychologique et qui a déterminé l'ancien; car chacune des interactions successives a opéré sur une matière psychologique d'un degré d'affinement ou de développement différent. Et si tel ou tel degré n'avait pas été déjà atteint par le contenu psychologique plus ancien, l'interaction mentale aboutissant à la matière psychologique nouvelle ou plus développée, n'aurait jamais pu se produire. Les faits psychologiques anciens apparaissent de la sorte comme une condition *sine qua non* de toute nouvelle interaction mentale; et c'est dans ce sens — peu critique, mais où l'ordre de succession est justement observé, où, par suite, le *post hoc* nous frappe comme un *propter hoc*, — que nous déclarons : le psychologique est la cause du social.

3° *Psychophysique et psychologie. Physique et chimie de l'esprit.* — La psychologie actuelle confond les phénomènes cérébraux qui appartiennent à l'ordre vital seul, avec les phénomènes cérébraux qui sont d'une nature mixte, composée, qui s'expliquent par l'action combinée des agents ou facteurs biologiques et des agents ou facteurs sociaux. La psychologie future devra tirer une ligne nette de démarcation entre ces deux classes de phénomènes. Abandonnant l'étude des premiers à la biologie, elle concentrera son attention sur l'étude exclusive des phénomènes cérébraux mixtes. La psycho-physique et la sociologie seront les deux sources constantes auxquelles elle viendra puiser « simultanément » ou plutôt « synthétiquement », comme toute science concrète doit le faire, ses hypothèses et ses théories explicatives.

Eclairons par un exemple la nature et les limites d'une telle collaboration de plusieurs sciences abstraites. Aujourd'hui les psychologues distribuent la totalité des phénomènes qu'ils étudient en trois vastes catégories : l'ordre intellectuel (comprenant les sensations, les perceptions, les représentations, les concepts); l'ordre affectif (comprenant les émotions, les passions, les sentiments); et l'ordre moteur ou actif (comprenant les réflexes, les mouvements coordonnés, les mouvements finalistes). Mais cette classification demeure empirique, c'est un groupement confus où les causes d'ordre organique sont constamment assimilées aux effets complexes qu'elles produisent en s'alliant à des causes d'un ordre différent. Pour rendre rationnelle une telle division, pour la transformer en une série causale, il faut, de toute nécessité, y envisager séparément les phénomènes psychophysiques et les phénomènes psychologiques ou bio-sociaux. Ces derniers, vu leur double origine, se prêtent facilement à l'inversion finaliste. En rapprochant les faits psychologiques internes de ces mêmes faits déjà socialement extériorisés, on arrive à reconnaitre le strict parallélisme qui existe entre la série psychosociale finaliste (où l'action est notoirement le but ultime poursuivi par la pensée sociale) et la série psychologique disposée de la même façon (et où l'ordre moteur apparait comme le terme ultime auquel aboutissent les deux autres termes, l'ordre affectif, plus proche de l'action, la précédant immédiatement, et l'ordre intellectuel, plus éloigné, mais formant, en revanche, dans la série causale, le germe primitif de l'évolution tout

entière). Or, ce n'est pas ainsi, comme chacun sait, que
procèdent les psychologues contemporains. Observant les
phénomènes intellectuels, affectifs et moteurs chez les êtres
vivants en général, ils assignent à tout ces faits indistinctement deux classes de causes permanentes : les causes physiologiques, égales en force dans toute l'échelle des êtres, et les
causes psychologiques qui, au bas de l'échelle, restent presque
à l'état latent et ne deviennent vraiment puissantes que chez
l'homme associé à ses semblables. Mais, j'ai à peine besoin de
le dire, ces causes psychologiques, étudiées surtout par
l'observation interne, se présentent aujourd'hui comme autant
d'abstractions ou d'entités verbales.

Les sensations, les perceptions, les représentations dans
l'ordre intellectuel, les émotions simples ou composées dans
l'ordre affectif, et les mouvements réflexes ou plus ou moins
coordonnés dans l'ordre moteur, tels sont les sujets d'étude
du physiologiste, du psychophysicien. Et les idées dans l'ordre
intellectuel devenu « conceptuel » par suite de l'interaction
des esprits, les sentiments dans l'ordre affectif devenu
passionnel ou sentimental pour la même raison, enfin les
volontés et les actes finalistes dans l'ordre moteur devenu
l'ordre actif ou téléologique, tels sont les phénomènes que
devra étudier, à la lumière combinée de la biologie et de la
sociologie, le psychologue futur. Mais comme la socialité qui
crée l'ordre conceptuel, l'ordre sentimental et l'ordre actif, ne
transforme jamais tout le contenu biologique de l'âme, le
psychologue étudiera, en outre, chez les êtres sociaux ou
moraux (comparativement à ce qui se passe chez les êtres
inférieurs, asociaux ou amoraux), les sensations, les perceptions, les émotions, les mouvements coordonnés, etc.; et
même ici il tâchera de saisir et de fixer, autant que possible,
les influences modificatrices, superficielles ou profondes, dues
aux agents surorganiques (*29*).

Ce sont ces influences qui donnent aux émotions, d'abord
passagères et fugitives, une durée, une stabilité, une extension
de plus en plus grandes. Les émotions prolongées, devenues
chroniques, pour ainsi dire, constituent, selon la juste
remarque de M. Ribot, cette forme mixte entre l'émotion et le

sentiment qu'on désigne d'habitude par le terme de passion. Encore un degré de plus dans l'élaboration réfléchie — et sociale par sa nature — des éléments que fournit la vie organique, et nous atteignons au sentiment pur. Les passions indiquent aussi souvent un avancement de la vie affective organique vers sa forme supérieure ou bio-sociale, le sentiment, qu'une rétrogradation de celui-ci vers sa forme inférieure ou animale, l'émotion (la passion se présente alors comme un cas pathologique, une sorte de sentiment perverti).

L'objet ou la matière d'un fait affectif peut, ou rester dans la sphère de la sensation et de la perception, ou en sortir pour entrer dans celle de la représentation et du souvenir, ou, enfin, pénétrer dans le domaine de l'idéation abstraite. Tout sentiment « moyen » appartient à la seconde phase, tout sentiment « supérieur », déjà conditionné par un certain développement du savoir, à la troisième. Mais, moyen ou supérieur, le sentiment, une fois formé, constitue un centre naturel d'association pour les images et les idées . Une « sélection qualitative » (exclusion des images et des idées contraires, choix des images semblables et des idées justificatives) a lieu dans les deux cas et surtout dans le dernier. La vie sentimentale est toujours beaucoup plus étroite que la vie idéologique. Voilà pourquoi, ainsi que nous le verrons par la suite, c'est sous cette forme ou par l'entremise du sentiment que l'idée ou la connaissance dirige sa modification ultime, — l'action utilitaire, pratique. Dans la genèse de toute activité finaliste ou rationnellement motivée, on doit distinguer deux grandes espèces d'ingérences sociales (auxquelles on pourrait donner le nom de « transactions ») : 1º la transaction philosophique (exemple : la douleur, le chagrin transformés, par des notions intellectuelles comme l'idée de l'irréparable, de l'irrémédiable, etc., en résignation courageuse); et 2º la transaction esthétique (exemple : les émotions plaisantes attachées à la fonction sexuelle transformées, par l'imagination créatrice, par le choix des images et leur usage symbolique, en amour). D'autre part, la racine organique de toute vie affective (émotionnelle aussi bien que sentimentale) paraît être essentiellement constituée par un ensemble de tendances motrices (*30*).

Les sensations ont une « tonalité », ce qui veut dire qu'elles s'accompagnent dans la vie organique subjacente par un état agréable ou pénible (plaisir, souffrance). Et cette tonalité est toujours en raison inverse de la précision ou de la clarté, si l'on peut s'exprimer ainsi, de la sensation (et, plus tard, de l'image et de l'idée). Plus la sensation, l'image ou le concept sont nets, et moins intenses sont les phénomènes concomitants de la vie affective. D'habitude, on voit dans la sensation l'élément psychique ultime ou irréductible. Or, la sensation est un fait très complexe, qui se décompose en une double série physiologique : les « impressions » et les « excitations » (ou l'irritabilité des tissus et spécialement du tissu nerveux). Bornée à l'expérience bio-individuelle, la sensation et ses produits immédiats, l'image, la réminiscence, ne nous font pas sortir de la vie organique. La vie morale n'apparaît que lorsque l'expérience bio-individuelle cède le pas à l'expérience collective (ou socio-individuelle), ce qui s'annonce par la première formation des concepts généraux et abstraits. Et le « psychologique » qui est la combinaison du surorganique ou social avec l'organique ou vital, débute avec celui-ci, mais continue avec celui-là (*31*). Le phénomène social est au phénomène vital ce que le phénomène chimique est au phénomène physique. Un rapport essentiellement semblable unit ces deux couples de sciences. La sociologie n'est pas une biologie particulière ou concrète. La concevoir comme telle, c'est tomber dans la confusion de Chevreul qui définissait la chimie ainsi qu'une physique spéciale, la science des « diverses espèces de matière ».

Toute action ou réaction chimique se réduit, comme on sait, à une modification du groupement atomique de la matière, à l'apparition (ou à la disparition) de groupes d'atomes appelés « molécules ». Et toute action ou réaction sociale se réduit à une modification du groupement, — non pas, comme on le croit d'habitude, des individus, qui sont déjà des groupes sociaux et ne sauraient jouer le rôle d'atomes — mais des éléments dont se composent les individus et les collectivités plus larges qui les renferment, des idées, des sentiments, des volitions, des conceptions scientifiques, philosophiques, esthétiques et pratiques qui déterminent et conditionnent, en dernière instance, l'évolution sociale. Ici également, tout se borne à l'apparition (ou à la disparition) d'ensembles nouveaux — ou sans cesse renouvelés — de forces idéologiques.

Le phénomène chimique consiste en une redistribution atomique de la matière, c'est-à-dire des énergies physiques. Le phénomène social consiste essentiellement en une redistribution idéologique de la vie, c'est-à-dire des forces vivantes. L'interaction psychophysique, la socialité élémentaire, est la forme primordiale de cette redistribution. Elle imprime un mouvement *sui generis* aux éléments conscientiels qui demeuraient inertes dans la vie biologique, et elle les groupe, elle les combine entre eux de diverses façons. Naturellement aussi, surtout par la suite (lorsque l'interaction devient « psychologique »), elle dissout ses premières combinaisons (ainsi que nous le voyons dans le processus fondamental de la connaissance, dans le passage du concret à l'abstrait).

En d'autres termes, si la biologie pure (dépouillée de sa gangue physico-chimique, réduite à la connaissance abstraite de la seule « sensibilité ») se peut assimiler à une « physique mentale », à une « physique des consciences », la sociologie pure (dépouillée de sa gangue biologique ou même psychologique, réduite à la connaissance abstraite de la seule « interaction conscientielle ») se devra comparer à une « chimie mentale », à une « chimie des consciences » (*32*).

4. *Le milieu cosmique et la socialité*. — Quoi qu'il en soit, notre conception du phénomène psychologique modifie les idées courantes sur les sciences politiques et morales en y introduisant cette nouveauté essentielle et qui, à première vue, semble un pur paradoxe : *la sociologie est la science fondamentale de l'esprit* (*33*). Un sociologue qui s'efforce d'éviter les sentiers battus, M. Draghicesco, s'est fait en ces derniers temps, à plusieurs reprises, le défenseur de la même thèse. A l'exemple de M. Izoulet (*34*), il insiste sur la grande valeur

méthodologique que possède la théorie bio-sociale. Elle opère, dit-il, dans le domaine des sciences morales, une révolution analogue en tous points à celle que subirent, il y a des siècles, les sciences de la nature extérieure, — révolution qui les conduisit à leurs triomphales et somptueuses découvertes. Ce changement qui bouleverse de fond en comble l'économie ou l'ordre de nos études, consiste en ceci : au lieu de faire dériver les lois des choses (ou leurs rapports essentiels) de la connaissance de la nature intime de ces choses, selon la formule célèbre de Montesquieu, il faut, dorénavant, suivre la marche inverse, faire dériver la nature des choses de leurs rapports, de leurs lois ; ou, plus exactement encore, faire consister la nature des choses dans leurs rapports mutuels. En particulier, au lieu de tirer les lois sociales, les rapports nécessaires entre individus, de l'observation ou de l'étude de la nature des invidus considérés comme autant d'éléments ultimes, il faut désormais tirer la nature profonde des individus, leur psychologie, des rapports nécessaires qui s'établissent entre les cerveaux, entre les énergies psychologiques individuelles, considérées comme des facteurs élémentaires.

La théorie bio-sociale qui, comme l'ont remarqué quelques esprits perspicaces et, parmi eux, les deux auteurs cités plus haut, se convertit nécessairement en méthode de recherche et de découverte, provoque un rapprochement aussi inattendu que fécond entre les sciences du monde surorganique d'une part et les sciences de la vie et de la matière de l'autre. En effet, depuis qu'elles se sont constituées sur une base scientifique, ces deux dernières catégories de connaissances visent directement et d'une façon exclusive aux rapports des phénomènes, aux lois qui les régissent. Elles ne cherchent plus, comme elles le firent tant qu'elles n'eurent pas dépassé l'empirisme initial, à expliquer les rapports des choses par leur nature intime, ce qui est le propre de toute méthode théologique et métaphysique ; elles paraissent même ignorer totalement cette nature. Et c'est sans doute cette « ignorance » que l'esprit critique si fin de Kant, préparé par son commerce avec Locke et Hume, constata avec une richesse de développements

logiques qui lui valurent l'admiration du monde et le titre
de premier apôtre de la religion nouvelle, l'agnosticisme. En
théologien spiritualiste qu'il était au fond de son âme, Kant
s'égara dans l'obscure forêt des subtilités, des futiles distinctions métaphysiques ; et, malgré le bruit énorme qui se fit
autour de sa prétendue découverte (lui-même la comparait à
celle de Copernic), ni lui, ni ses successeurs ne comprirent le
sens profond et la portée exacte de la méthode adoptée par
les sciences de la nature. A l'ancienne et vénérable erreur des
religions et des métaphysiques — la recherche directe. de
l'essence des choses, on opposa une fin de non-recevoir, un
simple acte d'abstention. On l'accompagna d'un *nostra culpa*
rétrospectif et on le fit suivre par un vœu choquant d'humilité
future : *Ignorabimus!* On n'aperçut pas ce fait pourtant
considérable et qui sautait aux yeux : que les sciences de la
nature, loin de renoncer au but poursuivi depuis un temps
immémorial, avaient seulement changé de tactique. Au lieu
d'assaillir de front l'ennemi, les disciplines exactes le tour-
nèrent, l'enveloppèrent de toutes parts. Elles n'entendent,
dorénavant, s'attaquer d'une façon immédiate qu'aux rapports des choses entre elles. Mais — ô miracle! — il apparaît
de plus en plus qu'en nous faisant connaître ces rapports,
elles nous font aussi bien saisir l'essence profonde des choses
elles-mêmes. Toutes les sciences exactes proclament hautement cette vérité : c'est la nature intégrale des choses qui
est le composé, le dérivé, et ce sont leurs rapports différentiels
qui constituent le simple, le fondamental, l'élémentaire. La
nature des choses n'est que la synthèse — rarement complète, le plus souvent partielle — des rapports des choses.

Dans la réalité concrète, la socialité, l'interaction cérébrale
ou psychophysique, est toujours indissolublement unie aux
propriétés vitales et aux propriétés inorganiques de la matière.
Le sociologue a donc pour objet d'étude les faits les plus complexes de la nature, ceux où le phénomène de la « socialisation »
se combine avec le phénomène de « l'organisation » et avec le
phénomène du « mouvement ». Mais, écartant dans ces faits
tout ce qui s'explique par le mouvement et la causalité mécanique, ou par l'organisation et la causalité organique, il

s'attache à ce qui reste inexpliqué, il isole par la pensée ce résidu, le phénomène social pur. Ses observations et ses expériences portent nécessairement sur les faits concrets, mais ses méditations le ramènent sans cesse au phénomène abstrait.

Le phénomène social concret est-il toujours un fait cosmo-bio-social, pour ainsi dire, ou bien peut-on l'observer encore sous une forme plus simple, comme fait bio-social? La réponse ne saurait être douteuse : être conçu comme indépendant ou détaché du mouvement et de la matière, c'est, pour n'importe quel phénomène, perdre l'aspect concret plus mobile et variable et revêtir l'aspect abstrait plus uniforme et persistant. Le fait bio-social comparé au fait cosmo-bio-social est donc une réalité abstraite; mais, et pour les mêmes raisons, comparé au phénomène social pur, à l'interaction consciencielle détachée du milieu vital, des conditions organiques qui fournissent à la conscience son contenu primitif, c'est, sans contredit, une réalité concrète. L'abstraction a des degrés multiples, et le langage est d'accord avec la logique pour reconnaître la relativité nécessaire de ces termes, le concret et l'abstrait.

Nous sommes ainsi amenés à constater l'existence de deux grandes classes de faits sociaux sur lesquels peut s'exercer l'analyse du sociologue. Ce sont : 1° les faits qui remplissent ce qu'on peut appeler l'histoire naturelle des sociétés humaines : les mœurs, les coutumes, les lois, les institutions, les travaux ou les industries, les gestes divers des hommes associés avec leurs semblables; — autant de choses qui apparaissent comme la résultante du milieu cosmique (climat, configuration et richesse du sol, etc.), du milieu biologique (race, vitalité, constitution cérébrale, influences pathologiques, hérédité, etc.) et d'un troisième milieu qu'il s'agit précisément d'étudier pour en déterminer les lois, en l'isolant autant que possible des deux milieux précédents, déjà examinés par d'autres sciences abstraites; et 2° les faits bio-sociaux, moins concrets que les premiers et qui apparaissent comme une sorte d'abréviation ou de réduction des faits historiques. Cette corrélation entre le fait historique et le fait psychologique n'a jamais été mise en doute; mais, au lieu de la concevoir comme un rapport entre le tout et sa partie, on se la figura d'après l'analogie des liens du corps avec l'âme ou de l'aspect externe d'un phénomène avec son aspect interne.

5. *L'évolution de la sociologie et ses principales étapes.* — Le fait psychologique fut longtemps considéré — il l'est encore par une puissante école en sociologie — comme le véritable *quid proprium* du fait social qui se définissait : un fait psychologique extériorisé. En opposition avec ces tendances qu'on peut qualifier d'idéalisme historique (les idées, les sentiments, l'opinion mène le monde social), il se forma, de nos jours, plusieurs écoles plus ou moins apparentées entre elles qui, au nom des méthodes et des procédés appliqués dans les sciences de la nature, firent ressortir les dangers d'un tel point de vue. Beaucoup de sociologues positivistes ou ayant subi l'influence de certaines idées de Comte, entrèrent dans la nouvelle voie qui est sans doute excellente, mais qui, loin d'exclure la voie psychologique, y conduit, la rend vraiment fructueuse. Car si l'on met de côté la grossière méthode introspective, ou du moins si on lui assigne un rôle secondaire et subordonné, il semble manifeste que l'on ne peut étudier le fait psychologique qu'en décomposant, par l'analyse aidée de l'hypothèse, les faits historiques, les mœurs, les institutions, les événements, la conduite humaine. L'analyse patiente du concret et du particulier et le passage graduel à l'abstrait et au général constituent les avantages inappréciables de toute méthode objective.

Mais les sociologues objectivistes versèrent, à leur tour, dans une erreur capitale et dont on trouve facilement des exemples dans l'histoire de toutes les autres sciences. Comprenant fort bien que le fait psychologique comme tel ne pouvait être l'unique cause du fait social, ils ne virent cependant pas que parmi les causes dont le fait historique était la résultante, figuraient aussi toutes celles dont résultait le fait psychologique. Cette communauté d'origine et de composition leur échappa : ils ne discernèrent point que ce qui était vraiment social dans le fait historique l'était, au même titre et au même degré, dans le fait psychologique; et que toute la différence entre ces deux catégories de faits se réduisait pour le sociologue au caractère plus abstrait, sinon à la plus grande simplicité de la dernière classe par rapport à la première.

Les écoles objectives s'adonnèrent donc à l'analyse du fait historique. Théoriquement, il n'y a rien à dire contre cette marche. Elle est même la seule possible au début de la recherche, alors qu'on ne sait rien d'exact sur la nature des faits observés. Mais si la méthode était bonne, elle n'était pas sans réserver quelques surprises à ceux qui la suivirent. La découverte des causes dites prochaines semble toujours singulièrement enrichir la science. Ces causes tiennent une large place dans chaque discipline. Dans la science plus avancée, elles forment ce qu'on appelle ses « données », ses points de départ. Mais dans la science commençante on les prend souvent pour des causes explicatives; et à mesure que croît leur nombre, on est naturellement disposé à attribuer la primauté ou la prééminence à quelques-unes d'entre elles. C'est ainsi, par exemple, que Marx et ses disciples choisirent, parmi les faits sociaux concrets ou historiques, une classe particulière, les rapports, les mœurs, les institutions économiques, et en firent le *primum movens*, la cause efficiente des catégories les plus diverses d'actes et d'événements, y compris les événements littéraires, scientifiques, religieux, esthétiques, etc. Et c'est ainsi que d'autres sociologues affirmèrent la primauté et l'importance capitale de faits historiques complexes où prédominent les facteurs biologiques et même inorganiques (population, race, territoire, climat, etc.).

Mais les causes prochaines se décomposent à leur tour. On s'aperçoit peu à peu qu'elles renferment des éléments déjà connus. Ici, deux cas se présentent. 1° Plus on avance dans l'analyse du phénomène complexe, et plus on découvre qu'on n'a devant soi que des facteurs, des agents déjà étudiés par d'autres sciences. On en conclut naturellement l'inopportunité ou l'inutilité d'une nouvelle science abstraite. 2° Plus on fait de progrès, et plus on se convainc de l'existence réelle, dans les faits correspondants, d'une propriété irréductible aux propriétés étudiées par les sciences abstraites déjà constituées. Mais l'on pressent, pour ainsi dire, l'existence de cette propriété bien avant que l'on puisse en indiquer ou en décrire la nature, la caractériser d'une façon quelconque. On fait sur la nouvelle propriété les conjectures les plus diverses. La lutte entre les hypothèses commence. L'une d'elles, la plus facilement vérifiable ou celle qui explique mieux les faits, triomphe, s'intronise dans la science. Alors seulement la science abstraite est fondée. L'essentiel est de s'assurer que nous avons poussé l'analyse aussi loin que le permettait le cas, que nous n'avons pas pris pour l'élément dernier, pour la composante ultime qui différencie le fait étudié des autres faits naturels, une résultante intermédiaire. Mais, dans cette marche, l'esprit s'efforcerait en vain de sauter les divers degrés abstractifs. Il va à l'élément irréductible par une série d'échelons dont beaucoup lui paraissent être les derniers. Voilà pourquoi, dans l'histoire de la constitution de la sociologie, les théories objectivistes, le mécanisme, l'organicisme, le marxisme, le psychologisme, se doivent considérer ainsi que des étapes nécessaires, des phases que la science ne pouvait point ne pas traverser. Une grande reconnaissance est due aux protagonistes de ces théories empiriques et approximatives (plutôt que complètement erronées).

Insistons sur ce point capital sans craindre de nous répéter. Les diverses conceptions de l'histoire semblent pouvoir être réduites à deux grands types. 1º L'explication du fait historique par le fait historique généralisé d'une façon verbale. A ce type appartiennent les thèses qui attribuent à une catégorie quelconque de faits historiques le pouvoir formatif propre au *verae causae* de Bacon. Très souvent, d'ailleurs, on pousse l'analyse plus loin, on dépasse le fait brut, on découvre ce qui plus tard portera le nom de « donnée scientifique ». Les partisans de cette conception de l'histoire vantent à juste titre ce qu'ils appellent leur objectivisme. Ils étudient réellement ce qu'il faut étudier, et ils commencent par où toute science doit commencer. Mais ils s'arrêtent trop tôt dans leurs analyses. Dans le fait historique qui, si notre théorie bio-sociale et notre hypothèse sur la nature du phénomène surorganique sont justes, est une résultante cosmo-bio-sociale (ou cosmo-psychologique), les partisans de cette conception n'éliminent jamais d'une façon complète l'élément cosmique ou physico-chimique. Une variété de ce type — la plus importante sans doute — se qualifie d'ailleurs franchement elle-même de conception « matérialiste » de l'histoire. 2° Le second type cherche à expliquer les faits historiques par une catégorie de faits sociaux déjà moins concrets ou plus abstraits : les faits psychologiques. C'est implicitement reconnaître qu'il existe entre ces deux classes de faits un rapport étroit. En quoi consiste-t-il? La grande majorité des défenseurs de cette conception de l'histoire voient dans le fait psychologique un phénomène *sui generis*, la cause ultime du fait historique : ce qui différencie ce dernier des autres faits naturels, c'est précisément le phénomène psychologique qui s'y ajoute; d'où cette formule qui est comme la devise de l'école entière : le social dérive du psychique. Toutefois, plus avisés — le doute scientifique les ayant touchés — certains sociologues hésitèrent à se prononcer d'une façon aussi nette. Ils avaient déjà connaissance de la thèse contraire faisant dériver le psychique du social, et des faits nombreux et notoires (langage, éducation, tradition, etc.) qui la confirment. Mais, au lieu d'en conclure le mal-fondé de l'explication psychologique, ils essayèrent de biaiser, de concilier cette vue avec la vue purement sociologique. Ils n'allèrent pas jusqu'à décomposer le fait psychologique en deux éléments distincts et irréductibles. La théorie bio-sociale leur paraissait excessive, ils n'en acceptaient, sous réserves, qu'un des corollaires partiels, à savoir que « certains » faits psychologiques sont conditionnés par des phénomènes sociaux (représentés d'ailleurs aussi, au fond, comme de nature ou d'origine psychique). Cela revenait, en vérité, à suivre les errements des objectivistes, à classifier les phénomènes psychologiques et à accorder la primauté ou la prééminence à une catégorie sur toutes les autres. Certains phénomènes psychologiques convenablement généralisés — la contagion psychique, par exemple, la suggestion, l'habitude, l'imitation, pour ne citer que ceux qu'on étudia d'une façon aussi intéressante que profitable — nous furent donnés pour la cause efficiente des faits sociaux ou historiques; et certains autres — les processus de la connaissance abstraite, les sentiments complexes, etc. — pour le produit des faits sociaux, ou le produit de la première sorte de phénomènes psychologiques (dont les faits sociaux n'étaient que l'extériorisation). Autant valait dire — et c'est ce qu'on voulait nous faire entendre — que certains phénomènes psychologiques sont plus simples et d'autres plus complexes, et que les premiers engendrent les seconds, le processus de cette production prenant la forme du processus historique. Dans cette vue, le fait psychique restait toujours la cause ultime du fait historique. Le social dérivait du psychique alors même que celui-ci semblait lui donner naissance : en ce dernier cas, c'était le psychique plus développé qui — par l'intermédiaire du processus historique — tirait son origine du psychique élémentaire.

A en juger par sa méthode seule, l'école psychologique restait inférieure à l'école historique. C'est par les faits les plus concrets qu'il faut toujours commencer nos analyses, et l'on ne peut passer à l'étude des faits moins concrets — tels les faits psychologiques par rapport aux faits historiques — avant d'en avoir fini avec les analyses de début, avant d'avoir acquis la conviction que ces analyses aboutissent au même résultat, que les faits historiques se décomposent nécessairement en faits psychologiques, que c'est là leur résidu constant. Aussi, par comparaison avec l'école historique (avec la conception matérialiste de l'histoire, par exemple), l'école psychologique doit-elle être considérée comme moins objective et plus sujette à verser dans l'abstraction verbale.

D'autre part, toute critique de cette école qui se placerait à notre point de vue, devra la caractériser comme une conception *biologique* (ou sensualiste) plutôt qu'une conception *idéaliste* de l'histoire. Négligeant de décomposer le fait psychologique, n'en éliminant pas, du moins avec toute la netteté nécessaire, l'élément vital, les adeptes de cette école expliquent, *volens nolens*, biologiquement les faits sociaux. On a pu s'en convaincre par l'exemple de la « doctrine organique » de Spencer. La sociologie de ce penseur si sincère nous frappe comme étant à la fois profondément psychologique et profondément biologique. La floraison de l' « organicisme » fut l'une des premières manifestations — et la plus remarquable peut-être — de la conception psychologique de l'histoire. Et c'est sans doute à tort qu'on oppose avec tant de rigueur l'école organique à l'école psychologique. La seconde n'est qu'une variété — plus idéaliste ou moins sensualiste — de la première. Cette distinction peut avoir de la valeur en philosophie, elle n'en a guère en sociologie. Que le fait psychologique soit un phénomène vital ou qu'il soit un phénomène tout particulier, il n'en était pas moins regardé par les deux écoles comme la cause ultime du fait social. Et, je le répète, de notre point de vue, qui estime que le fait psychologique est un fait composé, bio-social, les deux écoles, celle qui voit dans le processus psychologique un processus vital et celle qui n'élimine pas du premier l'élément biologique, demeurent au même titre des conceptions biologiques de l'histoire.

6. *Conclusion*. — Résumons-nous. Nous sommes en présence de deux conceptions de l'histoire et du fait social : la conception cosmologique et la conception biologique. L'une est plus objective, mais aussi plus empirique, l'autre plus subjective, mais peut-être déjà moins entachée d'empirisme. Réunies, ces deux conceptions et leurs nombreuses variétés constituent ce qu'on peut appeler la *conception concrète* de l'histoire. La sociologie des écoles régnantes demeure l'histoire naturelle des faits sociaux, elle ne devient pas encore leur science. Et quand, malgré tout, on lui concède ce rang, la sociologie est considérée — faussement, à notre avis — comme une connaissance concrète. Lisez les sociologues modernes, vous ne les verrez jamais insister sur le caractère abstrait (et autonome en proportion) de la science qu'ils cultivent. Certes, tout le monde sait que Comte l'a *appelée* une science abstraite. Mais il n'en a pas *fait* un savoir de cette sorte. Comte n'a jamais séparé les sciences abstraites des sciences concrètes. Pour lui, la science abstraite était la partie fondamentale ou plus générale d'une connaissance dont la partie plus particulière ou plus descriptive formait la science concrète. A toute science abstraite correspondait ainsi une science concrète, ce qui, dans notre théorie et notre terminologie, est un non-sens manifeste. L'esprit de Comte a toujours oscillé entre ces deux tendances, d'ailleurs, plutôt voisines que contraires : la direction cosmologique et la direc-

tion biologique (ou psychologique, la psychologie constituant
à ses yeux, ne l'oublions pas, un chapitre de la biologie) des
études sociales. Aussi bien les deux écoles qui rivalisent
aujourd'hui de zèle sous nos yeux, ont toujours pu également
se réclamer de Comte. A ce titre encore, il reste le fondateur
de la sociologie moderne et, en vérité, de toute sociologie
future ; car, malgré ses nombreuses erreurs, la sociologie
actuelle est un degré d'évolution qui ne pouvait être sauté.

L'explication concrète de l'histoire est le premier pas qui
nous achemine vers son explication abstraite. Par notre
théorie bio-sociale d'abord, par notre hypothèse sur la nature
du phénomène surorganique ensuite, nous avons essayé, tant
bien que mal, de frayer la route à cette dernière explication.
Dans le fait historique ou concret nous voyons un phénomène
cosmo-bio-social (ou, plus brièvement, cosmo-psychologique)
qu'on peut étudier à deux points de vue différents, celui de la
science concrète et celui de la science abstraite. La première
passe en revue les lois physico-chimiques, les lois biologiques,
les lois sociales qui concourent à la production du fait historique ; en d'autres termes, elle nous fait voir comment, avec
ces divers ordres de phénomènes de plus en plus simples
obéissant à leurs lois particulières, se forment les divers faits
de plus en plus complexes qui remplissent l'histoire. Mais il
est trop évident qu'une telle étude ne saurait s'édifier que
sur la base d'une connaissance déjà sûre des trois ordres de
phénomènes énumérés ; et que tant qu'on ignore les lois d'un
seul de ces éléments (à plus forte raison, quand il s'agit d'une
ignorance aussi complète que celle de l'antiquité, par exemple,
ou celle du moyen âge), l'analyse n'aboutit jamais au but de la
science concrète : pouvoir déduire les faits étudiés des lois de
leurs facteurs. On s'expose alors, comme nous l'avons vu plus
haut, à expliquer les faits par une classe quelconque de ces
mêmes faits ou par des facteurs qui sont encore eux-mêmes
des phénomènes très complexes (*35*).

Bien entendu, le fait historique, c'est toujours l'homme,
l'individu social, ou les hommes, les individus sociaux, avec
leur œuvre, la série entière d'effets, matériels ou non, qui ont
pour l'une de leurs causes l'action humaine. Une coutume,

une habitude, ce sont les hommes qui hier, aujourd'hui, demain, dans une génération ou une suite de générations, s'y conforment, de gré ou de force, pour tels ou tels motifs (connaissance, désir, besoin, crainte, etc.). Une loi, ce sont les hommes qui la formulent ou l'approuvent, qui la promulguent, qui la subissent ou qui l'enfreignent. Une institution, un événement, etc., c'est encore et toujours l'homme, au singulier ou au pluriel, au passé, au présent ou au futur.

Dans cet agrégat concret — l'homme ou les hommes et leur action — le sociologue cherche à démêler ce qui est social de ce qui est vital ou simplement physico-chimique. Ces termes : mœurs, lois, institutions, gouvernement, droits, obligations, richesse, production, consommation, travail, civilisation et tant d'autres qu'il emploie à cet effet, sont déjà des abstractions, des idées générales, lorsqu'on les compare aux agrégats concrets qui les manifestent, les hommes d'une époque donnée avec l'œuvre par eux accomplie. Mais ces « généralités » — pour leur donner le nom qui leur convient — n'isolent pas le social du vital ou du cosmique d'une façon suffisante. Une institution, une loi est considérée comme l'effet des nécessités de l'ordre cosmologique (climat, sol, etc.) aussi bien que des nécessités de l'ordre physiologique (les fameux « besoins » sur lesquels insiste tant le marxisme); et les nécessités sociologiques, plutôt soupçonnées que connues, ne viennent qu'en troisième ligne. L'institution, la loi, etc., sont donc envisagées d'une façon concrète. Et avec toute raison. Ce n'est qu'après les avoir longtemps étudiées sous cet aspect, qu'on pourra, peu à peu, arriver à éliminer les facteurs biologiques et cosmologiques et à formuler les lois abstraites du facteur social. Mais il faut avoir pleine conscience du but à poursuivre, de la tâche à accomplir, et ne pas chanter prématurément victoire en nous présentant des généralisations empiriques pour autant de lois abstraites ou définitives.

Le fait psychologique, déjà moins concret que le fait historique ou cosmo-psychologique, suscite des observations analogues. Ce fait, ce sont encore les hommes ou, de préférence (généralisation depuis longtemps faite), l'homme associé à ses semblables, l'individu social séparé du milieu cosmique dans lequel il se meut. Le sociologue-psychologue étudie cet agrégat restreint, comme le sociologue-historien étudie l'agrégat plus vaste. Et, vu les données du problème, il aurait dû s'appliquer à démêler ici ce qui est social de ce qui est vital. Mais la plupart des sociologues modernes cherchent à expliquer l'historique, c'est-à-dire le cosmo-psychologique, par le psychologique non analysé, non réduit à ses éléments constitutifs. Quant au psychologue qui n'a cure de la sociologie, il se contente de décrire le phénomène psychologique; pour le reste, il s'en remet à ses croyances religieuses ou philosophiques : matérialiste, il voit dans le phénomène psychologique une variété du phénomène vital; et spiritualiste, — un phénomène qui dépasse l'expérience. Voilà pourquoi les études psychologiques ont été peut-être encore moins profitables au sociologue — comme analyses scientifiques et non comme matériaux ou documents — que les études de l'historien. Il pourra en être, il en sera sans doute autrement dans l'avenir (*36*).

Disons quelques mots du parallélisme, des analogies étroites qui se manifestent entre les faits et les généralisations historiques et les faits et les généralisations psychologiques. Cette similitude — allant, au gré de quelques auteurs, jusqu'à l'identité — apparaît et disparaît selon qu'on passe du concret à l'abstrait ou qu'on revient de l'abstrait au concret; en d'autres termes, selon la largeur et la profondeur de l'horizon que le regard embrasse. La vue à vol d'oiseau donne une autre impression des choses que leur examen au microscope. Voici, par exemple, un fait sociologique, une hiérarchie composée de castes ou de classes, et voici un fait psychologique, une hiérarchie d'idées, de principes ou de sciences. Envisagés dans leurs manifestations concrètes, ces faits nous frappent comme des choses très différentes; et dépouillés de leurs prédicats concrets, ils se distinguent à peine, ils se réduisent aux abstractions — sans doute encore verbales — exprimées par les mots : ordre, échelle, classification. Derrière ces termes d'allure abstraite se cache pourtant une réalité idéale incontestable qu'il s'agit seulement d'atteindre. On pourra alors, sans craindre de verser en une tautologie puérile, faire ressortir, dans la hiérarchie sociale (fait cosmo-bio-social) et dans la classification scientifique (fait bio-social), l'identité nécessaire des éléments qui leur sont communs, soit de la vie, de l'organisation cérébrale, soit de la socialité interprétée comme une interaction psychique, une expérience collective, ou autrement. Il en sera de même du fait historique ou de la généralité correspondante — le gouvernement, et du fait psychologique — la conscience sociale ou connaissance; du fait historique — l'invention, et du fait psychologique — l'abstraction, la généralisation, la synthèse; du fait historique — l'association économique, politique, etc., et du fait psychologique — l'association des idées. Je crois, en outre, que les savants qui, comme M. Draghicesco par exemple, s'arrêtent dès à présent sur ces analogies intimes et familiarisent les esprits avec ces façons de voir, rendent service à la sociologie future. Les abstractions verbales précèdent, dans toutes les sciences, les abstractions réelles. Ce qu'on peut exiger aujourd'hui du sociologue — et ce qu'on ne pouvait encore lui demander hier, — c'est de ne pas perdre de vue la part inévitable d'erreur qui s'attache à de tels parallèles, et de ne les donner qu'à titre d'essais, d'indications pour les analyses à venir, de plus en plus épuisantes ou profondes.

Mentionnons, dans le même ordre d'idées, un dernier problème. L'évolution cosmo-psychologique qu'on s'obstine à appeler sociale, a-t-elle précédé l'évolution psychologique qu'on s'obstine à ne pas envisager comme bio-sociale? C'est le problème fondamental du marxisme qui le résout, comme on sait, par l'affirmative. La hiérarchie des classes, par exemple, a-t-elle devancé la hiérarchie des idées? Sous sa forme générale, la question n'a pas de sens. Le psychologique étant une fraction du cosmo-psychologique, c'est comme si l'on demandait : le tout a-t-il précédé ou suivi sa partie? Ces notions sont manifestement corrélatives. Mais exprimée d'une façon plus concrète, la question cesse d'être étrange ou contradictoire. Si l'on nous demande : les castes égyptiennes ont-elles précédé la classification des sciences de Comte? — nous répondrons affirmativement, mais nous ajouterons aussitôt que cela ne nous oblige pas du tout à voir dans la hiérarchie égyptienne la cause efficiente ou initiale de la classification comtiste. Nous nous garderons donc de dire que la seconde ne fait que reproduire la première. D'autre part, cependant, il nous semble également certain que s'il n'y avait jamais eu, sur notre planète, ni castes, ni classes sociales, ni groupements d'aucune sorte, ni gouvernants ni gouvernés, ni inventions, ni imitations, ni accumulation de richesses, ni loisir incitant à la méditation et permettant la recherche scientifique, etc., — la conception de Comte n'aurait jamais pu germer dans son cerveau. Et si l'histoire eût été autre qu'elle n'a été, la conception comtiste s'en serait ressentie, elle aurait été différente dans le temps et l'espace (au lieu de se produire au XIXe siècle, par exemple, elle aurait surgi au XVIe ou au XXe, au lieu d'être française, elle aurait été chinoise ou américaine, etc.).

Qu'est-ce que cela signifie? Mais tout simplement que la cause immédiatement observable de la conception de Comte gît ailleurs que dans la hiérarchie sociale, même de son époque, sans parler des castes égyptiennes; qu'il faut la chercher dans l'état des connaissances abstraites de son temps, si l'on envisage principalement le côté social du problème; ou, si l'on considère son aspect psychologique, dans les connaissances du philosophe et la qualité de son cerveau; ou enfin, si l'on regarde la thèse de Comte comme un fait historique, cosmo-psychologique, dans l'ensemble des conditions énumérées, auxquelles viendront encore s'ajouter les influences du sol, du climat, des paysages français, de toute l'histoire ancienne et contemporaine de la France et de l'Europe. Que si, au contraire, on s'enquiert de la cause primordiale et essentielle (conçue d'une façon tout à fait générale et abstraite) de la classification comtiste, examinée sous son aspect purement social, il nous faudra indiquer l'interaction conscientielle, l'expérience collective, la socialité et ses lois; et nous devrons assigner la même cause aux castes de l'Égypte, si nous les étudions à un point de vue identique (*37*).

Établir un lien de causalité fixe et constant entre les faits cosmo-psychologiques et les faits psychologiques, un ordre de succession allant soit toujours des premiers aux seconds, soit toujours des seconds aux premiers, — voilà, si l'on se place au point de vue du sociologue, une tentative vaine et illusoire. Une institution (un fait cosmo-psychologique) — au point de vue de l'historien — ne vaut que ce que valent les hommes qui la créent et qui l'approuvent ; et ces hommes — au point de vue du psychologue — ne valent que ce que valent leurs idées, leurs croyances, leurs sentiments, etc. Des hommes ignorants, ou stupides, ou cruels, établiront et subiront facilement des institutions absurdes ou barbares. Il semblerait donc que le psychologique précède et détermine le cosmo-psychologique. Mais sans nous arrêter à l'objection qui consiste à dire que le psychologique est une simple vue de l'esprit — puisque la recherche de la cause rentre dans la même classe de phénomènes, — qu'est-ce qui a sinon rendu (il s'agit d'une multiplicité de causes), du moins contribué pour une large part à rendre les inventeurs et les imitateurs sociaux ignorants ou cruels ? Sans doute le milieu cosmo-psychologique qui les environna dès leur naissance et qui se manifesta par telles ou telles mœurs et telles ou telles institutions. Voici donc le cosmo-psychologique qui à son tour devance et détermine le psychologique. Et qu'est-ce qui aidera à rendre les générations futures semblables aux générations qui les précédèrent, c'est-à-dire qu'est-ce qui contribuera à conserver et à perpétuer leur ignorance et leur barbarie ? C'est l'institution ou les institutions mêmes dont nous avons dit plus haut qu'elles étaient précédées et déterminées par la psychologie de leurs inventeurs et des imitateurs de ceux-ci. Derechef, le cosmo-psychologique semble être la cause du psychologique. Mais un jour arrive où l'institution défectueuse tombe, est remplacée par une autre. Pourquoi ? On nous répond à la fois, et parce que les hommes sont devenus plus savants, intelligents, meilleurs (détermination psychologique), et parce que l'institution défectueuse, par le fait même de son existence et de sa durée, a joué le rôle d'école du malheur et de la souffrance, a dessillé les yeux des hommes, les a instruits etc. (détermination cosmo-psychologique). Nous tournons dans un cercle vicieux : celui-là même où les philosophes ont inscrit la théorie de l'éternel retour des choses, et certains logiciens — la doctrine de la réaction de l'effet sur la cause égale à l'action de la cause sur l'effet.

Ce qu'il y a de commun et même d'essentiellement identique dans les deux ordres de faits — les cosmo-psychologiques et les psychologiques, c'est l'échange constant, indéfiniment répété à travers le temps et l'espace, d'énergies psychiques, de représentations, d'émotions, de volitions, etc., c'est l'inter-action mentale qui modifie la phénoménalité primitive, encore biologique, psychophysique. Cette interaction se localise dans les cerveaux individuels dépendant du milieu cosmique ; mais elle se manifeste, au dehors, exclusivement par des faits cosmo-psychologiques. Voilà ce qui justifie jusqu'à un certain point les théories qui proclament la primauté de l'action sur la pensée, de la combinaison cosmo-psychologique, où le facteur social se découvre à nos yeux pour la première fois, sur la combinaison psychologique, où le même facteur apparaît comme uni au facteur biologique, mais où il est déjà détaché, abstrait, par un acte de la pensée, du milieu cosmique. A ce point de vue, la primauté de l'action sur la pensée acquiert une signification spéciale. Nulle connaissance ne peut se former ou exister en dehors de la double limitation spatiale et temporelle qui est la forme la plus générale de la limitation matérielle ou physico-chimique. L'antécédence du concret sur l'abstrait, du fait cosmo-psychologique sur le fait psycho-logique, de l'acte sur la pensée est la loi fondamentale de la conscience, soit que celle-ci demeure biologique (sensation, représentation, émotion etc.), soit qu'elle devienne, à la suite de l'interaction s'exerçant sur des faits cosmo-biologiques, bio-sociale ou psychologique. Quel que soit le contenu de la con-science modifiée par l'interaction mentale, notre pensée va toujours du plus concret au moins concret ; car, comme le dit Kant : « il n'y a de vraie connaissance que la connaissance expérimentale ». Mais à cette première détermination s'ajoute immédiatement une autre limitation : il n'y a de vraie con-naissance que celle du général ou de l'abstrait. Et ces deux grandes normes de la pensée sociale, loin de se contredire, se complètent mutuellement. En effet, si la première nous apprend que le processus de la connaissance consiste dans la marche du concret à l'abstrait (expérience dynamique ou recherche cognitive), la seconde nous enseigne que la connaissance, envisagée comme expérience statique, s'affirme comme une généralisation, une abstraction. En termes du langage habituel, l'abstraction assimilée à la connaissance forme le *but* de la recherche cognitive; celle-ci n'est qu'un simple *moyen*. La marche ou méthode de la pensée sociale transformant sans cesse la conscience en connaissance, est une marche finaliste, une méthode téléologique. Or, tout ce que nous savons de ce processus tend à prouver qu'il est une simple inversion du processus causal. Nous aboutissons ainsi à la conclusion que l'abstrait est la cause primordiale du concret, que la connaissance est la cause (scientifique ou théorique) de l'action

Si Kant, Marx, un nombre considérable de penseurs éminents ont affirmé la primauté du concret sur l'abstrait, du processus évolutif sur son contenu à chaque moment donné, c'est que leur pensée devait nécessairement revêtir d'abord la forme initiale de toute recherche cognitive. La finalité est la caractéristique aussi bien de l'effort de connaître que de l'application pratique. Nous distinguons entre ces deux phases du processus évolutif, et c'est à la dernière seule que nous donnons le nom de « pensée pratique ». Mais les esprits qui ne font pas cette distinction (ou qui n'admettent pas l'importance que nous y attachons) pouvaient et devaient proclamer la primauté des tendances pratiques sur les tendances théoriques, de l'action sur la pensée.

Certes, ainsi que nous l'avons constaté à plusieurs reprises (et dernièrement dans notre *Nouveau Programme de Sociologie*), nous sommes guidés, à notre tour, par la méthode téléologique. Mais en gnoséologie aussi bien qu'en sociologie abstraite, certains résultats nous semblent acquis; et c'est sans doute parce que nous les voyons comme tels, que, sans abandonner la méthode finaliste pour les recherches nouvelles, nous passons, quand il s'agit de recherches qui nous semblent avoir temporairement abouti à une sorte d'expérience statique, de la finalité à la causalité. Nous affirmons que la « socialité » est la cause « abstraite » de la connaissance et que celle-ci est la cause « abstraite » de l'action, exactement comme le physicien affirme que le mouvement intramoléculaire forme l'essence du phénomène physique, essence qu'il envisage comme la cause ultime des faits physiques de plus en plus concrets (faits physico-chimiques, ou cosmo-biologiques, ou cosmo-bio-sociaux). Le physicien moderne qui se garde d'identifier le feu ou la flamme avec le phénomène calorique, a déjà renversé la série finaliste — allant du concret à l'abstrait, de l'effet à la cause — et il l'a remplacée par la série causale — allant de l'abstrait au concret, de la cause à l'effet. Tous les progrès accomplis par la longue évolution de sa science spéciale ont conduit le physicien à cet unique résultat : comprendre que la série finaliste n'est pas une série causale, se rendre compte de ce qui différencie les deux séquences, à savoir, l'ordre dans lequel se suivent les termes rationnels qui les composent et qui, si l'on approfondit la question, ne font que réfléchir le dualisme fondamental de la raison, le rapport du « moi » à « autrui », le double courant centrifuge et centripète que l'interaction mentale établit entre le contenu des consciences bio-indivi-duelles (*38*).

CHAPITRE VI

Réponse à quelques objections.

Éclaircir, développer, préciser, pousser jusqu'à leurs dernières conséquences les thèses qui soulèvent les objections de nos contradicteurs, voilà, sans doute, une façon indirecte d'y répondre, une méthode de réfutation qui présente des avantages certains et de plus d'une sorte. C'est la voie que nous avons presque constamment suivie dans nos travaux. Cependant, cette règle, comme toutes les normes pratiques, souffre de nombreuses exceptions. Il semble quelquefois préférable, dans l'intérêt même du lecteur qui juge les coups reçus et portés, de donner à la discussion un tour moins impersonnel.

Dans les pages suivantes, nous répondrons directement à quelques objections qui visent des points importants de notre doctrine sociologique, à savoir : 1° nos vues sur les rapports (généalogiques ou de filiation) entre le social et le mental; 2° nos vues sur la ligne de démarcation qui sépare le phénomène psychologique du phénomène psychophysique; 3° nos vues sur la connexité intime qui existe entre la théorie de la connaissance et la sociologie, ou sur la nécessité urgente d'incorporer la première à la seconde; et 4° nos vues sur la valeur de la recherche spéculative, toujours finaliste avant d'être causale, et sur la nature des liens qui unissent cette recherche à l'action pratique.

1. *Les origines sociales de la raison et la confusion classique où tombe l'école des psychosociologues.* — On soutient que « la thèse qui fait sortir le mental du social n'est qu'*en apparence* opposée à celle qui fait dériver le social du psychologique ». — « De telles formules, dit-on, ne sont que des façons simplifiées d'exprimer la réalité; sans doute, la disposition des mots y est inverse, mais si peu que l'on objective ce qu'elles veulent exprimer, on s'aperçoit que leurs significations se concilient parfaitement. » Prenons un fait d'interaction mentale entre les cerveaux A et B et décomposons ce fait en deux séries psychologiques, en A les phénomènes d'*excitation*, en B les phénomènes de *réception*. Les premiers seront du social pour B dont ils contribueront à former le mental, d'où la formule : le mental dérive du social; mais pour A ils continueront à être du mental, se transformant pour B en social, d'où la formule inverse : le social dérive du mental ou psychologique (*39*).

C'est ainsi qu'on joue avec les mots. On peut le faire impunément tant que de part et d'autre on emploie, sans les définir d'une façon exacte, ces termes généraux et vagues : le mental ou le psychologique et le social. Mais il suffit de préciser leur sens pour éviter la confusion scolastique. C'est le processus d'interaction, soit entre des éléments psycho-physiques (socialité primitive), soit entre des éléments psychologiques, c'est-à-dire déjà bio-sociaux (socialité de plus en plus complexe), qui constitue la phénoménalité sociale, mais nullement les éléments que ce processus met en présence ou sur lesquels il opère et qui sont, dans le premier cas, purement biologiques, et dans le second, bio-sociaux. Or, dans cette terminologie, le psychologique ou bio-social remontera toujours à deux classes de causes; et jamais ces causes, le phénomène vital et le phénomène social, ne pourront être considérées comme l'effet, la conséquence de leur propre effet combiné, le phénomène bio-social ou psychologique (*40*).

Il faut aussi avoir égard à l'imprécision du langage habituel qui donne indifféremment le nom de « mental » au psychophysique et au psychologique et qui facilite ainsi la confusion de ces deux sortes de phénomènes. La formule : le mental sort du social, est évidemment inapplicable au phénomène psychophysique ou vital; et elle n'est qu'approximativement juste (par abréviation) lorsqu'elle vise le phénomène psychologique ou bio-social.

J'ajoute encore que le phénomène d'interaction (psychophysique ou psychologique, il n'importe) frappe tous les cerveaux entre lesquels il se produit; ce qui veut dire qu'il ne touche pas les cerveaux seuls où se manifeste le phénomène de « réception », ainsi que tendrait à nous le faire croire l'auteur cité plus haut. On confond de la sorte l'interaction (le *primum movens* de la phénoménalité sociale concrète) avec ce qu'elle véhicule, pour ainsi dire, avec le phénomène soit psychophysique — une sensation, une représentation, une image, une réminiscence, une émotion, un désir, — soit psychologique — une idée, un sentiment, une volition motivée, etc. Arrêtons-nous un instant au phénomène psychologique que l'on a surtout en vue. Une idée ne devient pas, par le fait seul de sa communication, un phénomène social dans l'esprit qui la reçoit ou l'hospitalise, tout en restant un phénomène mental pour celui qui la divulgue ou la communique à autrui. Dans les deux cas, elle reste une idée, un phénomène bio-social, le résultat du jeu combiné de certains phénomènes cérébraux avec certains phénomènes d'interéchange mental qui précédèrent (quelquefois de plusieurs siècles) la communication actuelle. Ce qui dans l'idée est « social », l'est au même titre pour les deux cerveaux A et B ou, plus exactement, pour tous les cerveaux que l'idée éclaire ou illumine : et c'est sa formation première et son mode actuel de communication, son passage d'un cerveau à un autre, — migration qui tôt ou tard, aujourd'hui, ou demain, ou dans un siècle, il n'importe, sera la cause déterminante d'une nouvelle modification de l'idée. Chez nos contradicteurs, au contraire, dans le cas du phénomène psychologique d'excitation *engendrant* le phénomène psychologique de réception, aussi bien que dans le cas de ce dernier *engendré* par le premier, le phénomène social est d'avance éliminé ou ignoré en tant que phénomène réel. Ce n'est pas une réalité objective, c'est un point de vue de l'esprit : antique et vénérable thèse qui date du temps ou l'idée d'une science sociale autonome n'aurait pu, sans un véritable miracle, surgir dans une cervelle de savant.

Heureusement pour la doctrine que nous défendons, la mentalité contemporaine s'accommode déjà très bien de la conception réaliste du phénomène social. Elle ne permet plus d'alléguer, sans en fournir la moindre preuve, le caractère fictif de ce phénomène. Car si un tel postulat pouvait être accordé, la conclusion que le social n'est qu'un aspect du psychologique, qu'il n'y a de réel dans la nature que le psychologique, cette conclusion — ai-je besoin de le dire? — s'imposerait à tous les esprits. Et j'eusse été le premier à abandonner mon hypothèse d'une phénoménalité surorganique distincte de la phénoménalité organique (dans laquelle je fais entrer tous les événements cérébraux non modifiés par le milieu social) et s'unissant à celle-ci pour produire la phénoménalité concrète connue sous le nom de réalité psychologique; réalité à peine esquissée chez les animaux par suite du défaut de développement, de l'état rudimentaire soit du facteur surorganique (chez les mammifères isolés), soit du facteur organique (chez les insectes sociables, par exemple), — et, au contraire, très prononcée chez l'homme par suite de la force, de la puissance des deux facteurs. Mon hypothèse explique tous les phénomènes que la théorie psychologique — succédané moderne de l'antique dualisme de l'âme et du corps — laisse dans un état de confusion confinant à l'impossibilité de concevoir les faits quelconques de haute culture (de science, de philosophie, d'art et de leurs applications pratiques) sans invoquer l'intervention d'un νοῦς, d'un *flatus spiritûs*, d'une vague entité spiritualiste (*41*).

L'interaction psychophysique qui transforme la conscience en connaissance, l'intelligence en raison, l'émotion représentative en sentiment idéalisé, le désir impulsif en volonté logiquement motivée, qui, en un mot, fait jaillir du *psycho-*

physique le *psychologique*, n'est ni plus ni moins étrange ou mystérieuse que n'importe quel autre phénomène d'évolution universellement observé. La « socialité » est le vocable qui sert à désigner cette transmutation de l'énergie vitale (ne dépassant l'individu biologique ni dans l'espace, ni dans le temps ou la durée) en une énergie plus spécialisée, moins répandue dans l'univers (plus particulière selon la terminologie de Comte), essentiellement dépendante de la première (plus compliquée selon la même terminologie) et qui s'en distingue par une foule de traits dont le principal sans doute est qu'elle survit à l'individu biologique, qu'elle persiste après sa mort. Cette énergie nouvelle est la pensée sociale, fruit de l'expérience collective, de la coopération durable et nécessaire (et non pas contingente seulement) des intelligences bio-individuelles. La pensée sociale se combine avec le phénomène purement cérébral, et donne ainsi naissance au fait psychologique. Mais de même que le biologiste, par exemple (et aussi bien, d'ailleurs, le chimiste et le physicien, chacun dans son domaine), confère le nom de phénomène vital tantôt au processus qui transforme le chimique en bio-chimique, et tantôt au résultat de ce processus, au fait bio-chimique, de même le sociologue comprend sous la dénomination de phénomène psychologique tantôt la pensée sociale et tantôt son produit bio-social. Et ici une illusion de l'esprit aussi naturelle et aussi puissante que les illusions des sens s'empare de ces diverses classes d'observateurs. L'étude du phénomène concret précédant nécessairement la connaissance du phénomène abstrait, celui-ci est ramené à celui-là comme à son origine ou à sa source. Le phénomène psychologique, en particulier, manifestant, à côté des propriétés vitales, des propriétés sociales, le sociologue (moins entraîné aux méthodes scientifiques que les savants naturalistes) y voit la propre cause de ces dernières (42).

La distinction entre le phénomène psychologique et le phénomène psychophysique est-elle nécessaire, repose-t elle sur des réalités exactement observées, possède-t-elle une valeur objective indiscutable? Telle est la deuxième grande objection qui nous est faite. « Se séparant également, dit à ce

propos un écrivain des plus autorisés (43), de ceux qui veulent
ramener le phénomène sociologique au phénomène biologique
et de ceux pour lesquels la science sociale s'identifie avec la
psychologie dont elle ne forme qu'un chapitre particulier,
M. de Roberty attribue à la sociologie une autonomie, un rang
à part dans la hiérarchie scientifique, le phénomène « surorganique », qui constitue l'objet de ses études et recherches,
étant placé entre le phénomène vital qui lui est antérieur et le
phénomène psychologique qui lui est postérieur ». Mais cette
thèse, constate avec raison le même auteur, est basée sur la
distinction entre le phénomène psychophysique et le phénomène psychologique; distinction qui lui semble « un peu
trop subtile, voire artificielle ». « C'est l'interaction psychophysique, dit-il, qui déterminerait le passage de la vie organique à la vie surorganique, laquelle à son tour déterminerait l'interaction psychologique. Or, entre l'interaction psychophysique et l'interaction psychologique y a-t-il vraiment
une différence de nature? Existe-t-il une action et par conséquent une interaction purement psychologique et qui ne soit
pas, en partie tout au moins, psychophysique? A ces deux
questions, qui ne sont même pas effleurées par M. de Roberty,
la psychologie moderne semble fournir une réponse plutôt
négative. »

Le reproche qui m'est fait dans ces lignes est aussi inattendu qu'immérité. Je n'ai que trop insisté, dans tous mes
écrits sociologiques, sur la seule réponse possible aux deux
questions posées plus haut. Non, je le dis peut-être pour la
centième fois, il n'y a et il ne saurait y avoir aucune différence de nature entre l'interaction psychophysique et l'interaction psychologique; il n'y a entre ces deux phases d'un
même processus, que je qualifie de social, qu'une simple différence de degré. Et non, je le répète encore, il n'existe pas
d'interaction psychologique qui ne soit, en partie, psychophysique. Mon honorable contradicteur confond manifestement l'*interaction*, soit psychophysique, soit psychologique,
qui représente la « propriété » sociale pure ou abstraite, avec
le *phénomène* psychophysique d'une part, et le phénomène
psychologique de l'autre. Voilà pourquoi il peut dire : « En

acceptant la distinction entre les manifestations psycho-physiques et les phénomènes psychologiques dans le sens d'une distinction entre l'inconscient et le conscient, on admet encore une simple différence de degré, et la séparation entre les deux ordres de phénomènes est si loin d'être complète que la psychologie tend à attribuer à l'inconscient un rôle peu négligeable, même dans les productions psycho-sociales supérieures, telles qu'elles s'observent chez les groupes sociaux dits civilisés : philosophie, religion, art, action. »

Il ne s'agit pas chez moi, mes lecteurs le savent, de la séparation entre l'inconscient et le conscient, deux phéno-mènes qui appartiennent également à l'ordre psychophysique, mais d'une distinction entre cet ordre lui-même et l'ordre psychologique ou déjà composé, bio-social. Entre ces deux séries de phénomènes, je ne l'ai jamais caché, il existe à mes yeux une différence de nature pour le moins aussi réelle que celle qui se laisse constater entre un phénomène physique et un phénomène physico-chimique, ou entre celui-ci et un fait concret de l'ordre vital. C'est là un point essentiel de ma théorie. Je définis le phénomène psychologique : un phéno-mène bio-social, donc un phénomène psychophysique en partie. L'autre partie de ce phénomène est l'*interaction* égale-ment psychophysique. Quant à l'interaction psychologique (ou bio-sociale, et non plus vitale seulement), elle est un degré évolutif supérieur de l'interaction psychophysique, de la socialité originelle ou primitive. Elle représente une phéno-ménalité surorganique à la fois plus complexe et plus intense. Elle succède à l'interaction psychophysique, elle est son effet nécessaire. Mais elle devient aussi, à son tour, la cause de phénomènes psychologiques encore plus complexes que les phénomènes également psychologiques dus (toujours en partie, le facteur vital intervenant à chaque degré de la série évolutive) à la simple interaction psychophysique.

L'absence d'une ligne démarcative stricte entre le phéno-mène psychophysique et le phénomène psychologique conduit fatalement à la vue qui caractérise l'école psychologique en sociologie, à savoir, que le phénomène surorganique ou social s'identifie avec le phénomène psychologique. Et telle est aussi la conclusion à laquelle arrive mon éminent contradicteur qui ne la rend ni plus claire, ni plus probante en ajoutant que si l'interaction psychologique suppose toujours un milieu social, ce dernier suppose toujours une interaction psychologique, — le progrès ou l'évolution collective résultant de l'action réciproque qu'exercent les unes sur les autres les tendances psychiques et les réalités sociales (p. 111). En vérité, l'interaction psychologique est elle-même déjà un « milieu social », et ce qu'elle suppose, c'est une socialité beaucoup moins complexe ou celle représentée par l'interaction psychophysique. Intervertir ces termes, dire que le milieu social suppose une interaction psychologique, est faux, s'il s'agit d'un milieu social primitif ou rudimentaire, conditionné par la seule interaction psychophysique; mais cela peut être vrai, s'il s'agit d'un milieu social très civilisé, préparé par de nombreuses phases d'interactions psychiques qui se déroulent successivement.

Dans notre hypothèse, la socialité est originellement une interaction qui met en jeu des éléments « biologiques ». Elle est la condition ou l'ensemble de conditions qui modifie ces éléments, qui les transforme à ce point qu'ils nous apparaissent, à tous égards, comme une modalité nouvelle de l'énergie mondiale. L'interaction opère sur les phénomènes psychiques qui portent *ab initio* l'empreinte puissante des cas particuliers et concrets qui les firent naître. Et tendant de plus en plus à effacer cette empreinte, elle donne naissance à un grand fait mental qui, à son tour, engendre la connaissance et, par la, la civilisation humaine tout entière. La généralisation, l'abstraction, les lois logiques, en un mot, la *raison* (distinguée de la simple conscience qui demeure un fait purement vital), — voilà ce qui émerge du rapprochement réitéré, du contact indéfiniment répété entre les phénomènes cérébraux qui, considérés isolément, ne dépassent pas le niveau de la mentalité biologique ou animale. Ce n'est pas la conscience et l'intelligence au sens vulgaire du mot, c'est la connaissance et la raison qui sont filles de la cité, — du fait qui se produit pour la première fois dans le groupe le plus rudimentaire (clan et tribu) et qui se présente sous l'aspect d'une influence et d'un contrôle permanents exercés par une multitude de cerveaux les uns sur les autres.

Ce phénomène nouveau et actuellement irréductible au phénomène vital dont il dépend comme celui-ci dépend à son tour du phénomène chimique, sans pouvoir y être entièrement ramené, s'identifie donc d'une manière générale avec la raison, envisagée de la même façon abstraite ou *sub specie aeternitatis*. Ses origines nous sont connues : il faut les chercher dans les phénomènes vitaux. Son mode d'action ou de manifestation nous est également familier : c'est un processus qu'on met à la portée de tous les esprits en le décrivant comme une « expérience collective ». Les expériences des exemplaires isolés de l'espèce sont ici contrôlées, confirmées ou rejetées, par les expériences d'un nombre indéfini d'autres exemplaires de l'espèce, comprenant non seulement les contemporains, mais aussi les ancêtres et, dans les cas douteux ou hypothétiques (qui forment la majorité des cas), les descendants. L'expérience collective sollicite l'image concrète — pour ne citer que ce type de produits cérébraux — à devenir d'abord semi-concrète, et puis de plus en plus abstraite. Elle est la source unique des idées générales et la condition première de tout progrès.

Mais si nous connaissons l'origine et le mode d'action de la socialité, connaissons-nous son essence? Le mot « essence » a deux significations : l'une est scientifique, elle comprend les conditions indiquées plus haut (l'essence d'un fait se ramène à la connaissance de sa cause ou de son origine et à celle de son mode de manifestation, en un mot, à la connaissance des lois qui le régissent); l'autre est ontologique ou métaphysique; comme règle générale, elle ne se développe que dans les cerveaux qui possèdent une connaissance relativement restreinte des choses; et elle n'a de prise sur eux que tant qu'ils restent incapables d'acquérir un degré supérieur de savoir. Dans ce sens ontologique, la socialité, sous le nom plus usuel d'esprit ou de raison, demeure encore, comme la vie, comme le mouvement, comme l'univers entier, un mystère qui nous paraît impénétrable.

Les sociétés humaines se transforment, elles évoluent dans

le temps et l'espace. Or, ce qui fait qu'une transformation est réelle, qu'il y a vraiment « évolution », c'est l'entrée en jeu, à côté d'une cause donnée quelconque, de nouveaux facteurs ou agents, et la combinaison ou les combinaisons concrètes qui s'ensuivent. Dans toute évolution, l'effet, que nous l'attribuions uniquement à la première cause aperçue ou observée — connaissance superficielle — ou à l'action commune de celle-ci et de causes intervenantes — connaissance approfondie — est toujours un effet composé. Toute évolution, en d'autres termes, est due à une multiplicité de causes agissant non pas simultanément — le cas serait alors statique, — mais successivement, s'ajoutant les unes aux autres ou encore se séparant les unes des autres et produisant ainsi des effets variés.

Quel est le produit constant de cette cause, l'interaction cérébrale ou purement biologique? Il y a ici évolution : il faut donc aller chercher ce produit dans un phénomène concret qui soit l'effet combiné de cette cause et d'une autre ou de plusieurs autres. Cet effet composé est précisément, en premier lieu, le phénomène psychologique distingué du phénomène psychophysique; et, en second lieu, le phénomène historique. C'est dans ces deux sortes de faits concrets que s'incorpore la socialité, l'interaction cérébrale ou psychophysique. Le phénomène « social » est une condition nécessaire, ou l'une des causes de l'apparition du fait psychologique et, par son entremise, du fait historique.

Ce qui, néanmoins, donne une apparence plausible au sophisme que nous combattons et qui consiste à dire que si le psychologique sort du social, le social, à un autre point de vue, sort du psychologique, c'est, outre l'habitude invétérée de faire du phénomène mental une unité asbstraite, la confusion perpétuelle de l'interaction psychologique avec l'interaction psychophysique. Une courte explication s'impose ici.

A mesure que, grâce à l'interaction psychophysique ou primordiale qui se manifeste aujourd'hui aussi bien que du temps des premières sociétés (44), les phénomènes psychophysiques se transmuent en véritables faits psychologiques, les cerveaux soumis à ce processus se voient pourvus non seulement de phénomènes du premier ordre, mais aussi, avec une abondance croissante, de ceux du second. Dans ces conditions, qu'échangeront-ils entre eux, que feront-ils passer d'un cerveau à un autre, et d'un groupe de cerveaux à un individu ou à un groupe d'individus, avec toutes les conséquences qu'une telle communication comporte (contrôle, vérification d'hypothèses, généralisation, abstraction, prévision, etc.)? Un exemple banal fait comprendre ce qui se passe. Si les hommes commencent par échanger du gibier contre du poisson, ou du blé contre de la laine ou des peaux, à mesure qu'ils apprennent à fabriquer avec ces matières premières des produits de plus en plus raffinés, ils ne tardent pas à faire entrer ces nouveaux produits dans la circulation (modifiée par l'intermédiaire de la monnaie qui joue le rôle du langage et de l'écriture dans le commerce social). L'échange de produits dans un cas, l'interaction mentale dans l'autre, restent, *in abstracto*, essentiellement pareils à eux-mêmes. Mais, de naturel, l'échange devient de plus en plus monétaire ou fiduciaire, et de psychophysique, l'interaction devient de plus en plus psychologique. Cette transformation marque avec évidence ce qu'on peut appeler le début de toute civilisation; et l'on voit que nous faisons remonter celle-ci assez haut (et avec elle la science sous son aspect grossièrement empirique, la philosophie sous son aspect religieux ou superstitieux, l'art sous son aspect rudimentaire et l'action sous ses formes économiques et juridiques les plus frustes). L'interaction psychophysique, c'est la socialité envisagée à son origine, prise à sa source, actuelle ou historique, il n'importe. L'interaction psychologique, c'est la socialité dans sa phase plus développée et ultérieure. Mais, dans les deux cas, l'interaction constitue un ordre de phénomènes, et les faits psychophysiques plus simples ou les faits psychologiques plus complexes sur lesquels elle opère, forment un autre ordre de phénomènes. Et puisque dans le second cas l'interaction s'empare de phénomènes qu'elle avait déjà modifiés, pour les modifier encore plus profondément dans le même sens (abstractions plus hautes, généralisations plus larges, contrôle et vérification plus efficaces, prévision plus lointaine), nous pouvons dire avec certitude

que nous avons devant nous une évolution secondaire entée
sur l'évolution primaire.

Certains psychosociologues, il est vrai, concèdent déjà
que le phénomène social est la résultante des interactions qui
ont lieu entre les consciences individuelles ; mais ils donnent
à ce dernier terme, la « conscience individuelle », une interprétation qui les rejette aussitôt dans les thèses les plus
vulgaires de l'école psychologique. En effet, pour nous, il s'agit
d'un phénomène organique, la conscience bio-individuelle
remplie de sensations, d'images concrètes, d'émotions simples, etc, ; et pour eux, d'un phénomène auquel nous donnons
le nom de bio-social et que nous appelons encore conscience
« socio-individuelle », remplie d'idées générales et abstraites,
de sentiments complexes, de volontés raisonnées, etc. Ils
identifient ainsi l'interaction biologique avec l'interaction
bio-sociale ou, plus justement, ils n'admettent comme réelle
que cette dernière. Dans notre vue, le psychologique dérive
à la fois du social (de l'interaction biologique) et du vital, et le
social précède ici aussi bien le fait psychologique que l'interaction du même nom ; dans leur vue, au contraire, le social est
toujours identifié soit avec le bio-social (le psychologique ou
mental), soit avec la seule interaction psychologique (45).

Certes, il en est de la socialité (ou du psychisme social, de
l'interaction mentale, de la raison) comme de la vie ou du
mouvement. Tous ces termes ne servent qu'à désigner ou
dénommer, d'une façon générale et abstraite, les phénomènes
correspondants. Et ce qu'il faut atteindre, découvrir et constater derrière ces phénomènes, ce sont les lois qui les gouvernent. Ce n'est pas en rattachant la multiplicité des faits physico-chimiques au mouvement, la multiplicité des faits biologiques à la vie ou la multiplicité des faits sociaux à la
socialité comme à leur cause ultime, c'est-à-dire en unifiant
ces divers phénomènes en autant de groupes distincts, qu'on
transforme le mouvement, la vie ou la socialité en une série
d'entités métaphysiques. Un pareil résultat ne se pourrait
prévoir que si, après avoir fait le premier pas, on refusait
d'en faire un second, un troisième et ainsi de suite. L' « entitéisme », l'abstraction verbale consiste en ce piétinement sur

place. Et il n'y a de véritable entitéisme que lorsque les uns sont allés plus loin, et les autres ont renoncé à les suivre. Tel est précisément le cas des psychosociologues modernes. Ils nous accusent de vouloir introduire dans la science une entité nouvelle, inédite. Admettons qu'ils n'aient pas tout à fait tort. Mais pourquoi omettent-ils de dire que nous leur reprochons de vouloir conserver, *per fas et nefas*, l'idole antique, l'abstraction grossière des époques d'ignorance; et que notre entité ou notre généralisation abstraite, encore nécessairement entachée de verbalisme, vient simplement détrôner la leur, qu'elle ne saurait avoir d'autre mission, d'autre raison d'être? Nous comprenons encore moins comment ceux qui nous conseillent d'une façon si sage d'analyser séparément les faits économiques, politiques, scientifiques, esthétiques, etc., de ne pas les confondre sous peine d'en rendre toute étude impossible, en un mot, de suivre le précepte de Descartes : « diviser la difficulté en autant de parcelles qu'il se peut et qu'il est requis pour la mieux résoudre », — comment ceux-là mêmes objectent à la stricte séparation entre le groupe des faits sociaux et celui des faits biologiques? Cette séparation pourtant ne peut s'opérer que sous le signe de ces deux abstractions : la socialité et la vie.

2. *Théorie de la connaissance et sociologie.* — Un autre auteur dont les ouvrages et les idées ont toujours su hautement intéresser le public, envisage ma doctrine à un point de vue nouveau. Selon lui ma philosophie, ou, comme il l'appelle, ma métaphysique moniste, qui fait table rase de la critique kantienne, qui la récuse d'une façon systématique, c'est la condition même, le postulat de ma sociologie (*46*).

Ce lien de dépendance existe et il est sans doute très étroit. Mais sa portée ou sa direction est diamétralement contraire à celle qu'on veut lui attribuer. C'est ma sociologie qui forme le postulat, le point de départ, la condition de ma synthèse philosophique, — et cela au même titre que toutes mes autres connaissances spéciales qui sont celles de mon époque ou, en tout cas, celles que j'ai pu acquérir à mon époque. Et j'ai toujours affirmé, j'ai toujours essayé de prouver qu'il en était ainsi, qu'il n'en pouvait être autrement pour toute croyance philosophique et même pour toute conviction religieuse.

Ma philosophie est anticriticiste, au sens technique du terme, tout simplement parce que ma sociologie, ma morale, etc., sont différentes de celles admises dans les écoles qui procèdent de la pensée de Kant. Ces écoles sont loin d'avoir entièrement rompu les antiques liens de servage qui inféodaient et qui unissent encore à la philosophie les disciplines morales et politiques. La meilleure preuve en est fournie par l'étonnement avec lequel certains auteurs accueillent ce qu'ils appellent mes tendances « téméraires » à absorber dans la sociologie non seulement la morale, mais encore la psychologie et la théorie de la connaissance. Ma théorie de la connaissance est sociologique autant qu'une telle spécialisation se peut réaliser à notre époque; et voilà pourquoi elle n'aboutit pas à l'agnosticisme, celui de Kant, de Comte, de Spencer, de Taine, de Renan, de Dubois-Reymond, de Wundt ou de Hæckel, voilà pourquoi elle est hostile, non pas au relativisme tout court, mais seulement au phénoménisme dit critique auquel elle reproche ses indémontrables croyances agnosticistes.

L'esprit critique ne peut se déployer librement et atteindre une profondeur réelle que dans l'analyse, dans la science particulière. Son apparition et son développement excessif en philosophie démontrent jusqu'à l'évidence que cette dernière tient encore temporairement l'office du savoir spécial. D'ailleurs, quand on considère l'histoire des doctrines générales dans son ensemble, on se convainc facilement qu'un criticisme verbal dans l'ordre des faits physiques et ensuite un criticisme verbal biologique ont précédé et préparé le criticisme verbal sociologique (moral, psychologique et surtout gnoséologique) qui remplit la philosophie du dix-neuvième siècle.

L'agnosticisme avec sa déprimante devise : « *ignorabimus* », avec son triste aveu d'impuissance : « *non possumus* », forme la conclusion inévitable d'une théorie de la connaissance édifiée par la pensée synthétique et apodictique employant des matériaux non dégrossis encore par la pensée analytique et hypothétique. C'est là un trait aussi nécessaire et naturel que l'absence complète de véritables lois physiques dans les essais spéculatifs de l'école ionienne ou de lois biologiques dans la systématisation d'Aristote. Nous demander, à nous qui nous efforçons de soustraire la théorie de la connaissance au joug philosophique, de ne pas rompre avec le criticisme, de ne pas chercher à nous libérer de la critique kantienne, c'est demander au physicien de nos jours de ne pas s'affranchir des idées de Démocrite, ou au biologue moderne de plier ses études aux conceptions d'Aristote ou pour le moins à celles de Descartes et de Leibnitz.

L'auteur qui discute nos thèses a aperçu et saisi la contradiction. « On ne peut, dit-il, attribuer à la sociologie la succession de la morale philosophique sans tenter d'éliminer préalablement la critique de la connaissance. Le fondateur de l'hyperpositivisme l'a bien compris et a accepté courageusement cette tâche herculéenne. Mais M. de Roberty estime avec raison qu'il ne suffit pas de récuser la critique en prononçant contre l'esprit qui l'inspire les imprécations bouffonnes d'Auguste Comte : il faut encore présenter la critique de la connaissance comme le fruit d'une illusion. La sociologie est investie de cette mission. On sait quelle compétence M. de Roberty lui attribue. *La sociologie nous livrerait le secret du passage du récept au concept.* Elle nous permettrait de comprendre scientifiquement ce que les psychologues, depuis Locke et Condillac ont en vain tenté d'expliquer, soit par la sensation transformée, soit par l'association, soit par l'inhibition, soit par l'inconscient : la substitution de la pensée abstraite et symbolique à la donnée concrète immédiate. *Une agrégation d'être sensitifs et instinctifs acquiert une aptitude refusée aux unités qui la composent, celle de penser par idées et de s'élever jusqu'aux notions de type et de loi. Cette découverte sociologique rend, paraît-il, la critique philosophique inutile.* »

Tel est le point essentiel du débat. Mais ici une correction importante devient nécessaire. Dans ma thèse, ce n'est pas l'agrégation ou l'association en bloc, ce sont les individus agrégés, les *unités* associées qui acquièrent l'aptitude idéologique dont il est question, — cette aptitude ne demeurant refusée aux êtres vivants que s'ils restent isolés les uns des autres, ou s'ils se groupent d'une façon mécanique, physique, biologique (la plupart des espèces animales), et non pas véritablement sociale (interaction des esprits). Aussi certaines observations de la psychologie collective (dont mon critique, nous allons le voir, fait grand cas), — l'infériorité intellectuelle des foules, des jurys, des sectes, des partis, des assemblées politiques, etc., l'élimination (relative) de la pensée au sein des agrégations humaines où les sentiments semblent seuls pouvoir s'additionner, et ainsi de suite, — toutes ces remarques ne vont nullement à l'encontre de ma doctrine sociale. Elles lui seraient plutôt favorables. Oui, comme le dit mon éminent contradicteur, « les foules montrent partout et toujours moins d'aptitude que l'individu à réfléchir, à comparer, à dissocier, à douter, à raisonner »; et « les agrégations dites savantes ne sont guère supérieures aux foules; elles sont tout au plus capables d'accumuler des détails et de faire laborieusement d'utiles compilations; encore ne le font-elles avec succès que sous la direction d'une pensée individuelle » (p. 83-84).

Par contre, où se localise, où se réalise pleinement le processus social qui donne naissance à la pensée logique et à l'action rationnelle? Dans chaque cerveau individuel ayant subi l'interaction mentale, dans l'être biologique transformé en être social. L'individu social, quand on le compare à l'individu biologique, est une pseudo-unité : car c'est déjà un groupe souvent considérable et dont font partie les morts, les vivants et même les générations à venir. C'est le groupe le plus compact et le plus parfait que la « socialité » produise. Tous les autres groupements : foule, secte, assemblée, famille, tribu, clan, classe, école, atelier, église, nation, État, etc., le précèdent et le préparent, diversement à diverses époques. Ce sont des groupes inférieurs à la fois intellectuellement, sentimentalement et volitionnellement, si l'on peut former ce néologisme, des groupes aux liens plus lâches qui aspirent à déverser leur contenu psychique moins stable, plus flottant, dans le groupe concentré et intégré, dans le microcosme représenté par la personne morale. Mais ces groupes plus vastes ne font pas que contribuer à l'élaboration (éducation, instruction, tradition, discussion, émotivité et activité communes) des individus sociaux, et que leur aplanir la voie; ils les contiennent encore effectivement à chaque époque historique, comme un vase contient le liquide qui le remplit. D'où la facilité de cette illusion — contre laquelle le sociologue, le moraliste, le psychologue et aussi bien le théoricien de la connaissance doivent se tenir sans cesse en garde, — de l'illusion qui nous pousse à voir dans l'individu social non plus le résultat ultime, l'effet très développé des autres groupements, — depuis l'agrégation purement biologique jusqu'à l'État actuel et la confédération humanitaire qui, précisément dans la pensée individuelle moderne, devra clore cette série, — mais leur composante dernière, leur élément primitif et, en ce sens, leur cause déterminatrice.

La conception mécanique de la société semble, on l'a souvent dit, foncièrement fausse; mais non moins erronée nous paraît la conception grégaire ou biologique. A ces deux conceptions illusoires parce qu'elles sont empruntées à des sciences qui traitent de phénomènes essentiellement différents, nous opposons la conception sociologique indiquée plus haut. Nous voyons dans tout groupement, dans toute association humaine, non pas la cause abstraite, mais la cause empirique, la condition qui permet à la véritable cause abstraite — l'interaction psychophysique d'abord, psychologique ensuite — de produire cet effet, l'individu social, le groupe sublimé, si l'on peut employer ce terme chimique, ou sublimisé. Remarquons à ce propos que, de même qu'il y a lieu de distinguer entre l'interaction psychophysique et l'interaction psychologique, il faut distinguer entre les groupes primitifs et élémentaires, créateurs immédiats d'individus sociaux, et les groupes constitués par ces derniers, les associations qui continuent, qui prolongent le processus évolutif, qui sont aussi formatrices d'individus sociaux, mais d'individus déjà supérieurs aux premiers, plus sociables, plus instruits, plus affinés.

L'histoire, se demande encore notre estimable critique, est-elle moins contraire que l'observation immédiate (la psychologie des foules) à la prétention sociologique? « Sans doute, dit-il, le sociologue peut montrer triomphalement que les œuvres collectives de l'esprit, langage, mythes, légendes, épopées, croyances magiques, ont partout précédé les œuvres individuelles; mais il ne peut nier que plus les productions intellectuelles ont le caractère collectif, plus grande y est la part de l'image et plus petite celle du concept. L'apparition du concept atteste toujours la présence de la réflexion et de la dissociation, et jamais la dissociation n'est isolée de l'effort mental individuel ».

Rien de plus juste. Mais rien aussi de plus conforme non seulement à l'esprit, mais encore à la lettre de notre thèse. Dans l'interaction psychophysique qui détermine l'œuvre collective première, la part de l'image concrète est énorme; l'image constitue ici toute la matière de l'interaction, et ce n'est guère que le développement lent et graduel de l'individu social qui permet à l'interaction psychologique (opérant déjà aussi bien sur des concepts que sur des images) de succéder à l'interaction psychophysique. D'ailleurs, les œuvres intellectuelles que nous appelons collectives ont toujours été et resteront toujours, en dernière instance, des œuvres individuelles, comme les œuvres que nous appelons et croyons être des œuvres strictement individuelles, ont toujours été et resteront toujours, du moins en première instance, des œuvres collectives. La frontière entre l'œuvre individuelle et l'œuvre collective est vague, imprécise, fuyante. Il semble que tout dépend ici de ce qu'on nomme la perspective historique : plus proches nous sommes d'une œuvre, et plus nous lui reconnaissons un caractère personnel; au contraire, plus nous en sommes éloignés, et plus nous y distinguons la marque de l'inspiration commune à des générations entières.

L'œuvre collective est toujours socio-individuelle, et l'œuvre socio-individuelle est toujours sociale ou collective. C'est là une seule et même œuvre dans laquelle nous séparons la phase antérieure et préparatoire de son résultat, la phase suivante et supérieure. Toute communauté (foule, association, classe, etc.) est une forme primitive, un degré inférieur de la vie sociale, et tout individu appartenant à cette communauté (ou, en réalité, à plusieurs autres associations sem-blables), tout individu ayant été l'agent et le patient du processus social, de l'interaction des consciences ou des esprits (car c'est là tout ce que signifie sa dépendance d'une communauté et ce qui le distingue de l'individu biologique), est une forme plus développée, un degré supérieur de l'être social (*47*).

L'écrivain avec lequel nous discutons ici ne manque pas du reste à le constater lui-même : « L'observation historique, dit-il, nous montre l'existence d'une expérience collective qui, de génération en génération, s'enrichit et s'organise. C'est cette expérience que le sociologue voit, de degré en degré, passer de la sensation brute au récept, au préconcept, au concept, au symbole, enfin à la science. Toute la question est de savoir à quel processus mental la transformation est due? »

Est-ce au processus qui se déroule sinon simultanément, du moins similairement, dans les cerveaux de tous les membres d'une collectivité donnée, ou bien au processus qui commence et prend fin dans le cerveau d'un seul individu, membre de cette communauté? J'ai déjà essayé de répondre à cette question, et je ne puis ici que le répéter : toute expérience collective revêt nécessairement et constamment, à chaque moment de sa durée, la forme socio-individuelle; elle n'existe, *in concreto*, que sous cette forme.

Le même auteur pense encore, il est vrai, que la question n'est nullement de savoir si l'individu isolé est capable d'arriver à la pleine rationnalité. Mais ici nous lui demandons pardon : pour nous, ce problème prime tous les autres. Et s'il est résolu dans un sens négatif, on pourra — et à bon droit peut-être, l'expérience des autres sciences nous y autorisant — attribuer à l'individu une prédisposition rationnelle, une aptitude naturelle à passer du récept au concept; mais il faudra bien reconnaître que cette capacité demeure potentielle, qu'elle ne s'actualise que dans certaines conditions. Quelles sont-elles? Notre contradicteur le dit en propres termes, et l'aveu est précieux à retenir : « Il ne reste *évidemment* d'autre ressource que d'imaginer une sorte d'énergie mentale collective qui n'ap-

paraît qu'après le groupement des individus et se communique
à chacun d'eux. »

Mais, dit-on aussitôt, cette hypothèse explicative offre et
garde un aspect « mystérieux ». — « Comment la pensée
peut-elle surgir d'une agrégation d'organismes dont chacun
est guidé seulement par l'instinct ou l'action réflexe? » Et
l'affirmation que le concept dépasse les forces intellectuelles
de l'individu biologique et ne peut procéder que d'une expérience commune, cette affirmation ne substitue-t-elle pas
« l'autogenèse de l'esprit collectif à celle de l'esprit individuel,
jugée absurde et insoutenable »?

Répondons d'abord à cette dernière remarque. Notre hypothèse admet non pas l'autogenèse de l'esprit collectif, mais sa
bio-genèse, ce qui est bien différent, et ce qui s'accorde avec ce
que nous enseigne la maigre psychologie expérimentale que
nous possédons aujourd'hui, à savoir : que « le concept n'est
qu'un aspect du jugement et que le jugement est déjà présent
dans la perception la plus simple ». Mais le concept est un
aspect du jugement autrement conditionné que son aspect
primitif et purement psychophysique, et c'est la bio-genèse
de l'esprit collectif qui fait germer et croître cette nouveauté
dans le cerveau de l'individu socialisé. En second lieu, si
l'on a pu caractériser la vie comme « un perpétuel miracle
chimique », pourquoi ne dirions-nous pas de la société qu'elle
est un « perpétuel miracle biologique »? — « Le miracle
chimique, ainsi que je l'ai écrit ailleurs, consiste à produire,
avec de simples mouvements intermoléculaires, quelque chose
qui les dépasse (au moins en complexité), de la vie; et le
miracle biologique consiste à faire, avec toutes les propriétés
vitales, y compris la fameuse inégalité zoologique, quelque
chose qui dépasse et ces propriétés et cette inégalité : — de
la socialité, et de la justice ou de l'égalité sociale » (48).

Je trouve encore, dans l'instructif article que je viens de
commenter, un court passage — quelques lignes à peine — que
je ne puis vraiment omettre de reproduire : « Si l'univers, y
lit-on, se reflète dans la conscience (j'aurais dit plutôt dans la
connaissance), n'est-ce pas parce que la personnalité est la
catégorie supérieure qui résume les autres? Mais, dès lors,

comment attribuer à l'agrégation des personnes une dignité et des aptitudes que l'on refuse à chacun de ses éléments ? »

Si par le terme d'*éléments* on entend désigner les *personnes* qui forment l'agrégation, on devra convenir, après un moment de réflexion, que, loin de leur refuser la dignité et les aptitudes de la collectivité dont ils font partie, je leur accorde ces qualités au degré superlatif. Mais si par ce terme on entend désigner les individus zoologiques, je demanderai, à mon tour, s'il y a une raison valable pour refuser l'aptitude intellectuelle ou sentimentale supérieure aux tissus, aux cellules, aux éléments bio-chimiques qui constituent l'individu vivant ?

Il est vrai qu'à côté de ce dissentiment quasi-verbal un autre s'élève, plus grave, plus profond et qui ne me perme t plus l'espoir d'une conciliation définitive. En effet, on ne se borne pas à émettre des doutes sur la validité de cette thèse, que le passage de l'image à l'idée a été dû à une opération mentale collective avant que l'intelligence bio-individuelle en fût capable (thèse qui conclut à l'identité de la généralisation rationnelle et de l'expérience collective); mais on refuse en outre à la sociologie le droit de « spéculer sur la genèse et l'origine de la connaissance rationnelle », on ne veut pas qu'elle empiète sur le domaine de la philosophie ou de la Critique, comme on l'appelle.

La sociologie, dit-on, doit « mettre en œuvre les concepts scientifiques sans prétendre en découvrir l'origine et s'annexer la théorie de la connaissance ». En d'autres termes, il ne faut pas toucher à la reine... des sciences, il ne faut pas essayer de dépouiller la philosophie de sa dernière prérogative royale. Mais, à ce compte, et c'est là mon dernier mot en ce débat, nous n'aurons jamais une théorie scientifique (soit sociologique, point de vue abstrait, soit psychologique, point de vue concret) de la connaissance; et nous devrons toujours nous contenter de l'empirisme soigneusement voilé par l'abstraction verbale, ce qui constitue, sinon la seule, du moins l'une des définitions possibles de la fameuse Critique kantienne.

3. *Les origines rationnelles de l'action et sa finalité.* — Nos

deux thèses : 1° sur la véritable nature du rapport qui lie la finalité à la causalité, et 2° sur le caractère profondément téléologique de toute activité marquée du sceau social et rentrant dans le cadre des études particulières au sociologue, ont suscité, de différentes parts, de multiples objections. Nous ne saurions assumer la tâche vaine, et fatigante pour le lecteur, de réfuter un à un les arguments, de qualité très diverse, qu'on a opposés à ces vues directrices. Nous ne retiendrons donc ici que les opinions capables de jeter quelque clarté sur les points essentiels du débat.

D'ailleurs, si certains critiques semblent ne pas avoir saisi, même approximativement, la portée véritable de notre tentative, d'autres l'apprécient déjà d'une façon qui dénote une compréhension très fine. Tel l'auteur déjà cité qui écrit les lignes suivantes : « Le souci de M. de Roberty est d'écarter les systèmes qui réduisent la vie sociale à l'action combinée, systèmes dont le marxisme est le type. Il est conduit par là à étudier plus profondément le rapport entre la finalité et la succession des expériences; il en tire une nouvelle interprétation de l'histoire.... La série des actions, des travaux, dans laquelle une école aussi bruyante que superficielle veut voir le phénomène social fondamental, présuppose une série inverse de phénomènes qui sont les états de la connaissance collective. Tout acte est un labeur qui réalise une pensée plus ou moins confuse ou différenciée.... Dans ces conditions, la méthode finaliste peut être réintroduite en sociologie et conduire rapidement l'induction à son terme. La sociologie devient une science génétique.... Ainsi la vie collective crée l'expérience et le savoir; le savoir à son tour modifie la réaction organique et y surajoute le motif conscient, la poursuite d'un but. Par là surgit l'action humaine, ébauche et condition de la conduite morale. La sociologie ne peut espérer devenir la science de l'éthique si elle n'explique pas la transformation de l'agent instinctif en agent volontaire. Il reste à rattacher cette théorie générale de la finalité à l'histoire réelle de la vie collective. L'auteur nous propose donc une loi de la genèse de la civilisation correspondant à une véritable échelle psychosociale.... Ce rapport entre la série causale et la série finale formulerait l'histoire de la pensée sociale d'une façon purement schématique si l'auteur n'y ajoutait une loi plus concrète, mais d'une aussi grande portée : c'est la loi de différenciation des modes de la pensée sociale.... Subordination de l'action à la pensée sociale, telle est donc la loi de formation de la conduite humaine. Plus la société est définie et la civilisation élevée, moins l'action aspire à gouverner la pensée ou l'art. On devine comment va être posé et résolu le problème de l'appréciation des actes.... Dans les sciences normatives M. de Roberty ne voit que des disciplines non constituées, enfantines, qui disent « on doit » là où les sciences développées et mûres annoncent « cela est ».... Il n'en résulte pas que tout jugement de valeur sur les actions humaines devienne sans objet. Le jugement de valeur cesse seulement d'être irréductible et inconvertible. Le jugement porté sur un type de conduite résume les jugements implicites portés sur toute la pensée sociale dont cette conduite procède.... Ce critère prend plus de précision dès que l'on compare l'impulsivité de l'agent à la socialité de l'action. La conduite est d'autant moins impulsive qu'elle exprime un savoir plus complètement différencié.... La liberté arbitraire, voilà, en somme, l'immoralité sociale. Le despotisme des grands hommes et des foules et l'anomie des individus se valent à cet égard autant qu'ils se ressemblent.... Savoir et liberté sont les deux faces d'un même fait social.... Entendue comme elle l'est par M. de Roberty, la sociologie peut légitimement prétendre à la succession de la morale spéculative. Si la société pense, si elle pense avec une précision toujours plus grande, si elle élève l'individu de la condition d'un animal impulsif à celle d'un agent rationnel dont la conduite peut s'inspirer de la philosophie et de l'art, l'étude approfondie de la pensée sociale et de sa différenciation graduelle est l'éthique elle-même » (49).

Passons maintenant à quelques appréciations inexactes ou trop distantes de mes vues sur le rôle que la finalité (interprétée comme une simple inversion de la série causale) peut être appelée à jouer dans la science de la pensée et de l'action sociales.

« Dans la vie sociale, m'objecte-t-on, la finalité n'existe que dans l'individu ; et le savant dans ses recherches ne songe pas au philosophe, le philosophe ne se propose pas pour but de travailler pour l'artiste, et l'artiste n'a jamais peint, sculpté, chanté pour régler l'action de tous. » Et on en conclut que la série finaliste : action, art, philosophie, science, est fausse, et que, par suite, fausse aussi est la série causale : science, philosophie, art, action (*50*).

Sans doute, la finalité n'existe que dans, par et même pour l'individu ; mais l'idéologie, y compris la causalité, et la sensibilité, et même toute « phénoménalité » sont aussi choses individuelles. Je ne vois donc pas en quoi cette juste constatation va à l'encontre de la série rationnelle qui donne pour but prochain à la connaissance, la philosophie, pour fin prochaine à la philosophie, l'art, qui fait de celui-ci un stimulant à l'action et de cette dernière le but commun de l'art, de la philosophie et de la science. Faut-il vraiment que le savant considère les résultats de ses recherches comme autant de matériaux sur lesquels opérera la pensée synthétique, pour que mon cerveau et les cerveaux de tous ceux que mes arguments pourraient convaincre conçoivent le rapport de la philosophie (synthèse) à la science (analyse) comme un rapport de but à moyen? Il est permis de n'en rien croire. Les anciens ne pensaient pas que leur idéologie (connaissance, philosophie, art) et leur activité (mœurs, lois, institutions) fussent le moins du monde investies du rôle de moyens vis-à-vis de l'idéologie et de l'activité du moyen âge ou des époques suivantes. La théorie du progrès leur était foncièrement étrangère. Aujourd'hui, personne ne la récuse. Pourquoi n'en serait-il pas un jour de même pour notre loi d'évolution? On peut, certes, ne pas accepter notre série historique, mais non pour ce motif plutôt futile qu'Hippocrate et Archimède ne soupçonnaient pas qu'ils travaillaient pour Aristote, que celui-ci ne se doutait pas qu'il méditait pour Michel-Ange, et que ce dernier n'imaginait pas qu'il pouvait avoir une part quelconque dans les actes d'un Napoléon! Il importe peu que nos ancêtres aient été et que nos contemporains demeurent inconscients des conséquences sociales de leur œuvre de critiques, de savants, de philosophes, d'artistes ou d'hommes d'action. L'essentiel est

que cette œuvre et sa portée soient réelles et qu'elle manifeste
à nos yeux la suite ininterrompue de ses effets.

La même confusion se reproduit sous une forme plus agres-
sive, mais moins probante encore. « La considération de la
finalité, assure-t-on, se comprend quand on l'applique à la
série des manifestations sociales (science, philosophie, art) de
notre humanité historique, consciente et civilisée. Car, ici, la
conscience individuelle est née; on conçoit qu'elle puisse
comparer et juger les œuvres sociales qu'elle crée ou qu'elle
utilise.... Mais quel sens intelligible donner à l'affirmation
que les primitifs et grossiers agrégats humains ont été un
moyen en vue de l'âme collective; que cette dernière à son tour
a été un moyen en vue de l'éclosion de l'individu conscient,
fleur du monde surorganique? Dans quelle pensée se serait
posé ce rapport de moyen à fin, puisque la conscience individuelle n'existait pas encore »? Et l'on se hâte de nous accuser
de vouloir introduire en sociologie je ne sais quel finalisme
universel et inconscient, comparable au vouloir-vivre mondial
de Schopenhauer ou à la volonté de puissance de Nietzsche.

Évidemment, le groupe primitif ne s'est jamais regardé lui-
même comme un moyen ayant pour but la formation lente de
l'individu social; mais comment cette circonstance peut-elle
empêcher le sociologue moderne — car c'est de lui seul, en
somme, qu'il s'agit — de poser, dans sa pensée personnelle, ce
rapport finaliste, et de le résoudre ensuite en une relation de
cause à effet (*51*)?

Ce n'est pas tout. On nous reproche de commettre « une erreur
grossière » en faisant de l'action un but; car, nous apprend-on,
« l'action n'est qu'un moyen dont le but est et sera toujours
le bonheur » (*52*). Ainsi, la connaissance et ce qui en dérive,
la philosophie et l'art, n'ont pas pour fin l'action parce que
celle-ci tend à son tour au bonheur? L'auteur a sans doute
voulu dire que la connaissance, la philosophie et l'art poursuivent tous, comme l'action, le bonheur. Mais ce qu'il
s'agissait, pour lui, de prouver, c'est que la connaissance, la
philosophie et l'art n'engendraient pas, dans l'évolution du
phénomène total : la poursuite du bonheur, cette phase particulière qui s'appelle l'action, la forme pratique et téléologi-

que de la pensée sociale; ou que la pensée sociale ne revêtait pas d'abord la forme analytique et hypothétique, ensuite la forme synthétique et apodictique, enfin la forme syncrétique et symbolique. Comment mon contradicteur ne s'est-il pas aperçu du piège où il s'est laissé prendre, comment n'a-t-il pas vu que ma conception de l'action comme but des diverses formes de la pensée spéculative en fait précisément le seul moyen d'atteindre, de réaliser l'ensemble des conditions d'existence auquel il donne le nom de bonheur? Si la connaissance rationnelle, pour ne parler que de ce premier chaînon dans la série intégrale des causes qui conduisent à la vie heureuse, est le bien potentiel, l'action rationnelle est le bien effectif, réalisé.

Mill a dit dans ses *Mémoires* : « Le seul moyen d'atteindre le bonheur est de n'en pas faire le but direct de l'existence ». On a admiré la profondeur de cette remarque, on l'a trouvée « pratiquement » vraie. Pourquoi? On peut l'expliquer en deux mots. Le bonheur est un terme excessivement vague; personne ne sait au juste en quoi le bonheur consiste, personne ne le décrit exactement. Or, tant qu'il en sera ainsi, faire du bonheur le but immédiat de nos efforts, c'est orienter sa conduite vers « ce qu'on ne sait pas », le meilleur moyen, par définition, de la mal orienter, ou d'être malheureux. Au contraire, en la dirigeant vers d'autres buts, moins fuyants, plus précis, vers « ce qu'on sait », on atteint, par-dessus le marché, selon l'intelligent paradoxe de Mill, le bonheur. Quelques moralistes ont voulu faire de la liberté le contenu intime du bonheur. Mais si la liberté est le pouvoir donné par la connaissance, affirmer qu'on est heureux quand on est libre, c'est constater que le savoir humain est la condition fondamentale du bonheur. On peut toutefois généraliser la formule de Mill et dire : le vrai moyen d'atteindre une chose (fût-ce le bonheur), ou d'éviter son contraire qui est toujours son degré inférieur (fût-ce le malheur), c'est de savoir ce que ces choses sont, c'est de pouvoir les définir le plus scientifiquement possible, c'est de connaître les lois qui les gouvernent.

4. *L'objection tirée du rôle social de la pensée pratique.* — Une dernière objection était inévitable, puisqu'elle consiste

à reproduire la thèse qui, surtout depuis Marx, domine la sociologie moderne. « Ce n'est pas la connaissance, la pensée analytique, répète-t-on, mais l'action, la pensée pratique qui constitue le fait social le plus élémentaire; c'est par l'acte, quelque rudimentaire qu'il soit, que l'être vivant établit un rapport social soit avec d'autres êtres vivants, soit même avec le milieu inorganique qui l'entoure; c'est en agissant que l'homme acquiert des connaissances, en fait une philosophie, un art, appelés à leur tour à exercer une certaine influence sur son activité » (53).

Il y a dans cette doctrine si répandue une confusion manifeste entre la phase de début de toute connaissance et la pratique proprement dite. La première n'est, à vrai dire, ni pratique, ni téléologique; elle est la théorie qui se cherche, qui a constamment recours à l'empirisme inductif et qui souvent ne se trouve pas, — d'où l'action incohérente, vaine, nuisible qui remplit l'histoire.

Assurément, de même qu'on peut — et l'on ne s'est pas privé de le faire — donner le nom de « connaissance » au savoir analytique, à la philosophie, à l'art — et pourquoi pas à l'application savante? — on peut attribuer le nom « d'action » à toutes les formes, à tous les modes de la pensée sociale, de l'expérience collective; on peut parler d'action ou d'expérience analytique, synthétique, esthétique et pratique. Dans tous ces domaines on découvrira facilement des nuances, des gradations successives. Nous aurons l'action analytique plus ignorante qui précédera l'action analytique plus savante, et nous qualifierons la première de « recherche » par comparaison avec la seconde qui sera pour nous la « connaissance », mais qui redeviendra plus tard la recherche par comparaison avec un degré plus élevé de savoir, et ainsi de suite. Et il en sera de même pour tous les autres genres d'activité. Par suite, lorsqu'on affirme que c'est en agissant que l'homme acquiert des connaissances, se forme une philosophie, se crée un art, on veut sans doute parler d'une action autrement conditionnée que l'action savante qui suppose la connaissance déjà acquise. Voilà donc un point sur lequel nous semblons être d'accord.

Nous le sommes également en ce qui touche la thèse selon laquelle « il est impossible d'établir une séparation nette, tranchée entre la science, la philosophie et l'art qui, *dans la réalité sociale*, s'entremêlent, se confondent, se devancent selon les besoins que l'action est appelée à satisfaire ». Dans la réalité sociale, certes; mais non pas dans le savoir social où, comme dans toute science, la distinction (qualifiée souvent « d'artificielle » et qui, en vérité, est seulement « abs - traite », et rien n'est plus « naturel » à l'homme cultivé que l'abstraction) constitue le point de départ, la condition nécessaire du moindre progrès. Je n'imagine donc pas — ainsi qu'on m'en fait erronément le reproche — de séparation tranchée dans la réalité concrète, mais je la postule avec d'autant plus de force dans la réalité abstraite ou théorique. Ici, il faut nettement établir non seulement la filiation qui de la recherche cognitive conduit à la connaissance, de la recherche philosophique à la philosophie, de la recherche esthétique à l'art, et de la recherche technique à la pratique effective, mais encore celle qui lie entre eux les résultats immédiats de ces diverses recherches, qui fait dépendre la pratique courante des résultats acquis par les recherches esthétiques, philosophiques et scientifiques, l'art courant des résultats acquis par les recherches philosophiques et scienti- fiques, la philosophie courante des résultats acquis par la recherche scientifique, et la science courante des résultats acquis par l'ensemble du cycle évolutif précédent tel qu'il se révèle ou s'exprime dans l'activité totale d'une époque. J'admets de la sorte volontiers que la connaissance d'aujour- d'hui puisse dépendre de l'action d'hier, devenue l'objet de nos méditations et de nos études. Ce que je conteste, c'est qu'elle puisse être engendrée par la pratique qui lui est contemporaine. La connaissance ne relève que de la recherche cognitive courante d'une part, et du résultat ultime des sciences, des philosophies, des esthétiques plus anciennes, de l'autre. La loi de « précession » que j'ai formulée et qu'on peut constater partout dans la réalité historique, exprime à la fois et le retard régulier observé dans la succession des divers modes de la pensée sociale, et le lien de dépendance qui unit la théorie déjà moderne à la pratique encore ancienne.

L'activité pratique d'une époque dépend moins de l'art, de la philosophie, de la science qui coexistent avec elle, que de l'art, de la philosophie, de la science des époques précédentes ; et ce n'est guère qu'en représentant ce passé esthétique, philosophique et scientifique déjà disparu à certains égards, que l'action contemporaine peut influer sur le présent esthétique, philosophique ou scientifique. En réalité, donc, ce n'est jamais la pratique comme telle, c'est le passé spéculatif auquel elle sert d'aboutissement qui détermine le présent spéculatif ; mais, par une illusion mentale presque inévitable, nous remplaçons le passé spéculatif par son expression actuelle, l'action moderne, et nous concluons : la pratique détermine la théorie !

Nos adversaires constatent, en vérité, le même fait, quand ils nous opposent « la survivance de certaines idées méta-physiques, religieuses et esthétiques (ils auraient pu aussi bien dire de certaines idées pratiques, de certaines coutumes, de certaines mœurs, de certains procédés techniques) qui semblent en désaccord avec les acquisitions et les données scientifiques de l'époque ». — « Le fait de leur survivance, ajoute-t-on, et souvent de leur ténacité, ne prouve pas toujours que ceux qui les partagent soient ignorants d's progrès scientifiques ou qu'ils aient la prétention de contester ces progrès. Il prouve tout simplement que l'*action sociale n'a pas la connaissance, la science pour cause première.* »

La connaissance actuelle, — non, presque jamais ou très rarement, par exception, nous sommes les premiers à le déclarer ; mais la connaissance des époques précédentes, — indubitablement. Et c'est ce lien causal que notre théorie des quatre modes de la pensée collective et notre loi générale de l'évolution des sociétés (la loi de civilisation, pour ainsi dire, ou de progrès, d'ailleurs corrigée par la loi de « précession ») relèvent, affirment, expriment.

« C'est encore ainsi, remarque-t-on, que les tendances démocratiques, égalitaires et humanitaires de notre époque ne trouvent pas toujours leur justification dans les données scientifiques modernes qui sembleraient plutôt autoriser, sous beaucoup de rapports, une conception sociale anti-démocratique. Et cependant les idées démocratiques gagnent tous les jours du terrain, ce qui prouve, ou qu'elles sont dictées par une synthèse philosophique qui *evance* la science, ou qu'elles se sont formées en dehors et indépendamment de toute analyse scientifique préalable, en vertu d'un postulat moral *a priori* » (*54*).

De quelle science parle-t-on ici? Est-ce de la biologie, avec ses théories — très hypothétiques et sujettes à caution — sur la concurrence vitale, la survivance du plus fort, etc.? Mais la biologie n'a nulle autorité pour poser ou résoudre le problème démocratique; sa compétence dans cet ordre de faits ne dépasse pas celle de la physique ou de la chimie. Aussi n'est-ce nullement de la sorte que doit se commenter et s'expliquer notre loi d'évolution. Les progrès de la biologie influent sur et déterminent ceux de la sociologie, mais les questions spéciales se résolvent par les sciences spéciales correspondantes; et il est aussi inutile d'attendre de la biologie la solution d'un problème de justice sociale qu'il est puéril de demander à la sociologie la solution d'un problème spécifiquement biologique (la découverte d'un nouveau sérum immunisateur, par exemple). Les idées égalitaires et humanitaires envahissent la sociologie moderne — très peu scientifique encore — et se font une large place dans la littérature et la presse; mais avec quelle lenteur ne pénètrent-elles pas dans nos lois, nos mœurs, nos coutumes, notre pratique effective! Ici on peut apercevoir la trace très nette des idées et des théories sociales qui avaient cours à la fin du xviiie, au commencement du xixe siècle, par exemple; mais on y chercherait en vain l'influence de la sociologie contemporaine, dans la mesure où celle-ci se montre vraiment novatrice! Nos mœurs et notre pratique sont sûrement influencées par une philosophie et une esthétique; mais la première, loin de devancer la science moderne, *retarde* sur elle (les survivances théologiques et surtout métaphysiques, les anciens concepts de liberté, d'égalité, de droit, de devoir, etc.); et la seconde reflète à son tour des conceptions du monde déjà passablement vieillies ! Quant à croire que nos mœurs et notre pratique ont pu se former en dehors de toute analyse scientifique préalable (et respectivement de toute synthèse philosophique et de toute stimulation esthétique), en vertu d'un postulat moral *a priori*, c'est volontairement ignorer le long travail spéculatif des siècles précédents, depuis les théories de Platon et d'Aristote, pour ne pas remonter plus haut, jusqu'aux thèses de Hobbes, de Vico, de Rousseau, de Condorcet, de Hume, de Kant, d'Auguste Comte.

LIVRE DEUXIÈME

LES ORIGINES RATIONNELLES DE L'ACTION

CHAPITRE PREMIER

La pensée analytique et l'action.

1, L'action empirique et l'action savante. — 2. La vie organique et la vie surorganique. — 3. Nietzrchéanisme et Marxisme. — 4. Une erreur capitale de l'école psychologique. Le sentiment et l'action.

1. *L'action empirique et l'action savante.* — Quand elle n'est pas rattachée par des liens étroits à la sociologie de la pensée analytique, la sociologie de la pensée pratique demeure un savoir descriptif, classant et commentant d'une façon superficielle des effets dont les causes intimes lui échappent, en totalité ou en grande partie. Telle fut jusqu'à nos jours la connaissance désignée par le nom de morale ou d'éthique. Régulièrement confondue avec son objet (l'action), la morale — et aussi bien la politique qui est une variété, un sous-genre de la morale — nous apparaît comme un *art*, celui de la conduite, celui du gouvernement de soi-même et des autres. Or, ainsi que le constate l'un des défenseurs

les plus habiles de la thèse marxiste, « toute action qui ne prend pas conscience de soi et qui ne se formule pas en une conception générale, n'est qu'empirisme ou intrigue » (55). En réalité, derrière l'art social le plus rudimentaire se cache déjà un embryon de théorie, une connaissance vague qui ne se distingue pas de la technique qu'elle commande.

La morale envisagée comme *science* de la conduite reconnaît implicitement les liens indissolubles qui unissent l'effet à la cause, l'acte à la connaissance. Sa principale tâche consiste, on le sait, à classer nos actes en deux grandes catégories : le bien et le mal. Or, qu'est-ce que le bien, par exemple, dans toute morale ayant existé ou existante? Kant en donna la formule précise, la règle *ne varietur* : c'est l'acte accompli en vertu d'une maxime pouvant être érigée en *loi universelle*. En d'autres termes, c'est le fait généralisé, toujours identique à lui-même. Par contre, le mal est l'acte qui ne saurait se dresser en précepte, en dogme sanctionné par la logique. Ce jugement, par exemple : ce qui est à toi est à moi, mais ce qui est à moi est à moi, renferme une négation du général, de l'identique dans les mêmes conditions (tandis que le jugement : ce qui est à moi est à toi, et ce qui est à toi est à moi, ne soulève pas la même objection). Et ce qui est vrai de l'appropriation unilatérale, l'est également de tous les autres crimes, de toutes les fautes, de toutes les chutes morales. L'acte mauvais ou injuste recèle et exprime une méconnaissance des lois générales des choses ou de celles de l'esprit. Mais, d'autre part, l'ignorance n'étant qu'un degré très bas de la connaissance, le mal s'offre toujours comme un degré inférieur du bien. Ce qui aujourd'hui, en vertu de notre savoir moral superficiel, s'intitule une qualité positive ou une force, peut ou doit demain, en raison d'une analyse plus profonde, s'estimer comme une qualité négative ou une faiblesse.

A mesure que le savoir social empirique se transmue en connaissance générale et abstraite, on comprend de mieux en mieux que c'est à la vérité sociale seule, si incertaine qu'elle se montre, que convient le nom de bien, comme c'est uniquement à l'erreur sociale, si relative qu'elle puisse nous paraître, que convient le nom de mal. Les grandes maximes directrices des diverses morales humaines : Ne fais pas à autrui ce que tu ne voudrais pas qu'on te fît, aime ton prochain comme toi-même, etc., ont été des règles de conduite qui, implicitement et sans doute d'une façon peu consciente, exprimaient un rapport essentiel d'égalité. Une mauvaise action est toujours profondément illogique; et c'est là un fait relevant de l'expérience bio-individuelle beaucoup plus que de l'expérience collective qui contrôle et corrige la première. Mais la lenteur excessive d'un tel redressement incite les hommes à transgresser les limites qui séparent l'expérience biologique de l'expérience sociale. Les méprises de l'une, les erreurs de l'autre deviennent ainsi pour quelque temps des maux et des crimes collectifs ou socio-individuels. On les reconnaît à ce signe qu'ils portent atteinte d'une façon quelconque à l'égalité stricte dans les rapports sociaux. L'insuffisance de nos méthodes historiques de recherche et l'empirisme manifeste du savoir social déterminent l'apparition et assurent la durée aussi bien des calamités innombrables dont souffrent les sociétés humaines, que des fautes grossières de jugement commises par les individus. Une loi nuisible, une institution défectueuse, une mesure politique ou administrative néfaste, une erreur judiciaire, etc., voilà autant de sophismes, d'évaluations inexactes, de contradictions flagrantes.

2. *La vie organique et la vie surorganique.* — Tout mécompte de la raison se ramène à une confusion du concret avec l'abstrait, soit que, n'ayant pas réussi à décomposer le concret en ses éléments constitutifs, on en fasse néanmoins la base, le point de départ de généralisations condamnées à rester empiriques, soit qu'on prenne une seule composante pour la résultante totale et qu'on la traite en conséquence, qu'on s'épuise en analyses destinées à aboutir à des séparations de pure forme. On court ainsi le risque d'identifier des phénomènes dissemblables, ou bien l'on s'expose au danger de distinguer des phénomènes identiques.

Le premier cas est fréquent dans les sciences commençantes, et les travaux de l'école des psychosociologues nous en offrent des exemples nombreux. L'absence de toute ligne précise de démarcation entre la vie organique et la vie surorganique forme ici la règle constante. Le phénomène social de la connaissance est assimilé au phénomène biologique de la conscience, et le phénomène social du travail (de l'activité où s'exprime une connaissance) est conçu comme essentiellement semblable au phénomène bio-chimique du mouvement musculaire et cérébro-nerveux. Les mêmes termes servent à désigner des phénomènes et des processus qui demeurent très différents quand on les considère d'une façon abstraite ou sans avoir égard aux combinaisons réelles qu'ils peuvent former et qu'ils forment en effet.

L'école psychologique méconnait d'une façon grossière la nature intime de l'activité sociale. Elle ne veut y voir qu'une simple expansion, un développement, un raffinement des principales fonctions organiques. Dans le langage vague et d'autant plus populaire dont elle fait usage, les termes de vie et d'action possèdent à peu près le même sens et se substituent couramment l'un à l'autre. Or, l'accomplissement des fonctions vitales dépend d'un ensemble de conditions qui constituent ce qu'on appelle les divers degrés de la santé, de l'énergie physiologique; et la puissance d'agir à laquelle il convient encore, selon nous, de donner le nom de « liberté », dépend d'une série distincte de conditions qu'on peut désigner comme le passage de l'expérience bio-individuelle, qui fournit son contenu à la conscience, à l'expérience collective ou socio-individuelle, qui accumule les matériaux nécessaires à la construction de l'édifice de la connaissance.

Leur conception biomorphe de l'existence sociale poussa les sociologues et les moralistes de l'école psychologique à faire du plaisir et de la peine les deux grands pivots sur lesquels roulent aussi bien la vie animale que l'activité raisonnée des hommes. Toute la riche gamme des mobiles de la conduite, soit bio-individuelle, soit collective ou socio-individuelle, semble tenir, à leurs yeux, dans un triangle ayant pour base le « besoin », et pour côtés — le « plaisir » et la « douleur ». Or, même en se plaçant au point de vue préféré du philistin (les anciens Grecs disaient du béotien) qui accorde la réalité aux seules combinaisons concrètes et qui la refuse aux éléments dont celles-ci se composent, on se voit encore obligé de fortement réduire l'importance de ces deux prétendues grandes sources de toute activité. Le plaisir et la douleur sont des phénomènes qui, comme on l'a justement remarqué, « expriment des résultats dont les causes ont déjà agi », des avertisseurs qui se déclanchent, en somme, trop tard. En réalité, nous ne sentons et nous n'apprécions le plaisir et la douleur qu'*après* la satisfaction ou la non-satisfaction d'un besoin. La conduite vitalement prudente d'une part, la conduite socialement avisée, de l'autre, ne sauraient donc être directement gouvernées ou déterminées par de telles causes. Des courants réguliers d'expériences bio-individuelles, de longues séries d'actes accompagnés de plaisirs ou de peines, précèdent le moindre jugement de valeur porté par l'esprit de l'animal, de l'enfant en bas-âge ou du sauvage sur l'adaptation de son activité aux conditions du milieu ambiant. Mais tant que cette série d'expériences est faite par l'être isolé, et tant qu'elle reste incomplète et fragmentaire, non contrôlée, justifiée et prolongée par l'expérience d'autrui, nulle conduite morale, nulle activité sociale n'est possible. L'interaction continue des consciences est nécessaire pour tranformer nos percepts en concepts, nos jugements isolés et concrets en généralisations pouvant s'exprimer par des formules abstraites. Le fait qui s'enregistrait dans la conscience comme une trace fugitive de l'expérience bio-individuelle, comme une liaison lâche (et toujours susceptible d'être rompue) entre les désirs et les actes passés et les désirs et les actes futurs, s'y imprime désormais en caractères nets et le plus souvent indélébiles, y devient à la fois une mémoire fidèle de l'expérience collective et une connaissance, une identification des désirs maintes fois ressentis et des actes maintes fois accomplis avec tous les désirs et tous les actes se présentant dans les mêmes conditions.

3. *Nietzschéanisme et marxisme.* — Les plus vieilles philosophies sont déjà fortement imprégnées de l'esprit biomorphe. La confusion de l'existence organique avec l'existence surorganique, de la vie du corps avec celle de l'âme, du phénomène « sensible » avec le phénomène « rationnel », se retrouve,

depuis l'animisme ancestral, à la racine de tous les dogmes enseignant l'espoir d'une survie terrestre. Et la même erreur — ceci vaut d'être noté — marque plus profondément encore le pessimisme initial qui engendra, comme un mal produit son remède, ces croyances consolatrices. Il suffit, en assimilant la vie surorganique à la vie physiologique, de les concevoir toutes deux comme une tendance obscure ou un « besoin » (ce que les Allemands désignent par le terme de « Trieb »), pour faire jaillir cette conclusion logiquement inévitable : la vie, quand elle n'est pas un néant, est une souffrance perpétuelle. En effet, un besoin satisfait ne cesse-t-il pas aussitôt d'exister comme besoin, et sa non-existence ne dure-t-elle pas autant que sa satisfaction ? En revanche, tout besoin non satisfait ou réellement présent n'est-il pas une souffrance ? Définie de la sorte, la vie est donc essentiellement mauvaise. Partant de là, quelques penseurs, et parmi eux, brillant d'un éclat particulier, Nietzsche, firent une découverte plus merveilleuse encore. Ils constatèrent que tout ce qui contribue à diminuer ou à soulager ce « mal de vivre », — et plus particulièrement le savoir, source puissante de satisfaction des mille besoins qui émaillent le cours de chaque existence, — est l'adversaire irréductible, l'ennemi-né de la vie ; d'où la campagne menée contre la science maudite qui dessèche les racines et s'attaque à l'écorce du bel arbre de vie, et la glorification, aux dépens de l'acte savamment médité et motivé, de l'agitation tumultueuse qui se prend elle-même pour but.

Il est à peine nécessaire, je crois, de faire observer que, malgré son apparence farouche et intransigeante, ce raisonnement, basé sur des prémisses fausses, ne tient pas debout. Ni la vie physiologique, ni, à plus forte raison, la vie rationnelle si puérilement assimilée à la première, ne sont, à aucun titre, une « poussée », un désir, une volonté, un besoin. La vie physiologique est la cause de l'apparition et du développement de désirs et de besoins également physiologiques, une source active d'où découlent aussi bien le plaisir, l'apaisement, que la souffrance, le non-apaisement des uns et des autres. Et cette cause, la vie, est un phénomène qu'on décrira ou définira, par exemple, comme une interaction chimique *sui generis*

D'autre part, la vie rationnelle (sociale, morale ou surorganique) est la cause ou l'ensemble des conditions qui font apparaître et qui contribuent à former des désirs, des volontés, des besoins également rationnels ou sociaux, moraux (le désir de s'instruire, par exemple, ou la volonté de puissance par quoi se définit toute liberté, ou le besoin de plus en plus ardent d'égalité sociale, de justice), — une source sans cesse renouvelée d'où découlent aussi bien nos plaisirs « intellectualisés » que nos peines ou nos douleurs idéales. Et cette nouvelle cause, la vie surorganique, constitue à son tour un phénomène d'une nature spéciale qu'on décrira ou définira, par exemple, comme une interaction biologique ou psychophysique. (Dans la combinaison concrète des deux causes indiquées plus haut, combinaison visée par le sens populaire du terme de « vie », la satisfaction de ces deux ordres différents de besoins s'appelle d'habitude « indistinctement » le bonheur, et leur non-satisfaction — le malheur).

On aperçoit les conséquences de la grosse faute qui consiste à prendre la partie pour le tout, le désir physiologique, produit du processus vital et, en ce sens, simple parcelle de vie ou même pur « accident », pour le processus tout entier ; ou à confondre le besoin rationnel, produit du processus social, avec ce processus lui-même. Aucun savant ne commettra de propos délibéré cette erreur : un chimiste, par exemple, ne substituera pas le goût salé, sucré ou fade d'une substance à l'ensemble des processus intermoléculaires qui, parmi tant d'autres phénomènes, déterminent aussi cette propriété organoleptique ; et un sociologue ou un historien sérieux se gardera bien de voir, par exemple, dans les violences, les crimes, les turpitudes qui accompagnent et déshonorent les brusques changements sociaux ou politiques, l'essence même ou la caractéristique principale de toute révolution.

La « conception matérialiste » de l'histoire occupe une place importante parmi les doctrines sociologiques de notre époque. Aussi ai-je le dessein de lui consacrer un chapitre spécial dans l'ouvrage, actuellement en préparation (*De la sociologie au socialisme*), qui suivra et complétera le présent volume. Mais la théorie marxiste ne formant à mes yeux, en fin de compte, qu'une variété du vaste genre que je désigne sous le nom d'école psychologique en sociologie, je ne puis m'empêcher d'en toucher ici un mot.

Certains critiques croient entrer dans le vif du débat en adressant au marxisme cette objection facile : « Nulle part, peut-être, l'intelligence, la raison ne remporte une aussi éclatante victoire sur le monde extérieur et ne le domine si complètement que dans les processus économiques, où l'homme fait de la matière son esclave subjuguée et docile ». On en conclut que l'histoire des sociétés humaines ne manifeste qu'un seul ordre de causes dont l'ensemble se laisse résumer par le terme de « psychisme » (*56*).

Mais tel est le fond de la pensée de Marx lui-même qui jamais n'enseigna autre chose, qui fut l'un des plus illustres et des plus fidèles représentants de l'école psychologique. Le terme de « conception matérialiste » par lequel on a cherché à caractériser sa doctrine pour la différencier des théories analogues et voisines, n'implique nullement un abandon de la thèse fondamentale qui voit dans le psychisme bio-individuel la cause immanente du processus historique et qui élève par suite la psychologie classique ou vulgaire au rang de maîtresse incontestée de l'histoire et de la science sociale. Un peu équivoque sans doute, ainsi qu'on l'a souvent fait remarquer, ce nom de « matérialisme » ne vise qu'un seul trait, mais un trait essentiel, de la théorie marxiste, à savoir : la subordination étroite de tout psychisme spéculatif au psychisme pratique et, en premier lieu, au psychisme qui assure l'existence matérielle de l'homme. Selon Marx, dans l'échelle des valeurs ou forces purement psychiques qui déterminent les événements de l'histoire, la pensée analytique, la pensée synthétique, la pensée symbolique et leurs produits, la science, la philosophie, l'art, occupent une situation dépendante, une place secondaire. Tout cela forme la « superstructure » de l'édifice social dont la « base » est constituée par la pensée pratique et téléologique et son aboutissement direct, l'activité, le travail, l'industrie des hommes. Cette incessante activité est le vrai germe, la cause, non pas prochaine, comme nous l'aurions dit (et comme nous l'avons toujours concédé aux partisans de Marx), mais la cause ultime de l'évolution historique, dont la « floraison spéculative », n'est qu'un effet ou un but éloigné.

En adoptant les prémisses posées par l'école psychologique, Marx devait aisément aboutir aux conclusions qui firent la fortune de sa doctrine. Sa théorie apparaît même comme la mieux construite de toutes celles dont se glorifie l'école en question, comme la plus fortement motivée et la plus conséquente à son point de départ essentiellement biomorphe. Ce biomorphisme devait logiquement conduire à la confusion des données de l'expérience bio-individuelle avec les données de l'expérience collective ou sociale. Or, les premières ne sauraient, par leur propre vertu, atteindre les limites que les secondes dépassent régulièrement et avec la plus grande facilité. Ces trois aspects ou modes essentiels de l'expérience collective : la pensée analytique, la pensée synthétique et la pensée symbolique, demeurent exclues du champ de l'expérience bio-individuelle. Il est vrai qu'il en est de même de la pensée qui applique les résultats de ces trois ordres de recherches : et c'est là le vice organique qui nous oblige finalement à rejeter la conception de Marx. Mais cet illogisme n'apparaît pas à première vue. Il reste soigneusement caché. L'expérience bio-individuelle, l'activité non différenciée, et pour cause, en divers modes sociaux, remplit à elle seule, dans la vision marxiste des choses, le théâtre de l'âme humaine et la scène de l'histoire.

On obtient un résultat différent, pour ne pas dire diamétralement opposé, quand on se place au point de vue du psychisme, non plus bio-individuel, mais collectif ou socio-individuel. L'expérience et l'évolution sociales ne se confondent plus alors avec l'expérience et l'évolution biologiques. Les facteurs ou causes de l'ordre historique nous frappent comme des faits qui dépendent des facteurs ou causes de l'ordre vital (et par leur intermédiaire, des facteurs ou causes de l'ordre physico-chimique); — mais qui s'en séparent aussi d'une façon de plus en plus nette : différenciation qui, grâce à sa lenteur et à son caractère graduel, détermine l'apparition relativement tardive, sur la scène du monde, des premiers phénomènes sociaux. Sans doute l'expérience collective élabore elle-même les conditions qui assurent la continuité du processus historique dans l'espace et dans le temps. Mais, pour qu'un tel processus vienne effectivement compliquer, dans l'évolution universelle, les phénomènes de la vie organique, encore faut-il que les plus fondamentales de ces conditions soient déjà présentes, soient déjà réalisées, au moins d'une façon sommaire. Le « progrès » reste un mot vide de sens tant que l'ensemble de faits qu'il désigne ne s'appuie pas sur une mentalité déjà capable, en une mesure quelconque, de raisonner, de généraliser et d'abstraire.

L'histoire des sociétés débute par les premiers rudiments de la logique. Le développement et l'éclat que celle-ci atteint à la longue dans les sciences, dans les philosophies, dans les arts, ne doit pas nous faire méconnaitre l'identité essentielle du phénomène initial et des phénomènes qui lui succèdent. Le sophisme de Marx rétrécit notre horizon, il consiste à tout rapporter, dans le présent aussi bien que dans le passé, à un seul moment de l'histoire. Ce que Marx considère avec un semblant de raison comme une superstructure par rapport aux institutions ou aux conditions sociales déjà existantes, apparait nécessairement, dans une vue plus étendue et plus profonde, comme la véritable base, la cause immédiate de l'évolution prochaine ou future des institutions et des conditions sociales qui aujourd'hui sont en voie de se former. Et il en fut toujours ainsi, aussi loin que nous puissions remonter dans le passé. Voilà pourquoi, dans la série des faits de l'ordre surorganique, distinguée de la série des faits concomitants de l'ordre organique, tout psychisme actif se découvre comme subordonné au psychisme spéculatif et apparaît non comme une cause, mais comme un effet. La pensée pratique n'est-elle pas, par définition, téléologique ou finaliste? N'est-elle pas, par sa nature même, constituée de façon à toujours envisager la cause comme un moyen, et l'effet comme un but? C'est par l'inversion finaliste que nous parvenons à donner à la fin ou à l'effet une sorte de suprématie sur le moyen ou la cause. Marx — et combien d'autres avant et après lui! — a payé un large tribut à cette illusion de la pensée pratique. La faute en est sûrement à l'empirisme où végète notre savoir social (57).

4. Une erreur capitale de l'école psychologique. Le sentiment et l'action. — Comme nous l'avons vu, le biomorphisme a été et reste encore une phase préparatoire et que l'esprit humain ne pouvait sans doute pas éviter, dans le développement de cette sociologie prématurément concrète et, en réalité, grossièrement empirique, qui est connue sous les noms soit de psychologie, soit d'histoire, soit enfin de sciences morales et politiques. L'obsession — le plus souvent inconsciente — de la vie organique a laissé des traces profondes et multiples dans les théories des psychologues, des historiens, des anciens moralistes et juristes, des modernes sociologues. Elle fit naître dans leurs cerveaux deux illusions caractéristiques et devenues rapidement populaires : celle de l'acte primant et commandant la pensée, l'illusion *activiste*, si l'on peut s'exprimer ainsi ; et celle de la raison obéissant au cœur, soumise à ses injonctions, l'illusion *sentimentale*. Ces erreurs — ai-je besoin de le dire — sont connexes, étroitement liées entre elles. La seconde se peut considérer comme une étape importante sur la route qui conduit à la première. Nous avons parlé de celle-ci ; disons maintenant quelques mots de celle-là.

La prédominance des états affectifs sur les états intellectuels s'érige en véritable dogme dans la psychologie de nos jours. Les psychologues sont à peu près unanimes à cet égard ; et presque tous déplorent le peu de pouvoir que les idées, l'intelligence exercent sur la formation du caractère, qui leur apparaît comme déterminé en premier lieu par la vie affective et ses conditions organiques (le tempérament individuel). On prétend couramment que les états affectifs déclanchent, pour ainsi dire, nos énergies internes et les transmuent en mouvements coordonnés, en actions. On cite une foule de cas où les gens « connaissent » les conséquences de telle ou telle conduite, mais les « sentent » trop tard et accomplissent ainsi des actes qu'ils regrettent par la suite. On est même allé jusqu'à définir l'imprévoyance « une *vision* des menaces de l'avenir sans le *sentiment* de ces menaces » ; heureusement qu'on n'a pas encore défini la prévision — le sentiment des menaces de l'avenir sans leur vision.

Herbert Spencer le proclame avec emphase : « La connais-sance ne fait pas l'action ». Les spéculatifs purs, tels les savants, sont rarement des hommes pratiques. Ils sont si aptes à évoquer des idées opposées qu'ils semblent ne jamais pouvoir prendre de résolution ferme. Or cet exemple suffirait à lui seul pour condamner la thèse qu'on entend défendre ; car loin d'impliquer que l'idée ne gouverne pas l'action, il prouve que deux idées contraires empêchent l'action de se produire. Le scepticisme du savant est toujours, d'ailleurs, un état préa-lable qui aboutit normalement à la certitude (ou au plus haut degré possible de croyance), soit scientifique, soit philoso-phique.

Personne ne refuse à notre savoir touchant la nature exté-rieure une influence décisive dans la dé_ mination d'une partie notable de notre conduite. La connaissance des lois de la pesanteur, de la chaleur, des propriétés de certains corps, etc. inspire manifestement une foule d'actes correspondants. Mais l'on ne veut pas accorder que le cas soit exactement pareil pour le savoir moral. Comte et Spencer ont édifié des théories spécieuses quant à la primauté, à la prééminence, dans la vie sociale, du sentiment sur la raison (morale du cœur). Spencer en particulier cite à l'appui de cette thèse le fait patent, dit-il, « qu'après deux mille années d'exhortations chrétiennes émises par cent mille prêtres dans l'Europe entière, les idées et les sentiments païens demeurent prépondérants ; certains principes admis en théorie sont dédaignés en pratique », etc. Cette fois encore, il y a lieu de faire ressortir qu'il est difficile de s'employer plus efficacement à saper par sa base la doctrine qu'on désire consolider. Les faits invoqués par Spencer, s'ils signifient quelque chose, tendent à prouver que l'appel, même plusieurs fois séculaire, au « sentiment » (car nous ne sachions pas qu'il y ait eu un autre élément, plus caractéristique ou dominateur, dans les prêches chrétiens) ne suffit pas à pro-duire l'action. Certes, ce n'est pas la connaissance expérimen-talement vérifiée ou objective qui, seule, détermine notre conduite ; c'est aussi la connaissance non vérifiée ou subjec-tive ; mais pour que cette dernière commande à notre activité, encore faut-il qu'elle demeure l'unique maîtresse du terrain, qu'elle ne se heurte point à chaque pas à la connaissance objective, qu'elle ne soit pas constamment démentie par elle. Or, dans le cas visé par Spencer (comme dans la plupart des exemples servant à démontrer la faiblesse du facteur intellectuel) nous avons précisément des connaissances subjectives généralisées (les préceptes moraux chrétiens ou même philosophiques) qui luttent contre des connaissances peut-être plus empiriques, mais quotidiennement vérifiées par l'expérience directe. On aura donc beau nous répéter avec le Christ que nous devons tendre l'autre joue à nos insulteurs, ou avec Tolstoï que nous devons patiemment subir toute oppression, cet enseignement — qu'on l'estime divin, ou qu'on le juge digne tout au plus d'une animalité dressée à l'obéissance sans bornes — s'effacera toujours devant les leçons de choses puisées à la double source de l'expérience personnelle (socio-individuelle) et de l'expérience collective ou historique.

Certes, nous sommes tout disposés à reconnaitre la part de vérité renfermée dans la thèse que nous combattons. Mais cette part nous semble à la fois grossie, exagérée et très inadéquatement exprimée. Reprenant la formule de Spencer, nous dirons volontiers que l'idée, la connaissance ne fait pas l'action d'une manière immédiate; mais elle la détermine d'une façon d'autant plus sûre à l'aide ou par l'intermédiaire du sentiment qu'elle provoque. Enclins à confondre la vie psychologique ou bio-sociale avec les fonctions organiques du cerveau, les psychologues aperçoivent dans le sentiment un degré supérieur, plus affiné, de l'émotion, et dans l'idée un développement, une floraison du récept. Et forcés de constater qu'une émotion ne surgit jamais sans qu'une image concrète l'accompagne, ils se préoccupent peu de savoir si, *mutatis mutandis*, un sentiment peut se former en dehors d'une idée déjà quelque peu générale ou abstraite; s'il n'a pas pour base une connaissance véritable, qu'elle soit ou non rudimentaire. Ils aiment mieux faire dériver en ligne directe le sentiment de l'émotion. On semble ne pas se douter que si celle-ci peut devenir à la longue un sentiment, ce n'est que grâce à la transformation préalable et corrélative, entièrement due à la vie sociale, de l'image concrète en idée abstraite. La connaissance ne saurait exercer une action quelconque sur l'état purement émotif, puisque, d'une façon normale, ainsi que nous le voyons par l'exemple des animaux, elle est exclue de cet état; c'est la sensation et l'imagination concrète qui sont ici l'élément formateur et dominant. Au contraire, dans le sentiment, distingué de l'état affectif élémentaire, c'est la raison, la connaissance qui semblent jouer le rôle d'élément générateur. Et la connaissance se sert du sentiment comme d'un moyen pour produire l'effet ultime, l'acte bio-social. La vie volontaire, les psychologues sont obligés d'en convenir, ne devient possible que grâce à une subordination croissante des états affectifs aux états intellectuels. Dans le système darwinien, cette hiérarchie apparaît même comme l'origine ou la source d'une adaptation de plus en plus consciente et parfaite de l'être vivant au milieu externe.

Les états affectifs primordiaux — le plaisir et la peine — oscillent autour d'une représentation qui les détermine en les différenciant. Ribot, il est vrai, a prétendu qu'il pouvait y avoir des états affectifs vides de tout contenu intellectuel ou représentatif (il cite le sentiment vital ou la cénesthésie). Mais n'avons-nous pas l'habitude de marquer par zéro le plus bas ou le plus faible degré imaginable d'une manifestation quelconque de l'énergie? Et la conscience peut-elle constater des états cénesthésiques sans les distinguer les uns des autres, sans les différencier en états plus ou moins plaisants ou déplaisants?

Sans doute, la cause profonde des sensations agréables ou pénibles demeure organique ou bio-chimique (la douleur physique se ramenant peut-être à une altération de la composition du sang, à une intoxication qui par les nerfs vaso-moteurs se transmet aux centres). Mais bien que les états organiques les plus simples semblent pouvoir se produire en dehors de la discrimination conscientielle ou représentative (les mêmes modifications apparentes se manifestant chez les animaux après l'ablation de l'encéphale), cette discrimination qui n'est, à son tour, qu'un nouvel état organique, plus complexe que les autres, précède et accompagne nécessairement toute sensation proprement dite. Les causes organiques lointaines des sensations sont souvent désignées par le nom de « tendances sourdes de l'être ». Conscientes, c'est-à-dire déjà élémentairement différenciées en agréables et en pénibles, ces tendances s'appellent « besoins ». Il n'y a pas de « besoin physiologique » sans représentation conscientielle; mais il ne saurait y avoir, croyons-nous, de besoins encore plus complexes, de besoins bio-sociaux, sans que le phénomène social de « connaissance » vienne s'ajouter au phénomène vital de « conscience ». Le plaisir et la douleur posséderaient ainsi chacun deux aspects, l'aspect physiologique et l'aspect bio-social : le plaisir pouvant se caractériser comme l'expression consciente d'une augmentation, et la douleur comme l'expression consciente d'une diminution, dans un cas, de l'énergie ou de l'activité vitale, et, dans l'autre, de l'énergie ou de l'activité bio-sociale.

Dans la volonté qui triomphe d'un sentiment, on a très justement vu un sentiment plus fort qui domine un sentiment plus faible. Mais — et on ne le dit pas assez — il en est exactement de même lorsqu'un sentiment prend le dessus sur une idée ou une connaissance. Dans ce cas, il y a lutte et conflit entre un sentiment commandé par une idée et un autre sentiment inspiré par une idée différente. Et c'est toujours la notion la plus claire, la plus nette, celle que l'esprit s'est le mieux appropriée et assimilée qui, par l'intermédiaire du sentiment et de la volonté qu'elle détermine, remporte la victoire sur la notion plus vague et plus obscure.

On a aussi beaucoup disserté sur « l'intention morale » qu'on a souvent cherché à identifier avec la « moralité » elle-même. Or, si ce qu'on appelle l'intention n'est que de la volonté à son début, dans sa phase préparatoire, en parlant ainsi, on ramène la moralité à ce qui forme ou détermine la volonté, c'est-à-dire à l'idée, à la connaissance. Juger d'un acte par son intention, c'est, au fond, le juger par sa cause, par le savoir qui préside à la naissance de l'intention.

Examinons à un autre point de vue encore cette opinion que la sociologie moderne emprunte à la psychologie : le sentiment (les inclinations, les passions, les besoins moraux distingués des besoins physiologiques) est le principal moteur, le régulateur par excellence de la conduite, de l'activité des hommes.

Aucun psychologue sérieux ne soutient aujourd'hui que l'émotion engendre la représentation ou que le sentiment donne naissance à l'idée. Les observateurs très superficiels des choses de l'esprit continuent seuls à affirmer que la vérité a une origine sentimentale ou que les grandes pensées, selon un cliché connu, viennent du cœur. Mais ceux-là ne ressemblent-ils pas au petit enfant qui s'imagine en toute candeur que le liquide destiné à apaiser sa soif fait partie intégrante du vase qui le contient? Une expérience très simple apprend vite à l'enfant que si l'on néglige de remplir au préalable la carafe, on s'efforcera en vain d'en tirer la moindre goutte. D'ailleurs, la plupart des psychologues modernes sont déjà entrés dans la bonne voie; ils se contentent d'intercaler le sentiment, comme un terme moyen, entre l'idée et l'acte. Au point de vue de la science concrète, ils ont sans doute raison. Mais le point de vue du sociologue, nous le savons, est différent. Le sociologue ne déduit pas de causes psychologiques données ou connues leurs effets, les actes humains; car ces causes ne sont pour lui ni données, ni connues. Elles se présentent à ses yeux, au contraire, comme des effets complexes, une combinaison intime d'énergies vitales et d'énergies sociales. Il part donc de l'étude des actes ou des faits, comme on dit, pour arriver à la connaissance de leurs causes, non pas biologiques, — il les élimine soigneusement, — mais sociales.

Or, qu'est-ce qui est social dans les idées et les sentiments, dans ce complexus psychologique qui résiste à l'analyse et préside à la naissance de l'acte proprement dit? N'est-ce pas l'interéchange des représentations aussi bien que des émotions, interéchange qui permet aux premières de se transformer en idées générales et abstraites, et aux secondes de se transmuer en sentiments? Interaction psychophysique (qui a pour objet le complexus représentatif-émotionnel) se développant peu à peu en interaction psychologique (qui a pour objet le complexus idéo-sentimental), — telle est la cause présumée ou encore hypothétique des actes, des faits sociaux, des mœurs, des coutumes, des institutions, des événements historiques. Mais le sociologue doit-il s'attarder à une étude minutieuse du complexus, soit psychophysique, soit psychologique, et y distinguer, y séparer avec soin et rigoureusement la représentation de l'émotion, l'idée du sentiment? En vérité, nous ne le pensons pas : car le sociologue se placerait ainsi au point de vue spécial du psychologue, il étudierait, dans ses parties les plus délicates, le mécanisme interne de l'esprit.

Dans cet ordre d'idées, cependant, un seul fait, qui se manifeste avec force dans la phase psychologique de l'interaction, mais qui a déjà sa racine dans la phase psychophysique, doit directement intéresser l'historien et le sociologue : et c'est la stabilité, la persistance du sentiment, alors que l'idée semble oblitérée, devient de plus en plus obscure, tend à s'effacer dans la conscience. Ce phénomène de survivance qui, soit dit en passant, devrait constituer, aux yeux du psychologue, la preuve la plus convaincante de l'origine rationnelle du sentiment, s'étend à la série évolutive tout entière, composée de trois membres : l'interaction idéologique, l'interaction sentimentale et l'action sociale (ou, par abréviation, l'idée, le sentiment, l'acte). Car c'est quelquefois l'acte pur et simple qui survit aussi bien au sentiment qu'à l'idée : on a affaire alors à des pratiques machinales, à des habitudes qui ne sont même pas senties comme obligatoires et dont, *a fortiori*, on ne conçoit plus les raisons. Mais le cas le plus fréquent est celui dans lequel le sentiment survit seul et semble d'autant plus puissant que les idées qui le firent naître ont presque complètement disparu du champ de la conscience. Les pratiques correspondantes offrent alors un caractère de stricte et dure obligation; — et c'est là souvent, néanmoins, aux yeux de l'observateur attentif, un signe de leur décadence, de leur désuétude plus ou moins prochaine. Au contraire, des idées neuves, des connaissances récentes, très claires et très nettes, peuvent apparaître, qui plus tard produiront des séries actives nouvelles, mais qui, en attendant, semblent ne pas influer d'une façon appréciable sur la conduite générale. Voilà un indice certain que l'interaction idéologique qui suscita ces idées ne s'est pas encore élargie par sa base, ne s'est pas transmuée en interaction sentimentale ou, en termes plus populaires, qu'*une connaissance acquise ne s'est pas suffisamment répandue*.

En somme, à la phase idéologique de l'interaction correspond la découverte d'une connaissance, à la phase sentimentale, sa diffusion de plus en plus large et, par suite, — l'expérience collective opérant sur un nombre sans cesse croissant de cas — sa certitude de plus en plus grande. Et bien que la majorité, en règle générale, accorde son approbation aux idées ou aux connaissances nouvelles sur un commencement de preuve souvent insuffisant (l'imitation fondée sur le principe d'autorité joue ici un rôle des plus efficaces), l'adhésion du grand nombre, de la foule — tout le monde en convient — est toujours nécessaire pour sanctionner un usage, pour généraliser l'application d'une connaissance. La plupart du temps, c'est précisément à ce caractère plus obligatoire d'une idée plus répandue, distingué du caractère moins impératif d'une idée moins répandue, que nous donnons le nom de *sentiment*. En vérité même, il semble que si en biologie (et dans la psychologie qui déduit ses lois de la biologie aussi bien que de la sociologie) l'émotion *est* la représentation considérée, pour ainsi dire, pendant son trajet du centre cérébral où elle se forme (par la « sommation » des sensations) aux muscles qui, si rien ne vient arrêter cette transformation, la traduisent en mouvement, — en sociologie (et dans la psychologie qui déduit ses lois de la sociologie aussi bien que de la biologie) le sentiment *est* l'idée ou la connaissance plus ou moins généralisée et abstraite considérée pendant son trajet du petit nombre de cerveaux où l'interaction mentale, l'expérience socio-individuelle la fait germer et naître, à un nombre de plus en plus grand de cerveaux où cette même interaction (par l'enseignement, la propagande, l'exemple, l'expérience socio-individuelle répétée) la transfuse et la dépose. La diffusion de la connaissance apparaît ainsi comme la condition nécessaire pour que des actes et des séries d'actes se manifestent, des mœurs s'établissent, des coutumes se consolident, des événements historiques se produisent, — pour que surgisse, en un mot, tout ce que le sociologue étudie objectivement afin d'en trouver les causes intimes et les lois d'évolution (*58*).

Quand ils nous disent que ce n'est pas l'idée, mais le sentiment qui dirige nos actes, les psychologues contemporains — qui voient dans le fait psychique un phénomène simple, irréductible — décrivent d'une façon superficielle, traduisent *grosso modo* les événements et les processus qu'ils observent (les plus avisés, il est vrai, ajoutent, comme correctif, immédiatement). Et les sociologues-psychologues, les Comte, les Spencer, les Taine, les Tarde vont répétant cette affirmation dont le défaut principal est d'être trop empirique, trop peu analytique (*59*).

Les idées, les connaissances, alors même que d'autres idées, d'autres connaissances les ont remplacées, constituent en sociologie un élément qui persiste, qui laisse après soi des vestiges nettement inscrits dans les mœurs, les coutumes, les institutions, les faits dont l'histoire conserve, de diverses façons, la mémoire. Au contraire, les sentiments apparaissent comme insaisissables dans les monuments historiques, et nous ne pouvons les reconstituer que selon une vague analogie avec nos sentiments actuels. Pourquoi? On serait tenté de répondre : parce que la formation et l'existence d'une idée se discernent beaucoup plus facilement que son degré de diffusion. Mais, en réalité, ces deux phénomènes se confondent; car l'existence passée d'une idée ne se peut constater que par des actes, et ceux-ci, au sens sociologique du terme, ne deviennent possibles qu'à un certain degré de diffusion de l'idée se traduisant par une persistance, une durée plus longue de la même conduite. Ce qui différencie les sentiments, outre leur degré d'intensité équivalant au degré de diffusion des idées correspondantes, ce sont précisément les idées ou les connaissances qu'ils révèlent et servent à véhiculer. Quand on a noté la différence des idées et du degré de leur diffusion, de leur durée, de leur force (exprimée et mesurable par les faits extérieurs), — on a presque tout dit sur les sentiments qui accompagnent les idées. A ce point de vue, le sentiment apparaît, dans les équations que nous cherchons à résoudre, comme une quantité constante et qui n'influe pas sur le résultat final de l'opération.

CHAPITRE II

Les postulats scientifiques de l'action.

1. La loi de retard et la genèse complexe de l'action. — 2. L'intermède philosophique et l'intermède esthétique. — 3. Quelques autres principes explicatifs de la conduite : l'imitation, la contrainte, la corrélation des forces sociales. — 4. L'expérimentation en sociologie.

1. *La loi de retard et la genèse complexe de l'action.* — Qu'arrive-t-il lorsque l'idée ou la connaissance génératrice du sentiment et, par son entremise, de l'acte, disparait, cédant sa place à une idée nouvelle, à une connaissance différente? Le sentiment disparaît-il à son tour, est-il aussitôt remplacé par un autre sentiment, et l'acte accoutumé se modifie-t-il en conformité de cette causalité nouvelle?

Quand il s'agit d'idées acquises par nous-mêmes, en dehors de l'enseignement traditionnel, et surtout d'idées qui ne froissent en rien le fonds commun de connaissances, de croyances philosophiques, de goûts esthétiques, etc., du milieu (élite ou masse) auquel nous appartenons, il se peut que les choses se passent ainsi. Certaines découvertes scientifiques paraissent capables de modifier assez vite, sinon du jour au lendemain, nos modes de sentir et d'agir. Mais, dans l'immense majorité des cas, la nouvelle connaissance, qui n'a pas eu le temps d'influencer nos conceptions philosophiques et esthétiques, tarde à produire le sentiment corrélatif. Nous possédons alors une connaissance en contradiction avec notre ancien sentiment et, par suite, avec notre conduite. D'ailleurs, la nouvelle idée, même chez celui qui la découvre, reste souvent associée à l'ancienne idée affaiblie; association dont nous ne nous rendons pas toujours compte, car elle peut ne pas dégénérer en conflit direct. Quoi qu'il en soit, la *loi de précession* que j'ai été, je pense, le premier à établir (voir mes *Essais sur l'Éthique* et mon *Nouveau Programme de Sociologie*), exprime ce retard presque constant des actes sur les conceptions esthétiques, de celles-ci sur les conceptions philosophiques, et de ces dernières sur les connaissances. Formulée en termes psychologiques, cette loi signale le retard de l'acte et du sentiment qui le commande sur l'idée ou la connaissance qui commande au sentiment (*60*).

Cette loi est-elle stricte, offre-t-elle un enchaînement causal d'une rigidité défiant l'évolution future, ou bien ne fait-elle que refléter *ce qui est*, sans préjudice de *ce qui sera*? Les lois naturelles ne sont valables que si les conditions qu'elles postulent restent identiques. Par conséquent, la question posée (et qui vise la loi la plus abstraite comme la plus empirique) se doit formuler ainsi : les conditions impliquées par la loi de précession (de l'idée sur le sentiment et l'acte, ou de la science sur la philosophie, l'art et l'action) peuvent-elles changer, et dans quelles limites? J'ajoute qu'une loi exprime toujours ce qu'on appelle une tendance, un fait dont la réalisation est souvent contrecarrée par d'autres séries de faits. Et j'estime, dans le problème particulier qui nous occupe, que les conditions résumées par la loi de retard sont essentiellement modifiables, — cela en vertu d'une autre loi sociologique se rapportant au phénomène de diffusion des connaissances nouvellement acquises.

En effet, il ne faut pas oublier que la loi de précession suppose, dans l'ensemble du groupe qui forme une société réelle, une hétérogénéité mentale considérable (élite, masse, classes instruites et dirigeantes, classes ignorantes et dirigées). L'état plus arriéré de la philosophie par rapport à la science, de l'art par rapport à la philosophie, et de l'action par rapport aux trois facteurs précédents s'explique par cette différence de niveau qui, sans jamais pouvoir disparaître totalement (du moins, tout porte à le croire), est susceptible d'une foule d'atténuations progressives et très sérieuses.

La connaissance et ses avatars sociaux, jusqu'à l'acte inclusivement, sont le résultat de l'interaction psychique, de l'expérience collective prolongée. Mais celle-ci ne fait que débuter, que lentement s'organiser dans les groupes où l'individu social s'indique à l'état de simple germe, telles les hordes humaines primitives. Dans cette phase initiale la loi de précession ne trouve pas encore à s'affirmer. Elle y demeure à l'état de tendance latente. Les idées semi-concrètes, les connaissances grossières de tous les membres du groupe sont homogènes et s'accompagnent de sentiments non différenciés, communs à tous. C'est ce qui explique la stabilité ou plutôt la stagnation de ces groupes qui ignorent toute division régulière du travail et dans lesquels, si une spécialisation se manifeste, elle reste semblable à celles de certaines sociétés animales, elle ne repose pas sur une différence sensible du niveau intellectuel. Peu à peu, cependant, dans les sociétés humaines, où la cérébralité biologique se prête à la « socialisation » des expériences bio-individuelles, à l'accumulation des expériences collectives, à l'accroissement indéfini des connaissances, l'homogénéité primordiale du groupe disparaît et fait place à une hétérogénéité d'abord élémentaire, ensuite de plus en plus complexe et affinée. L'individu social surgit dans le groupe comme un fruit sur l'arbre qui le porte et le nourrit de sa sève, et avec lui se manifeste ce que nous appelons une civilisation. Celle-ci est essentiellement une spécialisation, une division du travail collectif, une différenciation de la connaissance, de la philosophie, de l'art, de l'action (61).

Il suffit qu'il y ait des membres du groupe plus savants, ou plus philosophes, ou plus artistes, ou enfin plus actifs et pratiques que les autres, pour que se réalisent les postulats nécessaires à l'actualisation de la tendance exprimée par la loi de précession. L'idée ou la connaissance qui, éclose dans le cerveau de l'individu social, rayonne de ce centre en un espace restreint, n'embrassant qu'une élite, ne change ni la mentalité, ni la sentimentalité, ni la conduite des masses ; et, de plus, elle ne pénètre pas immédiatement la philosophie et l'art de son époque. Or, comme c'est sous l'influence de nos croyances générales (et, d'une façon moins évidente, sous l'influence de nos goûts, de nos préférences esthétiques) que s'élaborent les sentiments vifs qui dirigent nos actions, l'idée nouvelle ne modifiera même pas d'une façon appréciable la sentimentalité et la conduite des individus sociaux dans le cerveau desquels elle aura germé ou qui, les premiers, se la seront assimilée. Ainsi agit la loi de retard qui, néanmoins, semble être l'une des conditions essentielles et initiales de tout progrès.

Parallèlement à cette loi, le groupe social subit la loi de diffusion des connaissances et de leurs transformations successives (concepts philosophiques, concepts esthétiques, concepts techniques). Le progrès n'est jamais que la résultante de l'action combinée de ces deux lois. La seconde, d'ailleurs, le détermine d'une façon aussi sûre que la première; car il semble évident que l'accroissement des connaissances dans l'élite la mieux pourvue doit s'arrêter si, par suite de la non-diffusion du savoir dans le reste du groupe, cette accumulation se montre impuissante à modifier la sentimentalité et l'activité soit des masses, soit de l'élite elle-même. La mentalité de l'élite est maladivement affectée par une telle hypertrophie qui tôt ou tard conduit à la dégénérescence, qui rend la minorité la plus instruite improductive, stérile. Une large démocratisation du savoir est nécessaire non seulement pour consolider les progrès déjà atteints, mais aussi et surtout pour accélérer la marche générale de l'évolution.

Nous pouvons maintenant succinctement répondre à la question posée au commencement de ce chapitre. C'est par la diffusion des connaissances nouvelles (par l'instruction intégrale donnée aux masses, et non par la diffusion des seules connaissances anciennes, à quoi se borne l'enseignement primaire ou même secondaire) qu'on peut mettre les sentiments et les actes des hommes en harmonie, en plus d'harmonie, veux-je dire, avec leurs idées et leurs connaissances. Et c'est ainsi seulement qu'on peut atténuer ce qui est excessif et, par là, dangereux dans le phénomène de précession, sans pour cela le faire disparaître d'une manière complète, ce qui, sans doute, serait un mal aussi grand que cet excès même. Du reste, tout porte à croire que l'individualisme des sociétés civilisées ne se prêterait pas à des expériences trop outrancières en ce sens, et que la réalité sociale comportera toujours une élite d'inventeurs, de créateurs, de chercheurs.

2. *L'intermède philosophique et l'intermède esthétique.* — Les idées pures, quand elles ne s'accompagnent pas de sentiments collectifs, partagés par la majorité des membres d'un groupe social, restent impuissantes à modifier certains états sociaux (mœurs, lois, institutions, etc.). Et rien n'est plus conservateur, et à certains égards plus réactionnaire, que les sentiments des grandes masses humaines.

Pour banale qu'elle soit, cette vérité semble assez sûre. Son plus grand tort est de s'arrêter trop tôt dans la voie de l'analyse. Le sentiment collectif y apparaît comme une résultante dont nous semblons ne pas nous soucier de connaître les composantes, habitués que nous sommes à envisager les choses sociales au point de vue psychologique, *in concreto*. Or, ces composantes sont essentiellement de deux sortes : ce sont nos conceptions synthétiques, nos croyances générales ou philosophiques, et ce sont nos concepts syncrétiques, nos goûts et nos préférences esthétiques. Dire que les sentiments dirigent l'action signifie autant que dire : les croyances et les goûts collectifs dirigent les actes qui visent immédiatement au bien, à l'utile. Nous ne pouvons agir — pour le mieux — que conformément à notre conception générale des choses et à notre conception du beau. Cela signifie encore : pour que nos modes de sentir et de faire se modifient d'une façon appréciable, il faut que les idées, les connaissances de date récente se déversent dans la philosophie, comme s'y déversèrent les idées, les connaissances anciennes, et qu'elles renouvellent nos conceptions générales; il faut, en outre, que ces conceptions rajeunies influencent l'art, comme l'influencèrent les conceptions anciennes. Tant qu'elles ne se sont pas transformées de la sorte, nos idées et nos connaissances — appelées avec raison *pures* — s'offrent comme une « promesse », pour

ainsi dire, une simple « possibilité » de sentiment et d'action :
ce sont des sentiments et des actes *latents*.

En somme, les observations empiriques qui se résument
par la formule : sans sentiment, pas d'action, confirment
d'une façon péremptoire notre loi évolutive générale, notre
série des facteurs sociaux et leur enchaînement nécessaire. Il
n'existe qu'un moyen efficace de modifier les sentiments
collectifs que certains psychologues s'obstinent à considérer
comme une réalité sociale hors de notre atteinte et qui évolue
indépendamment de l'idée pure. Et c'est, en premier lieu, de
modifier, à l'aide des sciences, la philosophie qui synthétise
les vérités particulières, et à l'aide de la philosophie, l'art qui
symbolise les croyances générales ; et ensuite, de répandre
les connaissances scientifiques, les conceptions philosophiques
et les goûts esthétiques ainsi renouvelés dans de larges milieux
sociaux.

Cette règle ne souffre guère d'exceptions. Certains actes, il
est vrai, semblent s'accomplir sous l'influence exclusive et
immédiate du savoir correspondant. Mais c'est là une simple
apparence, et ce que nous prenons pour une liaison, une causalité directe, n'est, en réalité, qu'un parcours rapide, parce
qu'extrêmement facile, des deux étapes intermédiaires (la philosophie et l'art), un passage qu'aucun obstacle ou arrêt ne
vient signaler à notre attention et qui passe inaperçu. Il existe
toujours une foule de connaissances qui, grâce à leur caractère très spécial, ne heurtent pas les philosophies et les esthétiques courantes, les croyances et les goûts les plus répandus ;
qui, au contraire, s'en accommodent ou s'y adaptent à merveille. De telles idées s'harmonisent, comme on dit, avec les
sentiments collectifs qui dominent ; il est donc naturel qu'elles
s'expriment au dehors, dans les actes correspondants, sans
le moindre encombre. Mais une connaissance, une découverte, ne fût-elle que purement technique, qui choquerait
trop les croyances générales ou les goûts esthétiques de la
masse (imaginez, par exemple, l'automobile ou le télégraphe
sans fil au moyen âge, alors que personne ne révoquait en
doute les rapports directs de l'humanité avec les puissances
infernales) risquerait fort, je pense, de ne pouvoir se traduire

dans les faits ou les actes. Il en serait de même, en pareil cas, d'une connaissance économique, juridique, etc. Pourquoi, malgré la part frappante de vérité qu'elles contiennent, les théories socialistes demeurent-elles, dans l'Europe civilisée, des théories? Ou pourquoi les idées constitutionnelles les plus modérées restèrent-elles si longtemps en Russie, et dans tout l'Orient, ce qu'on pourrait littéralement appeler des idées pures? Ce que de telles idées heurtèrent ou heurtent encore, c'est la philosophie, la religion, les croyances intimes, et, par suite, les goûts esthétiques du peuple, de la grande foule humaine, philosophie et sentiment du beau commandés par des connaissances très inférieures, quantitativement et qualitativement, à celles de l'élite ou de quelques individualités éminentes. Et quand la mise en action, la réalisation effective de ces idées vient prouver, par un argument décisif et sans réplique, que la mentalité philosophique et esthétique de la masse a changé, par suite du changement corrélatif survenu entre temps dans la quantité et la qualité de son savoir, on se contente d'affirmer, de constater comme un fait qui n'a besoin d'aucune explication, que les sentiments collectifs d'une agglomération sociale se sont modifiés. On laisse jouer, en un mot, au sentiment collectif, dans la psychologie des peuples et dans leur histoire, le rôle peu scientifique d'un véritable *deus ex machina* (62).

3. *Quelques principes pseudo-explicatifs de la conduite :* *l'imitation, la contrainte, la corrélation des forces sociales.* — On a cherché, on a voulu voir les causes, les motifs ou mobiles des actes humains dans certains groupes de phénomènes sociaux situés aussi près que possible de ces actes, les avoisinant, pour ainsi dire, d'une façon plus immédiate, du moins en apparence ou à première vue, que les phénomènes résumés d'une manière générale et abstraite par notre série quaternaire. On n'eut pas de peine à trouver de tels faits; ni à les généraliser, à leur donner, ainsi que toute théorie tant soit peu scientifique l'exige, une forme abstraite. On obtint de la sorte des principes explicatifs de la conduite, de l'activité des hommes groupés en sociétés, tels que l'imitation (théorie si

finement développée par Tarde), ou la contrainte, ou encore la corrélation des forces sociales (thèse qui prévaut chez les marxistes). Je ne cite que les théories les plus connues, les plus généralement admises, car le nombre total des essais explicatifs de cette espèce, cela s'entend de soi, est très grand.

Or, pour intéressantes et même fructueuses qu'aient pu être quelquefois les observations de détail suggérées par de pareilles tentatives, celles-ci, considérées en elles-mêmes, n'en semblent pas moins frappées d'une faiblesse, d'une impuissance, d'une stérilité irrémédiables. Elles apparaissent viciées *in ovo*, dès leur origine ou leur point de départ. En effet, elles commettent une faute capitale contre la méthode scientifique. Cette faute consiste à substituer à la recherche des causes lointaines, mais essentielles, des phénomènes complexes, la recherche de leurs causes prochaines et souvent accidentelles; ou, encore, à écarter, à ignorer les premières, en les déclarant, *a priori*, inaccessibles à nos faibles moyens d'investigation, et à s'en tenir, de propos délibéré, exclusivement aux secondes. Comme conséquence de ce positivisme outrancier, on risque, sinon de prendre le Pirée pour un homme, du moins d'ériger en conditions déterminantes des phénomènes qu'on cherche à comprendre, soit ces phénomènes eux-mêmes, soit, ce qui est encore plus désastreux, leurs effets les plus immédiats, leurs résultats les plus directs. Ces résultats, pour l'observateur superficiel, se confondent avec les faits primitifs soumis à son analyse et semblent même, par suite de leur importance pratique, de la valeur subjective qu'on y attache, posséder sur ces faits une sorte de préséance.

Les thèses sociologiques dont nous faisons ici le procès expliquent les actes (ou les faits concrets) non par une longue suite de phénomènes latents qui les précèdent, mais par ces actes eux-mêmes déjà commencés, déjà partiellement réalisés; ou, ce qui est pis encore, elles substituent aux causes ignorées des actes humains ce qu'on appelle leurs motifs, la série des buts que notre conduite poursuit et s'efforce d'atteindre; en d'autres termes, elles confondent régulièrement la causalité de l'acte avec sa finalité. Un examen succinct de ces thèses en convaincra facilement, je l'espère, le lecteur.

L'imitation, le psittacisme social est un mode de conduite
ou d'activité plutôt inférieur (mais important en raison même
de cette infériorité, lorsqu'il s'agit de masses ignorantes
courbées sous le joug d'élites dominatrices). Or, de cette
espèce, Tarde a fait non seulement le genre entier, mais encore
la propre cause de toute action sociale. A en croire Tarde, c'est
l'action d'autrui en soi qui nous solliciterait à répéter les
mêmes gestes. Mais cela est essentiellement inexact ou d'une
observation trop superficielle. En réalité, et dans le monde
social, une manière d'agir parvient d'abord à notre connaissance, d'une façon directe ou indirecte, devient pour nous un
objet de savoir. Et quelque grossier, descriptif, empirique que
soit celui-ci, c'est encore lui qui constitue la cause initiale de
l'acte imitatif. Cet acte n'est-il pas précédé et accompagné
d'une volonté consciente de son but, et la présence d'une telle
volonté ne témoigne-t-elle pas d'une détermination rationnelle ou motivée de l'acte ? (63). Il faut sortir du monde social,
et descendre dans celui de la vie, très souvent même de la vie
pathologique, pour rencontrer les faits imitatifs involontaires,
inconscients, les diverses épidémies nervo-cérébrales, les
danses de Saint-Guy du moyen âge, les cas de suggestion hyp-
notique, etc. Ce sont là des phénomènes biologiques dont le
sociologue peut prendre note, comme il prend en considération les faits géologiques, géographiques, météréologiques ou
même les faits chimiques et physiques, mais dont il ne saurait
s'occuper d'une façon spéciale.

Il faut le proclamer hautement et une fois pour toutes :
nulle manière d'agir d'autrui n'est imitée, si la connaissance
que nous en acquérons est en opposition directe ou violente
avec les deux autres causes intermédiaires qui séparent la
connaissance de l'action ou qui se joignent à la connaissance
pour produire l'action : je veux parler de la conception du
monde, religieuse, métaphysique, scientifique, et des idées, des
goûts esthétiques. Le peuple n'imitera dans les classes supérieures que les séries d'actes ou les conduites qui s'accordent
avec ses croyances générales (basées sur l'ensemble de ses
connaissances) et qui ne blessent pas ses sympathies et ses
antipathies, voire ses préjugés esthétiques. Il ne s'assimilera,

proprio motu, la connaissance que de telles conduites. Tout
le reste — qu'on l'accomplisse des milliers de fois devant lui
— il le rejettera, il le méprisera (de la façon stupide qu'on
connaît), il s'en montrera même offusqué ; et cela pourra durer
des siècles, jusqu'au moment précis où une instruction complémentaire le préparera aux avatars imitatifs de M. Tarde. S'il en
était autrement, le progrès social serait ce qu'il n'est pas, une
révolution permanente, une course extra-rapide, insouciante
des obstacles, souvent éperdue, mais aussi, sans nul doute,
bien moins sûre et, pour tout dire, inférieure en qualité.

Pendant plus de cent ans, pour ne citer qu'un fait qui offre
aujourd'hui un intérêt spécial, l'homme du peuple en Russie
est resté réfractaire à tous les exemples venus des milieux
intellectuels, et même à toute propagande par l'action et la
parole ; et pourtant, en aucun pays du monde des efforts si
intenses, si continus, si coûteux en belles vies sacrifiées ne
furent accomplis pour suggestionner (à la lettre) les masses
populaires, pour les inciter à une action imitative directe, bien
plus sans doute que pour les instruire. Pourquoi ce résultat
négatif ? Parce que la connaissance empirique ainsi inoculée
au peuple se trouvait en contradiction flagrante, indéniable
avec sa conception générale du monde, avec ses notions
élémentaires sur le bien et le mal, avec ses préjugés, ses goûts
et ses sentiments esthétiques. Il fallut patienter, attendre.
Plusieurs générations encore passèrent par les nombreuses
écoles dues à l'initiative des zemstwos, des municipalités, des
particuliers, du gouvernement lui-même ; les chemins de fer,
le télégraphe, la poste, l'imprimerie, la presse, tous les moyens
modernes de communication rapide des idées et des sentiments apportèrent leur aide puissante à l'œuvre de l'enseignement et de l'autodidaxie populaires ; enfin de terribles expériences communes, des catastrophes militaires sans précédents
vinrent ranimer, à la façon d'un fer rouge vivifiant une plaie
purulente, l'interaction conscientielle affaiblie ou ralentie par
de longs siècles d'avilissement intellectuel et moral. Alors
seulement se manifestèrent les premiers symptômes non
équivoques d'une désagrégation, d'un effritement de la lourde
masse des vieilles idées, des vieilles croyances, des vieux

sentiments collectifs. Et, en même temps, comme si l'écluse qui retenait les idées et les exemples des classes cultivées s'était brusquement entr'ouverte, le flot des nouvelles façons de penser et de sentir se déversa dans le peuple, l'envahit de diverses parts, y trouva des imitateurs fidèles, des disciples ardents; et il y eut un court moment — qui se renouvellera sans doute plus d'une fois — où l'ouvrier russe d'abord, le paysan ensuite surprirent le monde par leur maturité politique inattendue.

Pour l'élite, la véritable, et non les « ten upper thousands » (le dessus du panier souvent composé de fruits blets ou pourris), l'imitation pure et simple, le psittacisme social a encore moins de valeur. L'élite réelle, frondeuse et ironique, ne se soumet pas facilement aux lois de la mode ou aux pratiques du snobisme dans tous les genres. Elle se comporte librement envers tout exemple. Elle y voit un sujet d'étude, d'analyse, de critique beaucoup plus que d'imitation. Les banalités qu'on débite sur le vaincu qui imite le vainqueur, sur la littérature et l'art d'une nation qui imitent la littérature et l'art des nations voisines, sans autre motif rationnel, dirait-on, que le seul besoin ou le seul plaisir d'imiter, toutes ces assertions courantes demandent à être soigneusement revues et rectifiées. Rien ne saurait nous forcer à imiter des conduites ignorantes, contraires, par exemple, à nos connaissances physiques, chimiques, biologiques; et un peuple civilisé n'imitera jamais un peuple barbare. Mais, s'il en est ainsi, que vaut en soi, par elle-même, la thèse de l'imitation?

Ici, comme partout ailleurs, le sociologue doit rigoureusement séparer ce qui est biologique — la suggestion, — de ce qui est sociologique — la connaissance (l'enseignement, la tradition, etc.). L'homme de génie est soumis, comme le dernier sot, à toutes les lois physiologiques, à toutes les conditions, à tous les accidents pathologiques. Faire de la suggestion un phénomène social se justifie aussi peu que de voir dans le sommeil ou la liberté du ventre un puissant agent des transformations politiques et économiques. Je ne sais pas si la suggestion est, comme on l'a dit, un déterminisme idéomoteur; mais, si elle est cela, elle ne dépasse pas la frontière biologique du déterminisme universel, elle ne se transforme pas encore en déterminisme idéo-actif ou, plus simplement, pratique et téléologique, — déterminisme qui n'entre en jeu qu'à la limite précise où la conscience se transmue en connaissance.

Les mêmes objections doivent être adressées à cet autre principe explicatif de la conduite, la « contrainte », terme générique qui comprend aussi bien les phénomènes d'autorité, de gouvernement, que ceux d'obéissance volontaire ou forcée. Tous les faits généralisés par ce vocable sont ou des actes humains en voie de s'accomplir, ou des actes déjà accomplis et qui se répètent indéfiniment, qui se manifestent par des effets, des résultats plus ou moins stables (lois, mœurs, institutions, etc.).

Expliquer les faits par eux-mêmes, voilà un procédé excellent chaque fois que, dans la complication réelle appelée *grosso modo* un « fait », l'analyse parvient à séparer le phénomène toujours « antécédent » du phénomène toujours « consécutif » et, ce qui est mieux encore, chaque fois que l'analyse réussit à intercaler entre ces deux phénomènes un troisième qui participe de la nature des deux autres (ce que Taine appelle le terme intermédiaire, terme dont la découverte transforme la séquence empirique en séquence rationnelle). Mais le cas est différent lorsque, par impuissance analytique ou par paresse mentale et sous couleur d'objectivité, on déclare vouloir respecter le fait dans son intégralité concrète. En expliquant alors le fait par lui-même, on tombe inévitablement dans l'abstraction verbale et la tautologie.

Attribuer l'origine ou la causalité de nos actes à ce principe, la contrainte, sans aller plus loin, sans se demander : qu'est-ce qui nous oblige, dans les cas dits d'autorité d'une part, de soumission de l'autre, à agir de telle ou telle façon, équivaut, en vérité, à renoncer à toute recherche du déterminisme intime des faits sociaux. Car il suffit de poser la question formulée plus haut pour en faire jaillir une réponse qui réduit à sa juste valeur — d'entité purement verbale — le concept de contrainte. En effet, notre conduite se conforme à certains modèles ou schémas reconnus pour obligatoires, nous nous montrons dociles à certains commandements, pour l'une des deux raisons suivantes. C'est, dans le cas de l'acte accompagné du sentiment de satisfaction que donne la conscience du devoir accompli, parce que nos connaissances touchant la nature de certains phénomènes (parmi lesquels se rangent nos actes eux-mêmes), après avoir déterminé nos conceptions philosophiques et nos goûts esthétiques (terme intermédiaire de Taine), se transforment nécessairement, *sua sponte*, en actions téléologiques, c'est-à-dire favorables ou défavorables à la manifestation répétée des phénomènes en question. Et c'est, dans le cas où nous agissons à contre-cœur et comme malgré nous, parce que nous possédons aussi la connaissance des suites funestes qu'entraîne une conduite contraire à celle exigée par les détenteurs de la force publique ou privée (gouvernement, autorité quelconque, opinion publique ou brigand braquant sur nous son escopette, il n'importe). Les deux cas se présentent fréquemment dans toute société humaine, mais le second se laisse facilement ramener au premier. Cela est si vrai qu'il suffit parfois que nos connaissances particulières se modifient au point de faire fléchir nos croyances générales et nos préférences esthétiques, pour que nous nous insurgions contre un état de choses existant, dussions-nous être les premières victimes de notre révolte. Et quand, par-dessus le marché, il nous arrive de constater la faiblesse réelle des détenteurs du pouvoir, que reste-t-il, par le fait, de cette nouvelle entité sociologique, la contrainte? L'histoire entière de l'humanité, les faits les mieux établis prouvent, je le répète, que derrière toutes les contraintes imaginables se découvrent des connaissances, empiriques ou théoriques, fausses ou vraies, des idées et des sentiments collectifs inspirés par ces idées (*64*).

Comme l'imitation, comme la contrainte, et peut-être même d'une manière plus évidente, la « corrélation des forces sociales », cette thèse favorite des écoles socialistes, n'est qu'une entité, une abstraction générique qui peut servir à désigner l'ensemble, la somme des phénomènes qu'on cherche à comprendre, mais qui laisse clairement transparaître la profonde ignorance où l'on se trouve pour le moment quant à leurs causes véritables. Il est presque inutile d'insister sur le caractère vague et équivoque de cette expression, qui ne saurait être empruntée à la physique, où la même formule a un sens précis, où les forces sont dites corrélatives parce que, dans certaines conditions déterminées, elles se transforment régulièrement les unes dans les autres. Voudrait-on faire entendre qu'il en est de même dans le monde des forces ou facteurs sociaux? Non, assurément, car ce serait là reconnaître, d'une façon implicite, ce qu'on se refuse à admettre, — le bien-fondé de notre loi générale d'évolution. Nous n'avons jamais enseigné autre chose que la stricte corrélation, dans le sens où ce terme est employé par les physiciens, entre les quatre aspects ou modes fondamentaux de la pensée collective. Les forces visées par la thèse que nous critiquons se déploient et s'exercent dans un horizon beaucoup moins large; elles sont toutes cantonnées ou situées dans la phase ultime, pratique ou active, de la pensée sociale. Elles sont, à proprement parler, la résultante de nos actes, une sorte de cristallisation de nos conduites, qui porte le nom de mœurs, de lois, d'institutions. Et la corrélation ou l'ensemble des rapports plus ou moins durables de ces forces actives entre elles n'est pas autre chose que la structure générale (qui comprend les structures économique, juridique, militaire, etc.) d'un groupe humain à une époque historique donnée.

Par quel miracle en est-on venu à voir dans cette corrélation la cause déterminante de notre activité, c'est ce que nous avons essayé d'expliquer plus haut en parlant de « l'imitation » et de la « contrainte ». Certes, nous ne le contestons pas, la domination du capital, le droit conçu et appliqué dans l'intérêt direct de certaines classes, les diverses inégalités politiques ou sociales et ainsi de suite, de tels faits semblent, à première vue, exercer une grande influence sur l'orientation de notre conduite et paraissent avoir une part considérable dans sa genèse. Mais un peu d'attention suffit pour nous convaincre que ces faits complexes sont déjà, par leur essence intime, des actes ou des séries d'actes, des conduites qui, ayant surgi dans le passé et lui appartenant, persistent dans le présent, continuent à être répétées, avec des modifications légères ou même insensibles, par les générations nouvelles. On affirme ainsi que les actes du passé influent sur les actes du présent, assertion cándide contre laquelle nous n'eûmes jamais la moindre velléité de nous inscrire en faux. Mais quelle est la nature de cette influence et dans quelles limites se manifeste-t-elle? Les actes du passé dont l'ensemble constitue soit une structure sociale déterminée, soit ce que beaucoup d'auteurs appellent d'une façon vague et peut-être impropre une corrélation donnée de forces sociales, ces actes exercent sur l'avenir une influence que l'historien, que le sociologue sérieux n'aura garde de négliger ou de sous-évaluer. Mais cette influence n'est pas génératrice de faits et, dans l'espèce, d'actes *nouveaux*; tout au contraire, elle s'attache de la façon la moins équivoque à *empêcher* leur production. Et c'est à combattre cette force d'inertie (à laquelle, soit dit en passant, se ramène une bonne part des faits d'imitation de M. Tarde), à lutter contre cette résistance d'ordinaire très opiniâtre, à réduire ou à diminuer ce frottement à la fois inévitable et fâcheux, que s'emploient et souvent s'usent les causes authentiques mais lointaines et cachées de toute activité réellement modifiée ou nouvelle, les causes qui, dans le passé, ont établi, consolidé ou détruit et changé telle ou telle structure ou « corrélation de forces sociales » et qui, seules, sont capables d'en faire autant dans l'avenir, qui, seules, peuvent assurer le progrès des sociétés humaines.

Singulière ironie du sort qui préside aux transformations des doctrines de l'esprit! Il a fallu que ce soient précisément ces novateurs par excellence, les socialistes, qui défendissent avec le plus de conviction la théorie pour laquelle la vraie cause déterminatrice de tout changement dans notre conduite gît dans la somme des obstacles qui s'opposent à ce changement! Il en est, semble-t-il, de la « corrélation des forces sociales » comme du « capitalisme » où la même école cherche à découvrir la source d'où jaillira le collectivisme, la socialisation future des capitaux! *Post hoc, ergo propter hoc*; l'empirisme social, comme tous les autres, subit l'obsession de l'apparence. On nous dira peut-être que les théoriciens les plus autorisés du socialisme moderne sont d'accord avec nous; qu'ils considèrent aussi bien le capitalisme que l'ensemble plus vaste de faits qu'ils appellent une « corrélation de forces sociales » à un moment donné, comme le grand ennemi à vaincre sur la route du progrès; et que c'est, en somme, à cette victoire, et non à la résistance éprouvée, qu'ils rattachent, comme un effet à sa cause, l'évolution régénéra-trice des formes et des structures sociales. Cette objection porte à côté. Car ce que nous reprochons aux partisans de la thèse examinée, c'est précisément de nous taire le nom du triomphateur, de respecter son anonymat, de ne rien nous dévoiler sur les agents ou facteurs sociaux qui conduisent à la victoire. Et c'est encore de tourner dans un cercle manifes-tement vicieux : puisque, quelle que soit la cause ou condition déterminante qu'on leur désigne, ils en font aussitôt un simple effet de leur *deus ex machina*, la corrélation des forces sociales.

4. *Les sciences sociales et l'expérimentation.* — L'expérimentation, au sens qu'attachent à ce mot les disciplines qui étudient les aspects physique, chimique et biologique de la matière, est-elle praticable en sociologie? Cet important problème méthodologique est étroitement lié à la question des rapports qui existent entre la connaissance et l'action; car une méthode est une connaissance, et une méthode appliquée — une action. Le problème soulevé rentre donc, comme une partie, dans le problème plus vaste : quelles sont les limites qui bornent l'action humaine dans le groupe social?

L'expérience bio-individuelle est illuminée par la conscience. L'expérience collective ou socio-individuelle l'est également; mais elle se distingue de la première (qu'elle prolonge, multiplie et approfondit) par ce trait : elle est, en outre, toujours guidée par la connaissance où, ce qui revient au même, éclairée par la raison. Nous faisons, on le voit, de la raison le synonyme de la connaissance; mais il n'aura pas fallu, remarquons-le, moins de deux cents ans pour établir cette équation. « Au XVIIIe siècle, écrit quelque part Taine, on disait la raison ; au XIXe on dit la science »; et Taine conclut avec une conviction profonde : « Tout le progrès des cent ans est là ». La pensée analytique, en effet, s'est différenciée au siècle dernier de la pensée synthétique en s'efforçant d'assurer son hégémonie sur celle-ci. Mais, dans ce but, loin de se substituer à la raison, elle s'est de plus en plus identifiée avec elle. Aussi croyons-nous pouvoir donner à la formule de Taine ce complément : au XXe siècle on dira indifféremment la science *ou* la raison, — et tout le progrès de la nouvelle étape sera là encore.

Quoi qu'il en soit, l'expérience déjà socialisée ou rationalisée revêt deux formes principales : c'est, ou une observation, ou une expérimentation. Et il n'y a, entre l'une et l'autre, qu'une simple différence de degré. L'expérience rationnelle — l'histoire de toutes les sciences le prouve — débute régulièrement par l'observation, pour aboutir à l'expérimentation. La possibilité de cette dernière signale la perfection relative, la maturité plus grande d'une science. En d'autres termes, l'observation est la première phase dans le développement de la connaissance, et l'expérimentation en est la seconde. Il ne saurait y avoir de disciplines scientifiques prédestinées, par la nature de leur objet, à toujours demeurer, pour ainsi dire, dans le vestibule du savoir. Car l'objet de toutes les sciences est essentiellement le même. Et une « phénoménalité » très complexe, comme une « phénoménalité » très simple, se prêtera ou ne se prêtera pas à l'expérimentation pour des causes diverses ; mais parmi celles-ci la complexité et la simplicité relatives des phénomènes n'entreront en ligne de compte que dans la mesure où ces deux conditions de la recherche ont déjà influé sur la quantité et la qualité des connaissances acquises. Tant que le savoir existant, qui préside à toute nouvelle expérience collective ou socio-individuelle, reste très incertain ou grossièrement empirique, la balance penchera en faveur de l'observation. Cette méthode sera seule capable de donner des résultats tant soit peu sûrs ; et l'expérimentation, si on s'y livre prématurément, conduira à des déboires, des désillusions sans nombre. Citons l'exemple de cette connaissance si simple, l'astronomie, où l'expérimentation ayant été, par le fait, impraticable jusqu'à la découverte du spectre solaire et de son analyse chimique, on se cantonna, pendant de longs siècles, dans l'observation pure ; et citons, par contre, l'exemple de la plus complexe des connaissances, le savoir social, où l'expérimentation a toujours été la méthode favorite des hommes, le procédé de découverte le plus largement employé, quoi qu'en disent ceux qui s'imaginent cette méthode uniquement dans un décor et avec des accessoires spéciaux et devenus familiers, et qui se refusent — on se demande pourquoi ? — à la comprendre sur le champ de bataille, dans le prétoire, dans l'assemblée législative, dans l'école, dans l'usine, dans la plus humble boutique, partout où l'individu social agit ou croit agir au mieux de ses intérêts, tels que les lui dévoilent à un moment précis sa science ou son ignorance. Inévitable, par la nature même des choses, cette expérimentation de toutes les heures se ralentit quelquefois (époques de stabilité relative), mais elle ne s'arrête jamais d'une façon complète. Et elle a déjà apporté aux hommes quelques lueurs de vérité, quelques règles de conduite précieuses, quelques directions justes pour leurs expériences à venir. D'autre part, elle a fait subir à l'humanité les plus cruelles épreuves, elle a rempli l'histoire de catastrophes et de désastres sans nom.

Les plus hautes autorités en méthodologie ont déclaré maintes fois qu'il était vain de croire que les sciences sociales puissent jamais prétendre à l'emploi des procédés fructueux et décisifs dont l'usage régulier avait assuré la brillante fortune de la plupart des sciences de la nature extérieure. Mais, par une étrange contradiction, ces mêmes autorités, ayant à leur tête le fondateur de la sociologie moderne, Auguste Comte, se consolent d'une telle impuissance par la pensée que l'histoire, c'est-à-dire l'activité sociale des hommes considérée soit dans le passé, soit dans le présent, n'a jamais été autre chose qu'une vaste et incessante expérimentation. Pour nous, il y a là un véritable illogisme : car si la pensée pratique et téléologique expérimente, c'est que la pensée spéculative qui la précède et l'inspire, sous ses trois aspects consécutifs (l'aspect analytique, l'aspect synthétique et l'aspect symbolique), et lui a commandé, l'a déterminée à tenir ce rôle positif. Pour nous, il n'y a pas d'expérimentation qui ne soit éclairée non seulement par la conscience, mais encore par la raison, qui ne soit dirigée par le savoir déjà acquis. Et il en est ainsi dans toutes les sciences : l'expérimentation physique, chimique ou biologique n'est ni une spéculation pure, ni une recherche aveugle, c'est une activité déterminée et conditionnée exactement par les mêmes facteurs sociaux que l'expérimentation dite historique.

Dans toutes les sciences sans exception, la pensée spéculative, considérée en soi, se borne à *observer* les résultats de l'expérimentation à laquelle se livre la pensée pratique nécessairement suscitée et dirigée par la première. Et les sciences de pure observation, opposées aux sciences expérimentales, sont celles où la pensée pratique, par suite de certains défauts inhérents à la pensée spéculative (insuffisance, quantitative ou qualitative, des données essentielles du savoir, état arriéré ou stationnaire des idées et des croyances générales, et aussi bien des goûts esthétiques), où la pensée pratique, dis-je, est, pour une période plus ou moins longue, empêchée de s'épanouir dans toute sa vigueur, de porter tous ses fruits, où elle doit, autant que possible, se rétrécir, se restreindre et quelquefois s'inhiber, si elle ne veut pas courir le risque de devenir profondément irrationnelle et, par là même, malfaisante.

Tout autre — ai-je besoin de le dire — est la conception régnante à ce sujet. On semble généralement vouloir admettre que l'expérimentation dite historique est le produit non pas de la raison, de la logique humaine s'appuyant sur une connaissance souvent misérable, défectueuse ou erronée, mais de forces obscures et inconscientes qui, tapies au cœur des choses, de la nature aveugle et surtout de l'être biologique, soulèvent les passions et les désirs des hommes et se jouent d'eux comme le vent soufflant en tempête agite les cimes des hautes forêts ou fait bondir en vagues énormes la nappe immense de l'Océan. C'est là, quoiqu'elle se donne pour positive et naturaliste, une conception profondément mystique de l'histoire. Le mysticisme, nous l'avons dit cent fois, est le propre frère de l'empirisme.

Tant que la pensée spéculative, sous ses trois grandes faces, mais surtout sous son aspect analytique, n'est pas strictement différenciée de la pensée pratique, ou tant que ce qu'on appelle la théorie et ce qu'on nomme l'action forment une masse homogène et confuse, l'expérimentation reste incertaine, chaotique, elle est entièrement livrée au hasard. C'est le fait du sauvage frottant l'un contre l'autre deux pièces de bois, geste qui est l'ancêtre lointain des plus subtiles expériences du physicien ; ou le fait de préparer, de cuire les aliments à la chaleur de la flamme qui, plus tard, lèchera les cornues du chimiste. En biologie, l'expérimentation a longtemps porté ce caractère franchement empirique et aléatoire. En sociologie, elle le possède encore au plus haut degré. Mais rien ne prouve qu'elle gardera toujours cette tare infantile, que l'histoire future ne deviendra pas une expérimentation savante. Aujourd'hui déjà, on voit maintes mesures législatives, judiciaires, administratives, politiques, se justifier non plus par le misonéisme conceptuel, l'attachement aux entités verbales que forma l'expérience insuffisante du passé, mais par certaines thèses sociologiques de date récente dont on avoue hautement vouloir poursuivre la vérification (*65* et *66*).

CHAPITRE III

La pensée synthétique et l'action.

1. La science — synthèse de la vie consciente, et la philosophie — synthèse de la vie cognitive du groupe. — 2. Les prémisses apodictiques de la conduite. — 3. Le positivisme. — 4. Le néo-positivisme.

1. *La science — synthèse de la vie consciente, et la philosophie — synthèse de la vie cognitive du groupe.* — L'interaction constante entre un nombre indéfini de consciences bio-individuelles fait apparaître ce phénomène aussi nouveau que complexe, la connaissance, qui est comme le retentissement et le résidu ou le résumé, dans le for intérieur de l'individu, des données immédiates, des résultats directs de l'expérience collective. Loin de supprimer ou d'affaiblir la conscience bio-individuelle, la connaissance la développe et la fortifie. Elle lui attribue une valeur — générale sinon universelle — qu'elle ne possédait pas auparavant. L'union des deux phénomènes — conscience et connaissance — est aussi manifeste qu'intime. On a conscience de sa connaissance, et c'est là un fait psychophysique, comme on a connaissance de sa conscience, et c'est là un fait psychologique ou bio-social.

Un état conscientiel, a-t-on dit, est toujours « une synthèse qui enferme, résorbe, mais à des plans différents, avec des éclairements plus ou moins intenses, toute notre vie psychique passée....., un raccourci de tous nos souvenirs ». Cette synthèse constitue à chaque moment donné le moi conscient. Des causes diverses, les unes externes et les autres internes, les unes physiques et les autres physiologiques, des causes dont la résultante est désignée par le terme vague d'attention, — « découpent dans cette synthèse et y isolent une image ou un groupe d'images qui font saillie, pour ainsi dire, et passent au premier plan », refoulant tout le reste dans le domaine de l'inconscient (ou de l'oubli comparable à la disparition factice des étoiles au lever du soleil).

Il semble qu'on puisse dire la même chose de tout état « cognitif ». La connaissance est le produit de la vie psychique passée, non pas d'un individu biologique, mais d'un groupe social plus ou moins vaste; et à ce titre elle embrasse, en un résumé succinct, l'expérience collective totale qui la précède et la fait surgir. Mais, ici encore, des causes diverses, les unes physiologiques ou, dans l'espèce, psychophysiques, et les autres sociales, des causes dont la résultante commune ou psychologique porte le nom de « spécialisation », — découpent dans la synthèse cognitive et y isolent l'une de ses faces ou un petit nombre de ses aspects. La spécialisation qui est une attention socialisée, adaptée à l'expérience collective, domine et limite la connaissance, comme l'attention qui est une spécialisation psychophysique adaptée à l'expérience bio-individuelle, domine et limite la conscience. Le savoir que nous acquérons en établissant, par exemple, une loi sociologique, est le résultat nécessaire de nos connaissances antérieures dans tous les domaines de la nature. Néanmoins, nous n'y distinguons qu'une partie minime de l'univers; cette fraction infinitésimale est seule éclairée, laissant le reste dans l'ombre. Une sorte de nescience plus ou moins réfléchie, due à la limitation analytique de la pensée, tient ainsi vis-à-vis de la connaissance le rôle que l'oubli, dû à l'attention plus ou moins volontaire, tient vis-à-vis de la conscience.

Nos connaissances, considérées comme l'aboutissement nécessaire de notre expérience collective, s'offrent comme autant de synthèses partielles des divers moments de la vie consciente passée du groupe social auquel nous appartenons. Et à mesure que de telles synthèses se forment, se succèdent, se conservent, s'accumulent et se résument dans les dernières connaissances acquises, un mode nouveau d'existence, la vie déjà cognitive qui, seule, mérite le nom de vie sociale, se superpose à la vie conscientielle encore purement organique. L'individu biologique se transforme en individu bio-social, et l'interaction psychologique vient compliquer l'interaction psychophysique. La connaissance (la synthèse primordiale exprimant la vie consciente du groupe) se déployant et s'épanouissant en vie cognitive, devient alors elle-même, nécessairement, la matière ou l'objet d'une nouvelle synthèse, à la fois plus compréhensive et autrement conditionnée. C'est ainsi que la connaissance fait spontanément éclore les premiers germes de la conception philosophique.

Dans cette dernière — qui est une synthèse réfléchissant et résumant la *vie cognitive* d'une collectivité quelconque, d'une nation, d'un groupe de peuples (philosophie européenne, ou orientale, par exemple), de l'humanité tout entière — nous voyons à la fois les mêmes traits que dans la conception scientifique et des traits distincts. D'une part, toute philosophie est la résultante des philosophies qui la précèdent; et ce rapport, loin de nier, affirme au contraire la loi de stricte corrélation entre l'état de la philosophie et l'état des sciences à une époque donnée. Et, d'autre part, il y a, entre les conceptions scientifiques et les conceptions philosophiques cette différence que, si les premières sont les synthèses des états conscientiels, c'est-à-dire de la vie psychophysique des unités formant un groupe, les secondes sont les synthèses de ces synthèses, les synthèses des états cognitifs, c'est-à-dire de la vie sociale (ou bio-sociale, psychologique) des unités formant le même groupe. La science apparaît donc, dans ses rapports avec la philosophie, comme une synthèse toujours partielle; c'est le mode analytique et, par suite, ainsi que nous avons tâché de le prouver, hypothétique de la pensée. Et la philosophie apparaît, dans ses rapports avec la science, comme une synthèse universelle ou tendant sans cesse à le devenir, embrassant toutes les synthèses particulières, totalisant la vie cognitive du groupe; c'est le mode synthétique pur et, par suite, ainsi que nous nous sommes également efforcés de le démontrer, apodictique de la pensée sociale. Il n'y a de philosophie que de l'universel ou de l'un : la philosophie est essentiellement un monisme logique. De même, il n'y a vraiment de science que du multiple et du divers, et la formule : il n'y a de science que du général, si on l'approfondit comme il convient, constate précisément la spécificité nécessaire de toute synthèse savante.

La connaissance n'est pas la conscience, mais une métamorphose *sui generis* de ce phénomène psychophysique, métamorphose qui ne se produit que dans un milieu social (l'esprit isolé ne pouvant ni généraliser, ni abstraire, deux processus qui forment l'essence de tout savoir). De même, la philosophie n'est pas une connaissance, ou un système de connaissances, une science. C'est, à son tour, une transformation de la connaissance, — changement irréalisable, bien entendu, dans tout autre milieu que le milieu social. Mais cette série de mutations ne s'arrête pas là. L'évolution de la conscience plongée dans le milieu collectif, c'est-à-dire multipliée par un nombre infini d'autres consciences, continue, suit son cours. Science, philosophie, c'est beaucoup, ce n'est pas tout. Il y a autre chose encore. Sous l'influence indirecte de la connaissance, et directe de la philosophie, la conscience devient esthétique, elle apprend à distinguer le « beau » dans la nature et dans l'homme. La science et la philosophie ne sont que les deux premiers modes de la pensée qui, de biologique, s'arrêtant à la représentation, à l'image et à l'émotion individuelles, est devenue sociale, capable de faire germer des idées générales et abstraites, de susciter des sentiments communs. L'art est son troisième mode, sa forme syncrétique et symbolique. Enfin, sous l'influence, tantôt directe et tantôt indirecte, de nos conceptions esthétiques, de nos conceptions philosophiques et de nos conceptions scientifiques, un avatar ultime de la conscience remplit le vaste domaine de ce qu'on appelle l'*action*. Ici, la pensée sociale revêt une forme essentiellement téléologique ou finaliste (utilitaire, pratique).

« Avec l'apparition de la raison, c'est-à-dire de l'homme, affirme Schopenhauer (dans *Le Monde comme Volonté et Représentation*), la sagesse de la nature s'éveille pour la première fois à la réflexion; elle s'étonne de ses propres œuvres et se demande à elle-même ce qu'elle est. Son étonnement est d'autant plus curieux que, pour la première fois, elle s'approche de la mort avec une pleine conscience et qu'avec la limitation de l'existence l'inutilité de tout effort devient pour elle plus ou moins évidente. De cette réflexion et de cet étonnement naît le besoin métaphysique qui est propre à l'homme. L'homme est un animal métaphysique. »

Cette définition est juste, mais incomplete. L'homme est à la fois un animal savant ou abstracteur de quintessences, un animal métaphysique ou constructeur de synthèses mondiales, un animal artistique ou évocateur de symboles, de types syncrétiques incarnant les réalités abstraites, les vertus éparses des choses, enfin un animal pratique ou créateur d'utilités conventionnelles, de valeurs mobiles à l'excès et qui se réduisent toutes à des rapports factices de fins à moyens, c'est-à-dire à une inversion des rapports primordiaux de causes à effets. Et il y a dans cette multiplicité fonctionnelle un enchaînement strict, une causalité fixe, une succession nécessaire.

Les actes qui, se déroulant dans un milieu social, ne sont pas dus exclusivement à des causes physiologiques plus ou moins soumises, à leur tour, à l'influence de divers agents chimiques et physiques (mécaniques), ces actes manifestent une causalité spécifique et complexe, ils subissent simultanément la pression de ces trois grands facteurs sociaux : la science, la philosophie et l'art, ils apparaissent comme invariablement déterminés par nos connaissances particulières, par nos croyances générales, par nos sentiments et nos goûts esthétiques. Dans les limites de ce chapitre, toutefois, nous n'avons à nous occuper que des rapports qui existent entre l'activité sociale ou, si l'on aime mieux, entre le mode pratique et téléologique de la pensée, d'une part, et la philosophie, ou le mode synthétique et apodictique de cette même pensée, de l'autre.

A ce point de vue, si l'acte isolé pris au hasard dans une série plus ou moins longue, semble encore être commandé *in toto* par la connaissance particulière correspondante, il n'en est plus de même de la concaténation d'actes qui forment ce qu'on appelle une conduite. Le savoir le plus parfait ne fournit que des échappées partielles sur la nature. Or, toute conduite cohérente, toute série active dont les membres, les actes qui la composent, demeurent, malgré leur diversité profonde, unis entre eux par des liens que la logique commune ne désavoue pas, exige quelque chose de plus qu'un simple concours de connaissances différentes. Il faut encore qu'une telle coopération s'offre sous l'aspect d'une synthèse plus ou moins vaste et puissante, qu'elle revête la forme d'un système logique excluant la contradiction. Et, à chaque époque de l'histoire, cette synthèse indispensable à l'activité suivie ou conséquente, se laisse réellement constater sous les noms équivalents de religion ou de système philosophique. Les grandes vues d'ensemble, les fortes convictions ou croyances générales suscitent, en outre, des sentiments collectifs dont quelques-uns, tel le sentiment général de la nature qui forme la base de nos préférences et de nos goûts esthétiques, jouent un rôle proéminent dans la genèse de l'action. Aussi l'historien de la civilisation a-t-il depuis longtemps compris la nécessité de les classer à part. En somme donc, une conception générale de l'univers (une religion, une philosophie) et un sentiment général de ce même univers (une esthétique, un art) se joignent nécessairement à sa connaissance analytique pour élaborer en commun ce qu'on appelle des principes, des règles générales de conduite. Ces règles ne sont pas inventées, elles sont simplement codifiées par la *philosophie pratique*, toujours accompagnée, sinon précédée, par une esthétique pratique, par un choix de buts d'activité conçus comme plaisants (ou beaux) avant d'être conçus comme utiles. La philosophie pratique et l'esthétique pratique constituent ensemble une sorte de véritable « technologie de l'action ».

Le rôle si important joué par la pensée synthétique dans la coordination et l'orientation des actes ayant une origine ou poursuivant une fin sociale, ne put échapper à l'attention des hommes. La détermination philosophique de la conduite frappa de bonne heure les esprits. Aussi une sorte de vague opinion générale a-t-elle toujours existé et prévaut-elle encore aujourd'hui, qui nous présente la philosophie comme la « maitresse de la vie », la science « des voies qui conduisent au bonheur », la « science-mère de l'action » (*67*).

Une vérité précieuse se trouva ainsi encastrée dans une erreur grossière. La philosophie ne tarda pas à être systématiquement assimilée à la technologie de l'action. Et dans les interminables débats suscités par le problème — encore pendant, semble-t-il, — des rapports de la science et de la philosophie, une tendance se fit jour qui chercha à tracer entre ces domaines connexes la ligne démarcative suivante : la science est aussi objective et opposée à tout anthropomorphisme que possible; la philosophie, au contraire, « part de la considération de l'homme par qui et pour qui, en dernière instance, sont élaborées les recherches scientifiques ». La philosophie « humanise » les données et les résultats de la science; ce qui la préoccupe, ce sont nos *destinées* éclairées par nos connaissances analytiques.

Cette vision est trouble, confuse : elle transpose arbitrairement les faits et dénature leurs rapports exacts. A la suite de la science toujours objective, toujours soucieuse des liens de causalité, ennemie-née de tout anthropomorphisme, se profile, vers la fin de la série psychosociale, dans le vestibule, pour ainsi parler, de l'action, un savoir foncièrement téléologique, ne considérant que nos besoins et les moyens de les satisfaire, un savoir anthropocentrique par essence, tendant sans cesse à ce qu'on appelle — peut-être improprement — la domination de l'homme sur la nature. C'est la science appliquée, la technologie toujours spéciale (physique, chimique, biologique, sociologique) de l'action. Et à la suite de la philosophie qui n'est ni plus ni moins objective que la science dont elle procède, se profile, dans le même « atrium » du geste, la philosophie pratique, la technologie générale de la conduite. Elle est, à son tour, finaliste, humanitaire au sens strict du mot, préoccupée avant tout de déterminer et de fixer nos destinées les plus générales (communes à tous) et les plus lointaines. Par le culte et l'enseignement religieux populaire, les philosophies théologiques ont largement et de bonne heure réalisé cette technologie générale. Les philosophies métaphysiques ont tendu au même but; mais leur œuvre, contrecarrée par le misonéisme des masses ignorantes, fut surtout, selon la juste remarque de Comte, négative et critique. La morale dite indépendante ou athée n'eut longtemps de prise que sur les esprits de rares élites; et ce n'est guère que vers le milieu ou même la fin du dernier siècle que cette arme déjà émoussée et vieillie, déjà distancée par certaines thèses imprévues de la sociologie moderne, passa dans les mains des foules démocratiques et socialistes (*68*).

2. *Les prémisses apodictiques de la conduite.* — La pensée analytique qui influence l'acte isolé, est, par sa nature même, avons-nous dit, hypothétique; et la pensée synthétique qui détermine le cours général de notre conduite, est nécessairement, selon nous, apodictique. Beaucoup d'estimables esprits pensent, on le sait, autrement; ils laissent au philosophe la liberté de construire de vastes hypothèses sur l'univers, ses origines, ses fins, etc., sans lui imposer un effort vérificateur qu'ils tiennent eux-mêmes pour oiseux et stérile.

Les sciences où s'exprime le mode analytique de la pensée sont composées de deux parts : l'une comprend les hypothèses vérifiées, les rapports exacts des choses; c'est le savoir au repos; et l'autre comprend les hypothèses en voie de vérification; c'est le savoir en marche qui, à certaines époques, remplit la science entière et qui y forme toujours la section la plus intéressante. Telle est la double nature des matériaux dont se sert la raison humaine en passant du mode analytique au mode synthétique de la pensée collective. Or, quels seront les attributs différentiels de ce dernier mode ou de la conception générale de l'univers auquel il aboutit? En tant que rationnelle, logique, ne dépendant pas, d'une façon immédiate, comme les analyses qui la précèdent et la préparent, d'une expérience ou d'une observation bien ou mal ordonnée, cette synthèse sera nécessairement apodictique. Le doute ici ne portera pas sur l'objet de la réflexion, mais sur la réflexion elle-même.

L'esprit humain se pose, dans la science et dans la philosophie, deux problèmes différents. Dans la première, l'esprit cherche, accepte, rejette, vérifie les hypothèses qu'il ne peut pas ne point construire. Dans la seconde, il médite sur la totalité des résultats obtenus par la science, il poursuit deux fins : que ces résultats soient les plus parfaits dans leur genre, et qu'ils se contredisent le moins possible ; mais il ne peut accepter les uns et rejeter les autres, pour les remplacer par des résultats qu'il aurait trouvés lui-même. Quand il s'engage dans cette voie, l'esprit philosophique se confond avec l'esprit scientifique. Les faits particuliers sont du ressort du savoir spécial. La philosophie ne saurait les étudier sans devenir une doublure de la science. La synthèse du philosophe n'est valable que si, se conformant aux normes objectives de la raison, elle couvre, du moins aux yeux de celui qui la construit, la réalité totale. Au surplus, comme la science qui lui fournit sa matière première, la synthèse philosophique est sujette à un perpétuel devenir. Elle est éminemment instable ; et ce trait poussa sans doute une foule de penseurs à la prendre pour ce qu'elle n'est pas, — une conjecture, une supposition universelle.

Si la science est la pensée logique ou critique basée *directement* sur l'expérience et s'opposant soit à l'invasion du sentiment, soit au règne de l'autorité, la philosophie est la pensée logique ou critique basée d'une façon immédiate sur les résultats du savoir, et *indirectement*, — cette distinction est capitale — sur l'expérience. Hypothétique et analytique dans son contact direct, la raison est apodictique et synthétique dans son contact indirect avec le milieu ambiant. La philosophie est apodictique quant à son propre contenu, les conclusions ultimes de la science, et nullement quant au contenu ou à la matière première du savoir. Si l'on ne considère que celle-ci, il faut attribuer un caractère conjectural non seulement à la science et à la philosophie, mais aussi à l'art, et indiscutablement à l'action. Mais encore devrait-on, en ce cas, distinguer entre le plus et le moins, et nous présenter la science comme directement hypothétique, — c'est l'analyse qui se sert de l'hypothèse comme du principal moyen de dissection de la réalité concrète ; et la philosophie comme conjecturale indirectement, — c'est la synthèse qui, dans son effort moniste, s'appuie sur les grandes généralisations scientifiques. Là gît la principale distinction entre la philosophie à laquelle nous avons donné (dans notre ouvrage sur la *Recherche de l'Unité*) le nom de monisme logique, et le monisme transcendant ou réel.

La thèse qui place la philosophie sur le même plan que la connaissance spéciale en lui attribuant les principales fonctions de celle-ci, est historiquement justifiable ; et notre vue, au contraire, implique une réforme radicale de la pensée synthétique. Mais s'il fallait tenir rigoureusement compte de la parcelle de vérité contenue dans la théorie que nous combattons, nous serions très disposés à dire que la philosophie est la pensée unificatrice, non pas hypothétique, mais *conditionnelle*, ou apodictique conditionnellement. « Conditionnelle » signifie ici autant que « conditionnée par la science ». Et la même qualification pourra aussi bien s'appliquer à l'art, conditionné par la philosophie et par la science, et à l'action, conditionnée d'une façon générale par l'art et par la philosophie, s'il s'agit d'une longue suite d'actes, d'une ligne de conduite, et d'une façon plus particulière par la science, s'il s'agit d'actes isolés (*69*).

3. *Le positivisme.* — « Au fond de tous les événements corporels, dit Taine, on *découvre* un événement infinitésimal, imperceptible aux *sens*, le *mouvement*, dont les degrés et les complications constituent le reste, phénomènes physiques, chimiques et physiologiques. » Voilà une partie de la nature. « Et au fond de tous les événements moraux, dit le même écrivain, on *devine* un événement infinitésimal imperceptible à la *conscience*, dont les degrés et les complications constituent le reste, sensations, images et idées » (et sans doute aussi faits sociaux, institutions, histoire, civilisation). Voilà l'autre partie, la fraction complémentaire de la nature.

Taine constate ici — et tout philosophe au courant de l'état des diverses connaissances à notre époque lui donnera raison — le degré supérieur de développement atteint par les sciences du monde inorganique et du monde de la vie comparativement aux sciences des phénomènes surorganiques. En effet, l'élément fondamental commun à tous les

phénomènes formant le premier groupe est seul signalé par
Taine comme découvert par les méthodes indirectes des
sciences correspondantes. Quant à l'élément ultime des phénomènes composant le second groupe, on ne peut que supposer ou deviner son existence et la possibilité de l'atteindre
un jour, sous sa forme infinitésimale, par les méthodes indirectes du savoir. Jusque-là, cet élément reste un terme non
pas irréductible et inconnaissable, — grossissement apeuré de
l'ignorance qui voit des fantômes dans les ténèbres, — mais
irréduit et inconnu.

Aujourd'hui, les travaux spéculatifs des philosophes portent
encore sur les problèmes de psychologie et les problèmes de
morale au sens large du mot. Mais ce terrain leur est déjà
ardemment disputé par les savants spéciaux. Il offre par suite
le spectacle d'un véritable *condominium* : on ne sait trop au
juste si ce sont les philosophes qui l'exploitent en savants,
ou les savants qui le cultivent en philosophes. Et les hypothèses, ici, ne manquent point. Il y en a de tout à fait malheureuses, qu'on ne tardera pas à abandonner, et d'autres qui
méritent d'être retenues et vérifiées. Parmi ces dernières se
trouve peut-être — du moins j'aime à le penser — l'hypothèse proposée par moi et qui explique l'élément inconnu
dont parle Taine comme une interaction constante s'exerçant
entre les mouvements cérébraux (les plus particuliers et les
plus complexes de tous ceux auxquels les sciences de la
nature extérieure réduisent leur objet).

Si elle se vérifiait, cette hypothèse particulière ou scientifique placerait le philosophe en face de l'élément ultime déjà
découvert, le mouvement, et d'une modification de cet élément par une voie connue dans ses lignes essentielles. Sa
conception du monde s'en ressentirait aussitôt ; elle devien-
drait franchement moniste, réalisant le dessein, accomplis-
sant la tâche capitale de la pensée synthétique qui, chez tous
les métaphysiciens, est encore arrêtée dans son essor par la
fâcheuse obligation où se voit le philosophe de remplir l'office
du savant. Car ce n'est qu'en qualité de psychologue ou de
sociologue-moraliste que Taine, par exemple, a pu recourir
à l'hypothèse d'une différence profonde de nature entre le phé-

nomène surorganique d'une part, et le mouvement de l'autre.
Il jetait ainsi les bases — à contre-cœur, sans doute, car la
pensée synthétique ne pouvait qu'en être appauvrie et dimi-
nuée — d'un dualisme irréductible.

Le point de vue analytique est celui de la discontinuité des
phénomènes. Aussi le savant relève-t-il avec un soin extrême
les lacunes, les anneaux qui manquent dans la série totale
des choses ; ces vides marquent pour lui les lignes-frontières
entre les diverses sciences abstraites. Le point de vue synthétique est, au contraire, celui de la continuité, de la succession
ininterrompue des processus naturels. Toutefois, cette discontinuité et cette continuité sont essentiellement relatives ; ce
qui signifie qu'entre les idées scientifiques et les conceptions
philosophiques un rapport étroit de corrélation se manifeste,
qui s'oppose à la coexistence aussi bien d'un savoir très sûr
et d'une philosophie illusoire, que d'une philosophie certaine
et d'une science mensongère. L'étude attentive de ce rapport
tend, en outre, à prouver que la discontinuité est toujours
le phénomène antécédent, et la continuité le phénomène conséquent ; et encore que l'évolution historique va d'un
maximum de discontinuité (lacunes innombrables dans tous
les ordres d'étude, domination des idées spécifiques sur les
idées génériques) et d'un minimum de continuité (conceptions pluralistes et dualistes de la nature, animisme primitif)
à un minimum de discontinuité (nombre réduit de sciences
fondamentales) et à un maximum de continuité (monisme
logique).

Le positivisme ne pouvait naître que fort tard, qu'à
l'époque qui se signala par les premiers pas sérieux vers la
constitution des sciences du monde surorganique. En effet,
le positivisme semble être la philosophie qui se confond avec
les sciences, non plus pour les aider à accomplir leur tâche
analytique et par suite hypothétique, tout en restant une
philosophie, une synthèse apodictique (contradiction qui
caractérisa au plus haut point les systèmes antérieurs), mais
pour se détruire, pour s'annihiler elle-même en tant que conception moniste de l'univers, pour affirmer le vide ou
l'impuissance du mode synthétique de la pensée. Le positi-

visme est une antiphilosophie au sens « hégélien » du terme.

Sur la route qui conduit du multiple à l'un, ou dans sa marche du concret à l'abstrait, la pensée est arrêtée par la division tripartite de l'univers, en phénoménologie inorganique, en phénoménologie organique et en phénoménologie surorganique. Est-ce au mode synthétique de cette pensée, à la philosophie, ou à son mode analytique, aux diverses sciences, qu'incombe la tâche de délimiter ces trois grands domaines spéculatifs et de répartir entre eux notre savoir? Le positivisme, qui solutionne le problème dans le premier sens, remplace *eo ipso* la philosophie par une série de philosophies particulières (c'est le terme impropre qu'il adopte) des sciences spéciales. Or, ce qu'on appelle philosophie d'une science, c'est cette science elle-même, envisagée dans ses abstractions les plus hautes, ses généralisations les plus vastes. La simple énumération des résultats ultimes des sciences, qu'elle aboutisse ou non à une sorte d'inventaire général du savoir humain, rentre dans le cadre des opérations habituelles de la pensée savante. La philosophie comme nous la concevons ne recherche que les synthèses *interscientifiques*.

Le positivisme tel qu'il sortit des mains de Comte et tel que le propagent aujourd'hui de nombreux disciples, favorise les solutions pluralistes du problème mondial aux dépens de l'idée moniste. Le positivisme se pose en adversaire irréductible de la métaphysique. Mais ce qu'il combat ici, ce n'est pas la confusion partielle de la philosophie avec la science, dans laquelle tombent les systèmes antérieurs. Ce trait que le positivisme exagère à son tour, qu'il pousse à ses conséquences extrêmes, ne pouvait le frapper comme une tare grave, comme une faute irrémissible. Son antipathie pour la métaphysique a d'autres causes. Elle est basée principalement sur deux sortes de griefs. D'un côté, le positivisme reproche à la métaphysique ses tentatives monistes qui, eu égard aux nombreuses lacunes dans les sciences positives, ne pouvaient être que transcendantes et unilatérales (matérialisme, idéalisme et sensualisme); et, de l'autre, il lui fait un crime de son scepticisme, de ses aspirations critiques. Ces griefs, je n'ai pas besoin de le faire remarquer, sont contradictoires : autant vaudrait accuser en même temps la métaphysique et de se comporter comme une philosophie, et non comme une science, et de se conduire comme une science, et non comme une philosophie.

Cette contradiction a ses racines dans la double nature, à la fois synthétique et apodictique, de ce grand mode de la pensée sociale qui porte le nom de philosophie. Car si le pluralisme positiviste tend à réduire à son minimum la fonction synthétique de cette pensée, il s'accommode en revanche fort bien de sa fonction apodictique, il est essentiellement un dogmatisme. Si, d'une part, il destine la philosophie à devenir une science, de l'autre, il oblige la science à devenir une philosophie. Tel est le fruit ultime de la confusion séculaire entre les deux premiers modes fondamentaux de la pensée sociale. Nous avons dit plus haut que le positivisme était, en un certain sens, une antiphilosophie. On pourrait tout aussi bien le définir comme une demi-philosophie, — et ce serait là peut-être son plus grand tort, s'il est vrai qu'on n'est jamais impunément une demi-chose.

4. *Le néo-positivisme.* — Le néo-positivisme est le positivisme qui a pris conscience de ses points vulnérables, qui est fermement résolu à se délivrer de ses contradictions. Né au milieu des ruines qu'accumula la double négation positiviste et criticiste, le néo-positivisme s'efforce avant tout de mettre à profit les parties utilisables de ces décombres. Il ne se targue pas d'édifier de toutes pièces, et pour tous les temps à venir, une philosophie complètement différenciée de la science. Son ambition se borne aux tâches préliminaires essentielles, au déblayement du terrain, au façonnage des principaux matériaux de construction. A ces fins, il déclare la guerre au fantôme de l'Inconnaissable, soit sous la vieille forme religieuse (l'idée divine), soit sous la forme nouvelle dont le revêtit par la suite une métaphysique plus subtile (l'être en soi et son culte, l'agnosticisme). Il découvre les rapports étroits de causalité qui unissent la genèse et les transformations successives de ce concept verbal aussi bien aux incohérences dualistes où se complurent les théologies, qu'au

monisme transcendant et fallacieux où s'attardèrent les métaphysiques. Il ramène, en dernier lieu, la longue succession de déconvenues et d'échecs subis par la raison humaine dans sa poursuite acharnée de l'unité réelle des choses, et la désespérance de connaître, le pessimisme du savoir qui en résulta, à la confusion initiale et inévitable de la recherche philosophique avec la recherche scientifique. Il procède, en conséquence, à la séparation ou différenciation — devenue à la fois urgente et réalisable grâce au succès relatif des efforts accomplis pour constituer la sociologie et rénover toutes ses branches — de ces deux modes distincts de la pensée; et pour rendre cette délimitation aussi rigoureuse que possible, il essaie d'en étendre le principe à toutes les autres grandes classes de faits surorganiques, il cherche et pense avoir trouvé la loi la plus générale du développement des civilisations humaines. Enfin, la découverte de cette loi — qui équivaut à une façon aussi neuve que précise de concevoir les quatre grands facteurs de toute évolution historique, la science, la philosophie, l'art et l'action appliquée ou technique — lui permet d'opposer à la conception pluraliste (c'est-à-dire, au fond, analytique) de l'univers prônée par Comte, et au monisme transcendant ou purement hypothétique des métaphysiciens, une conception du monde à la fois synthétique, foncièrement moniste, et logiquement irréfutable, entraînant la conviction rationnelle. Le néo-positivisme est essentiellement un monisme apodictique ou logique. On ne saurait définir en moins de mots le caractère qui le sépare le plus profondément du positivisme classique, d'une part, de toute métaphysique, de l'autre (*70*).

CHAPITRE IV

La conduite et ses postulats philosophiques.

1. Conséquences pratiques de la confusion et de la différenciation des deux premiers modes de la pensée sociale. — 2. La tolérance en matière philosophique. — 3. Les causes et les symptômes. — 4. La mentalité philosophique et la méthode expectante.

1. *Conséquences pratiques de la confusion et de la différenciation des deux premiers modes de la pensée sociale.* — On comprend le puissant intérêt sociologique de la question qui fut brièvement examinée dans les pages précédentes. Si l'on songe au rôle joué par la science et la philosophie dans toute activité civilisatrice, on conviendra sans peine que c'est là peut-être le problème le plus grave de cette importante section du savoir social, la théorie de l'action.

En effet, si la thèse de nos adversaires se pouvait justifier, si la philosophie était destinée à toujours rester l'idéologie vague, conjecturale, incertaine qu'elle fut dans le passé, il faudrait en conclure que la confusion de la science et de la philosophie est une condition statique de la mentalité sociale. On concevrait dès lors que la philosophie ne se *développe* pas pour la très bonne raison qu'elle est, à chaque moment de l'histoire, formée par les incertitudes, les doutes, les problèmes irrésolus des diverses sciences. Avouons-le en toute franchise et rayons la philosophie du nombre des grands facteurs de l'évolution sociale. Il n'y a de réel que le savoir, tantôt plus ou moins exact, — on l'appelle alors science, et tantôt problématique, — on l'appelle alors religion, philosophie, conception générale de l'univers. Et admirons en toute humilité ce miracle : la force propulsive du savoir de basse qualité, sinon même la puissance sur l'esprit des hommes de la pure fiction. Ce n'est plus simplement l'idée, c'est l'idée la moins fondée, la moins raisonnable qui mène le monde.

Les pessimistes les plus logiques souscrivent volontiers à cette conclusion. Je dirais même qu'ils ont toujours eu cette conception de la philosophie; et quelques-uns — en dernier lieu Nietzsche dans ses accès de misanthropie aiguë — l'étendirent à la science exacte. Mais la sociologie qui accepterait cette vue devrait en déduire ses corollaires directs et indirects, et le principal de tous, — une attitude sceptique envers les sources premières de la conduite humaine. Si, par l'organe des religions, des métaphysiques, des systèmes qui se parent des attributs de la science, la fantaisie ou même la déraison inspirent et guident notre activité pratique, — moins nous agirons, et mieux cela vaudra. Le bien suprême, le vrai bonheur est dans l'inaction, le repos, le néant. A travers des contradictions et des réticences sans nombre, on voit percer cette note quiétiste dans presque toutes les religions, toutes les philosophies et toutes les morales anciennes et modernes, dans les systèmes soigneusement édifiés aussi bien que dans les prédications et les polémiques décousues comme celles de Tolstoï exaltant la non-résistance au mal, ou de Nietzsche faisant de la connaissance l'ennemie-née des besoins du corps et déclarant que toute vie organique est d'autant plus intense et plus belle qu'elle se plie moins aux ordres de la raison pure.

Nous faisons remonter les causes les plus actives de ce courant pessimiste à la longue immaturité de la philosophie, à la faiblesse infantile qui la retint des siècles durant dans les langes du savoir empirique. Mais cet état initial si misérable ne saurait durer éternellement. La philosophie est une forme de la pensée qui croit et se développe comme cette autre forme qui la précède et lui sert de fondement, le savoir spécial. Si donc celui-ci, considéré dans ses diverses branches, si les différentes sciences se sont constituées lentement, les unes après les autres, dans l'ordre irréversible exprimé par la formule si justement célèbre de Comte, il est naturel d'admettre que, pour s'affranchir de son milieu ambiant, pour se séparer de ses voisins de droite et de gauche, les sciences et les beaux-arts, la philosophie ait dû attendre l'achèvement du processus différentiel dans toutes les sciences. Cette heure, aujourd'hui, semble avoir déjà sonné. Or, si la constitution scientifique de la chimie et de la biologie modifia profondément, au cours du siècle dernier, l'aspect du monde des forces matérielles, dans l'industrie, l'agriculture et l'hygiène privée et publique; et si, d'autre part, la constitution de la sociologie qui se poursuit de nos jours, entraînant à sa suite celle de la psychologie (comme la constitution de la chimie avait fait pour la géologie), paraît devoir renouveler la face du monde des forces surorganiques, en faisant régner dans les sociétés humaines plus de véritable liberté et plus de justice, — il est permis d'espérer que des changements encore plus considérables ne tarderont pas à se produire dans tous les domaines de l'activité sociale à la suite d'une révolution analogue dans les études philosophiques. La philosophie définitivement constituée donnera à la conduite des hommes une impulsion, une direction générale différente de celle que cette conduite recevait de la philosophie anarchiquement confondue avec le savoir spécial.

Un exemple pris au hasard parmi cent autres fera comprendre la nature et les limites de ce changement. Au cours de la grande période caractérisée par le mélange chaotique des deux premiers modes de la pensée sociale, la philosophie, ainsi que nous l'apprend son histoire, revêtit d'abord l'aspect d'une physique grossière, d'une chimie vague, d'une biologie empirique; puis, subissant plutôt que provoquant la rupture avec ces branches du savoir désormais émancipées, elle devint, par le fait, une morale, une logique, une théorie de la connaissance. Elle remplit ce rôle si bien que beaucoup de moralistes, et non des moins renommés, croient pouvoir encore aujourd'hui définir la morale comme une « philosophie de l'action »; et beaucoup de logiciens définissent la logique et la méthodologie comme une « philosophie de la connaissance ». Or, justifiée pour le passé, cette conception est incompatible avec les tendances de l'esprit moderne qui exige une délimitation de plus en plus stricte entre les sphères convergentes du savoir particulier et de la philosophie.

L'action est un phénomène social, et ce qui fut sa philophie doit dorénavant devenir sa science (en réalité, un cha-pitre de la sociologie générale) ; pareillement, ce qui fut la philosophie du savoir est destiné à devenir sa connaissance (un nouveau chapitre de la même discipline). Ainsi, la recherche sociologique d'une part, l'application des résultats de cette recherche de l'autre, seront déterminées et commandées par la science spéciale correspondante. L'action sociale ou morale tendra de plus en plus à devenir une action savante. Mais, puisqu'il s'agit de connaissance, cette conclusion ne sera vraie que par rapport aux divers cas particuliers et concrets, aux actes ou aux groupes d'actes sinon isolés les uns des autres, du moins offrant une nature identique, constituant des espèces et des classes distinctes. La coordination réelle des diverses « catégories actives », leur accordement durable, leur équilibre et leur harmonie permanente, en un mot, l'unité supérieure de la conduite échappera à la direction scientifique. Une telle unité, pourtant indispensable à l'action concentrée sur un but ultime, poursuivant cette synthèse finaliste, le bonheur, ne peut être que l'œuvre du second membre de la série psychosociale.

L'histoire des nations civilisées aussi bien que celle des peuples à peine sortis de l'état barbare, témoignent également des liens étroits qui ont toujours rattaché aux croyances générales des hommes les règles suprêmes de leur conduite. Au début, c'est la communion religieuse des consciences qui inspire et dirige l'ensemble de l'activité humaine (71). A peine éclose, la pensée théologique devient et reste pendant de longs siècles le facteur prépondérant de l'évolution. Mais cette suprématie — dont elle se montra, à l'apogée de sa puissance, si férocement jalouse, — la religion ne put l'acquérir et la conserver que dans la mesure où il lui fut donné d'usurper les fonctions des autres grands modes de la pensée sociale. Selon une remarque aussi juste que souvent faite, en créant, comme l'artiste, des types idéaux et symboliques, en dotant, comme le praticien, de buts franchement utilitaires la poursuite de la vérité, les religions personnifièrent et dramatisèrent « les contraintes, les nécessités aussi bien naturelles que sociales qui s'imposaient à l'homme sans que ce dernier pût comprendre *pourquoi* et *comment* ». Ce ne fut pas la nescience complète de la brute, mais l'ignorance relative de l'être déjà quelque peu socialisé ; ignorance singulièrement atténuée dans l'esprit de plus en plus cultivé des élites, où la pensée savante se détacha la première du bloc formé par la religion avec tous les autres facteurs du progrès, et où la métaphysique apparut comme le type de philosophie correspondant à une différenciation encore vague et peu prononcée des divers modes de la pensée collective. Mais l'ignorance de nos lointains ancêtres persiste à un degré peu soupçonné et se perpétue dans l'esprit des masses qui continuent à s'illusionner sur la vraie nature des nécessités cosmiques et sociales qu'elles subissent. On s'en convainc avec facilité en considérant la place encore si importante que la religion tient dans les préoccupations gouvernementales et la politique entière des pays d'avant-garde, en Angleterre, en Amérique, en France, en Allemagne. L'impuissance des minorités dites éclairées vis-à-vis de cette grande force traditionnelle est malheureusement démontrée tous les jours par les faits les plus probants.

Le phénomène le plus essentiel de toute civilisation à son début, quoique peut-être le moins remarqué par les historiens et les sociologues, je veux parler de l'état non-différencié des divers modes de la pensée sociale, et surtout de la confusion de la pensée philosophique avec la pensée scientifique, a manifestement pour principale cause, pour antécédent nécessaire, la faiblesse initiale du savoir humain.

Pour former une religion ou toute autre conception hautement hypothétique de l'univers, tels les systèmes métaphysiques les plus réputés, la pensée philosophique doit se trouver en présence d'un savoir superficiel, vague, aléatoire, empreint d'un empirisme grossier. La fusion intime des deux premiers modes de la pensée sociale et toutes les conséquences qui en dérivent par rapport aux autres modes, ne sauraient avoir lieu en dehors de cette condition. Jamais la philosophie ne put s'amalgamer de façon durable avec les parties très développées du savoir, avec les sciences pleinement constituées. Il y a là une loi sociologique au moins aussi infrangible que les lois qui président aux combinaisons des substances matérielles. Et entre les diverses formules qui peuvent servir à exprimer cette loi, je donne sans hésiter la préférence — on en comprendra aisément la raison — à l'énoncé suivant : plus les liens de dépendance qui unissent la philosophie à telle ou telle fraction du savoir sont réels et étroits, et moins la philosophie tend à se confondre ou à s'identifier avec cette partie de la connaissance totale.

Au reste, avant que cette loi sociologique fût découverte ou même soupçonnée, quelques-uns de ses corollaires, comme il arrive souvent, étaient déjà connus et généralement admis. On était d'accord, par exemple, sur ce point, que les degrés inférieurs du savoir (qui constituent ce qu'on appelle par la suite notre ignorance) sont nécessairement plus affirmatifs sur tous les problèmes et, en ce sens, plus dogmatiques que les degrés supérieurs, où fleurissent d'une façon si large le doute prudent et la critique hardie. Mais on expliquait ce fait par des considérations ou des raisons qui aujourd'hui peuvent sembler inadéquates et insuffisantes. On affirmait notamment que tandis que dans le premier cas nous avions affaire à une expérience moins vaste et moins prolongée, à des séries inductives plus courtes, à des généralisations hâtives, dans le second l'expérience était plus étendue, les inductions plus longues, les généralisations plus soigneusement faites et plus sûres. Or, n'est-ce pas l'expérience qui nous apprend combien nous sommes exposés à l'erreur, et la facilité avec laquelle nous nous trompons ? Personne ne le conteste. Mais la question en litige est de savoir si ce rude enseignement ne nous est pas abondamment administré, souvent d'une façon inoubliable, par nos expériences les plus précoces, ou dès nos premiers pas dans la voie empirique? S'il en était ainsi, le dogmatisme du savoir rudimentaire et le scepticisme de la connaissance déjà développée resteraient également incompréhensibles.

Heureusement, une explication plus pertinente nous est fournie par la loi sociologique dont nous avons parlé plus haut. Le mode analytique et hypothétique de la pensée sociale et son mode synthétique et apodictique se complètent l'un l'autre, et tous deux donnent leurs meilleurs résultats quand ils sont strictement séparés ou différenciés. Lorsque, au contraire, ils s'entremêlent et se confondent, il semble qu'un échange ou transfert réciproque de leurs principales fonctions ait lieu, à la suite duquel la science devient indûment apodictique, et la philosophie indûment hypothétique. En tout cas, les caractères opposés de la science et de la philosophie s'atténuent, et il se forme une sorte de moyenne : dans le savoir naissant faisant office de philosophie le doute n'est pas aussi vif et ferme que dans la science constituée et pleinement différenciée ; et dans la philosophie initiale faisant office de science, la conviction ou certitude logique n'est pas aussi entière et profonde qu'elle peut le devenir dans une philosophie différenciée ou constituée. Un état d'esprit particulier en dérive qui est peut-être indifféremment celui du sorcier, du prêtre, du guérisseur, du législateur de tous les temps, mais surtout des siècles d'opaques ténèbres intellectuelles, comme le furent, par exemple, certaines périodes du moyen âge. Aussi est-ce à tort, croyons-nous, qu'Auguste Comte et ses fervents disciples se laissèrent aller à glorifier l'unité morale ou l'unité philosophique de telles époques. Ce qu'on exalte et louange ici, d'une façon d'ailleurs inconsciente et involontaire, c'est l'indétermination et le vague de la pensée, nullement sa rigueur ou sa clarté !

A l'état différencié, la science et la philosophie cessent d'empiéter l'une sur le domaine de l'autre. La première, foncièrement sceptique et antidogmatique, est toujours prête à suspendre ou à reviser ses jugements ; et dans cette partie de l'action qu'elle inspire et commande directement — dans tous les cas concrets et particuliers encore livrés à l'empirisme —

elle fait de plus en plus prévaloir la méthode expectante, l'abstention, le respect des phénomènes spontanés. Cette excellente attitude mentale tend à se fortifier dans toutes les branches du savoir; mais ses progrès, par suite de leur nouveauté même, nous frappent surtout dans les sciences récemment écloses, la biologie et la sociologie. La seconde, la philosophie, rendue à son rôle naturel de synthèse logique de l'univers, vient, à son tour, accomplir une œuvre radicalement différente. Elle vise à relier entre eux, à coordonner en un système, en une conduite générale, nos actes épars et leurs diverses séries particulières. Par le contre-poids de ses certitudes rationnelles, par son caractère apodictique, elle rétablit l'équilibre menacé par le doute et l'expectative scientifiques; mais elle ne le fait que pour les choses essentielles, pour les nœuds vitaux, comme on dit, des problèmes pratiques, et là seulement où la science ne saurait intervenir d'une façon directe, — dans le vaste domaine de ce qu'on pourrait appeler la conduite philosophique.

2. *La tolérance en matière philosophique.* — Selon une observation faite depuis longtemps et qui nous semble très juste, les hommes qui, pour une raison ou pour une autre, ont cessé d'attribuer un sens, un but général à la vie du groupe le plus large auquel ils appartiennent d'une façon consciente (famille, tribu, classe, nation, patrie, humanité), ces hommes ne tardent pas à s'apercevoir que leur vie plus intime, leur vie strictement individuelle apparaît, à son tour, dénuée de sens ou de but. Le même rapport se laisse constater entre la conduite générale que la philosophie inspire et commande et les formes particulières d'activité que la science détermine et dirige. Lorsque, pour une cause ou pour une autre, l'influence à la fois protectrice et régulatrice que la pensée philosophique exerce sur l'ensemble de notre conduite s'affaiblit et tend à s'effacer, le contre-coup de ce défaut de contrôle général se fait sentir dans les recoins les plus obscurs de notre vie active. Une sorte de torpeur envahit alors peu à peu le domaine entier de la pensée pratique et téléologique. La science a beau redoubler de zèle pour remplir comme il

convient sa grande tâche sociale, l'activité particulière par quoi elle se manifeste au dehors tend à devenir de plus en plus insignifiante, machinale, automatique. En les coordonnant, en les faisant concourir au même dessein ultime, la philosophie communique à nos actes une portée ou une valeur générale que la science seule est impuissante à leur donner. Or, privé de ce sens profond, le labeur auquel nous astreint le savoir exact perd son principal attrait; à la longue, il engendre la fatigue, le surmenage, l'ennui. Et quand, par surcroît, atteint dans ses sources vives qui sont les croyances générales, l'art lui-même commence par s'atrophier et ne stimule plus que faiblement l'action, la vie vouée au travail se révèle dans toute sa désolante vanité.

Il est difficile d'exagérer l'importance du rôle joué par la philosophie, soit directement, soit par l'entremise du facteur esthétique, dans le vaste domaine de la pensée utilitaire et finaliste. A s'efforcer de supprimer un ensemble de croyances générales, sans être sûr de pouvoir les remplacer immédiatement par une conception nouvelle du monde, on risque toujours de briser le ressort suprême de l'action. Aussi la plus large tolérance en matière de religion ou de philosophie s'impose-t-elle comme une nécessité sociale de tout premier ordre.

Primum vivere, deinde philosophari, répète-t-on depuis l'antiquité. Ce précepte ne vise pas la vie animale qui se passe fort bien de toute pensée embrassant la totalité des choses; mais il s'applique à la vie matérielle qui, dans les sociétés humaines, forme une partie, une branche cardinale de la vie de l'esprit, de l'existence surorganique. Or, si tout le monde eût été persuadé, comme nous le sommes, que la pensée pratique et téléologique, l'action aspirant à atteindre un but posé d'avance — et c'est sûrement le cas de l'activité matérielle, — a pour point de départ et d'appui une conception générale des choses, on eût attaché à la sentence citée une signification à la fois plus profonde et plus pertinente. Oui, avant tout, il faut vivre et laisser vivre, il faut permettre à la vie surorganique de se manifester sous forme d'action, de travail utile, il faut pour cela respecter autant que possible le fonds existant de croyances essentielles et d'idées directrices de la conduite;

on verra plus tard — *deinde philosophari* — s'il y a lieu, et dans quelle mesure, et par quels moyens, de donner une direction nouvelle, plus vigoureuse ou plus efficace, à cette activité.

Toutes les formes de la pensée philosophique, les plus basses comme les plus hautes, qu'elles inspirent la conduite de·petits groupes ou qu'elles président à l'activité de foules considérables, ont droit aux mêmes ménagements. Les religions, ces synthèses mondiales frustes et naïvement arriérées comme le savoir empirique, aujourd'hui taxé d'ignorance, qui les fit éclore, peuvent nous servir d'exemple avertisseur. La mentalité religieuse a souvent été assimilée à un instinct; elle serait aussi indestructible, aussi fortement ancrée dans le cerveau des hommes que certaines tendances organiques involontaires et inconscientes. Ne portant que sur la réalité du fait, l'observation est des plus justes. Il est incontestable que, malgré la somme immense d'efforts dépensés pour le détruire, l'esprit religieux a résisté et persisté comme n'importe quel instinct. Et il en sera ainsi tant qu'on s'attaquera directement aux dogmes théologiques.

3. *Les causes et les symptômes.* — Vouloir supprimer un effet sans s'occuper de modifier ses causes ou, encore pis, en les maintenant, c'est là, pour l'esprit façonné par la science moderne, la meilleure définition de « l'impossible ». Nous abordons ici un nouveau et impérieux motif militant en faveur de la *magna reverentia* due à tous les aspects de la pensée philosophique sans la moindre exception.

Nous n'avons pas à nous prononcer dans ces pages sur ce problème captivant mais abstrus de la théorie de la connaissance : la simultanéité ou multiplicité des causes est-elle un fait réel, démontré, indiscutable, ou n'est-ce qu'une illusion nécessaire de notre esprit qui ne pénètre que peu à peu l'intime essence des choses et le mystère de leur changement perpétuel, qui ne réussit pas du premier coup à ranger les manifestations multiples et diverses de la même énergie en des séries causales plus ou moins longues? Mais, quoi qu'il en soit du problème général, il faut admettre que lorsqu'une succession qu'on a lieu de croire causale est déjà établie, on commet une faute grave en continuant de traiter ses différents termes comme des facteurs simultanés et simplement interdépendants. Et tel en vérité nous semble le cas de la série qui embrasse ces quatre modes de la pensée collective : la science, la philosophie, l'art et l'action.

Cette série, on le sait, s'offre à nos yeux comme une suite, une chaîne ininterrompue de causes et d'effets. En conséquence, et du moins tant qu'une analyse plus approfondie et plus détaillée ne nous aura pas convaincus d'erreur, nous concluons à la profonde inanité des tentatives qui visent à atteindre un terme de la série psycho-sociale sans avoir au préalable touché tous les termes antécédents. La conduite des hommes n'est pas modifiable *sua sponte*. La pensée pratique et téléologique n'évolue vers de nouveaux buts, vers de nouveaux moyens, vers une nouvelle adaptation de ceux-ci à ceux-là que lorsqu'elle y est poussée et contrainte par une expérience ou une recherche qui la précède nécessairement, qui découvre les nouvelles fins et examine les nouveaux moyens, et qui est constituée par les trois autres modes de la pensée collective.

L'un d'eux avoisine immédiatement l'action : c'est la pensée esthétique qui se meut, comme le geste, dans le monde des choses concrètes, qui les différencie en plaisantes ou belles et en déplaisantes ou laides et qui, pour ces deux raisons, s'accompagne toujours de ce qu'on appelle le goût ou le sentiment esthétique. Or, nos façons d'agir, les psychologues l'ont noté depuis longtemps, dépendent surtout de nos façons de sentir. L'art d'une société ou d'une époque s'offre comme une vaste réunion de « buts typiques » et de « moyens-modèles » dont la pensée finaliste ne cesse de s'inspirer. Le sentiment du beau, ainsi que nous le verrons dans les chapitres suivants, est l'intermédiaire naturel reliant la conduite des hommes aux conceptions ou aux croyances générales qui coordonnent et dirigent cette conduite. Il est le grand stimulateur de la pensée pratique parce qu'il assure et fortifie ou augmente directement sa « réceptivité philosophique », et indirectement sa « réceptivité scientifique ». On aurait depuis longtemps reconnu cette vérité si l'on avait suffisamment élargi, au lieu de la rétrécir, la « capacité » de la pensée esthétique, si l'on avait fait figurer, parmi ses manifestations les plus élémentaires, les sentiments de sympathie forte (amour, amitié, etc.) qui, selon la juste remarque du vieil historien Thierry, sont l'âme des événements humains. En définitive, toute altération, en bien ou en mal, survenue dans les conceptions esthétiques « courantes » (car il faut toujours, en sociologie, mettre l'expansion des idées au même rang que leur intensité), entraîne inévitablement à sa suite un changement corrélatif dans les méthodes, l'orientation ou le contenu de la pensée pratique et finaliste.

Toutefois, pour réformer ou révolutionner notre conduite, il ne suffit pas de réformer ou de révolutionner nos conceptions et nos sentiments d'art. Ce qui empêchera toujours une telle conclusion d'être juste, c'est que le même rapport de cause à effet qui existe entre la pensée esthétique et la pensée pratique, se laisse constater aussi bien entre la pensée esthétique et la pensée philosophique. En nous attaquant directement aux idées et aux goûts esthétiques, nous retombons donc dans l'empirisme grossier du praticien ignorant qui, dans les séries causales auxquelles il a affaire, s'arrête à mi-chemin, s'en prend aux causes moyennes ou intermédiaires. L'empirisme biologique et l'empirisme sociologique, la médecine, l'hygiène, la politique, la morale n'abondent que trop en exemples d'une semblable déperdition de forces.

Modifiées, les conceptions esthétiques agissent puissamment sur l'ensemble de notre activité pratique. Mais pour que le moindre changement se produise dans le domaine du beau, il faut qu'une conception différente de la nature ou du drame humain vienne vivifier l'art, humecter ses racines, lui infuser une sève jeune et vigoureuse; ou, pour recourir à la concise et juste définition donnée par Paül Adam, il faut qu'un dogme nouveau vienne s'inscrire dans les magnifiques symboles que l'artiste imagine précisément parce qu'il y est incité et entraîné par les courants les plus larges et les plus profonds de la pensée sociale.

La « loi de corrélation entre les sciences et la philosophie » résume nos vues sur la nature des liens qui unissent la

pensée synthétique et apodictique à la pensée analytique et
hypothétique. Un rapport étroit de cause à effet se manifeste,
à chaque moment de l'évolution historique, entre l'état ou
l'orientation de nos connaissances particulières et l'état ou
l'orientation de nos idées et de nos croyances générales; et
nul effort visant à modifier celles-ci ne saurait aboutir s'il
n'est secondé, précédé et préparé par un changement déjà
survenu dans celles-là. On entend souvent dire aujourd'hui :
Combattons la religion et toutes les religions, le sentiment
religieux et les dogmes théologiques, parce qu'ils sont le contraire de toute recherche rationnelle de la vérité et parce
qu'ils tendent, en immobilisant la raison humaine sur une
solution absurde et enfantine, à empêcher tout progrès de la
science. Voilà bien l'esprit à la fois empirique et inconsciemment finaliste qui s'attache tout entier à l'effet apparent,
qui s'efforce de le modifier sans toucher à sa cause, dont il
ne discerne pas la vraie nature, qu'il prend, au contraire,
dans la plupart des cas, pour un simple effet concomitant.
La plus inepte des religions ne constitue pas, en tant que
religion, une entrave au progrès scientifique. Car si un
certain état de nos connaissances fait naître dans les esprits
une synthèse mondiale absurde, ce n'est pas cet état, premier
jalon sur une route infiniment longue, qui empêche l'accroissement ultérieur du savoir; il en serait plutôt la condition déterminante inévitable. Mais par quel miracle logique
l'effet — dans le cas donné le dogme religieux — peut-il
engendrer une conséquence que la cause de cet effet — dans
le cas envisagé, la connaissance infime ou peu développée des
premiers âges — est impuissante à produire? Il est manifeste que pour croire à l'influence — en mal ou en bien —
exercée par les synthèses universelles sur la marche des
analyses de plus en plus profondes et subtiles auxquelles
l'esprit soumet l'univers, il faut admettre l'ancienne conception de la philosophie-matrice des sciences, conception
que la célèbre loi des trois phases essentiellement philosophiques par où passent, selon Auguste Comte, toutes nos
connaissances, n'a pu que fortifier dans les cerveaux contemporains.

16

4. *La mentalité philosophique et la méthode expectante.* — De ces divers aperçus, il se dégage une même conclusion qui porte avec elle un grave enseignement, une leçon que les élites qui prétendent à gouverner les foules feront bien de méditer. On se dupe soi-même, on perd son temps, on dépense inutilement ses forces lorsque, voulant orienter, dans un sens ou dans un autre, l'activité d'une classe, d'un peuple, d'un groupe social quelconque, on entreprend de modifier sa mentalité philosophique (ou religieuse) et sa sensibilité esthétique, sans toucher à sa mentalité scientifique, sans avoir d'abord, et d'une façon durable, agrandi le périmètre de son expérience, augmenté la somme de son savoir exact et réparti cette somme d'une façon de plus en plus égale parmi tous les membres du groupe. Certes, la mentalité philosophique et la sensibilité esthétique sont les deux grands ressorts, d'ailleurs connexes, intimement liés entre eux, qui, en dernière instance, poussent les hommes à agir, qui président d'une façon immédiate à leur conduite. Mais ces ressorts ne jouent que sous la pression d'un levier qui les commande ou plutôt qui, par l'intermédiaire du premier ressort, actionne le second. Pour réaliser le moindre fait social concret, il faut peser sur ce levier, et sur lui seul : tout le reste n'est que vaine agitation, gaspillage d'énergie qu'on pourrait mieux employer, et tendance — toujours assez vite et brutalement réprimée par les événements — au désordre. C'est le savoir, le mode analytique de la pensée sociale, qui conditionne et détermine tous ses autres modes. Nous ne pouvons sortir ni de la nature ni de nous-mêmes, sauf métaphoriquement; et nous ne pouvons agir dans l'univers qu'en conformité aux lois qui le gouvernent. Mais pour cela faut-il au moins connaître ces lois.

Si l'on part de l'action, la connaissance apparaît comme le terme ultime que la pensée analytique découvre dans l'engrenage des causes, des agents, des facteurs qui se totalisent en ce qu'on appelle une société civilisée ou tendant — avec un certain succès — à se civiliser. Mais cela, naturellement, ne signifie point qu'on ne puisse remonter plus haut dans la série abstraite des causes de l'ordre surorganique. Derrière le mode analytique de la recherche, il y a ce qui produit ce mode, il y a la pensée sociale non différenciée, le phénomène social élémentaire, l'expérience collective, l'interaction, soit psychophysique, soit déjà psychologique, des consciences. Usant d'une vieille image, on peut dire que le savoir est une flamme qui s'allume aux contacts répétés, aux frottements prolongés, aux chocs multipliés qui font jaillir dans les intelligences animales ces vives étincelles, les idées déjà tant soit peu abstraites. L'interpsychisme s'érige ainsi en cause première des phénomènes du monde surorganique; première en ce sens qu'on ne saurait essayer de la dépasser sans franchir les limites de la sociologie, sans pénétrer de plain-pied dans le domaine de la biologie.

Dans les groupements préhistoriques de l'humanité ou dans les sociétés sauvages qui disparaissent si rapidement aujourd'hui, l'interpsychisme est faible, peu développé, stationnaire. La série psycho-sociale qui constitue la caractéristique propre de l'état de civilisation, s'y esquisse à peine comme un germe vague, un embryon informe. Ici, ce n'est pas l'accroissement du savoir qui importe, ni son expansion, mais bien plutôt le développement, par tous les moyens possibles, de l'interpsychisme lui-même, la consolidation et l'élargissement de l'expérience collective encore rudimentaire. Dans les sociétés civilisées, au contraire, qui se reconnaissent à ce signe, que les principaux effets de l'interaction des esprits y ont eu le temps de se produire, que la série des facteurs surorganiques y est devenue une réalité sociale, le développement de cette interaction et le développement de cette série s'identifient, coïncident sur tout leur parcours, ne représentent plus, aux yeux du sociologue, qu'une seule et même évolution. Et il s'agit ici, par le fait, d'une série « causale », c'est-à-dire d'une concaténation de phénomènes où l'altération survenue dans le phénomène antécédent entraîne nécessairement un changement corrélatif dans les phénomènes qui suivent, sans que l'inverse puisse jamais avoir lieu. On s'explique ainsi la grandeur et le caractère décisif du rôle joué par la science dans toute société civilisée.

Mais la suprématie reconnue de la science a pour corollaire

inévitable, ne nous lassons pas de le dire, l'abandon de plus en plus complet, dans le gouvernement de l'État et dans l'éducation nationale, des vieux moyens qui avaient pour but de corriger la conduite des hommes en les catéchisant, en les moralisant, ou en réglant leurs actes d'une façon directe et péremptoire; et aussi la cessation des tentatives visant à rectifier *eodem modo* les idées et les goûts esthétiques des individus et des foules; et enfin le renoncement aux entreprises plus ou moins coercitives destinées à implanter dans les cerveaux une foi meilleure, des croyances générales plus pures et plus hautes. A toutes ces méthodes frénatrices et violentes dont l'efficacité est plus que problématique, qui font inutilement souffrir les hommes et qui, à la longue, usent ou détraquent les plus fins mécanismes sociaux, se substituera une méthode unique et nouvelle, fertile en résultats, évitant toute déperdition de forces, respectueuse de la douleur et de la faiblesse humaines. Elle concentrera l'effort réformateur et novateur sur la cause première des faits sociaux : *dimidium facti, qui bene cœpit, habet*, disait déjà le vieil Ovide. Instruire les hommes au lieu de les persécuter ou simplement de les molester pour leurs façons de comprendre et de sentir, et au lieu de les châtier seulement pour leurs manières d'agir, tel sera de plus en plus le grave souci du législateur et de l'homme d'État, la grande règle pratique qu'ils puiseront dans les théories abstraites du sociologue.

Appliqué aux actes, à la conduite, ou aux idées, aux goûts esthétiques, ou aux synthèses philosophiques, aux convictions religieuses, le terme de « tolérance » conserve une signification claire et précise. C'est que, dans tous ces cas, l'attitude opposée est non seulement possible, elle est fréquente. Mais ce terme apparaît sans valeur et dénué d'intérêt pratique, il devient même quelque peu équivoque quand on en fait usage par rapport aux idées ou aux recherches scientifiques. Le doute est l'âme même du savoir. Et pour parler comme Montaigne, au nom de la science et afin de la glorifier « nul homme n'a rosti quelqu'un qui avait le malheur de ne point penser comme lui ». C'est que, par rapport à ce mode de la pensée collective (au fur et à mesure qu'il se différencie et se sépare, dans les sociétés civilisées, des autres modes, qu'il y est de moins en moins confondu avec la philosophie, avec l'art, avec l'action), l'attitude intolérante nous frappe comme une véritable monstruosité mentale, une vésanie qui n'aurait pas de nom (mais qui mériterait mieux que toute autre celui de folie « asociale »). En réalité, cette aberration ne peut s'emparer que d'un cerveau qui, sous le couvert de la science, poursuivrait un but qui serait la négation de la science. Ajoutons que si ces observations sont exactes, si elles généralisent des faits universellement constatés, elles confirment, d'autre part, la justesse des définitions que nous avons données de la science et de la philosophie, elles prouvent d'une façon pressante que la première est le mode non seulement analytique, mais encore « hypothétique » de la pensée sociale, et que la seconde est son mode non seulement synthétique, mais encore « apodictique ». Car ce contraste essentiel a toujours subsisté au moins d'une façon latente. L'intolérance n'a jamais pu prendre racine dans la sphère de la pensée hypothétique; mais elle a pu facilement s'établir, elle s'est largement épanouie dans la sphère de la pensée apodictique, envahissant peu à peu les domaines connexes de la sensibilité estéthique et de l'activité pratique que la philosophie commande.

La tolérance en matière philosophique, esthétique et pratique n'est pas de l'indifférence, loin de là. De même, la discussion, la lutte par la parole et la plume ne sont pas de l'intolérance. L'outrage à l'opinion ou au geste d'autrui commence à l'instant précis où cesse la volonté d'instruire et, éventuellement, celle d'apprendre. La tolérance est essentiellement une forme, une manifestation de l'esprit scientifique. En réalité, la tolérance n'est ni une hypocrisie, ni une faiblesse, ni une lâcheté, à une seule condition : quand elle acquiert la valeur d'une méthode expectante. La non-intervention dont elle se glorifie doit lui être inspirée par la ferme croyance que les effets ne se combattent avec succès que dans leurs causes. Aussi la tolérance est-elle une vertu moderne.

On nous pardonnera une dernière remarque. La civilisation

de notre époque ne s'appuie, en somme, que sur les seules sciences du monde inorganique. A cette partie de notre savoir nous conformons la partie raisonnable de notre conduite. Les vérités et les lois biologiques, fort mal connues, luttent déjà pour un tel pouvoir pratique. Mais elles ne le possèdent qu'à une dose minime : en dépit de notre âpre désir de conserver et de prolonger la vie, nous la détruisons sans cesse, de nos propres mains, de la façon la plus irrationnelle. Quant aux vérités et aux lois morales et sociales, à peine entrevues, elles nous effarent, elles nous troublent beaucoup plus qu'elles ne nous guident; on ne saurait les faire sérieusement entrer en ligne de compte. Or, cette civilisation si étroite, si unilatérale, si imparfaite, présente une autre tare, un vice plus grand peut-être encore. Il existe aujourd'hui entre la science des élites et le savoir populaire un écart énorme qui se traduit, dans la mentalité générale des masses, par la persistance de l'idée religieuse, et dans la sphère de leur activité pratique, par un désarroi et un désordre dont les chiffres de la statistique criminelle ne peuvent nous donner qu'une notion approximative.

Comment remédier à cet état de choses? On sait déjà qu'on ne doit pas songer à fermer les églises avant d'avoir largement ouvert les écoles, et avant de les avoir longuement laissées ouvertes. Opprimer une religion parce qu'elle est absurde ou parce qu'elle tend à sanctionner, en leur donnant une origine divine, les crimes et les pires abus de l'ordre social, la soumission aveugle, la misère, etc., c'est choisir le moyen le moins efficace pour lui porter un coup et l'affaiblir dans les consciences. La diversité des croyances générales dépend de la diversité des degrés et des volumes de connaissance; c'est donc à élever ce degré ou à augmenter ce volume dans les esprits religieux qu'il faut employer son effort. En négligeant de le faire, pour s'attaquer directement à la pensée synthétique de la classe la plus ignorante des citoyens, on court le risque de voir tourner la lutte, engagée sous cette forme simpliste, au profit du dogme religieux. Une réaction en faveur de celui-ci ne tarde pas, en effet, à se produire, réaction d'ordre purement pratique, qui se borne à

défendre la synthèse religieuse par l'argument encore irré-
futé et sans doute irréfutable de Voltaire : l'urgence qu'il y
a de coordonner et de guider, par une conception du monde
à la taille de sa faible raison, et en attendant qu'on lui donne
la lumière, l'activité de l'humanité misérablement ignorante.

CHAPITRE V

La pensée symbolique et l'action.

1. Genèse et nature sociales de l'art. — 2. Les erreurs de l'esthétique moderne. — 3. Le biologisme dans les théories sur l'art. — 4. Le psychologisme. — 5. Le pragmatisme.

1. *Genèse et nature sociales de l'art.* — Avant de s'extérioriser dans la somme de faits concrets ou d'actes qui poursuivent des buts utilitaires immédiats, l'interaction mentale subit une dernière modification essentielle : elle se transforme en pensée esthétique. Je ne reviendrai pas ici sur les fondements et, à plus forte raison, sur les détails de la théorie de l'art exposée dans mes précédents ouvrages, et surtout dans ma *Philosophie du Siècle*, ma *Constitution de l'Éthique* et mon *Nouveau Programme de Sociologie*. Je m'efforcerai simplement de justifier, par quelques considérations complémentaires et inédites, mon point de vue général. Ces remarques viseront, en particulier, l'influence exercée par les conceptions esthétiques des hommes sur l'ensemble général de leur conduite.

Envisagé dans ses manifestations concrètes, l'art apparaît comme un fait cosmo-bio-social ou, pour le moins, bio-social (psychologique); et considéré d'une façon abstraite, c'est un phénomène social, un mode d'interaction conscientielle qui se range à côté des autres modalités de l'expérience collective, telles que la pensée philosophique ou la pensée scientifique.

Mais en quoi s'en distingue-t-il? La sociologie doit nous l'apprendre en décrivant avec soin les phénomènes esthétiques, en les analysant, en les comparant aux phénomènes sociaux qui les avoisinent ou les accompagnent. Elle doit découvrir et mettre en évidence leurs attributs différentiels les plus constants ou les plus généraux. Pour ma part, j'ai cru que la division de la pensée sociale en analytique et hypothétique, en synthétique et apodictique, en syncrétique et symbolique, enfin en pratique et téléologique suffisait aujourd'hui à la tâche de nous faire connaître ou apprécier, au moins d'une façon approximative, les caractères dominants des principaux aspects de toute socialité.

L'œuvre d'art s'oppose à l'œuvre de la nature parce que et en tant qu'elle est un produit de l'interpsychisme, de l'interaction des consciences ou des esprits. Et certes, il ne s'agit pas ici de la nature envisagée dans son ensemble — de l'univers dont la pensée sociale forme sans conteste la portion la plus intéressante, — mais de la nature au sens étroit du mot, de la nature bornée au monde des phénomènes inorganiques et au monde de la vie. Dans l'art, la pensée sociale s'adresse à la même matière que celle qui fait l'objet de ses analyses dans la science, et qu'elle unifie dans la philosophie. L'art ne saurait dépasser les limites du réel. Mais tandis que les deux premiers modes de l'expérience collective tendent à embrasser la réalité tout entière, son troisième mode, la pensée esthétique, vise toujours, comme l'a très bien compris, entre autres, Nietzsche, à une réalité « choisie ». Cette sélection n'est pas arbitraire ou due au hasard. Elle obéit à une règle constante qui constitue la loi la plus générale de toute esthétique et qui se peut formuler ainsi : la beauté est la réalité choisie pour son caractère plus « expressif », plus propre à être transmis à autrui, plus apte à former entre les hommes un nouveau et puissant lien social. C'est ce caractère qui engendre ce qu'on appelle le plaisir ou la joie esthétique, joie de l'artiste qui crée, c'est-à-dire qui se livre à un subtil travail de sélection, et joie du spectateur dont le moi intime s'enrichit spontanément de sensations rares et d'images précieuses, que ce mode particulier d'interaction mentale pouvait seul lui fournir. Le plaisir esthétique est donc non seulement un plaisir social, c'est peut-être le plaisir social par excellence, l'espèce la plus vive de joie que l'homme puisse tirer du simple fait de son association avec ses semblables.

Tout ce qui, dans la nature ou dans l'humanité, apparaît comme propre à renforcer l'interaction mentale, à la rendre plus énergique et plus intense, est capable de nous émouvoir esthétiquement, de nous remplir de la joie de vivre et d'agir. Et toutes les choses naturelles et humaines peuvent jouer ce rôle stimulant. Rien n'est « beau » originellement, et tout peut le devenir dans un milieu social. La beauté et la laideur « en soi » sont des non-sens (ces qualités se laissant entièrement ramener à certains rapports des choses et des êtres avec leur ambiance sociale). Toutefois, les réalités jugées « belles » sont nécessairement soulignées, grossies, exagérées par l'artiste. La « typification », si l'on peut s'exprimer ainsi, est dans le domaine de l'art l'équivalent de l'abstraction dans la science et la philosophie, ou de l'exemple concret dans la pratique courante.

L'influence stimulante de la beauté s'étend à toutes les branches de l'activité dite pratique ou appliquée. Et elle se fait également sentir dans les domaines connexes de la recherche scientifique et de la recherche philosophique où elle provoque les joies intenses de la découverte, de la lumière subitement éclose dans le cerveau du savant ou du penseur (et qui n'a de prix, à leurs yeux, que si elle peut éclairer le monde). La beauté de l'effort scientifique ou philosophique se confond ainsi avec la joie de l'acte encore futur, mais déjà possible, en tant qu'il résulte de la communication à autrui de la connaissance ou de la conception nouvellement acquise. Ajoutons que le beau n'est jamais de l'inutile en soi; mais sa finalité ne s'épanouit pas comme dans l'action pratique; elle demeure encore latente; elle ne s'exprime au dehors que par un sentiment général de puissance accrue.

On admet volontiers aujourd'hui — on peut dire en pleine connaissance de cause, et ce trait différencie notre époque des âges précédents — que l'art, abstraction faite de ses racines biologiques, est un phénomène social. Mais tandis que les uns se renferment dans l'étude de la causalité sociologique des œuvres d'art et s'attachent à la recherche des lois qui gouvernent leur production, les autres ne veulent voir que leur finalité sociale et prétendent, par suite, que ce n'est pas le milieu historique qui détermine l'artiste, mais bien celui-ci qui, par ses œuvres, crée une sorte de nouveau milieu collectif dans lequel vivent et se meuvent les membres d'une société donnée. Or, nous avons à peine besoin de le faire observer, il en est de ces deux vues comme de tant d'autres : loin de s'exclure, elles sont partiellement vraies toutes deux et elles se prêtent un appui mutuel. L'intime dépendance des différents arts de l'état social correspondant et leur action sur cet état, lorsqu'on tâche de préciser ces deux ordres de faits, au lieu de les laisser dans l'indétermination et le vague où se complaisent certaines écoles modernes d'esthéticiens, se peuvent exprimer par les propositions suivantes : 1° l'art est le produit du milieu social d'une époque, mais seulement ou surtout du milieu cérébral, spéculatif, conditionné par un certain système de croyances générales et une certaine somme de connaissances particulières ; et 2° l'art détermine à son tour le milieu social d'une époque ; mais ce milieu n'est plus spéculatif, il est pratique, utilitaire.

Il est encore un point de vue sur lequel on ne saurait trop insister si l'on veut se faire une idée adéquate du rôle extraordinairement important joué par l'art dans l'évolution sociale au sens large du terme. En effet, si l'humanité — la plus vaste société concevable sur le globe terrestre — a de plus en plus pris conscience d'elle-même, cette tâche féconde entre toutes n'a pu se poursuivre que grâce au langage universel créé de bonne heure par l'homme et qu'il perfectionna sans cesse au cours de son histoire. Et ce langage, c'est l'art : l'art qui, bien plus que la science et la philosophie, exprime et vulgarise la solidarité humaine. Hegel le dit en propres termes : « L'art est consacré au culte de l'humanité ». Et Wagner se range à son avis : citant en exemple Gœthe et Schiller, il donne pour fin à l'art la transformation lente des mœurs nationales en mœurs purement humaines, soumises aux seules lois éternelles.

Je viens de rappeler les perfectionnements que l'expérience collective apporta au langage symbolique des arts, ce qui leur permit de consolider la base et d'élargir de plus en plus les cadres de la socialité humaine. On me pardonnera à ce propos de signaler une objection étrange faite récemment à ma loi générale du progrès, à la série évolutive dans laquelle l'interaction mentale, avant de s'extérioriser en une suite de fins pratiques, subit, en quelque sorte, trois stages distincts, passe par trois phases de développement : la pensée analytique, la pensée synthétique et la pensée esthétique. On nous dit : « La science et la philosophie évoluent et se transforment sans cesse ; l'art, au contraire, semble avoir dans le cœur humain une base immuable qui le rend, à travers les temps, presque toujours semblable à lui-même ».

Je cite cette opinion, non pour la réfuter — il faudrait pour cela que mes lecteurs et moi eussions du temps à perdre, — mais pour montrer à quel point il était urgent de faire rentrer l'art dans la formule générale du mouvement progressif qui entraîne les sociétés et qui constitue à lui seul, en somme, ce qu'on appelle leur état de civilisation ; et à quel point il était nécessaire de déterminer la double dépendance de l'art, vis-à-vis de la philosophie d'abord, vis-à-vis de la science ensuite, et le rapport inverse qui lie les beaux-arts aux arts utiles, à l'activité pratique, à la conduite humaine. Nos idées et nos sentiments esthétiques, et l'art qui les exprime et les représente, tout cela se modifie, se transforme sans cesse d'une époque à l'autre (selon la loi générale indiquée plus haut) ; et c'est seulement dans leur essence intime que l'art et aussi bien la science et la philosophie demeurent toujours pareils à eux-mêmes.

« Le beau est ce qui plaît universellement, sans concept », lit-on dans Kant. A cette définition qu'on chercherait en vain de présenter comme une « idée claire et distincte », se rattache certaine théorie esthétique qui, adoptée, entre autres, par Tolstoï, a plutôt fortifié que dissipé les erreurs courantes sur la nature et la portée sociales de l'œuvre d'art. Celle-ci, nous affirme-t-on, ne saurait être belle qu'à la condition de devenir accessible et compréhensible aux foules. Dans son esthétique comme dans sa morale et dans sa philosophie, Tolstoï offre le type parfait de l'esprit simpliste, de l'homme qui ne considère qu'une seule face de l'objet et qui raisonne en conséquence. Pour ne parler que de sa thèse esthétique, il oublie combien imparfaite encore et éloignée de ses fins de justice est la société dans laquelle nous vivons. Divisées en classes économiques franchement ou sournoisement hostiles entre elles, les agglomérations nationales et politiques modernes les plus civilisées nous offrent le spectacle de plusieurs sociétés étagées les unes sur les autres, ayant atteint un niveau intellectuel et moral très différent, appartenant, par suite, à divers âges de l'évolution historique. Or les idées et les sentiments esthétiques progressent et s'affinent comme tout le reste ; et la beauté ne réussit à plaire aux hommes qu'autant que leur agrée la vérité analytique et synthétique dont elle se nourrit. Dans ces limites, le « vrai » se pourrait également définir comme ce qui plait universellement. Il n'est pas une œuvre scientifique, philosophique ou esthétique de grande valeur qui n'ait été d'abord méconnue par la foule. Mais le devoir des élites qui apprécient de telles œuvres est de les rendre accessibles au grand nombre : cela non seulement en les imposant aux multitudes par une admiration intelligente, par un enthousiasme communicatif, mais aussi et surtout en coopérant, par tous les moyens possibles, à la réalisation des fins d'égalité progressive que toute association humaine poursuit. L'apport de l'artiste à cet égard est des plus considérables : car en revêtant de formes concrètes les vérités particulières de la science et les conceptions universelles de la philosophie, il les dissémine en de larges milieux, il les vulgarise, il les met à la portée des petits et des humbles. Plus que le savant et que le philosophe, et presque autant que l'homme d'action, l'artiste est un niveleur social, un abolisseur d'injustice, un collectiviste au sens supérieur et noble du terme (72).

2. *Les erreurs de l'esthétique moderne.* — La sociologie revendique de plus en plus le droit de considérer les manifestations esthétiques comme des phénomènes sociaux dont

elle est appelée à déterminer les conditions et à formuler les lois. Mais la sociologie est une science nouvelle, à peine formée, et qui possède au plus haut degré les défauts, qui tombe à chaque instant dans les écarts ou les faiblesses de son âge.

Nous avons souvent signalé trois sortes d'erreurs presque inséparables de cette phase de début et qui consistent à sacrifier l'autonomie de la science sociale en cherchant, pour les récentes vérités entrevues, des points solides d'appui au dehors, soit dans les sciences plus élémentaires, comme la biologie, soit dans les sciences plus concrètes, comme la psychologie, soit enfin dans les faits sociaux déjà extériorisés et cristallisés, ayant revêtu la forme d'actes ou de séries d'actes humains. Le premier de ces écarts est le « biologisme », l'explication des phénomènes sociaux par les seules lois de la vie; écart qui suscita cette déformation curieuse de la nouvelle science, la métaphysique organiciste des sociétés. Le second écart est le « psychologisme », la subordination de la sociologie considérée comme science plus complexe (ou même plus concrète), à la psychologie considérée comme science plus simple (ou même plus abstraite); erreur qui donna naissance à cette autre déformation si populaire de la sociologie, la métaphysique psychologique des sociétés. Enfin le troisième écart est ce que nous appelons le « pragmatisme » ou « practicisme », l'illusion encore plus répandue ou vraiment vulgaire qui prend sa source dans les tendances finalistes de l'esprit humain, qui voit dans l'effet une cause et dans la cause un effet, qui subordonne la pensée à sa propre exécution, qui pour un rien ferait sortir et dépendre le motif rationnel de l'acte de cet acte lui-même. Cette troisième « faiblesse » de la sociologie a trouvé son expression la plus saillante — et peut-être aussi la plus logiquement impeccable — dans la métaphysique marxiste des sociétés, dans les thèses « pragmatiques » qui proclament la primauté des conditions externes ou techniques accompagnant ou constituant l'acte social, sur les conditions internes accompagnant ou constituant la pensée sociale; — thèses qui, soit dit en passant, sont le talon d'Achille du socialisme contemporain (*73*).

Les théories courantes sur l'art ont payé un large tribut aux illusions et aux mécomptes de la sociologie moderne. Une esthétique vitaliste se forma à côté d'une esthétique psychologique, et à toutes deux vint s'opposer une esthétique utilitaire. Disons ici quelques mots de chacune de ces conceptions.

3. *Le biologisme esthétique.* — Il est certain que le phénomène social est précédé et conditionné par le phénomène vital. D'autre part, le fait psychologique — et c'est de lui qu'il s'agit lorsqu'on nous parle d'idées ou encore de sentiments et même d'émotions esthétiques — est sûrement le produit combiné du phénomène vital et du phénomène social. Il n'y a donc pas lieu de s'étonner si, en analysant des états psychiques complexes tels que le sentiment religieux, le sentiment esthétique, les émotions inséparables de la recherche et de la découverte de la vérité abstraite, ou encore les émotions qui accompagnent toute activité pratique, nous trouvons à leur base des phénomènes de plus en plus simples, des états purement organiques (par exemple, la dépression ou l'excitation morbide des sens dans l'émotion religieuse; l'exaltation cérébrale produisant l'enthousiasme et la tension nerveuse exacerbée souvent jusqu'à la souffrance, dans l'émotion cognitive; la sensation d'aise ou de puissance due à l'accélération de la circulation sanguine des appareils respiratoire et nutritif, dans l'émotion esthétique, et ainsi de suite). Néanmoins, rechercher les origines de l'art dans les fonctions organiques nous semble une entreprise vaine et quelque peu puérile. Nous datons l'art — comme la science et la philosophie, et comme la conduite rationnelle qui dérive de ces trois termes — non pas de l'apparition sur la terre de la vie ou de l'homme en tant qu'espèce zoologique, mais de la lente transformation de cette espèce en *homo sapiens* et de ses premières manifestations sociales. Nous ne nions pas pour cela que la socialité, définie par nous comme une interaction cérébrale, n'ait été le produit de la vie; et nous accordons volontiers que celle-ci joue dans tous les faits psychologiques dont nous faisons la cause finale des phénomènes sociaux, un rôle con-

sidérable. Mais lorsque de l'étude de la finalité nous passons à celle de la causalité, nous devons, croyons-nous, faire dans les phénomènes appelés science, philosophie, art et action deux parts distinctes : l'une, physiologique, qui continuera à attirer l'attention du psychologue étudiant le fait concret ou bio-social, et l'autre, sociologique, qui, seule, pourra inté-resser la science sociale abstraite.

Les partisans des théories vitalistes sur l'art sont loin d'entendre les choses ainsi. Dans les faits psychologiques, tels que les sentiments ou les émotions esthétiques, ils exa-gèrent à plaisir l'influence des conditions vitales (relevant des réactions motrices, ou de la sensibilité générale, ou de l'état spécifique de certains centres nerveux, etc.); et ils le font aux dépens de l'influence non seulement des conditions pure-ment sociales, mais même des conditions mixtes ou idéo-logiques. Ils nient cette dernière influence ou la relèguent au second plan. Et pourtant, s'il est vrai que l'idée est un composé bio-social, son intervention suffirait seule pour expliquer le phénomène d'art, même dans sa partie physiolo-gique (74).

Selon une conception très répandue et que défendirent suc-cessivement et avec beaucoup d'éclat Schiller, Kant, Scho-penhauer et enfin Spencer, l'art tire son origine d'un excé-dant, d'un surplus de force ou d'énergie, soit simplement vitale (chez les animaux, surtout les animaux vivant en troupes, et chez les peuples barbares), soit déjà intellectuelle et morale (dans les sociétés quelque peu civilisées). Dans ce dernier cas, l'activité intellectuelle, ainsi que nous l'explique Spencer, est quantitativement et qualitativement si grande, qu'après avoir satisfait aux besoins essentiels de la vie, elle laisse un superflu qui se dépense non comme activité réelle, mais comme activité simulée. C'est la fameuse théorie de l'art envisagé comme un jeu, estimé comme une activité de luxe.

La thèse est ingénieuse et possède une part certaine de vérité. Mais cette vérité est déformée et corrompue par les préjugés vitalistes ou les préconceptions psychologiques des principaux partisans de la théorie. En effet, aucun état vital, si puissant ou intense qu'il soit, ne saurait engendrer d'une façon directe le sentiment esthétique. Sans doute, l'état vital prépare le terrain où l'idée esthétique germera et fructifiera ; il peut même en quelque sorte contribuer à éveiller cette idée. Mais le plaisir physiologique dérivé du surplus de force vitale ne forme, dans le cas le plus favorable, que l'un des éléments constitutifs du plaisir esthétique. Celui-ci est toujours un plaisir bio-social, et c'est comme tel qu'il détermine l'émotion, également bio-sociale, du beau et la stimulation active qui en résulte.

D'autre part, il ne s'agit pas du tout, dans cette genèse, d'un surcroît d'énergie purement individuelle, ainsi que le pensent et l'enseignent les esthéticiens-psychologues. Selon une juste remarque de M. Draghicesco, remarque qui corrobore ma principale thèse esthétique, c'est dans la société, le groupe social tout entier, et non dans l'individu comme tel, que se forme et apparaît l'excédent d'énergie dont on parle. Le grand savant, le grand philosophe, le grand homme d'action ne sont-ils pas, au même titre que l'artiste de talent ou de génie, le produit d'une surabondance d'énergie collective, dans tel ou tel domaine social particulier ? Tous n'expriment-ils pas, au même degré, sinon de la même façon, une supériorité, une puissance, une prospérité quelconque — scientifique, philosophique, politique, économique, etc. — du milieu ou des milieux (des multiples patries intellectuelles de l'homme cultivé moderne) dans lesquels ils vivent (75) ?

4. *Le psychologisme dans les théories sur l'art.* — Cette erreur consiste à expliquer le social par le psychologique, à poser le phénomène plus complexe comme la cause du phénomène plus simple. Comment une telle inversion devient-elle possible ? La marche générale de l'esprit qui va du concret (ou composé) à l'abstrait (ou simple), qui tire celui-ci de celui-là, facilite la confusion ; elle permet aux zélateurs de l'empirisme de transformer une méthode subjective, un procédé de découverte, en une genèse objective. Mais le vrai fondement de cette vue illusoire est ailleurs : il gît dans le finalisme inconscient de la raison toujours sollicitée à prendre la cause finale d'un processus pour sa cause efficiente. C'est ainsi que

malgré l'aveuglante évidence de la double nature, à la fois biologique et sociale, du fait psychique, une école influente et populaire de sociologues continue à vouloir baser la sociologie sur la psychologie, en faisant dériver le social du psychique comme un effet de sa cause.

Les faits esthétiques sont incontestablement des réalités psychologiques (des idées, des sentiments, des émotions); donc, selon une vue que nous ne nous sommes jamais lassés de défendre, des réalités bio-sociales capables de former la matière de trois études distinctes, dont deux sont abstraites, la biologie et la sociologie, et la troisième, la psychologie, est concrète. Comment ces diverses sciences se comportent-elles ou auraient-elles dû se comporter vis-à-vis des réalités esthétiques? La biologie ne s'en occupe guère pour la simple raison que l'apport biologique dans les faits bio-sociaux de toutes espèces, y compris l'espèce esthétique, ne diffère pas du contenu vital des phénomènes psychophysiques concrets, ne se distingue pas des propriétés que le biologue étudie directement dans les organismes, qu'ils soient soumis ou non aux influences sociales. Au contraire, la sociologie n'a pas sous la main d'autre objet concret plus simple que le fait psychologique, et elle doit, par suite, le décomposer, l'analyser, pour en extraire la propriété sociale spécifique, l'interaction des consciences et des intelligences avec tous ses effets immédiats — telles les modalités essentielles de la pensée collective — ou lointains. Enfin la psychologie aurait dû s'attacher aux mêmes réalités pour les étudier comme des agrégats concrets, des composés bio-sociaux, pour déduire, des lois générales établies par la biologie d'une part et la sociologie de l'autre, les lois particulières qui président à la formation et à l'évolution de ces agrégats dans les cerveaux individuels (76).

Malheureusement, une telle division du travail scientifique est loin d'être un fait accompli. Ces deux sciences connexes en voie de formation, la sociologie et la psychologie, n'ont pas encore réussi à délimiter leurs domaines respectifs. L'étude concrète de la socialité empiète constamment sur son étude abstraite et *vice versa*. Les théories courantes sur l'art nous en offrent un exemple topique. Une dispute assez vive sépare les esthéticiens en deux camps : les uns considèrent l'art comme un produit du groupe social, les autres, comme une création spontanée de l'individu. Or, en dépit de ce qu'en pensent leurs partisans, ces deux thèses ne peuvent pas s'opposer l'une à l'autre. En effet, l'individu dont il est question est un individu social, vivant au milieu de ses semblables, agissant sur eux et subissant le contre-coup de leur mentalité; et, par suite, ce qu'il crée, ou, plus exactement, ce qui se crée en lui, est nécessairement aussi social que lui-même. Et, d'autre part, le groupe se manifeste d'une façon concrète dans les individus qui le composent ; et, par suite, ce qu'il produit ou, plus exactement, ce qui se produit dans son sein, est aussi individuel que les phénomènes sociaux concrets eux-mêmes.

L'œuvre d'art, selon une formule devenue rapidement populaire, ne fait que traduire d'une façon fidèle le « tempérament » de l'artiste. Mais toutes les œuvres d'une période historique, soit limitée géographiquement à une seule contrée, soit s'étendant à plusieurs pays, n'offrent-elles pas un air de famille, n'expriment-elles pas, d'une manière frappante, le génie de leur temps? Ces termes : tempérament individuel, caractère de l'époque, sont strictement corrélatifs. Ce qui constitue, d'une façon concrète, l'esprit esthétique d'une époque, ce sont les tempéraments individuels des artistes qui vivent à cette époque; et, *vice versa*, les tempéraments artistiques individuels d'une période de l'histoire trouvent leur expression abstraite dans l'esprit esthétique de cette période. Il n'y a là que deux points de vue successifs auxquels on se place pour examiner un seul et même phénomène d'interaction mentale. On ne saurait non plus nous objecter la diversité des tempéraments individuels et l'unité foncière du caractère de l'époque. Chaque individu d'une espèce vivante ne diffère-t-il pas de tous les autres, mais cela empêche-t-il la biologie de chercher et de trouver les lois générales de la vie?

Il n'y a également qu'un malentendu verbal à la base du dilemme si souvent discuté : l'artiste crée-t-il ou imite-t-il?

Il crée de son propre fonds, affirment les individualistes; il « recueille les impressions du milieu et les exprime en son œuvre comme le miroir recueille les rayons lumineux et les concentre en son foyer », répondent leurs adversaires. Or, créer ou tirer quelque chose de son propre fonds ne peut décemment signifier aujourd'hui que modifier ce fonds, qu'y apporter un changement quelconque. Et faire sortir l'œuvre d'art des impressions du milieu équivaut à indiquer la cause générale et abstraite des multiples altérations concrètes ou individuelles qui nous frappent comme autant d'efforts créateurs.

Dans les sciences mûres, la diversité concrète des faits n'abolit pas l'unité abstraite de la loi ou des lois qui les régissent. Et s'il semble en être autrement dans les sciences commençantes, c'est qu'ici les lois des faits ne sont pas encore trouvées et que leur unité abstraite n'existe que de nom. Tel est le cas de l'esthétique, qu'on la considère comme un chapitre de la sociologie ou comme une branche de la psychologie. La variété concrète des faits esthétiques continue à être ramenée à ces entités verbales : le génie inventif de l'artiste, la formation d'un idéal nouveau, etc. Et l'on se doute à peine que ce que l'on désigne comme initiative individuelle ou « originalité » (abstraction faite des idiosyncrasies et des idiopathies biologiques concomitantes) se laisse presque entièrement réduire à des causes d'une nature beaucoup plus générale. Le phénomène si fréquent de l'incompréhension du grand artiste par ses contemporains les plus proches, ou du combat qui s'engage entre le goût de l'élite et le goût des masses, ne fait en somme que rééditer le phénomène tout aussi banal de la lutte de la science et de la philosophie nouvelles et peu répandues contre le savoir et les croyances anciennes et courantes (77).

Plus les idées et les termes qui les évoquent sont vagues, et plus ces idées et ces termes tendent à devenir populaires. En revanche, rien n'est plus ésotérique que la précision : les sciences dites exactes nous en fournissent la preuve quotidienne. Qu'est-ce que l'individualité ou le « tempérament » à travers lesquels, selon une formule qu'on rencontre à tout bout de chemin, l'artiste fait passer la vie? Ne s'agit-il pas ici d'individualité sociale, d'originalité surorganique, s'exprimant par des œuvres collectives (conceptions scientifiques, philosophiques, esthétiques et actes correspondants) et conditionnée par la façon dont certains cerveaux agissent sur d'autres cerveaux et réagissent vis-à-vis des impulsions qu'ils en reçoivent (*78*)? Mais l'originalité ainsi comprise consiste-t-elle en traits qui « distinguent ou séparent » les êtres sociaux les uns des autres? On aboutit facilement à cette vue quand on se borne à confronter le grand homme avec la foule qui l'environne. Mais on arrive à un résultat opposé quand on analyse le grand homme lui-même. On est alors tenté de découvrir dans son originalité surorganique autant de caractères qui « rapprochent » les individus selon leur affinité sociale essentielle, autant de traits d'union qui, pour employer la belle image de Nietzsche, permettent de considérer « les génies universels comme contemporains les uns des autres », et la série des grands hommes « comme une sorte de pont au-dessus des flots tumultueux du devenir ». L'originalité sociale consiste dans la nouveauté sociale; or, celle-ci se ramène toujours, en dernier lieu, à une nouvelle connaissance. Aussi, quand on va au fond des choses, quand on creuse cette thèse, si vantée par l'esthétique moderne, du « tempérament individuel », on trouve régulièrement que l'artiste original est celui qui apporte une conception plus haute ou plus pure de l'existence, qui inscrit dans ses symboles, selon la belle et large formule de Paul Adam, un dogme nouveau, une croyance générale encore intacte et liant entre elles des connaissances d'origine également récente (*79*).

5. *Le pragmatisme*. — Le pragmatisme (« ou l'activisme ») est essentiellement un finalisme naïf, illusionné, qui, méconnaissant la vraie nature de l'inversion téléologique, se prend de bonne foi pour une séquence causale. En outre, le pragmatisme n'est pas une erreur « inter », mais « intrascientifique », pour ainsi dire; il ne confond pas, *ab initio*, la sociologie avec la biologie ou la psychologie; et s'il se trompe, ainsi que nous le croyons, c'est dans les propres limites, à

l'intérieur de la science sociale, où il joue le rôle d'une vaste hypothèse directrice à l'égard des recherches sociologiques, et coordonnatrice à l'égard des principaux faits sociaux.

Le pragmatisme n'est pas né d'hier. Il a une longue histoire, il est contemporain des plus anciens efforts analytiques de la raison. Il a peut-être été la première grande hypothèse que l'esprit humain forma pour expliquer la nature ; postulat qui à force de servir dans tous les ordres de recherche, d'être étendu aux classes les plus diverses de phénomènes, devint une sorte de méthode, une marche intellectuelle constante, une attitude mentale stable. Cette attitude s'appela et s'appelle encore empirisme dans les sciences inductives, et apriorisme dans les sciences faisant usage surtout de la déduction.

L'empirisme — et ce qu'on en peut dire s'applique aussi bien à son succédané ou à son équivalent, l'apriorisme — fut de tout temps une conception superficielle et grossière de la *cause*. Dans la recherche analytique, le *concret* précède nécessairement l'*abstrait* ; et cette antécédence invariable, subjuguant l'esprit, joua un rôle énorme dans les destinées du savoir. Car au fur et à mesure de la décomposition du phénomène concret en ses éléments de plus en plus abstraits, la raison, qui tirait régulièrement ceux-ci de celui-là, se laissa prendre au piège d'une telle opération subjective et ramena le contenu abstrait, l'essence des choses, à leur aspect global, à la résultante concrète d'une foule de facteurs. La conception empirique s'apparente étroitement à cet égard à la conception téléologique ou finaliste. Elle est à son tour une inversion de la séquence causale ; mais tandis que le finalisme spontané ou irréfléchi confond les causes finales (les buts) avec les causes efficientes (les moyens), — d'où la subordination « pratique » des moyens aux buts, — l'empirisme spontané ou irréfléchi voit dans le concret (dans l'effet global produit, dans la terre, dans l'eau, dans la flamme, dans l'animal, dans l'appareil organique, dans les tissus, dans les institutions, dans les mœurs, dans les faits historiques) la *vraie cause* de l'abstrait (du processus évolutif étudié et décomposable, sinon déjà décomposé, en ses éléments).

L'empirisme et son fidèle satellite, l'apriorisme, ont sévi suc-

cessivement dans tous les domaines du savoir. Aucun d'eux ne
fut épargné par ce fléau, véritable maladie de croissance de la
pensée analytique. Mais ce mal s'y révéla sous des formes
diverses, appropriées aux caractères particuliers des matières
étudiées et à la phase d'évolution parcourue par la discipline
correspondante. Dans les sciences morales et politiques, dans
la sociologie *in statu nascenti*, l'empirisme, le culte du fait
concret revêtit de bonne heure la forme du pragmatisme, du
culte de l'acte accompli. Rien de plus naturel, puisque l'acte
constituait ici le fait concret (*80*). Et cette tendance des
historiens, des moralistes, des juristes se transmit aux
premiers sociologues. Leur empirisme fut essentiellement
pragmatique. Simultanément et nécessairement, la même
tendance trouva un écho dans la métaphysique de l'époque.
Le pragmatisme s'y para d'arguments captieux, s'y étaya de
preuves subtiles et finit par s'y hausser au rang d'une véritable synthèse mondiale. Les noms d'Emmanuel Kant (primauté de la raison pratique), d'Auguste Comte (identification
de la philosophie et de la science, suprématie du fait moral),
de Karl Marx (primauté du fait économique), enfin de Frédéric
Nietzsche (apothéose de la volonté active gouvernant à son
gré la connaissance et conditionnant la vérité) marquent,
semble-t-il, les principales ou les plus renommées étapes, au
xixᵉ siècle, de cette double évolution (*81*).

Le pragmatisme s'est développé à notre époque dans trois
grandes directions. Il fut tantôt purement esthétique, se bor-
nant à faire remonter l'origine des beaux-arts aux arts utiles,
aux divers travaux manuels; et tantôt philosophique, limitant son ambition à faire dériver la pensée synthétique ou
abstraite de la pensée syncrétique ou concrète, à envisager,
en somme, la philosophie comme une œuvre de sentiment
et d'imagination, comme une sorte de poésie abstruse, une
« architectonique de concepts »; tantôt enfin scientifique,
se vouant à la tâche — en apparence si facile — de déduire,
soit directement, soit par l'entremise de nos croyances générales, notre savoir théorique (considéré comme un effet) de
notre activité pratique (considérée comme une cause). C'est
le premier de ces trois aspects du pragmatisme qui doit nous

intéresser d'une façon spéciale; et nous allons brièvement l'examiner.

Commençons par signaler un malentendu assez fréquent. Quand des philosophes naturalistes comme Darwin, par exemple, aperçoivent à la base du sentiment esthétique des racines utilitaires, ils ne ramènent pas pour cela nécessairement, sur le terrain propre de la sociologie, les beaux-arts aux arts techniques ni à l'activité pratique en général. Ils restent, au contraire, dans la vérité en ce sens que le domaine surorganique tout entier (qui comprend l'art aussi bien que la technique, la philosophie et la science) est essentiellement finaliste et, par suite, utilitaire, soit d'une façon inconsciente et purement émotive, dans les limites de l'interaction psychophysiologique des cerveaux (instincts sociaux des animaux et des hommes primitifs), soit d'une façon consciente et déjà plus ou moins intellectualisée, dans les limites de l'interaction psychologique, sous la domination de la raison abstraite. Mais quand certains sociologues prétendent que les beaux-arts sont une simple émanation des arts utiles (une activité désintéressée, imitative d'actes utiles à l'origine, disent-ils), ils tombent, ce nous semble, dans une erreur qu'il y a lieu de relever. Ils confondent la priorité concrète ou « syncrétique » avec la primauté abstraite ou « analytique ». Il y a là une illusion de la vue mentale qui peut s'expliquer de la façon suivante.

Les divers modes de la pensée collective ne se différencient que très lentement. Pendant de longs siècles, la science commençante et la philosophie initiale (la religion, la métaphysique) forment un tout indivisible; et la même cohésion s'observe entre les vieilles cosmologies et les premières manifestations esthétiques d'une part, et entre celles-ci et l'activité journalière des hommes de l'autre. Or, qu'arrive-t-il lorsqu'une connaissance plus avancée, une conception philosophique approfondie ou mûrie, une forme d'art raffinée revendiquent leur droit à une existence et à un développement indépendants? Loin de constater la désagrégation lente qui s'empare des divers amalgames énumérés plus haut (et que l'on ne conçoit pas à la vérité comme tels), on se con-

tente de les opposer aux parties qui s'en détachent spontanément. Le premier ensemble, à la suite et en raison même
de cette opposition, prend le nom de philosophie, et l'on
affirme que celle-ci donne naissance aux disciplines scientifiques, qu'elle est la matrice des sciences; le second reçoit,
pour les mêmes motifs, le nom d'art, et l'on soutient que les
conceptions esthétiques forment le prototype des synthèses
philosophiques; enfin le troisième s'intitule « activité pratique » et l'on atteste que la technique, le travail utile est la
vraie source des beaux-arts. En ce qui touche plus particulièrement ces derniers, des écoles entières de sociologues,
celle de Le Play et celle de Marx entre autres, se sont donné
beaucoup de peine pour rattacher les manifestations esthétiques les plus précoces aux premiers travaux poursuivant
la satisfaction des besoins économiques. Dans l'utilisation
des cavernes et la construction des premières cabanes ces
écoles voient le germe d'où est sortie l'architecture; dans la
fabrication de l'outillage primitif, haches, lances, flèches, cou-
teaux, elles aperçoivent les origines de la sculpture; dans la
production des vêtements, des ornements du corps et dans
les pratiques du tatouage, elles discernent les sources lointaines de la peinture; dans l'invention et l'emploi des instruments sonores ou d'appel pour les besoins de la chasse et de
la guerre, elles découvrent les obscurs débuts de la musique,
du chant, de la danse, et ainsi de suite.

Or, de deux choses l'une. Ou ces thèses doivent signifier
qu'à l'aube de toute civilisation la pensée sociale s'offrait
comme indistincte, indivise, non différenciée, que son mode
esthétique (les goûts grossiers de cette époque crépusculaire)
se confondait vaguement avec son mode synthétique (les
croyances absurdes de ces temps reculés) et avec son mode
analytique (les bribes infimes de connaissance de ces périodes
ténébreuses), — tout cela formant un bloc compact avec le
mode pratique de la même pensée, avec l'activité, l'agitation
où s'extériorisait cette incohérente poussée spéculative; et
alors les sociologues dont nous parlons enfoncent, en réalité,
une porte ouverte, et on ne saurait leur reprocher, en somme,
que leurs façons équivoques de s'exprimer, ou encore de se

taire, de ne pas dire que derrière ces choses d'aspect si fruste et si commun, premiers abris, outils, ornements, etc., palpite déjà un embryon d'âme esthétique qui ne fera, par la suite, que grandir et croître. Ou bien ces thèses impliquent que le mode actif de la pensée sociale précède et engendre tous ses modes spéculatifs; et alors nous retombons dans l'illusion empirique (pragmatique dans l'espèce), nous substituons l'effet complexe (l'acte toujours apparent, sinon le seul apparent) à l'ensemble ou à la série des causes restées dans la coulisse; nous affirmons la primauté ou la suprématie de l'action sur la pensée, de la pratique sur la théorie.

Comme, autrefois, dans la vieille physique, on se contentait, après avoir observé les faits, de les rattacher les uns aux autres dans l'ordre régulier de leur apparition et sans tenir compte de leurs coefficients communs intimes et cachés; comme, naguère, en biologie, on rangeait les processus organiques en des séries où n'intervenaient point les changements élémentaires ou bio-chimiques; de même, dans les études sociologiques modernes, malgré qu'on les affuble de titres pompeux (sociologie génétique, embryogénie, embryologie sociale, etc.), on dépasse rarement le niveau empirique ou pragmatique. L'observation descriptive est la méthode initiale de toutes les sciences; et tant qu'on se borne à décrire fidèlement ce qu'on a exactement observé, tout va bien. Mais quand on attribue à une description, si généralisée qu'elle soit, la valeur d'une explication causale, les choses se gâtent et l'on risque de tomber dans l'erreur vulgaire du *post hoc, ergo propter hoc*. Ainsi, pour reprendre l'exemple déjà cité, nul ne conteste que les habitations rustiques — cabanes sur pilotis, chaumières, etc. — n'aient précédé les palais, les châteaux et les cathédrales; que les ustensiles grossièrement taillés ne soient apparus avant les statues et les fines ciselures; que le tatouage de la peau et même la sculpture polychrome n'aient devancé la peinture; ou en général que des ensembles de « gestes moteurs et vocaux, traditionnellement fixés et ayant un sens ornemental », n'aient préexisté à ce qui, par la suite, se rangea sous ce vocable, les beaux-arts. Mais comment, sans transformer la description des faits en leur explication, tirer de

telles prémisses la conclusion que les arts utiles, en évoluant
et en se différenciant, donnent naissance aux beaux-arts; ou
que la pensée pratique qui inspire les premiers est la véritable source de la pensée esthétique qui anime les seconds?
Cette généalogie puérile s'attache « à ce qu'on voit » : les
conceptions esthétiques mûries, développées, qui transpa-
raissent derrière une foule de faits comparativement récents;
et elle ignore, de parti pris, « ce qu'on ne voit pas » : les
idées et les sentiments esthétiques rudimentaires qu'on ne
distingue plus, par suite de leur insignifiance même, dans
les faits d'une haute antiquité, — comme on y distingue à
peine les croyances générales et les connaissances tout aussi
infimes qui déterminèrent les concepts esthétiques primitifs.

L'illusion pragmatique est encore renforcée par là qu'on
assimile trop souvent la « recherche », l'essor de la pensée
spéculative en quête d'une théorie, à « l'application » de la
théorie déjà trouvée. Une théorie rudimentaire, réalisée par
l'acte, devient la pratique primitive; mais lorsqu'une nouvelle théorie surgit, au lieu de la rattacher, comme il con-
viendrait, à la théorie rudimentaire, on la rattache à l'effet
visible de celle-ci, à la pratique primitive, et cela se répète
indéfiniment pour tout acquêt mental. On aboutit ainsi à
concevoir chaque théorie comme née d'une pratique et comme
engendrant une pratique (l'œuvre d'art, par exemple, comme
né de l'acte utile et comme engendrant l'acte utile), — ce qui
est contradictoire, ce qui constitue un cercle logique vicieux.
Non pas que j'entende nier ce fait quasi constant : la pratique,
l'application d'une théorie devenant pour la « recherche » un
objet d'observation et d'expérience, lui servant d'exemple, de
preuve positive ou négative, dévoilant les côtés forts et les
côtés faibles, les avantages et les mécomptes de l'ancienne
théorie. Mais ce que je conteste d'une façon absolue, c'est
qu'on puisse attribuer à la pratique — routinière par essence
— ce qui est le résultat ou l'effet de la recherche spéculative.
La substitution du « fait tel quel » à « l'observation qui
s'exerce sur ce fait » (et à la méditation, aux opérations
logiques présidant aux expériences qui s'ensuivent) est une
illusion coutumière à l'esprit empirique. Il est temps de s'en

délivrer dans les sciences sociales, comme on s'y est soustrait dans les sciences naturelles.

Mentionnons, pour finir, un dernier motif d'erreur. Les divers modes de la pensée sociale, loin d'évoluer dans un ordre accidentel, selon la contingence des cas, se rangent en une série régulière où chaque terme postérieur dépend du terme antérieur comme un effet dépend de sa cause; ce qui veut dire que le terme qui précède se développe ou se modifie *plus tôt* que le terme qui suit. Or, ce qui persiste dans un premier état, ce qui ne change pas, ou ce qui change plus tard, c'est souvent pris par l'empirique pour la cause déterminante des modifications survenues. Ainsi, la philosophie qui continue à s'appuyer sur un savoir déjà caduc ou périmé, apparaîtra aux yeux de l'observateur superficiel comme la matrice où se sont formées les nouvelles connaissances; l'art qui persiste à inscrire dans ses symboles les dogmes anciens en voie de se dissoudre, lui semblera être la source d'où jaillissent les dogmes nouveaux; enfin dans l'action ou le travail qui persévère à s'inspirer des vieilles vues esthétiques, il verra le germe ou l'origine des nouvelles conceptions d'art (*8.2*).

CHAPITRE VI

Les postulats psycho-sociaux de l'œuvre d'art.

1. Les faits et les idées dans les sciences physiques et dans les sciences sociales. — 2. Le postulat philosophique (les idées générales unifiées) dérivé du postulat scientifique (les faits particuliers généralisés). — 3. La trilogie métaphysique du Vrai, du Beau et du Bien et l'unité foncière de la pensée sociale. — 4. Le rôle de l'imagination et du sentiment dans les arts.

1. *Les faits et les idées dans les sciences physiques et dans les sciences de l'esprit.* — Dans toutes les sciences sans exception il faut d'abord observer les faits, et puis les analyser (par différentes méthodes parmi lesquelles l'hypothèse et l'expérimentation jouent le principal rôle); il faut ensuite réobserver les faits, les mêmes ou d'autres, selon le cas, et les réanalyser; et il ne faut jamais se lasser de répéter cette double opération. Mais qu'est-ce qu'un fait? Le fait est-il partout et toujours semblable à lui-même?

Oui, si on le définit d'une façon large, par exemple, comme la chose, le phénomène, le processus qui est, devient ou peut devenir un objet d'observation et d'analyse pour l'esprit. Et non, si on le catégorise, si on le classifie, si on le spécifie. Il existe à cet égard, entre les sciences de la nature extérieure (ou de la matière) et les sciences du monde surorganique (ou de l'esprit), une différence capitale, sur laquelle on ne saurait trop insister.

Dans les premières, les faits ne sont jamais originairement des idées; mais ils se transforment en idées, ils deviennent, à mesure même qu'on les observe et les analyse, des concepts (des faits psychologiques). Ici, le fait conduit et aboutit à l'idée. Et c'est le fait dans l'acception « naturaliste » du terme qui forme le point de départ de la science. Dans les secondes, au contraire, les faits sont toujours, à leur origine, des idées; mais celles-ci se transforment, elles deviennent, à la suite de leurs migrations multiples à travers les cerveaux, des actes ou des séries d'actes (des faits sociaux concrets ou historiques). Ici, l'idée mène et aboutit au fait. Et c'est l'idée dans l'acception sociologique du terme (le fait psychosocial) qui aurait dû, semble-t-il, former le point de départ de la science. Il n'en est rien, cependant. Dans toutes nos connaissances, l'esprit suit une même marche : il va du concret à l'abstrait. Et le fait historique, l'acte humain est plus concret que le fait psychologique, la pensée humaine. Ce seront donc les faits concrets de l'histoire que le sociologue devra observer et analyser. Ils l'amèneront, à leur tour, comme les faits concrets de la nature, aux faits psychologiques, aux idées.

Néanmoins, entre les sciences du monde physique et les sciences sociales ce point différentiel subsiste, à savoir, que tandis que les faits concrets étudiés par les premières sont totalement asociaux, amoraux et, par suite, irrationnels, les faits concrets étudiés par les secondes sont déjà, en grande partie, sociaux, moraux et, par suite, rationnels. Disons-le encore une fois, et dans les termes employés : les faits du monde inorganique et du monde de la vie ne sont, d'aucune manière, à leur origine, des idées; et les faits du monde surorganique, les actions humaines étudiées par les sciences sociales, sont toujours, au moins partiellement, et dès leur prime apparition, des idées. L'esprit philosophique saisit d'ailleurs aisément les raisons profondes de cette différence. Les phénomènes psychosociaux constituent l'étape ultime dans l'évolution universelle des choses (dans le passage de l'existence inorganique à l'existence organique et de celle-ci à l'existence surorganique); ils ne sauraient donc jamais être dépassés, ils ont nécessairement leurs fins en eux-mêmes. En d'autres termes, quand, pour avoir été pensés, dans certaines conditions (sociales), par le cerveau humain, les faits concrets purement matériels se convertissent, se transmuent en idées, quand ils deviennent des connaissances abstraites, ils s'éloignent de leur état primitif, ils atteignent peu à peu les plus hauts sommets de l'évolution mondiale. Au contraire, quand les faits concrets surorganiques subissent ou semblent subir la même transformation, ils ne s'écartent pas, ils se rapprochent plutôt de leur état originel.

Les faits sociaux concrets se ramènent toujours, en grande partie, quand on laisse de côté leurs ambiances externes, à des faits psychologiques ou bio-sociaux; et les faits psychologiques se réduisent, mais déjà totalement — du moins dans l'état actuel de nos connaissances — à des phénomènes vitaux d'une part, à des phénomènes d'interaction mentale ou de « socialité » de l'autre. C'est cette dernière réduction que la sociologie doit poursuivre, c'est l'interaction des esprits, son évolution et ses lois qu'elle doit étudier, laissant à la charge du psychologue la réduction simultanée des faits psychologiques aux lois de la vie et à celles de la socialité, et l'étude des complications concrètes correspondantes.

Mais qu'est-ce que le phénomène d'interaction mentale? C'est déjà, en vérité, « l'idée » *in statu nascenti*, l'idée germante ou en voie de formation. La sociologie est la science qui s'attache, à travers l'analyse des faits sociaux concrets, à l'étude du « mouvement » idéologique, des courants d'idées — grands, moyens ou petits — qui sillonnent l'histoire. Cette thèse peut avoir l'air d'un paradoxe, — on reconnaîtra un jour, je l'espère, qu'elle est bien fondée et qu'elle a une valeur heuristique certaine. Nous en sommes aujourd'hui à une phase intermédiaire dans le développement de la sociologie : nous confondons encore la science concrète (la psychologie) avec le savoir abstrait (la sociologie); mais cette période de transition ne saurait durer indéfiniment.

Quand elles n'ont ni un caractère purement physiologique, ni un caractère simplement psychophysiologique, les actions humaines sont « rationnelles »; ce sont des idées actualisées ou réalisées; et c'est là ce qui les distingue soit des mouvements organiques inconscients, soit de l'activité animale qui, devenue consciente, n'est que psychophysiologique et jamais idéologique. Derrière l'acte rationnel il y a un certain nombre — un nombre infini, si l'on a en vue l'ensemble des phénomènes sociaux — d'interactions psychiques transmuées en idées (et sans doute aussi en sentiments). Toutefois, ainsi que nous l'avons déjà dit, ce n'est pas par l'examen de telles causes ultimes ou élémentaires — par l'étude des idées qui dirigent l'histoire — que peut débuter la science sociale.

Décrire, aussi exactement et aussi minutieusement que possible, les faits sociaux concrets, forme le premier devoir du sociologue. Il généralise ou classifie ensuite ces faits. Il ramène leur pullulante diversité à quelques vastes genres : les faits politiques, juridiques, économiques, militaires, industriels, moraux, familiaux, scientifiques, religieux, esthétiques, techniques, etc., et sans doute il se trompe plus d'une fois soit en établissant, soit en remplissant les cadres de cette nomenclature multiforme et variée. Mais, dès cette étape (la classification plus ou moins laborieuse des faits tels quels), le sociologue voit sa route barrée par de sérieux obstacles. Et c'est en vain qu'il cherche à faire un nouveau pas, le plus important de tous dans chaque science, c'est inutilement qu'il essaie de disposer les faits concrets ou plutôt les classes dans lesquelles il les a déjà distribués, en des séries causales, en des successions où une catégorie apparaît comme la condition nécessaire et déterminante d'une autre (les faits économiques, par exemple, comme la condition des faits politiques, religieux, scientifiques, etc., ou *vice versa*). Les méthodes de description, l'empirisme de la première heure déçoivent d'une façon visible, en ces diverses tentatives, l'effort analytique du savant. Ces méthodes l'entraînent dans une impasse. Les séries causales où il parvient à ranger les faits sociaux non décomposés en leurs éléments se montrent fluctuantes et même réversibles. Et les lois empiriques d'évolution qu'il assied sur cette base se révèlent comme hautement incertaines et, ce qui nous choque encore plus, comme flexibles et arbitraires (des lois « molles » qui laissent constamment passer à travers leurs mailles des courants de mystère, disent, non sans raison, les « pragmatistes » que l'abus des méthodes empiriques conduisit à « l'acosmisme » ou au « nihilisme de la connaissance »).

Il appert ainsi de plus en plus que l'écheveau social est trop embrouillé pour pouvoir être dévidé autrement que fil par fil. L'interdépendance contingente des faits historiques masque à nos yeux la dépendance nécessaire de leurs éléments abstraits. C'est donc ceux-ci qu'une analyse plus profonde, pénétrant dans l'intimité des phénomènes, cherchera à dégager et à mettre en évidence. En sociologie, plus que partout ailleurs peut-être dans le champ de la connaissance, le passage du concret à l'abstrait s'avère comme le seul moyen de vaincre la désastreuse stérilité des méthodes empiriques, de remédier à l'impuissance de l'observation directe ou « globale » des choses.

Mais il ne faudrait pas croire, je le répète, que l'étude des idées par où s'expriment les divers modes, les formes variées de l'interaction mentale, se substitue, pour la remplacer ou l'abolir, à l'étude des faits sociaux concrets par où s'expriment, en outre, les lois de la vie et, dans l'immense majorité des cas, les lois de la nature inorganique. L'observation de la réalité concrète reste la base et le point de départ de la sociologie la plus abstraite. Celle-ci, quel que soit son degré de perfection, puise la matière de ses conjectures dans les faits concrets, et elle vérifie ses propositions les plus générales en les confrontant avec les mêmes faits. De ce contact seul jaillit la vérité théorique; mais pour qu'un tel choc se produise, encore faut-il qu'une théorie abstraite vienne d'abord simplifier et sérier les problèmes complexes que soulève, sans pouvoir les résoudre, ou en les solutionnant d'une façon verbale et contradictoire, la connaissance empirique.

L'univers est rempli de séries causales ou évolutives dont les unes embrassent des faits gouvernés par les lois universelles de la nature, les autres des faits soumis, en outre, aux lois plus particulières de la vie, et les troisièmes enfin des faits qui subissent, par surcroît, une détermination encore plus spécifique (nous l'appelons sociale et nous parlons des lois de la socialité). Or l'observateur empirique ne se rend que vaguement compte de ce déterminisme complexe. Aussi voit-on la foule des sociologues entremêler constamment les explications cosmologiques aux explications biologiques ou psychologiques des faits sociaux, et n'ignorer vraiment que leur causalité sociale. Seule, l'analyse abstraite qu'on accuse à tort de dédaigner les faits, tandis qu'elle s'efforce, au contraire, d'en percer les obscurs arcanes, se montre capable d'isoler des autres ordres de causes concurrentes, pour l'étudier à part, la causalité spécifiquement sociale, — la série évolutive où viennent se ranger des réalités que nous qualifions d'idéales quand nous les opposons aux réalités dites sensibles. Les réalités idéales, comparées aux réalités sensibles, nous semblent plus au moins hypothétiques. En effet, une nouvelle analyse basée sur une nouvelle observation des faits correspondants ou sur de nouvelles expériences historiques, peut toujours venir les infirmer en partie ou en totalité.

Le théoricien renoue le fil de l'analyse au point précis où il se rompt aux mains de l'empirique : alors qu'il s'agit de dégager, dans l'enchevêtrement des séries évolutives qui constituent le fait concret, la série proprement surorganique. Nos lecteurs sont suffisamment familiarisés avec cette réalité à la fois idéale et hypothétique, l'interaction des consciences où se révèle, selon nous, le *quid proprium* de la sociologie abstraite. Les « courants interpsychiques » (l'aspect surorganique du « mouvement » aux yeux du philosophe moniste) dont l'ensemble forme ce que nous avons appelé la « pensée sociale » (« l'expérience collective » au sens passif ou la « recherche collective » au sens actif du terme), ces courants se manifestent par leurs effets immédiats, les idées plus ou moins abstraites et les sentiments qui les escortent. Or, pour variée et nuancée, pour ondoyante et diverse que puisse nous paraître cette « phénoménalité » *sui generis*, elle l'est déjà, nécessairement, beaucoup moins que les cas concrets — historiques ou seulement psychologiques. Il sera donc comparativement facile au théoricien de généraliser ses divers aspects, de les ranger en un petit nombre de catégories très vastes. Et, d'autre part, opérant sur des données essentiellement homogènes, il lui sera comparativement aisé de découvrir leurs rapports intimes, leurs relations causales.

Nos lecteurs savent aussi comment nous proposons de résoudre ces deux problèmes primordiaux de la sociologie abstraite. Or, si l'on admet une dépendance étroite entre les quatre modes fondamentaux auxquels se laissent réduire toutes les variétés de la pensée collective, si l'on accepte la loi générale d'évolution selon laquelle le mode analytique de la pensée précède nécessairement et conditionne le mode synthétique, comme celui-ci devance et détermine le mode esthétique qui, à son tour, inaugure ou ébauche, en le stimulant, le mode pratique, — on doit également admettre que toutes les idées et tous les sentiments ayant une origine et une nature « interpsychique » viennent, sans la moindre exception, se ranger sous l'une ou l'autre des rubriques de notre série quaternaire. Les idées ou éléments abstraits qui composent les faits concrets, et non pas ces faits eux-mêmes; car un fait social concret est, par définition, un acte, c'est-à-dire un phénomène immédiatement déterminé par le mode pratique de l'expérience ou de la recherche. Les faits sociaux concrets ne peuvent donc pas être distribués parmi les diverses classes entre lesquelles se répartit spontanément leur contenu idéologique. Ils se rattachent tous, d'une façon directe, au mode ultime de la pensée sociale, et, d'une façon indirecte seulement, à l'ensemble des modes de cette pensée.

Les mêmes considérations s'appliquent, avec une rigueur encore plus grande peut-être, aux changements que nous paraissent subir les faits sociaux concrets et que subissent, en réalité, leurs éléments analytiques seuls, les idées et les sentiments d'origine et de nature interpsychique. La loi générale d'évolution qui, à nos yeux, exprime l'ordre constant dans lequel se manifestent et se suivent les modes essentiels de l'expérience ou de la recherche commune, ne saurait être exacte ou vraie que si elle embrasse tous les cas de variabilité ou d'instabilité, d'altération ou de déformation, de modification ou de transformation, d'accommodation ou d'adaptation sociales; que si elle éclaire et explique toutes les métamorphoses et tous les changements qui se sont produits ou qui pourraient survenir dans les milieux sociaux les plus divers. Et néanmoins cette loi ne s'applique pas aux faits sociaux concrets; et quand on parle ainsi, on se rend coupable d'un abus de langage consacré par une vieille habitude. Car un fait concret n'est jamais la cause d'un second, d'un troisième fait également concret, et ainsi de suite. Un fait concret est un système achevé, une sorte de microcosme où se reflète soit l'univers entier des « causes efficientes » (et tel est peut-être le cas du moindre fait social), soit une partie notable du monde des phénomènes (et tel est le double cas des faits organiques et des faits inorganiques). Un fait concret ne peut évoluer, ne peut subir un changement quelconque sans que s'altèrent, d'une façon plus ou moins profonde, les éléments ou facteurs toujours plus ou moins abstraits auxquels le réduit la pensée analytique. A plus forte raison, un fait concret ne peut-il provoquer le plus minime changement dans un autre fait concret, sans que se renouvelle ou se modifie sa constitution intime. Les empiriques et les pragmatistes se trompent et nous trompent en nous prêchant la doctrine de la genèse ou de la filiation directe des phénomènes concrets. Toutes les sciences devenues abstraites leur donnent à cet égard un démenti formel. Les faits concrets se suivent sans doute : soit qu'ils se répètent, et nous constatons alors que les mêmes causes produisent toujours les mêmes effets; soit qu'ils se modifient, et nous invoquons alors l'intervention de causes nouvelles. Mais, dans ce dernier cas, qui nous intéresse plus particulièrement ici, où prenons-nous ces causes qui ne tombent certes pas du ciel? Dans la réalité concrète elle-même, dans cette multitude infinie de petits systèmes clos qui ne peuvent rien produire, rien enfanter, rien déterminer sans s'être préalablement ouverts eux-mêmes et avoir laissé échapper au dehors, en partie ou en totalité, leur contenu, — énergies physico-chimiques, vitales ou surorganiques, il n'importe. Un fait concret se résout, partiellement ou totalement, en ses éléments abstraits ou facteurs, et ce sont ceux-ci qui, modifiés ou non, déterminent l'apparition des faits concrets suivants.

Un fait social concret, un acte, un événement cosmo-psychologique manifeste, en l'extériorisant — en le combinant avec

des phénomènes physiologiques et physiques — le mode pratique ou téléologique de la pensée, mode rigoureusement
déterminé par la série totale des modes précédents. L'acte
vient clore cette série dont il est l'aboutissement suprême (le
terme ultime ou la cause finale). Mais, dans ces conditions,
il ne saurait jamais être la cause efficiente d'un autre acte, ou
devenir le terme initial — ainsi que l'enseignent les empiriques et les pragmatistes —· d'une série quelconque d'actes.
Entre l'acte accompli et l'acte à accomplir s'insérera nécessairement la suite tout entière des modes essentiels de l'interaction psychique; et c'est l'évolution spontanée de ces modes
— justement considérés comme autant de facteurs historiques
— qui déterminera l'évolution corrélative des actes. Ces derniers ne pourront donc jouer vis-à-vis d'actes semblables ou
différents que le rôle, tout au plus, de « causes occasion-
nelles ».

Pour les « activistes » aussi bien que pour les empiriques,
dont les premiers ne sont, dans le domaine de l'expérience
sociale, que les successeurs et les émules, le fait crée l'idée.
Ils le disent et le répètent en propres termes. Ils définissent
l'idée : le fait réfléchi et idéalisé. Les « pragmatistes » confondent ainsi la recherche qui décompose l'action concrète en
ses éléments abstraits, ou qui réduit l'effet complexe à ses
causes élémentaires, avec cette action concrète elle-même. Ils
se gardent bien, en outre, de considérer celle-ci comme une
simple extériorisation des « idées » d'origine interpsychique
que la recherche, l'expérience collective — l'idée en marche
opposée à la connaissance ou à l'idée au repos — découvre, ou
plutôt qu'elle retrouve, dans la phase ultime de son propre
développement et dans ses conjonctions diverses avec les
autres forces de la nature. L'action concrète n'est que la cause
occasionnelle d'une telle découverte; elle n'est jamais sa cause
efficiente; et dire que l'idée est le fait idéalisé ne signifie rien
ou signifie autant que dire : l'idée est l'idée (*83*).

On voudra bien excuser cette longue digression. Nous pensons qu'elle était nécessaire et qu'elle vient à sa place; elle
simplifie et facilite la tâche dévolue aux pages suivantes; elle
aide à montrer que les conceptions esthétiques ont leurs fortes

racines dans les idées et les croyances générales, ou, si l'on aime mieux, dans les dogmes philosophiques qui coordonnent et synthétisent nos connaissances particulières.

2. *Le postulat philosophique, les idées générales unifiées.* — Si l'acte ne saurait être la semence de l'idée dont il constitue, au contraire, l'aboutissement final; si, en d'autres termes, la pensée pratique qui inspire notre activité d'une façon immédiate, forme le chaînon ultime d'une série évolutive « irréversible » comprenant tous les éléments abstraits, toutes les causes immanentes de l'acte, quelle place ou quel rang attribuerons-nous, dans cette série, aux idées et aux sentiments esthétiques? Il est manifestement impossible de voir dans la mentalité esthétique le terme initial de la série. La recherche et la connaissance des propriétés, des qualités, des caractères plus ou moins abstraits des choses précèdent nécessairement et conditionnent la sélection, le choix, dans les agrégats concrets environnants, des traits essentiels et dominateurs capables de fixer les préférences de l'artiste. Et il est non moins impossible d'interposer la pensée esthétique entre la pensée analytique et la pensée synthétique; car la synthèse suit immédiatement l'analyse, elle en est à la fois la conséquence et le complément inévitables. Il ne reste ainsi qu'à donner à l'art la troisième place dans la série psychosociale, entre la pensée synthétique et la pensée pratique. Et ce rang intermédiaire, l'art le mérite sous tous les rapports.

La pensée esthétique est une forme de l'expérience ou de la recherche collective, qui se greffe directement sur cette autre modalité de la même recherche, la pensée synthétique. L'art est plus proche de la philosophie (ou de la religion) que de la connaissance. Au fond, l'art est déjà lui-même une conception du monde, une vue d'ensemble sur la nature à laquelle on parvient par une voie différente de celle que parcourt la pensée du philosophe. C'est une ontologie du concret qui se range à la suite de l'ontologie de l'abstrait dont elle se pénètre et s'inspire, qu'elle le veuille ou non. Loin de copier d'une façon servile la nature, l'artiste, dit très justement Anatole France, « prend le modèle comme une matière vile dont il extrait la

beauté, qu'il presse, qu'il broie pour en tirer l'*essence* ». Placé
en face de la réalité environnante, l'artiste ne la résout pas en
ses éléments abstraits; il ne reconstitue pas, non plus, à
l'aide de larges synthèses, l'unité rationnelle de l'univers;
mais « il atteint, dans l'être concret, sans le diminuer analy-
tiquement et en lui conservant la plénitude, la mobilité, la vie
que la synthèse logique du philosophe se montre inapte à lui
restituer, les traits dominants, les caractères à la fois intimes
et saillants ». Et il souligne ces caractères, il les grossit, il les
enfle, il les idéalise. « Dans le vaste monde des apparences sensibles il marque, il adopte, il fait siennes certaines réalités —
lignes, formes, couleurs, sons, sentiments, émotions, idées —
qui, plus importantes à ses yeux, plus essentielles que les
autres, lui semblent, en outre, pouvoir être arrangées et com-
binées de manière à éveiller en nous une émotion agréable,
un plaisir spécial..... Ainsi découvre-t-il la « vérité joyeuse »
qui s'intitule encore beauté ». Qu'il en soit conscient ou non,
l'artiste subit l'empire du milieu social, il est guidé dans ses
choix, il cherche et trouve sa « vérité plaisante » sous l'influence du savoir et surtout des croyances générales de son
époque (*84*).

L'art est une étape importante de l'expérience ou de la
recherche collective : c'est le terme intermédiaire qui relie la
vérité synthétique et apodictique, basée sur la vérité analytique et hypothétique, à la vérité pratique et téléologique,
et qui représente lui-même ce qu'on peut appeler la vérité
syncrétique et symbolique. Sa fonction est de préparer, de
faciliter, d'assurer la soumission nécessaire et sans cesse
croissante, dans l'état de civilisation, du concret à l'abstrait,
de la sensation à l'idée. Dans le domaine esthétique, le concret
conserve sa valeur primitive, la sensation garde sa fraîcheur,
mais sous la condition expresse d'accepter la suprématie, le
joug encore léger de l'idée abstraite; sinon, le beau cède la
place au réel, et la jouissance esthétique — à la sensation
brute (on se rend très bien compte d'une telle métamorphose
quand on compare cette forme d'art méconnue, l'amour idéalisé, avec le penchant ou l'appétit sexuel). Dans le domaine
pratique, au contraire, le concret et la sensation apparaissent

déjà comme de plus en plus subjugués et, pour ainsi dire, démonétisés, désindividualisés par la vérité abstraite ou théorique qui, ici, se montre d'autant plus féconde qu'elle est plus rigoureusement appliquée.

Mais la « technique » débute par l'art, au lieu d'y conduire. Toute culture un peu intense des arts utiles est inaugurée par une période d'essor esthétique. La civilisation gréco-romaine est aussi inséparable de ses arts plastiques que la civilisation moderne de son art littéraire. En revanche, toute conception esthétique un peu large tire sa substance d'une philosophie : simple et naïve comme les mythologies et les premières religions avec lesquelles l'art naissant se confondait, ou déjà de plus en plus éclairée et affinée. On le prouve par une foule d'exemples, soit collectifs, soit individuels ; et parmi ces derniers aucun peut-être n'est plus frappant que le cas de Goethe dont la poésie s'imprégna du monisme panthéistique de Spinoza à ce point, a-t-on pu dire, qu'il y a eu « dans l'âme de Goethe une subtile mutation du génie métaphysique en génie poétique ».

« S'il me fallait choisir entre la beauté et la vérité, écrit quelque part Anatole France, je n'hésiterais pas : c'est la beauté que je garderais, certain qu'elle porte en elle une vérité plus haute et plus profonde que la vérité même. » Mais pourquoi et dans quelle mesure l'art peut-il prétendre à un tel rôle ? La nature qui lui fournit des modèles est sans doute inépuisable, et l'univers est sans doute infini ; mais n'est-ce pas la pensée du philosophe qui conçoit ainsi la nature et l'univers ? L'art n'est donc ni plus ni moins infini ou éternel que la philosophie sur laquelle il se greffe. S'il en était autrement, son trésor antique nous contenterait et nous suffirait. Mais nous allons tous vers de nouvelles beautés que nous trouvons parce que nous découvrons de nouvelles vérités, et il y a un art archaïque comme il y a une philosophie caduque. La science subit, à son tour, la même loi de rajeunissement ; la conception de Ptolémée pâlit et s'efface devant celles de Copernic et de Newton. Or, si la part de la vérité éternelle est toujours petite, à notre gré, celle de la beauté qui persiste, qui traverse les siècles et se transmet de génération en génération, n'est pas beaucoup plus grande.

3. *La trilogie métaphysique du Vrai, du Beau et du Bien et l'identité foncière de la pensée sociale.* — Le Vrai, le Bien, le Beau, cette trilogie fameuse fit couler des flots d'encre, elle fut longtemps le thème favori sur lequel métaphysiciens et littérateurs exécutaient d'innombrables variations, tenues naguère pour profondes ou brillantes et qui maintenant nous semblent superficielles et fastidieuses à l'excès. Pourquoi ce changement? Une sociologie plus savante, c'est-à-dire plus analytique et moins empirique que celle qui, sous le nom de morale, se confondait avec la philosophie, est apparue, et elle se prête de moins en moins au verbalisme puéril de sa devancière. Elle se hâte même peut-être un peu trop de condamner sans appel toutes les entités métaphysiques indistinctement. L'erreur partielle (et toute erreur est partielle, car l'erreur totale, absolue, comme la négation absolue, est un contresens, une réaffirmation « ironique » de son contraire) contient un germe, un pressentiment lointain de la vérité future. Ces concepts : la liberté, la justice, l'égalité, le vrai, le beau, le bien, etc., ne doivent pas être rejetés sans un examen approfondi de leurs origines, de leur histoire, des réalités que ces termes claironnants servirent à connoter, des confusions qu'ils aidèrent à couvrir ou à répandre. Ces concepts doivent être réétudiés, confrontés avec les faits, soumis à une interprétation purement sociologique.

La recherche de la vérité qui est le mode analytique, la recherche de l'unité qui est le mode synthétique, la recherche de la beauté qui est le mode syncrétique et enfin la recherche de l'utilité, de l'adaptation des moyens aux buts, qui est le mode pratique de la pensée sociale, — telle est la série quaternaire, la « tétradynamie » positive qui, selon nous, est appelée à remplacer la vague trilogie, la trinité « entitéique » du Vrai, du Bien et du Beau. Marquons ici les traits essentiels qui, à notre avis, différencient ces deux conceptions de la même réalité.

La conception métaphysique reflète fidèlement la confusion initiale de la pensée scientifique avec la pensée philosophique; elle tend, en outre, à susciter la même assimilation entre la pensée esthétique et la pensée pratique. Depuis Platon qui s'efforça de rapprocher le beau et le bon en intervertissant l'ordre de leur apparition, en faisant du bon (terme sous lequel le grand idéaliste grec et ses successeurs entendaient surtout l'utilité morale) la cause dont le beau est l'effet, depuis Platon cette tendance s'est perpétuée, sous des formes diverses, jusqu'à nos jours. En somme, les théories métaphysiques sur l'art et ses rapports avec la connaissance et l'action furent toujours dominées par une logique essentiellement finaliste et déductive. A ces théories s'oppose une conception qui met en œuvre la logique causale et inductive et qui, pour la première fois, range les grands modes de l'activité mentale en une série dont tous les termes s'enchaînent dans un ordre rigoureux et irréversible.

Notons une autre différence entre les théories métaphysiques sur l'art et la théorie qui veut rester sociologique. Les premières sentaient vaguement que la trinité idéale du Vrai, du Bien et du Beau (à laquelle le matérialiste Hæckel nous convie à dresser des autels), que cette trinité était, au fond, une unité, qu'il n'y avait là que des aspects différents d'une seule et même réalité. Mais les métaphysiciens ne s'entendaient pas du tout sur ce que pouvait être cette dernière. Ils discutaient sans trêve là-dessus. Était-ce le monde ou la représentation du monde, toute la nature ou seulement la nature humaine, l'âme avec ses facultés multiples? La théorie sociologique met fin à cette controverse. Elle désigne avec précision l'unité d'où procèdent « toutes les catégories de formes pures perçues par l'intelligence », elle nous découvre, pour parler comme Renan, « le grand foyer central où la poésie, la science et la morale sont identiques, où savoir, admirer, aimer sont une même chose, où tombent toutes les oppositions ». C'est le grand foyer surorganique où se forment les mille liens invisibles qui unissent les esprits et les cœurs, où se nouent et se croisent et se multiplient à l'infini les rapports interpsychiques dont l'ensemble constitue ce qu'on peut appeler, d'un seul mot, la pensée sociale, l'expérience ou la recherche collective. Le Vrai, le

Beau, le Bien s'offrent comme autant de formes de cette recherche dérivant l'une de l'autre, comme autant d'espèces, étroitement apparentées entre elles, de rapports interpsychiques, comme autant de méthodes ou de moyens convergents au même but, menant à la floraison sociale ultime, à l'action. Dans cette série, la recherche de l'unité (la pensée synthétique et apodictique) trouve naturellement sa place, ainsi que nous l'avons vu, entre la recherche de la vérité (la pensée analytique et hypothétique) et la recherche de la beauté (la pensée syncrétique et symbolique).

Comme tous les autres termes de la série causale qui représente le processus germinatif, toujours le même, des plus riches moissons de l'histoire, la beauté est essentiellement un rapport interpsychique. Voilà pourquoi il fut toujours si facile — et l'on glissa souvent sur cette pente — de définir ces termes les uns par les autres et surtout par le premier. Nous a-t-on assez parlé de vérité scientifique, de vérité philosophique, de vérité esthétique et de vérité pratique! Mais qu'est-ce qu'une vérité scientifique, une connaissance? N'est-ce pas un rapport entre les choses, entrevu par l'esprit à la suite d'une longue série d'interactions psychiques dont l'ensemble forme ce que nous appelons « l'expérience collective »? D'un rapport, soit constant — il s'agit alors d'une vérité générale, abstraite, d'une loi de la nature; soit plus ou moins mobile et variable — il s'agit alors d'un fait réel. Et qu'est-ce, d'autre part, qu'une vérité esthétique, une beauté? N'est-ce pas une harmonie, une proportion entre les choses, soit constante — c'est le grand art, l'art universel ou humain; soit mobile et variable — c'est l'art individuel, national, d'une époque donnée, etc.? On a justement appelé la musique l'harmonie des sons, la peinture celle des couleurs, la sculpture et l'architecture l'harmonie des lignes au repos, la danse celle des lignes en mouvement et ainsi de suite (*85*). Mais qui ne voit l'étroite parenté de ces idées : rapport, proportion, harmonie? Qui ne voit aussi que la laideur, comme l'erreur ou le contresens, est toujours un manque d'harmonie, une disproportion, *un désordre* dans le sens profond que ce grand familier de la vérité et de la beauté, Gœthe, attachait à ce mot? De tout temps on a fait consister la beauté en une certaine « disposition des parties d'un tout » (disposition particulièrement « plaisante », ajoutait-on). Déjà l'encyclopédiste de l'antiquité, Aristote, expliquait la beauté comme un ordre régulier dans les choses et leurs parties constituantes; et vingt et un siècles plus tard, pour l'encyclopédiste Diderot, le beau est « tout ce qui réveille en nous l'idée de rapport » (*86*).

4. *Le rôle du sentiment et de l'imagination dans l'art.* — Dans les quatre modes de l'expérience ou de la recherche collective, « l'individu social » ou, si l'on aime mieux, la société humaine — ses idées, ses mœurs, ses inventions — s'ajoutent à la nature, s'y superposent et la modifient. Ni dans l'action, ni dans l'art, ni dans la philosophie, ni dans la science, il n'y a jamais imitation pure et simple du milieu ambiant. Dans tous ces ordres si divers de recherche, il y a toujours, en revanche, fécondation de la pensée sociale par le monde extérieur. L'homme n'imite pas la nature, il la sent, il la traduit, il l'interprète.

A quoi sert la matière? A donner des idées aux esprits, disait volontiers Ampère. Et ces idées — les rapports, les relations toujours identiques entre les choses — sont ce qui, dans l'univers, est le plus indépendant des modes de la matière. A quoi sert la matière « belle »? A donner des sentiments aux âmes, est-on tenté de répondre avec une école entière d'esthéticiens. Et ces sentiments, qu'il s'agisse de peinture, d'architecture, de poésie, de musique ou d'une forme quelconque de beauté, sont toujours semblables : l'art est *un* malgré la diversité de ses moyens. D'autre part, s'il est trop ambitieux de prétendre que les rapports entre les choses sont plus vrais, plus réellement existants que les choses elles-mêmes, il semble juste d'accorder aux idées, et aussi bien aux sentiments, « ces invisibles fils dont nos cœurs sont liés », selon une métaphore de Sully Prudhomme, une réalité égale.

On a souvent soutenu que ce n'est pas la raison — l'idée analytique, synthétique, syncrétique ou pratique — mais bien le sentiment qui détermine, qui guide et dirige l'action. Il y a, dans cette thèse, une grande part de vérité; mais celle-

ci est encore empirique, elle s'appuie sur une analyse insuffisante ou superficielle des phénomènes. L'expérience journalière
démontre à satiété que la vie affective est un bon guide de la
conduite quand le sentiment qui inspire cette dernière est
élevé et noble, quand la passion qui l'agite est haute et
généreuse. Or, ces adjectifs ne signifient rien s'ils ne veulent
pas dire que la vie affective demeure soumise à des considérations ou à des idées générales, à une connaissance exacte
des choses. Cette dépendance du sentiment vis-à-vis de la
raison subsiste aussi bien dans tous les cas où la vie affective
se manifeste comme un guide défectueux et médiocre, sinon
franchement dommageable, de notre activité; l'observation
prouve alors que le sentiment s'allie et se rattache à des
connaissances insuffisantes ou fausses, à des idées imprécises, à des hypothèses invérifiées, à des croyances irrationnelles.

La part de vérité que contient la thèse empirique se réduit
donc au constat de ce fait : entre l'idée et l'acte s'interpose le
sentiment. Mais le sentiment n'est pas seul à se produire
comme un lien intermédiaire, comme une sorte de « transmission ». L'acte est encore plus immédiatement précédé par
ce phénomène psychologique qu'on nomme la volonté. Et s'il
y a empirisme certain à affirmer que nos actes sont déterminés
par notre volonté (théorie du libre arbitre), il y a empirisme
non moins évident à soutenir qu'ils sont gouvernés en dernière
instance par nos sentiments. S'il en était ainsi, quel sens
profondément ironique n'offrirait pas la règle morale qui
place notre vie affective, comme la vie de nos désirs, sous le
contrôle de notre raison? Cette règle ne serait donc pas la
simple transcription dans la technologie sociale — à l'impératif — de l'expérience ou de la connaissance qui affirme — à
l'indicatif — une relation constante soit de causes à effets,
soit de buts à moyens ? Dans les individualités sociales
normales, bien venues, saines, la dépendance dont il s'agit se
maintient à un niveau plus ou moins égal; dans les autres,
cet étiage varie, il s'élève ou s'abaisse, une dépendance trop
étroite signalant une atrophie sentimentale, et une dépendance trop lâche une faiblesse intellectuelle, — toutes deux

également nuisibles au libre développement, à l'essor spontané de l'action (*87*).

Que signifie, au fond, cette « intermédiarité » du sentiment, le rôle qu'il vient remplir entre la raison inséparable de la connaissance et la volonté inséparable de l'action? Ne peut-on pas déjà y discerner une sorte de répercussion nécessaire, quoique encore obscure, dans la vie de l'individu, de la grande loi qui gouverne le groupe, qui détermine l'ensemble du mouvement social, qui régit l'évolution des modes essentiels de l'expérience commune? En vertu de cette loi, la socialité, l'interaction des consciences revêt quatre aspects successifs. Dès lors, ce que les psychologues, dans leurs spéculations, en somme, assez confuses, intitulent raison, sentiment et volonté, toutes ces choses vagues ne seraient-elles pas autant de manifestations localisées, individuellement circonscrites, des quatre grands rythmes selon lesquels se meut la mentalité collective? La raison, en particulier, ne correspondrait-elle pas aux deux premières phases que parcourt la pensée sociale (avec prédominance de l'analyse ou de la synthèse chez les divers types intellectuels); le sentiment — à la troisième (avec son exaltation ou son affaissement chez les différents types sentimentaux, natures artistiques expansives ou concentrées, et natures inesthétiques); enfin la volonté — à la quatrième (avec tous les degrés de puissance ou de faiblesse de l'action chez les divers types « pratiques »)? Si tel était le cas, les recherches des psychologues qui distribuent les facultés humaines, acquises dans un milieu social, en trois grands groupes, ne tendraient à rien de moins qu'à confirmer la loi la plus générale de la sociologie.

Le phénomène social qui transparaît dans le fait psychologique y est indissolublement uni au phénomène vital; et cette union complique singulièrement les choses, elle obscurcit les problèmes, elle déroute le chercheur, elle le livre sans défense à ces entités verbales, la raison, le sentiment, la volonté, — trinité mystérieuse et subjective où se reflète la trilogie déjà un peu plus claire et plus objective du Vrai, du Beau et du Bien. Séparés, par l'analyse abstraite, de leur concomitances vitales, les résidus surorganiques se manifestent à nos yeux comme connaissance, comme synthèse universelle, comme art et comme action. Et séparés de leurs concomitances sociales, les résidus organiques se révèlent comme représentation (basée sur la perception et formée de sensations), comme émotion et comme impulsion volitive. La trilogie psychologique mélange et confond ces deux ordres voisins et connexes de phénomènes. La *raison* des psychologues est une sorte d'amalgame de la conscience discriminative et représentative (accompagnée de ses complications psychophysiques, y compris la mémoire et le jugement concret et particulier) soit avec la pensée analytique (première modification de la conscience, due à l'interaction des esprits, à leur expérience collective), soit avec la pensée synthétique (transformation ultérieure de la pensée savante). Le *sentiment* des psychologues est un amalgame des états affectifs organiques qui escortent la conscience discriminative et représentative et la sollicitent à se traduire en mouvements, avec la pensée syncrétique et symbolique qui accompagne la pensée savante et la pensée philosophique et les sollicite à se manifester comme pensée pratique et téléologique. Enfin la *volonté* des psychologues est un amalgame des impulsions organiques ayant subi l'assaut du flot émotif et prêtes à s'exprimer en mouvements musculaires, avec la pensée pratique et téléologique déjà stimulée par la pensée esthétique et prête à se traduire en actes plus ou moins rationnellement motivés. Mais les psychologues, d'habitude, ne se rendent nullement compte de la dualité essentielle des phénomènes qu'ils observent et étudient ; et leur science, malgré de nombreux et louables efforts, reste marquée par un empirisme touffu, propice aux frondaisons entitéiques.

Cette courte analyse montre ce qu'il nous faut penser de ux remarques très souvent faites par les psychologues doublés de moralistes et les moralistes doublés de psychologues (conjonction significative éclairant la vraie nature du fait psychologique), à savoir : que le sentiment ne saurait prétendre à une place légitime dans la conduite de la vie morale s'il ne reste pas soumis aux exigences rationnelles ; et que le sentiment possède une plus grande puissance active que l'idée générale ou abstraite. Ces observations confirment la thèse selon laquelle nos connaissances particulières et nos croyances générales ne peuvent normalement se transformer en actes utiles qu'après avoir pris contact avec nos idées et nos goûts esthétiques, qui jouent le rôle de stimulants immédiats de la pensée finaliste. Et la vertu prônée par les sages de l'antiquité — la tempérance — apparaît ici comme la juste proportion de ces divers éléments et leur subordination nécessaire les uns aux autres. La recette de la tempérance est la recette même du bonheur dans tout milieu social.

En d'autres termes, si la volonté des psychologues ne décide rien par elle-même, si elle se détermine par des mobiles affectifs, actionnés à leur tour par des mobiles intellectuels, c'est parce qu'elle est la résultante de l'union intime de deux éléments : 1° l'*appétition* ou le désir physiologique consécutif à l'émotion et à la discrimination également physiologiques; et 2° le *besoin social* consécutif à nos goûts esthétiques, à nos idées générales, à nos connaissances particulières. Et ici encore — dans le domaine propre de la sociologie de l'action — il existe une juste proportion des éléments énumérés plus haut, où les uns n'étouffent point, par une luxuriance prématurée ou démesurée, les autres, où les mobiles affectifs et les fins esthétiques ne font pas tort aux mobiles représentatifs et aux fins intellectuelles, et où, par suite, l'appétition organique et le besoin social sont bien équilibrés; une juste proportion, dis-je, qui constitue une précieuse vertu à laquelle les moralistes empiriques ont donné le nom de « persévérance » ou de « courage » et qu'ils nous décrivent comme également éloignée de « l'obstination » d'une part et de la « fluctuation » de l'autre (la persévérance ou le courage est dans l'ordre dynamique ce que la prudence ou la tempérance est dans l'ordre statique).

Résumons-nous. Si le rôle du sentiment dans l'art semble et s'il est, en réalité, immense, c'est que le sentiment représente la pensée esthétique elle-même, phénomène social associé à l'émotion, phénomène physiologique. « Le sentiment dans l'art » est un pléonasme qui signifie presque autant que « l'art dans l'art ». Cette valeur esthétique du sentiment a souvent été mise en relief. Selon une fine remarque du sociologue Tarde, par exemple, « tandis que chaque grand fondateur de religion (ou chaque grand philosophe, dirions-nous) contribue à harmoniser les intelligences, et chaque grand homme d'Etat à harmoniser les volontés, chaque grand artiste contribue à assimiler, à unir, à harmoniser les *sensibilités* de ses contemporains ». J'ajoute que l'intelligence est dirigée vers l'abstrait (tiré du concret d'abord multiple, et ensuite unifié), la sensibilité — vers le concret (choisi ou élu), et la volonté — vers l'acte (adaptant des moyens à des fins). Savoir pour comprendre, comprendre pour sentir, sentir pour vouloir, telles sont les grandes étapes constamment parcourues, dans le même ordre régulier et irréversible, par la recherche ou l'expérience collectives. En créant la logique et la méthodologie, la connaissance est la première, parmi les diverses formes de l'interaction psychique, à donner aux hommes des idées communes ou pareilles; arrivent ensuite la religion et la philosophie qui rendent convergentes les croyances, les convictions générales; puis vient l'art qui complète l'eurythmie des consciences et des esprits par l'unification des sensibilités; et enfin apparaît l'action qui harmonise les volontés, qui accorde les conduites (*88*).

On a souvent placé sur la même ligne, dans l'art, le sentiment et l'imagination; on y a même quelquefois donné la préséance à celle-ci, on lui a attribué, dans le domaine esthétique, un rôle particulier, dominant, excessif. Il n'en est rien, croyons-nous. L'imagination est, certes, une faculté de l'esprit qui ne fait jamais défaut au véritable artiste; elle lui est nécessaire pour la préparation de son œuvre; mais dans une mesure qui n'excède jamais celle où elle apparaît comme indispensable au savant, au philosophe, à l'homme d'action. Le sentiment est la pensée esthétique elle-même, saisie ou fixée dans sa première manifestation concrète, « psychologique »; et l'imagination (quand, de simple phénomène cérébral, elle se transforme en fait bio-social) s'allie aussi bien à la pensée analytique qu'à la pensée synthétique, et aussi bien à la pensée syncrétique qu'à la 'pensée pratique. Expliquons-nous.

19

L'imagination, en tant que phénomène cérébral, est le terme ultime de la série psychophysique qui correspond à l'expérience bio-individuelle et la remplit tout entière. Elle forme la transition naturelle de cette expérience, appelée encore pensée sensible, à l'expérience sociale appelée aussi pensée cognitive ou pensée intellectuelle. La pensée sensible et son terme ultime ou son couronnement, l'imagination, sont d'ordre organique; et la pensée sociale et ses quatre modes essentiels (l'analyse, la synthèse, « l'élection » esthétique et la finalité) sont d'ordre surorganique. Mais l'organique se combine avec le surorganique pour produire le psychologique, et l'imagination cesse d'être psychophysique, pour devenir bio-sociale, quand elle s'allie avec l'une quelconque des quatre formes fondamentales de la pensée collective. L'imagination psychophysique est purement perceptive, absorbée dans le concret et l'actuel. L'imagination phychologique, au contraire, élargit le cercle de la vision mentale, elle nous transporte bien au delà des circonstances particulières et présentes (ou récentes).

Dans la science, l'imagination bio-sociale s'offre comme un ingrédient ou un élément nécessaire de tout savoir. C'est l'hypothèse basée sur l'analyse et sans cesse vérifiée par elle. Le rôle de l'imagination scientifique dans la recherche et dans la fixation de la vérité est, sans nul doute, immense.

En philosophie, aux époques où celle-ci demeure plus ou moins confondue avec la pensée analytique qui la précède et la pensée esthétique qui la suit, l'imagination bio-sociale s'exerce comme un mélange assez bizarre — dont les mythologies et les religions nous offrent des échantillons curieux — des procédés hypothétiques de la connaissance avec les façons syncrétiques et symboliques de l'art. Et dans la mesure où la pensée philosophique se différencie et se sépare des autres modes de l'expérience commune, l'imagination bio-sociale y devient de plus en plus abstraitement synthétique, constructive de purs schémas logiques.

Dans les beaux arts, l'imagination bio-sociale s'aide des idées les plus vastes, des généralisations les plus hautes — ou encore des dogmes ayant conquis l'assentiment des foules — pour former des synthèses concrètes, pour donner une vie factice à des personnages représentatifs, pour créer des modèles idéalisés de conduite, des types d'êtres ou de choses. Elle renforce, elle exagère certaines réalités déjà analysées par la science et unifiées par la philosophie, déjà devenues des abstractions ou des synthèses d'idées abstraites. L'imagination artistique fait servir les sensations à exprimer de telles idées; et plus celles-ci seront larges, en même temps que vraies, plus l'œuvre esthétique sera grande, noble et durable.

Dans le domaine de la pensée pratique, enfin, ou de l'action proprement dite, l'imagination bio-sociale se laisse caractériser par un seul mot : elle est profondément téléologique. C'est l'invention au sens strict du terme, l'évocation par l'esprit et l'ajustage des plus sûrs moyens qui mènent à telle ou telle fin désirable et désirée.

CHAPITRE VII

Les beaux arts et les arts techniques

1. L'art et la conduite humaine. — 2. Vues nouvelles et vues courantes
sur l'art. La conception positiviste. — 3. L'art moralisateur et l'art
pour l'art. — 4. L'avenir esthétique de l'humanité et la loi de retard.

1. *L'art et la conduite humaine.* — L'énergie surorganique
se manifeste *ab initio* sous l'aspect concret (bio-social) de la
« recherche de la vérité » (pensée analytique, savoir). Mais
loin de se dépenser tout entière dans le domaine de la connaissance, l'énergie sociale y puise les éléments indispensables
à son évolution psychologique ultérieure, à sa transformation en « recherche de l'unité » (pensée synthétique, religion,
philosophie). Et cette deuxième phase remplit exactement le
même office à l'égard de la troisième, la « recherche de la
beauté » (pensée syncrétique, art).

Celle-ci enfin précède et prépare le dernier aspect psychologique revêtu par l'interaction mentale : la « recherche de
l'utilité » (pensée pratique, application des résultats complexes
des recherches précédentes à la satisfaction des besoins socio-
individuels que ces recherches suscitent sur la base — puisqu'il s'agit d'un fait bio-social — des besoins bio-individuels).
La pensée pratique s'identifie de la sorte avec « l'action » qui
l'extériorise et qui apparaît comme l'union ou la combinaison

intime de l'énergie bio-sociale avec tous les autres modes de
l'énergie universelle, avec toutes les autres forces cosmiques.
La pensée pratique traduit, en termes mécaniques, en mouvements, l'idéologie (inséparable de la « sentimentalité »)
de l'évolution bio-sociale (psychologique) dont elle est l'aboutissement nécessaire. Et l'exactitude, la fidélité d'une telle
traduction constitue ce que nous appelons la finalité, l'utilité
ou encore la rationalité de l'acte. Celui-ci, toujours commandé
aussi bien par nos goûts et nos choix esthétiques ou sentimentaux que par nos croyances générales et nos connaissances particulières, s'offre donc comme la justification téléologique des formes les plus variées de la recherche spéculative.

Parmi ces formes, la pensée esthétique est celle qui touche
de plus près à la pensée pratique. Aussi l'art est-il déjà
beaucoup plus finaliste que la philosophie et la science.
Comme le dit fort sensément dans son étude sur la *Beauté
rationnelle* M. P. Souriau, « la beauté est dans l'évidente
perfection »; or, « toute chose est parfaite dans son genre
quand elle est conforme à sa fin »; il en conclut que « les
degrés de perfection (ou de beauté) se mesurent à la valeur
relative des fins ». Il serait peut-être plus juste de dire que,
sous la double influence de la pensée synthétique et de la
pensée analytique (influence directe dans un cas et indirecte
dans l'autre), une première forme de finalité — essentiellement esthétique ou sentimentale — surgit dans l'esprit et y
aplanit la voie à la finalité pratique ou active. Les évaluations
esthétiques — les jugements de beauté — conditionnent,
en une certaine mesure, les évaluations pratiques, les jugements d'utilité; et cette influence ne fait que croître avec les
progrès de la civilisation.

L'antique confusion des quatre modes de la pensée sociale
survit encore dans les idées habituelles qui font de la pensée
pratique et téléologique une sorte de fief, une dépendance
immédiate de la science. Or, cette subordination n'a jamais
été ni directe, ni unique. Dans les temps les plus reculés, le
praticien appelait déjà la bénédiction du ciel sur son labeur,
et il possédait un idéal de travail artistique. Des courants
philosophiques et esthétiques analogues pénètrent de toutes

parts la pensée pratique contemporaine; et ces influences coordonnent, systématisent, harmonisent la vie vouée au travail, elles déterminent le « ton » général de la conduite, elles créent à la fois la logique et la beauté des caractères et des existences (*89*).

. Le travail est une philosophie ou une religion, entend-on dire souvent, — et cela est vrai, si l'on songe à la causalité lointaine du travail. En ce sens, il est encore un savoir. Mais, en outre, et plus qu'une philosophie et qu'une science, il est un art. N'est véritablement fécond et utile (et, par là, n'est véritablement travail) que le labeur bien ordonné, la tâche proportionnée au mérite de l'artisan, l'effort qui en même temps est un « rythme ». L'action, considérée comme une sorte de communion de l'être social avec le reste de l'univers, ne peut servir les fins raisonnables de cet être que si elle est directement préparée et stimulée par la sélection esthétique (*90*).

Tout notre bonheur est dans le sentiment de quelque perfection, dit Descartes. La joie est le passage d'une moindre à une plus grande perfection, la tristesse — le passage d'une plus grande à une moindre perfection, ajoute Spinosa. Et selon Hamilton, Bain, Mill et Spencer, le plaisir correspond à l'activité normale, et la douleur — à l'activité anormale. Par la joie qu'il engendre (et qu'on a pu dépeindre comme une « joie d'agir ») l'art stimule l'action, le domaine réservé aux masses sociales; il réveille l'énergie, il ranime le courage des âmes, il fait renaître nos espoirs, il nous sort du doute et de l'inquiétude, il exalte notre enthousiasme, il apaise nos souffrances.

C'est l'œuvre d'art tout entière, avec la part inévitable d'illusion ou de rêve qu'elle contient, et nullement cette part d'illusion seule, ainsi qu'on l'a quelquefois paradoxalement prétendu, qui stimule et fortifie, qui inspire et guide la vie active. Isolé de tout ce qui s'y mêle, le « mensonge » de l'art est inhibitif au premier chef. On peut très justement le comparer au chlore qui détruit les tissus organiques, tandis que l'un de ses composés les plus répandus forme le sel si propice, si indispensable à l'acte nutritif. L'illusion esthétique ne stimule l'action sociale que dans la mesure où elle est « belle »; or, la beauté est essentiellement une « vérité de choix ». Il s'ensuit qu'on qualifie peut-être improprement de « mensonge » telle opération esthétique qui consiste à exclure, du champ de vision de l'artiste, à frapper d'un ostracisme toujours conditionnel, les réalités banales, grossières, vulgaires, pour laisser la place libre aux perfections idéales, aux vérités en marche ou futures.

Un autre grief est souvent invoqué contre l'art envisagé dans ses rapports avec l'action. L'art a toujours « gâté, corrompu les mœurs », soutient-on, et Platon n'était pas si fou qu'on le croit en chassant les poètes de sa République. Toutes les formes de l'art (y compris celles qu'il revêt dans la vie sentimentale affinée) contribuent, certes, à désavantager les lignes coutumières de conduite, à dissoudre les mœurs établies, à ébranler les vieilles institutions. La pression constante exercée par l'art sur la pensée pratique et téléologique est un fait incontestable. Et les exemples concrets, biographiques et historiques, abondent, qui prouvent que les réalités transfigurées par l'art et devenues des types, des réalités idéales, ont toujours tenu une large place dans la causalité de l'action finaliste qui se résume par l'idée et le terme de « bien » en morale, de « progrès » en sociologie. Le lecteur trouvera facilement dans sa mémoire les cas plus anciens ou classiques qui confirment cette thèse; ajoutons ici, toutefois, à son appui, un fait récent et que l'histoire est en train de recueillir : la floraison rapide, en Russie, d'un art à la fois original, national et largement humain à la veille de la forte et troublante action collective qui semble devoir régénérer cet immense pays (*91*).

2. *Vues nouvelles et vues courantes sur l'art. La conception positiviste.* On a beaucoup écrit, au cours de la seconde moitié du dernier siècle, sur l'esthétique; et nombre d'idées partiellement justes furent émises à ce sujet. Nous ne saurions prétendre à les passer en revue, même d'une façon sommaire; mais il ne sera pas inutile, peut-être, d'en mentionner brièvement quelques-unes, qui se rapprochent déjà par plus

d'un point de notre thèse générale. Nous les confronterons ensuite avec les vues anciennes, encore très répandues, sur l'art et sa mission sociale ou ses rapports avec l'activité journalière.

Après ce que nous avons dit, dans le chapitre précédent, de l'aveuglement « pragmatique » qui frappe la plupart des sociologues, purs descripteurs de faits, on ne saurait être surpris de voir une compréhension plus profonde de la causalité esthétique apparaître chez certains philosophes. Citons au hasard quelques noms. Pour Schelling, le beau est « l'infini exprimé par le fini », formule lapidaire qui constate déjà vaguement, si l'on veut, la dépendance de l'art vis-à-vis de la philosophie. Pour Hegel, le beau est « la forme ou l'apparence sensible de l'idée, l'identité réalisée du concret et de l'abstrait », définition qui laisse déjà presque entrevoir la liaison intime de l'art avec les deux premiers termes de la série intellectuelle. Pour Spencer, la fonction esthétique tire son origine d'un reliquat d'énergie cérébrale non dépensée par ailleurs; théorie qu'on pourrait facilement amender et compléter en ajoutant que la dépense dont il s'agit est double, analytique (recherche de la connaissance) et synthétique (recherche de l'unité); et que l'art emmagasine ce reliquat d'énergie psychosociale dans ses créations qui joueraient ainsi le rôle d'une sorte d'accumulateurs à l'égard de la dernière poussée de la même énergie, — l'action proprement dite. L'école de Spencer enseigne, en outre, que l'art, sous toutes ses formes (depuis la musique et la danse qui élèvent le diapason émotionnel jusqu'à la littérature proprement dite qui enrichit l'esprit et intensifie sa culture), tend à un accroissement, à une stimulation de la vie. Mais de quelle vie entendent parler les évolutionnistes spencériens? Si c'est de la vie organique, leur formule suscite un doute plus que justifié; et si c'est de la vie intellectuelle, elle devient une tautologie manifeste. Le mot propre serait donc « l'action », le résultat ultime de toutes les phases parcourues par la vie de l'esprit.

Auguste Comte n'a pas construit de théorie esthétique; mais il a affirmé à plusieurs reprises la nature sociale (hau-

tement éducatrice) de l'art. Taine et Guyau ont abondé dans
le même sens. Quelques mots suffisent à rappeler les thèses
mésologiques du premier et ses vues si connues sur l'essence
de l'art. Pour lui, « l'œuvre d'art est un système de parties,
tantôt créé de toutes pièces, comme il arrive dans l'architecture et la musique, tantôt reproduit d'après quelque objet
réel, comme il arrive dans la littérature, la sculpture, la peinture; et le but de l'art est de manifester par cet ensemble
quelque caractère notable des choses ». Ce caractère sera ou
le plus important parmi les autres — et c'est là l'aspect théorique de la fonction sociale exercée par l'art; ou le plus bien-
faisant, — et c'est là l'aspect pratique de la même fonction.
Quant à Guyau, il défend, en particulier, deux propositions :
1° que l'art est plus capable que la métaphysique ou la morale
d'établir cette synergie sociale, cette tension de toutes les
forces individuelles vers un but commun qui caractérise la
vie sociale; car l'art produit une communion, non plus
d'idées et de volontés, mais de sensations et de sentiments
qui déterminent la sympathie sociale, le véritable moyen
d'action de l'artiste; et 2° que l'art doit être une « condensation
de la réalité », une « vie concentrée ». Ces idées sont assez
nébuleuses, et obscurité pour obscurité, nous leur préférons
encore la définition du Beau par Hegel. L'esthétique de
Tolstoï, dans ses points essentiels, semble être un pastiche
de celle de Guyau. Chez tous les deux, l'art est le grand lien
des hommes, une force qui les unit, donc un phénomène
social par excellence; mais les vues de Guyau sur les origines
de l'art sont plus larges; il le fait dériver de la vie sentimentale tout entière, et non pas du seul sentiment religieux.

Mentionnons aussi De Greef qui voit dans l'art un phénomène social de la plus grande valeur, un fait où viennent se
refléter tous les éléments intellectuels (scientifiques, religieux, moraux, etc.) qui constituent une société (confirmant
ainsi cette pensée suggestive de Mazzini : « la beauté est le
véhicule de la vérité, l'anneau conjonctif entre le vrai et le
bien »); et Tarde qui partage, au fond, les mêmes idées,
mais qui les développe avec sa finesse habituelle en ajoutant
que l'art est une branche importante de la téléologie collec-

tive, un moyen de réaliser des fins sociales, déterminées à leur tour par des inventions sociales, surtout des inventions religieuses et, en général, des inventions sentimentales. Il dit aussi quelque part d'une façon fort juste que la beauté, c'est la vérité rassurante et fortifiante, ou encore le pressentiment, l'annonce d'une vérité et d'une utilité futures ; c'est de la joie sociale, comme l'amour est de la joie individuelle. Selon Tarde, l'art, en créant des objets « supernationaux » d'admiration, est excitateur de sympathies internationales. Et l'art ne se borne pas à socialiser les sentiments, il les harmonise pour mieux les socialiser. On peut donc dire que s'il n'y a rien, en apparence, de plus inutile que l'art, il n'y a rien, en réalité, de plus nécessaire au salut, au bien public. L'art qui semble une chose de luxe, est une force qui prépare les voies à une moralité de plus en plus haute.

Citons encore — et même surtout — Paul Adam qui, grand ouvrier d'art lui-même et bon juge des pauvretés qui remplissent les théories esthétiques courantes, a écrit sur ce problème obscur des pages admirables. « La beauté, dit-il par exemple dans l'une d'elles, réside nécessairement dans la correction et l'harmonie des lignes, dans la mesure de leurs rapports, dans la perfection de leurs joints. Un être, une chose, un paysage nous plaisent d'abord, sans que nous puissions dire les causes, parce que notre œil, puis notre esprit ont perçu un total définitif de courbes agencées. Cela nous donne une quiétude singulière, immédiate. Soudain, nos traits se sont détendus. Notre chagrin s'est enfui. Notre fatigue cesse de peser le long de nos membres. Une image est apparue dont l'influence a desserré les contractures de nos nerfs. Avide aussitôt de mieux voir, de toucher, de posséder, de jouir indéfiniment, notre âme se tend vers la magnificence d'un horizon, la structure d'un palais, la sveltesse d'un corps. Tout notre être désire perpétuer la sensation. Tout notre cerveau travaille à la ressentir davantage pour l'éterniser dans la mémoire. Qu'un artiste survienne, il la fixera sur la toile avec le crayon et le pinceau, ou dans la glaise avec son ébauchoir. Ceux qui n'auront pas connu l'instant divin pourront l'aimer devant le tableau ou la statue. Par surcroît sera révélé le talent qui interpréta la nature en l'alliant à son émotion propre, en transcrivant à la fois l'objet perçu et l'émoi provoqué par la perception. »

Notons enfin les idées d'un savant allemand, le Dr Bücher, qui, dans un ouvrage fortement documenté paru sous le titre de *Rythme et Travail*, nous montre l'art, aux moments décisifs de son évolution, non plus comme une recherche de luxe ou un objet de contemplation oisive, mais comme le propre rythme de la vie active, la cadence du travail accompli en commun. « L'art, dit en résumant la pensée-maîtresse de ce livre l'un de ses critiques, accompagne tous les actes où s'affermissent les liens de la solidarité humaine : cérémonies religieuses ou civiques, commémoration des ancêtres, fondation du foyer, instruction des enfants, défense de la patrie. La bienfaisante intervention de l'art ranime nos forces promptes à défaillir : il a des images pour récréer nos yeux, des chants pour charmer nos oreilles, quand la route est trop longue ou l'étape est trop dure. Les artistes, par leur secours quasi-miraculeux, soutiennent le courage de l'humanité en marche. »

Cette conception nouvelle des liens qui unissent la pensée esthétique à la pensée pratique et à la vie active se détache avantageusement sur le fond des vues courantes à l'égard du même sujet, vues que je trouve assez bien résumées dans un opuscule récent intitulé *Marxisme et Idéalisme*. Son auteur, le professeur russe Gredescul, estime que quatre critères nous servent à évaluer les choses et les événements de l'ordre social, et ces critères sont : l'utilité, la justice, la beauté et la dignité morale. Mais tandis que les deux premiers appartiennent à la phénoménalité sociale matérielle ou économique (« basique » dans la terminologie de Marx), les deux derniers rentrent dans la classe des phénomènes que la même école désigne sous le nom de « superstructure sociale ». — « Agissant dans la sphère pratique, écrit M. Gredescul, nous tendons à l'utile (principe économique) et nous voulons la justice (principe du droit); mais si peu que nous nous élevions aux hauteurs de la « superstructure », nous jouissons de la beauté (principe esthétique) et nous avons soif de noblesse ou de dignité humaine (principe moral). Les deux premiers principes ont un caractère pratique immédiat et, rapidement saisis par l'esprit, sont clairs et démontrables. Les deux autres ne servent à rien. Ils se suffisent à eux-mêmes et demeurent, en ce sens, inexplicables. Est-il ou non nécessaire de compléter les deux premiers par les deux seconds, cette question ne s'argumente pas; chacu la résout à sa guise et à son gré, d'une façon intuitive. A ceux qui restent aveugles en face de la beauté, ou sourds aux appels moraux, il est impossible de rendre la vue ou l'ouïe. »

 De telles idées sur l'art et son rôle social sembleront déjà quelque peu « lointaines » à beaucoup d'esprits. Et certes, il ne faut pas oublier qu'elles ont derrière elles un long passé. L'esthétique et la théorie de la connaissance furent toujours les deux grandes pierres d'achoppement de l'empirisme, dont les efforts pour pénétrer l'essence de la beauté et la nature intime de la vérité aboutirent à un double aveu d'impuissance : ni la beauté ne pouvait se comprendre et se définir, ni la vérité être saisie et foncièrement connue. L'agnosticisme et son succédané plus moderne, l'illusionnisme, procèdent tous deux du savoir et de la philosophie empiriques. Et c'est de la même source que dérive le pragmatisme marxiste où vient échouer de nos jours, en quête d'un suprême abri, l'esthétique banale qui dresse la beauté en face de l'utilité comme son antipode ou sa négation. A cet égard il est intéressant de remarquer qu'après le criticisme kantien, c'est le positivisme qui influa le plus, sinon sur l'économie politique, du moins sur la gnoséologie et l'esthétique marxistes.

Si Auguste Comte n'est pas toujours aussi affirmatif que Karl Marx à l'égard de la primauté de la pratique vis-à-vis de la théorie, de l'acte vis-à-vis de la pensée, il n'en invertit pas moins l'ordre dans lequel apparaissent et se suivent ou évoluent les principaux aspects de la mentalité individuelle et collective. Dans la 56e leçon de son *Cours* il nous montre, en effet, l'activité pratique, la satisfaction de nos besoins comme formant le point de départ nécessaire du processus qui conduit « au développement plus élevé, mais moins énergique, des facultés esthétiques ». — « Ce développement, dit-il encore, constitue

la transition de la vie active à la vie spéculative. » Et c'est
de l'art, qu'il décrit assez médiocrement comme « un genre
d'activité possédant le privilège de charmer les esprits les
plus opposés, soit en offrant aux uns l'exercice le mieux adapté
à la faible portée de leur entendement, soit en procurant aux
autres un repos sans apathie », c'est de l'art que nous remon-
tons, selon lui, à la science et à la philosophie, caractérisées
comme « un exercice de facultés plus éminentes mais beaucoup
moins actives et qui ne déterminent chez le plus grand
nombre qu'une fatigue insupportable » (92).

3. *L'art moralisateur et l'art pour l'art.* — L'art est-il moral
et moralisateur, ou amoral et indifférent à tout ce qui n'est pas
lui-même, selon la fameuse formule de l'art pour l'art?

L'art est-il, comme le croit Mathew Arnold, « une haute
critique de la vie, du réel », a-t-il pour but « d'élever l'intelligence, d'instruire les hommes », ou bien ne poursuit-il que
cette fin seule : « les distraire, les divertir, leur procurer de
courts moments de joie »? Notre réponse à cette question, qui
a été si souvent et si longuement discutée, ne saurait être
douteuse. Mais cela ne doit pas nous empêcher d'examiner, à
notre tour, aussi brièvement que possible, les points litigieux
du débat.

Les buts que nous attribuons, les missions que nous
confions à l'art ne font que réfléchir nos idées sur son essence.
Le dilemme qui divise les deux écoles esthétiques, les « intel-
lectualistes » et les « émotionnistes », en est un exemple. Pour
nous, ce dilemme est irréel, illusoire, la question ne se pose
point. Si la pensée esthétique est une forme de la pensée
sociale, une phase intermédiaire entre la pensée synthétique
et la pensée pratique, l'art, qu'il le veuille ou non, enseigne
et instruit comme le soleil éclaire ; et, d'autre part, cette initiation aisée est une joie, cette communication facile de « dogmes
inscrits dans des symboles » s'accompagne de sentiments
(d'aucuns, oubliant la complexité du phénomène, disent de
sensations) agréables qui exercent une influence stimulante
sur notre activité.

D'une très vieille lettre de Taine, adressée à Guillaume

Guizot et récemment publiée, j'extrais les lignes suivantes :
« Dans la vie pratique, la morale est reine; je pense comme
vous qu'il n'y a rien de plus beau que la justice; j'aime
l'histoire parce qu'elle me fait assister à sa naissance et à son
progrès; je la trouve d'autant plus belle qu'elle me semble
le dernier développement de la nature. Partout, au-dessus
et en dessous de nous, est la force; des lois aveugles s'accomplissent dans un ordre fixé, et leur système inflexible
construit le monde avec les misères et la mort des individus.
Cette lumière du droit et de la justice, c'est nous qui l'allu-
mons et la promenons à travers l'immoralité de la nature et
les violences de l'histoire, et ce ne serait pas la peine d'être
homme que d'être réduit à ne pas la voir et à ne pas l'aimer.
Mais si je la vois et si je l'aime dans son domaine, je la
repousse du domaine des autres. L'art et la science sont
indépendants. La morale ne doit avoir aucune prise sur eux :
jamais l'artiste avant de faire une statue, jamais le philosophe avant d'établir une loi, ne doivent se demander si
cette statue sera utile aux mœurs, si cette loi portera les
hommes à la vertu. L'artiste n'a pour but que de produire le
beau, le savant n'a pour but que de trouver le vrai. Les
changer en prédicateurs, c'est les détruire. Il n'y a plus ni
science, ni art, dès que l'art et la science deviennent des
instruments de pédagogie et de gouvernement. Voilà pourquoi
vous me voyez si mal disposé contre les littératures qui s'érigent en institutrices, et les philosophies qui s'érigent en gardiennes de l'ordre public. »

Je suis presque tenté d'écrire que Taine, dans cette chaude
lettre de jeunesse, a parfaitement tort parce qu'il a trop
raison. Qu'il fait donc bien de sévèrement proscrire les soucis
d'utilité ou de moralité (la moralité n'est que de l'utilité
sociale) qui pourraient hanter le cerveau de l'artiste, du philo
sophe, du savant! Mais cette pensée profondément juste, ce
conseil empreint d'une haute sagesse gagneraient beaucoup à
être développés. Le savant dans ses recherches n'a point à se
préoccuper de l'application que fera — ou, trop souvent,
hélas! que tardera à faire — des vérités par lui découvertes
le praticien; mais il n'a pas non plus à se mettre en peine des

synthèses mondiales, des dogmes universels que le philosophe tirera — ou tardera à tirer — de l'ensemble des connaissances particulières ; ni, enfin, à s'inquiéter, à s'alarmer le moins du monde des sélections esthétiques auxquelles, sur la double base du savoir et de la philosophie (ou de la religion) de son époque, procédera — ou tardera à procéder — le poète, l'artiste. Pourquoi ? Est-il donc admissible ou désirable que le savant puisse se désintéresser des croyances générales, des conceptions de l'univers, de la beauté des choses, des joies esthétiques, et de l'utilité, du bien, de la vertu, de la justice ? Non, certes : une telle conception du devoir scientifique serait simplement monstrueuse. Par bonheur, elle est en contradiction absolue avec l'immuable destin qui gouverne le monde et, en particulier, avec les conditions d'existence de la science, conditions dont le « devoir du savant » n'est que la passagère et plus ou moins exacte interprétation. L'indépendance de la recherche scientifique à l'égard de tous les autres domaines de la pensée et de l'action sociales n'est rien moins que de l'indifférence. C'est l'indépendance — ou encore la souveraineté, l'autonomie — de la cause à l'égard des effets qui en dérivent.

S'il est prouvé que la vérité, sous son double aspect, analytique ou scientifique, et synthétique ou philosophique, quand elle s'allie à la beauté, produit nécessairement l'action jugée utile (terme qui résume ce que nous appelons le bien, le droit, les mœurs, la vertu, la justice, etc.), le problème soulevé par Taine devient logiquement vain, — ce qu'il n'était pas avant cette démonstration. On pouvait le poser, on pouvait s'efforcer de concilier la finalité inhérente à la raison humaine avec l'exception dont cette même finalité frappait la recherche de la vérité et celle de la beauté. On le pouvait, dis-je, au risque de s'enferrer dans une antinomie sans issue. Mais le problème cesse d'être discutable du moment qu'on accepte la loi générale d'évolution qui gouverne notre série interpsychique. En réalité, il n'y a plus de problème : l'esprit, en ce cas, passe sans le moindre trouble du point de vue de la finalité au point de vue de la causalité, et l'indépendance, la souveraineté, le « splendide isolement » de la science, de la philosophie ou de l'art vis-à-vis de la pensée pratique (mœurs, moralité, lois, institutions, etc.,) viennent simplement confirmer le rapport de cause à effet qui relie entre elles les diverses phases de la pensée sociale. Cela est si vrai, d'ailleurs, que l'indépendance et l'isolement en question ne s'observent — et ne sont exigés comme des desiderata rationnels — que lorsqu'on descend l'échelle des termes de la série interpsychique, et jamais lorsqu'on la remonte.

S'il ne veut déprécier et avilir son action, et abaisser d'autant l'efficacité de celle-ci, le praticien ne saurait se désintéresser des critères esthétiques qui influencent ses gestes et modifient sa conduite, en la rendant plus ou moins coordonnée, harmonieuse ou belle. Et s'il ne veut voir son art se vider de tout contenu idéal, pour tomber au rang d'une inepte copie des vulgarités ambiantes, l'artiste ne saurait se désintéresser des idées générales, des horizons plus ou moins larges qui s'ouvrent devant la pensée synthétique de l'époque qu'il représente. Enfin et à son tour, sous peine de voir ses méditations frappées d'une stérilité absolue, et son effort constructif aboutir à un verbalisme impotent, le philosophe (ou le fondateur de religion, selon le milieu dont il s'agit) ne saurait délibérément tourner le dos aux connaissances particulières déjà acquises de son temps par l'humanité.

Concluons. La science, la philosophie, l'art ne peuvent se confondre avec cette double action qu'on appelle pédagogie et gouvernement, ni encore moins en dépendre. La raison en est simple : les trois modes « spéculatifs » de la pensée sociale constituent autant de germes, de formes latentes de l'action ; il y a entre leur ensemble et le mode pratique de la pensée sociale un rapport strict de causalité. Or, dans la relation de cause à effet, c'est l'effet qui suit la cause, qui la reproduit, qui en dépend. Mais à côté du rapport de causalité, et reliant, rangeant les mêmes termes en un sens, en une succession, en une série inverses, la raison peut établir — et elle manque rarement de le faire — ce qu'on appelle un rapport de finalité. Ici, l'effet est le but que la raison se propose d'atteindre, et la cause est le moyen ou l'ensemble des moyens qu'elle juge capables de produire l'effet convoité. Le rapport de finalité non seulement ne détruit pas le rapport de causalité, ne lui porte aucun préjudice, mais il est, en vérité, le simple constat rationnel, subjectif, de la relation — ni rationnelle, ni irrationnelle, mais naturelle et nécessaire, ou encore objective (*93*) — qui existe entre la cause et l'effet. La finalité est, en somme, un hommage — souvent, hélas! mal interprété ou compris à rebours — que notre raison rend au déterminisme rigoureux des choses, à l'inflexible nécessité des concaténations phénoménales. Par la finalité, la raison se déclare la fidèle vassale de la causalité ambiante. Malheureusement, et notre ignorance ou nos atavismes dualistes y aidant, nous nous laissons aller à ce mouvement d'orgueil et de révolte qui consiste à opposer la finalité à la causalité comme sa négation formelle ou sa contrariété, son contraste absolu; qui consiste, par suite, à admettre des cas où la première exclut la seconde, où elle la remplace (confusion de la finalité avec la causalité); et nous tombons malgré nous dans le jeu logomachique des fausses antinomies qui fit la gloire — plutôt périssable — des grandes métaphysiques en général et du criticisme kantien en particulier.

Évitons ce double écueil. Distinguons ces deux points de vue, la finalité et la causalité, sans les opposer ni les identifier d'une façon absolue (ce qui, selon la loi de l'identité des contraires surabstraits, serait exactement la même chose), mais simplement en les accouplant, en faisant de l'un le complément à la fois nécessaire et utile à l'autre. Nous pourrons ainsi, sans nous contredire le moins du monde, nous plaçant au point de vue des causes, accorder à Taine et à l'école entière dont il s'est fait le brillant porte-paroles, que l'art et la science ne sont ni de la pédagogie, ni du gouvernement, que les littératures ne doivent pas s'ériger en institutrices des peuples et les philosophies en gardiennes de l'ordre public; et nous pourrons, en même temps, nous plaçant au point de vue des fins, concéder à l'école adverse que la science d'abord, la philosophie ensuite, l'art en troisième lieu ont toujours été (d'une façon qui ne nous satisfait plus, sans doute) et resteront toujours des instruments, des moyens (les seuls efficaces, en définitive) de pédagogie et de gouvernement; nous pourrons encore ajouter que les littératures, qu'elles se prêtent ou qu'elles se dérobent à cette tâche, instruisent — beaucoup plus que les maîtres d'école — les peuples, et que les philosophies, qu'elles le veuillent ou non, gardent et soutiennent — infiniment plus que les forces de police — l'ordre social ou public.

L'art, le grand dissolvant, après la philosophie et la science, le corrupteur-né des formes vieillies ou caduques de la moralité ambiante, est, précisément pour ce motif, le grand régénérateur de l'action sociale ou morale. Un artiste comme Bjœrnson n'a pas pu ne pas le sentir profondément. Aussi, dans sa réponse à l'académie suédoise qui le gratifia du prix Nobel, s'élève-t-il avec ardeur contre ceux qui disent que les poètes doivent se libérer de la conception du bien et du mal. Cela, affirme-t-il, n'est pas possible. De tout temps, depuis les Grecs jusqu'à Shakespeare, Molière, Gœthe et Schiller, Byron et Shelley, Victor Hugo, Ibsen et Tolstoï, dans tous les pays et toujours les poètes se sont mis au service d'idées tendant à rendre la vie plus belle et plus riche. « Je ne suis pas de ceux, s'écrie-t-il, qui croient que tout le monde est responsable, sauf les artistes et les poètes. Je crois au contraire que ces derniers ont la plus grande responsabilité parce qu'ils marchent en avant et indiquent les nouveaux chemins. » Et cet autre poète-penseur, qui vit au milieu de nous, Paul Adam, exprime la même conviction. « L'art, dit-il, est une besogne de vulgarisation ; il doit faire comprendre aux grandes élites les beautés des dogmes entrevus par le philosophe, le savant et l'historien qui laissent ces dogmes inaccessibles à la foule, faute de méthodes attirantes. »

L'art s'adresse aux sens directement, et il fond dans leur creuset tous les autres produits de la pensée sociale. Aussi est-il le plus insinuant éducateur, le plus habile initiateur des masses. Le peuple apprend tant de choses par l'art, et parmi ces choses l'histoire, les grands faits moraux (la sociologie abstraite), les religions et les philosophies. Pendant de longues périodes, dans l'antiquité et, en partie, au moyen âge, par exemple, certaines formes d'art ont tenu lieu de tout enseignement populaire. L'art est en quelque sorte un sermon philosophique permanent et qui puise sa force dans son incon-

science même d'être un prêche. Mais il faut bien se garder
d'en conclure, avec certains auteurs modernes, que l'art pourrait, sans se suicider, être appelé un jour à remplacer la religion ou la philosophie; tentative aussi vaine que celle qui
voudrait substituer la philosophie à la science. Pareillement,
l'action ne saurait suppléer l'art, ni même empiéter sur son
domaine, sans y perdre de sa force, et dans les civilisations
raffinées ou supérieures, sans se relâcher et se rétrécir d'une
façon dangereuse. D'autre part, et puisque la pensée esthétique est un moyen de communication du savoir et de la philosophie d' « autrui » au « moi » déjà apte à les appliquer, ou
suffisamment préparé à l'action corrélative, il est certain que
les foules ignorantes restent longtemps insensibles aux formes
de beauté qu'elles ne peuvent saisir, tandis que les élites
éprouvent, au contraire, de la répugnance pour les œuvres
d'art qui font la joie du peuple. L'art, par sa nature, est plus
accessible aux larges masses humaines que la connaissance,
même dans sa phase empirique (celle où croupit encore le
savoir moral). Mais tant qu'il y aura des degrés profondément tranchés de culture scientifique et surtout de culture
philosophique, il y aura un art ésotérique qui répétera avec
Horace : *Odi profanum vulgus et arceo*, et un art grossier ou
populaire. Et il en sera de même pour l'action, tant que subsis-
teront les forts contrastes de culture esthétique. Des tonalités
diverses marqueront les conduites, dont les unes seront
harmonieuses ou belles et les autres nous choqueront par
leur basse vulgarité.

La pensée esthétique avoisine immédiatement la pensée
pratique qui ainsi se révèle comme le but, la fin ultime
poursuivie par la recherche de la beauté. Et rien n'est plus
utilitaire, à ce point de vue, que l'art qui inspire et stimule
les arts techniques, toutes les formes du travail humain. Cette
conception de la finalité esthétique s'oppose franchement aux
théories très rebattues, mais jouissant encore d'une certaine
vogue, selon lesquelles « l'art n'a point de fin hors de lui, l'art
est à lui-même sa propre fin » (dans cet ordre d'idées on est
même allé jusqu'à dire que « l'art est une finalité sans fin ! »).
« L'esprit de l'homme », affirment, en conformité avec certaines

vues de Schiller, les défenseurs de cette thèse, « est soumis à deux contraintes : la contrainte rationnelle, scientifique, la contrainte de la *vérité*, d'une part, et la contrainte du *bien*, d'autre part. Le *beau* détruit l'une par l'autre ces deux contraintes. L'artiste est donc libéré de toute contrainte : il est lui-même et rien autre. Il dépasse toutes les conditions naturelles et sociales de la vie humaine : il les brise. »

Détruire l'une par l'autre ou même simplement opposer l'une à l'autre, dans un but de lutte, la contrainte de la vérité et la contrainte du bien, est un non-sens, un illogisme puéril quand ce terme : « le bien » s'emploie pour désigner la connaissance morale. C'est opposer à la vérité en général la vérité particulière et vouloir faire jouer à l'espèce le rôle de négation du genre. Et quand ce terme équivoque, « le bien », sert à désigner l'action, la conduite morale, il marque l'achèvement d'une évolution, l'effet nécessaire d'une série de causes dont la plus éloignée est la recherche de la connaissance morale, et la plus proche — la recherche de la beauté morale. Et ici encore, il est manifestement oiseux de vouloir assimiler la distinction logique entre l'effet et ses causes à un combat meurtrier entre celui-là et celles-ci. Dans la fière déclaration d'indépendance citée plus haut, un trait seul mérite d'être conservé : il paraît certain que la pensée esthétique ne saurait, sans déchoir, se plier au joug des mœurs, des lois, des institutions existantes ; elle ne saurait subir la contrainte du « bien » compris comme technique ou application du savoir moral. Mais, nos lecteurs le savent, semblable autonomie appartient au même titre et au même degré à la pensée synthétique et à la pensée analytique. La science, la philosophie et l'art commandent également à l'action. Et dès que, pour une raison ou pour une autre, ce rapport naturel s'invertit, les signes d'une décadence prochaine ne manquent jamais d'apparaître (art mercantile, philosophie au service du pouvoir, science officielle).

Certes, Schiller dit vrai : l'artiste est lui-même et rien autre ; il n'est ni le savant, ni le philosophe, ni le praticien. Cependant, il y a, dans tout poète et dans tout artiste, un savant et surtout un philosophe, comme dans tout savant et dans tout philosophe il y a un artiste ; mais pour qu'un élément prédomine, il faut que les autres demeurent dans l'ombre (souvent même dans la sphère de l'« inconscient »); sans cela, aucune spécialisation n'aurait été possible, et le terme « artiste », comme le terme « savant » ou le terme « philosophe », eût été une contradiction *in adjecto*. Et il est vrai aussi que l'artiste dépasse en hauteur, comme la source toujours située au-dessus du niveau de l'embouchure fluviale, les conditions techniques, économiques, juridiques, politiques du milieu collectif environnant; mais non pas « toutes les conditions naturelles et sociales de la vie humaine », — ce qui est une absurdité flagrante et sans doute un simple *lapsus linguæ*. Enfin, il semble également certain que l'artiste contribue, avec le penseur et le savant et sous leur contrôle, à briser et à détruire les résistances, les routines, l'inertie du praticien ; il est, au même titre que ses inspirateurs directs, un novateur et un révolutionnaire.

Dans le même ordre d'idées, on s'est enquis de savoir si la beauté pouvait être méchante et nocive, ou s'il était de son essence de toujours être bonne et bienfaisante? Or, les termes dans lesquels se pose le problème dévoilent assez sa nature empirique et son caractère équivoque. Si, d'un côté, on sent vaguement que l'artiste ne saurait se passer d'un idéal moral et si l'on en conclut que l'art doit être bon, utile, tranchons le mot, tendanciel, de l'autre, on sent d'une façon confuse que l'art stimule et détermine l'action, et l'on proclame son indépendance, on le décrit comme essentiellement *amoral*. Dans les deux cas on oublie qu'il y a lieu de sévèrement distinguer entre la recherche du savoir où s'efforce la pensée analytique, et son application, où s'exerce la pensée pratique ; et que ces deux grandes phases d'une seule et même évolution ne se touchent pas d'une manière immédiate, mais se joignent par deux anneaux successifs, la pensée synthétique et la pensée esthétique.

Tolérer que l'agent actif juge en nous l'artiste et le condamne, le cas échéant, est la grosse faute des esthéticiens-moralistes. Il n'appartient pas au médecin d'arbitrer les discussions qui s'élèvent entre physiologistes. Et ne pas tolérer que le savoir moral inspire et dirige l'artiste, par l'intermédiaire des grandes synthèses religieuses ou philosophiques, est la grosse faute des théoriciens de l'art pour l'art. C'est le physiologiste déclarant que, seule, la physiologie ignorante des lois de la chimie est la vraie physiologie. Il s'ensuit que l'artiste ne saurait être lui-même s'il n'est doublé, je ne dis pas d'un savant ou d'un philosophe professionnels, mais d'un esprit cultivé ; et il ne saurait être grand sans posséder la plus haute culture de son époque ; l'histoire de l'art le prouve à chacune de ses pages. D'autre part, l'agent actif — l'ouvrier au sens large du mot — sera d'autant plus lui-même, sera d'autant plus l'ouvrier de son propre bonheur (ce qui forme le but suprême de l'action), qu'il sera plus stimulé et rempli par la joie qui se dégage de l'art, qu'il reconnaîtra celui-ci pour son maître. Et il sera d'autant plus inférieur à sa tâche ou plus malheureux, qu'il rejettera ou niera cette dépendance, qu'il voudra rattacher directement son action à la philosophie ou à la science. Le plus malchanceux de tous, le vrai type du malheureux sera l'artisan qui se renfermera tout entier dans la seule action. Ses satisfactions ne seront plus sociales ou humaines, ce qui est la même chose, mais animales ; or, comme le dernier des hommes est encore un homme, il ne pourra pas être heureux même à la façon de l'animal. La théorie de l'art et de ses rapports avec l'action forme, on le voit, une partie importante de la théorie du bonheur (94).

4. *L'avenir esthétique de l'humanité et la loi de retard.* — Tomber d'un excès dans l'excès opposé, rien, paraît-il, n'est plus conforme à la nature de notre esprit. Aussi, tandis que les uns exaltent le « splendide isolement » de l'art (qu'ils considèrent comme la plus haute expression du génie humain) et lui promettent un avenir de plus en plus assuré et triomphal, les autres, et parmi eux, en bonne place, Ernest Renan, appréhendent que les beaux-arts ne soient condamnés à disparaître un jour. Ces prophètes pessimistes prédisent leur absorption inévitable par les arts utiles. Il est intéressant de remarquer à ce propos qu'à l'autre bout de l'échelle inter-psychique, la même issue, une absorption analogue de la philo-sophie par la science, a été prévue et annoncée par les positi-

vistes. Or, cette double éradication — de l'art au profit de l'action pratique, et de la philosophie au profit de la science — ramène la pensée sociale à son point de départ : la confusion empirique de ses principaux aspects. Ainsi se justifierait le célèbre schéma hégélien : les phases ultimes de l'évolution historique ne feraient que reproduire, dans leurs traits essentiels, ses phases de début! Une telle conception des destinées futures de l'humanité nous semble fausse et vaine. Dans les conditions présentes de notre savoir sociologique, il est irrationnel de vouloir poser un terme au progrès, et la triade de Hegel, à cet égard, ne vaut guère mieux que la loi des trois états de Comte.

Mais laissons ces exagérations notoires et revenons à l'erreur moyenne, pour ainsi dire, à la vue qui se contente de faire de la pensée esthétique un des fiefs multiples de la pensée pratique, ou qui subordonne l'art à l'action. Le finalisme incoercible de l'esprit, toujours prêt à confondre les « motifs » qui le déterminent dans un sens ou dans un autre, avec les « causes » qui suscitent ces motifs et produisent les longues séries de phénomènes psychosociaux, cette téléologie immanente a certainement tenu une large place dans la genèse d'une pareille illusion. Mais non moins important, croyons-nous, fut le rôle que joua à cet égard l'empirisme intense de la recherche sociologique.

Observés dans leur complexité concrète, la plupart des réactions interpsychiques sont des phénomènes à « évolution lente »; ce qui veut dire qu'un rapport social ou une combinaison de rapports sociaux continue à se manifester, tandis que le rapport ou la combinaison de rapports qui primitivement déterminèrent cet état de choses, a déjà subi des changements plus ou moins profonds. Et comme aucune expérimentation — renouvelable à loisir — ne vient nous dévoiler les métamorphoses par lesquelles passent ces états multiples et divers et les liens de causalité qui les unissent; comme rien, en outre, ne nous met en garde contre l'illusion possible, ou même inévitable, nécessaire, qu'arrive-t-il? Ramenant nos regards sur l'immense océan de faits et d'événements qui nous entourent, et anxieux d'y découvrir des points de repère, nous nous attachons de préférence aux choses qui, pendant que nous les observons, semblent n'avoir pas varié (tandis que d'autres ont visiblement changé); et nous nous sentons naturellement disposés à voir dans les premières les causes des secondes.

Déjà, dans nos études psychologiques, vouées à la connaissance descriptive de ces entités verbales, les facultés de l'âme, nous nous exposons à commettre cette lamentable méprise. En affirmant, par exemple, que la volonté, l'émotion, l'imagination précèdent et dominent le discernement, le jugement et l'observation, nous ne remarquons pas qu'il peut s'agir, dans la première série, de phénomènes non-modifiés — et en ce sens seul plus anciens, et dans la seconde, de phénomènes modifiés — et en ce sens seul plus récents. Nous concluons sans considérer l'hypothèse plausible d'un retard dans l'évolution des phénomènes de la première espèce; mais le retard n'en existe pas moins par le fait, et nous l'interprétons comme un rapport causal.

Mais il est assurément plus malaisé encore d'échapper à l'illusion empirique dans le vaste champ des faits sociaux concrets, les plus complexes qui soient au monde, tels les actes et les événements observés et décrits par l'historien. Le rythme selon lequel progresse le mouvement interpsychique collectif est considérablement plus lent, et sans doute plus varié et plus accidenté, que celui de l'évolution psychologique individuelle. D'où, dans le premier cas, une aggravation de l'erreur signalée plus haut, et une nécessité plus péremptoire d'en tenir compte et de la corriger. Les sciences de la nature luttent contre les illusions comparativement simples qui nous viennent des sens; et elles tâchent de les réduire à l'aide de formules connues sous le nom d'équations personnelles ou subjectives. Les sciences de l'esprit doivent procéder de même à l'égard des aberrations plus complexes qui tirent leur principale origine de l'insuffisance de nos méthodes d'étude. Et c'est à un tel amendement que vise cette formule sociologique, la « loi de précession ou de retard ».

Rappelons ce que nous avons dit à ce sujet dans notre *Nouveau Programme de Sociologie* : « Une loi assez régulière de « précession » semble gouverner les rapports mutuels de dépendance qui s'établissent entre les quatre termes de la série surorganique. Par suite (sans parler déjà de survivances tout à fait grossières exemplifiées par les religions, par certaines formes basses de l'art et par divers aspects de l'action dite criminelle), ni la philosophie la plus répandue à chaque époque, ni l'art qui rallie, à un moment donné, le plus grand nombre de suffrages, ni la conduite *id temporis* des grandes masses humaines ne se moulent jamais exactement, la première, sur le savoir vraiment contemporain, le second, sur la philosophie régnante, la troisième enfin sur l'art approuvé et acclamé par les foules. Toutes ces modalités de la pensée sociale retardent, pour ainsi dire, sur l'heure précise marquée au cadran de l'histoire à l'instant où elles se manifestent. »

La loi de retard (qu'on pourrait encore appeler loi de « sursis social », puisqu'elle laisse pendant quelque temps le champ libre aux anciennes causes et suspend ou diffère l'effet des causes modifiées ou nouvelles) attribue aux différents termes de la série interpsychique une attitude momentanément conservatrice ou rétrograde; mais celle-ci, — est-il besoin de le dire? — n'affecte en rien la loi générale d'étroite corrélation qui relie entre elles ces étapes évolutives. En revanche, la loi de retard explique certaines anomalies, certaines exceptions apparentes qui se sont maintes fois représentées au cours de l'histoire universelle. Tel est, par exemple, le fait souvent cité d'une superbe floraison de l'art devançant, au lieu de la suivre, la haute envolée de la pensée philosophique (dans l'ancienne Grèce, en France où la littérature du « grand siècle » précéda le mouvement philosophique du xviiie, et moins visiblement dans l'Allemagne de Schiller et de Gœthe, de Kant, de Fichte et de Hegel).

On a beaucoup disserté sur les causes psychologiques de ce phénomène. On a dit que l'esprit humain, attiré d'abord par le monde extérieur, se retourne ensuite vers lui-même. Mais c'est là, de toute évidence, une conception erronée aussi bien du but de l'art, qui n'est pas une étude du monde extérieur, que de la tâche du philosophe qui est tout autre chose qu'un psychologue et un moraliste. On a également eu recours à l'analogie entre l'individu et le groupe social; on a prétendu qu'un peuple pense d'abord en images concrètes, et puis en idées logiques, comme l'homme qui, poète dans sa jeunesse, se livre à des spéculations abstraites quand l'âge l'assagit. Mais cette comparaison est aussi vague que boiteuse. L'adolescent n'est pas nécessairement un artiste (même dans cette spécialité esthétique qui s'appelle l'amour), ni l'homme fait nécessairement un penseur. Il en est de ce préjugé comme de celui qui consista longtemps à voir dans la jeunesse scolaire la partie la plus progressive de la nation; elle l'est sans doute, mais plutôt au sens passif du terme. Elle se remue, elle avance, elle se développe, elle apprend, elle imite ses maîtres; mais elle n'invente pas, elle n'enseigne pas, elle ne domine pas; et les vrais novateurs se recrutent presque exclusivement parmi les hommes mûrs. En outre, l'analogie en question pourrait faire croire que la pensée esthétique ne s'épanouit d'une façon particulièrement brillante qu'une seule fois, au début de la culture mentale d'une nation, et qu'après son rôle devient de plus en plus terne et effacé. C'est là une contre-vérité certaine; et les faits qu'on invoque à son appui ne prouvent qu'une chose, à savoir, que l'art pénétré par une philosophie plus profonde diffère grandement de l'art basé sur une foi naïve. Tous les exemples historiques qu'on cite à ce propos nous montrent un art fondé sur une philosophie puissante (mythologie, religion, panthéisme, métaphysique, etc.), mais déjà ancienne et qui, s'épuisant de plus en plus par la frondaison artistique qu'elle détermine, laisse enfin la place libre à une nouvelle conception du monde (fondée à son tour sur les progrès accomplis par la science durant la même période d'essor esthétique).

En d'autres termes et d'une façon générale, l'art agréé par le goût particulier d'une époque est presque toujours beaucoup moins dominé par conceptions philosophiques qui se forment, que par celles qui sont en voie de disparaître. Et, pour atteindre son but, pour devenir un stimulant énergique de l'activité populaire, l'art doit quelquefois rétrograder assez loin : il lui faut s'inspirer de philosophies ou de dogmes, de croyances qui survivent dans l'esprit peu exigeant ou inconscient des foules. Au fond, cela revient à dire que l'art se nourrit beaucoup plus de la pensée des masses que de celle des grandes et surtout des petites élites (*95*).

Il faut du temps à la lumière des astres pour arriver jusqu'à la terre; et il faut du temps — quelquefois des siècles — à la science, à la philosophie, à l'art pour modifier l'action morale ou sociale. Aussi, quand l'historien apporte ce témoignage, que les plus opulentes floraisons de l'art ont coexisté avec les plus bas états de corruption et de servitude politiques, le sociologue se garde d'en conclure la concomitance nécessaire de ces sortes de phénomènes. Mais il constate que l'action pratique exercée soit par les hommes d'État, soit par la masse des citoyens (ou ce qu'on peut appeler, d'un seul mot, la moralité politique) retarde d'une façon notoire sur l'ensemble de la vie contemplative des sociétés, sur leur esthétique, sur leur philosophie, sur leur science. Dire avec certains écrivains, comme Guyau par exemple, que la forme du gouvernement n'a aucune influence sur les productions du génie artistique, ne suffit point. Car cette négation, sur le terrain de la moderne sociologie, ne saurait se justifier que par l'affirmation contraire. Ce n'est pas la politique, ni telle autre manifestation de l'activité purement technique, qui détermine les progrès de l'art, mais ce sont ces progrès qui, à la longue, influencent et modifient la conduite des hommes.

Révolutionner l'art par la vertu des mœurs, soit politiques, soit économiques, comme rêve de le faire et comme le promet généreusement, mais imprudemment, le socialisme contemporain, est une ambition vaine. C'est, au contraire, la rénovation de l'art, préparée par une forte poussée de larges conceptions synthétiques, qui pourra, éventuellement, conduire au triomphe, non pas des *idées*, justiciables du savoir sociologique seul, mais des *mœurs* collectivistes. Les hommes comprendront alors mieux qu'ils ne le font aujourd'hui le sens profondément ironique de cette vieille définition de l'art: une activité de luxe. Critique singulière qu'ils auraient pu aussi bien adresser à l'ensemble des phénomènes qui se produisent dans un milieu social! Car cet ensemble est le luxe surorganique ajouté à la pénurie organique, la richesse de l'idée remplaçant la pauvreté de la vie, comme la vie, à son tour, est le grand luxe des forces inorganiques de la matière.

NOTES

——

(1) V. à ce propos mon *Nouveau Programme de Sociologie*, ch. II, p. 7-43. Le terme de « surorganisme » employé par Spencer pour désigner les divers groupements sociaux me semble inadéquat et capable de faire naître dans l'esprit des rapprochements inexacts, des analogies fausses. Les sociétés ne sont pas des « organismes » plus parfaits, occupant un rang plus élevé dans l'échelle biologique. Les sociétés sont essentiellement des systèmes de « rapports » entre organismes dont la perfection, toujours relative, ne change rien à la nature intime du phénomène social.

(2) G. Tarde, *La Logique Sociale*, Paris, Alcan, 1898.

(3) V. dans mon livre sur *Nietzsche* le chapitre intitulé : *Le procès de l'individualisme. Les trois erreurs capitales des écoles individualistes modernes.*

(4) La pression constante du groupe social sur chaque individu qui le compose (mœurs, exemples, suggestion de toute sorte) est une éducation et une instruction de tous les instants, non localisée d'une façon nette dans l'espace, ni située dans le temps, devenue automatique, etc.; et, *vice versa*, l'éducation et l'instruction proprement dites sont une interaction mentale caractérisée par certains traits particuliers, une interaction représentative de l'interaction générale. Elle s'exerce, pour ainsi dire, par mandat, elle est voulue, intentionnelle, localisée dans l'espace et occupant le temps d'une façon précise. Multilatérale dans le premier cas,

elle est bilatérale dans le second. Le milieu pédagogique est régu-lièrement composé de deux groupes sociaux : la génération enseignante et la génération scolaire. Et si l'un d'eux nous semble seul actif, et l'autre passif, si l'un nous semble attaquer et l'autre subir l'attaque, c'est que nous comparons toute interaction (jusqu'au plus paisible échange d'idées et de biens) à une lutte, à un choc. Or, même dans cet ordre d'images, nous oublions les nombreuses et quotidiennes défaites infligées par le groupe éduqué aux intentions du groupe éducateur.

Tout groupement social exerce, par rapport à ses membres, une fonction formatrice; même le groupe le plus fortuit, le moins susceptible d'une longue durée et dont l'action, par suite, doit sembler le plus précaire. Voici, par exemple, comment ce phénomène, dans un cas très spécial, est décrit par un fin observateur : « Quelques jeunes gens venus de provinces les plus diverses, de pays étrangers, se rencontrent chez un de leurs aînés dont ils aiment l'œuvre. Chacun d'eux débarque avec une forte somme d'ambition individuelle et un bagage de connaissances. Pour conquérir la gloire, ils s'efforcent de s'améliorer en se communiquant leurs goûts, leurs idées, en partageant leurs passions. Au bout de très peu de mois, ils ont créé une âme collective de groupe, très sensiblement différente de celle propre à chaque individualité. Chacun abdique spontanément une part de son caractère. Chacun est attiré, persuadé. Ce groupe admet une discipline. Tous ses membres adoptent les mêmes préférences et les mêmes haines. Ils sont liés par une sorte de parenté soudaine. Ils louent et dénigrent ensemble. D'ordinaire, ils s'en rapportent à leur opinion générale faite par l'influence de tel camarade acceptée dans tel ordre d'idées, et par les influences de tels autres acceptées dans tels et tels ordres d'idées. Mais, une fois l'agglomération bien cohérente et solide, il y a saturation. Le phénomène des sympathies concordantes s'arrête. Ceux qui se sont assimilé toute l'âme collective s'aperçoivent inconsciemment que le plat est vide. Ils se libèrent. Les utilitaires, conscients de leur acquêt, s'adonnent aux pratiques qui promettent le bénéfice immédiat. Les rêveurs dissertent et paressent. Les consciencieux complètent une mentalité dont l'effort doit les récompenser à longue échéance. Les orgueilleux ricanent et demeurent à l'écart. Les actifs tentent d'appliquer leur savoir à toutes les chances de réussite : ils extériorisent l'âme commune. Et la division du groupe s'opère, à la suite des rivalités inéluctables. La jalousie récupère ses victimes. Les tempéraments se combattent. C'est la fin du groupe. Il y eut trois étapes dans cette évolution. Celle de l'apport sympathique. Celle de l'agglomération défensive et offensive.

Celle de la répartition du gain psychique entre les facultés de
chacun accrues par l'endoctrinement mutuel, et par cela même,
très modifiées » (*Paul Adam*).

(5) Les théories qui font du *volume* des sociétés le facteur essentiel de la vie collective tombent dans une erreur analogue à celle
qui introduirait, en chimie, comme explication dernière, le point
de vue *masse*, si important en physique. La population est une
condition biologique du progrès de la civilisation. Elle ne saurait
en être la cause sociologique. Les théories dont nous parlons ont
en outre souvent le tort de réduire l'interaction mentale —
l'agent véritable de l'évolution collective — aux limites étroites
d'une patrie, d'une nation, d'un État. Or, si, pour une foule de
causes qu'il semble inutile d'énumérer, l'interaction « extrana-
tionale » s'accomplit moins facilement que l'interaction « nationale », elle se produit pourtant toujours d'une façon ou d'une
autre, elle n'est jamais complètement arrêtée par les frontières
linguistiques et politiques.

(6) V. *Nouveau Programme de Sociologie*, Paris, Alcan, 1904,
p. 155 et suiv.

(7) Notre série : science, philosophie, art, action, qui résume
l'un des aspects les plus importants de la causalité sociale, soulève
encore, dans beaucoup d'esprits, une objection basée sur le sens
particulier qui s'attache à ses trois premiers termes, sans toutefois
s'étendre au quatrième. On estime, en effet, d'habitude, que si
tous les membres du groupe participent à l'action qui demeure
collective, commune, un très petit nombre seulement s'adonnent
à la culture de la science, de la philosophie, de l'art, et contribuent
à leurs progrès. Je me suis souvent élevé contre cette interprétation
étroite en déclarant qu'au point de vue social, distinct du point
de vue professionnel, tout le monde était à la fois savant, philosophe et artiste. Et je ne doute pas que la langue et l'usage ne
viennent consacrer un jour le sens large de ces vocables, — ce qui
arrivera quand on aura mieux pénétré la nature intime du phénomène en question, quand on aura compris que l'esprit analytique,
l'esprit synthétique, l'esprit esthétique et l'esprit pratique animent,
à un degré quelconque, tous les membres du groupe social ; ou, en
d'autres termes, que ces quatre aspects de la raison forment le
patrimoine commun de tous les hommes vivant en société, qu'il y
a là quatre grandes classes de motifs qui déterminent tous nos
actes et guident l'ensemble de notre conduite.

(8) Prenons, par exemple, l'idée que les fauteurs d'un grand désastre national doivent disparaître du gouvernement, céder leur place à d'autres, aller cacher leur honte ailleurs. En France, après Sedan, cette idée ne trouve pas de résistance égale dans l'esprit et les mœurs de la masse des citoyens, et la république, le gouvernement provisoire sont aussitôt proclamés. En Russie, au contraire, la même idée se heurte contre les préjugés, les habitudes serviles du grand nombre, et les hommes responsables des catastrophes de Port-Arthur, de Moukden et du détroit de Corée continuent à être comblés d'honneurs et à gouverner leurs malheureuses victimes. On peut varier indéfiniment les cas, on arrive toujours aux mêmes conclusions. L'ignorance du peuple ayant pour effet naturel la forme despotique de son gouvernement, cet effet réagira-t-il sur sa cause et de quelle manière? L'ignorance est un degré, relativement bas, du mode spécial d'énergie qui tend à la faire disparaître; nous avons, par suite, dans la résistance opposée par le despotisme au savoir (ou à la liberté) à la fois une réaction égale à l'action et une réaction de l'effet sur sa propre cause. Et les cas où le despotisme est vaincu, où sa résistance apparaît comme inefficace, contreviennent aussi peu au principe de l'égalité de la réaction et de l'action (et de son corollaire, la réaction de l'effet sur la cause) que les cas où la bille s'enfonce dans la vase ou dans l'eau.

(9) Remarquons, au sujet de la seconde hypothèse, que la conscience bio-individuelle y est déjà envisagée comme un fait *social*; l'individualité exclusivement biologique n'y appartient qu'aux êtres dépourvus de centres nerveux supérieurs et coordinateurs. La sociologie commencerait ainsi avec la physiologie cérébrale et s'identifierait avec la psychophysique. L'interaction à distance qui caractérise la socialité ne serait qu'un développement ultérieur de ce qu'on appelle « l'induction vitale », ou une conséquence de ce fait, que toute cellule suffisamment excitée produit dans les cellules voisines une excitation consécutive, cela sans contact direct, comme un corps électrisé fait naître des phénomènes électriques dans un conducteur qu'il ne touche pas.

(10) Il vaudrait déjà mieux peut-être élargir l'idée de connaissance en lui faisant comprendre le phénomène, décrit plus haut, de la « conscience sociale », qui ne nous fait pas sortir des limites de la sociologie; nous pouvons, en effet, considérer la conscience sociale comme une connaissance en voie de formation, et la connaissance proprement dite comme une conscience sociale de plus en plus développée et affinée.

(11) La connaissance distinguée de la conscience — qui demeure un phénomène organique intimement lié, ainsi que nous l'apprend cette même connaissance, à tous les autres phénomènes du monde extérieur — ne saurait être une réalité plus certaine que la réalité biologique et, par suite, que la réalité chimique ou physique. Mais les idéalistes qui identifient la connaissance avec la conscience pensent autrement. Ils sont portés à voir dans tous les faits de conscience autant de « commencements absolus ». Ils oublient qu'un commencement absolu n'est jamais autre chose qu'une illusion, physique ou mentale; c'est le bateau d'Aristote qui, tiré par un homme, par deux, par dix, ne bouge pas, et tiré par onze ou douze, s'ébranle et se déplace tout à coup. La métaphysique idéaliste voit dans la conscience identifiée avec la connaissance le seul phénomène élémentaire dont la réalité soit indubitable; tandis que la métaphysique matérialiste identifiant à son tour la conscience et la connaissance (la vie et l'esprit), y voit un simple épiphénomène physico-chimique. Entre ces deux monismes qui, au fond, prêchent pour le même saint, se place une troisième métaphysique, le sensualisme ou biologisme qui tombe dans la même erreur capitale, qui identifie également la conscience avec la connaissance, mais, à la différence des idéalistes, conçoit celle-ci comme une manifestation purement vitale, et à la différence des matérialistes, aperçoit dans la vie le vrai phénomène élémentaire auquel se doivent ramener tous les autres. Ces trois types purs de la métaphysique ont donné lieu, comme on sait, à d'innombrables métissages. Parmi les systèmes mixtes l'un des plus répandus est la philosophie hybride qui, identifiant d'une part la conscience et la connaissance, et de l'autre la vie et la matière, affirme le *parallélisme immanent* des deux séries phénoménales, aussi réelles l'une que l'autre. Est-ce à dire qu'au lieu d'un seul « Incognoscible », nous en aurions deux? Nullement; car la doctrine en question voit dans la matière et l'esprit deux expressions différentes de la même réalité inconnaissable. Elle aboutit ainsi, par le plus vain et le plus illogique des détours, au monisme, soit matérialiste, soit idéaliste.

(12) Les attitudes sceptiques du phénoménisme (s'arrêtant net devant le symbolisme conscientiel accepté comme irréductible) cachent mal le caractère à la fois dogmatique et réactionnaire de cette philosophie qui vise aujourd'hui à conserver et à perpétuer un seul moment dans l'évolution de la pensée philosophique (la phase de Hume à Kant).

(13) L'état actuel de la philosophie — qui est encore moins

proche de sa maturité que la sociologie dont elle attend la constitution définitive pour se différencier complètement de la science, pour cesser d'être hypothétique et criticiste — ne nous permet que vaguement d'entrevoir ce que pourra être un jour un tel monisme. Mais il semble certain que la philosophie perdrait sa véritable raison d'être si elle pouvait jamais devenir, selon le vœu de Comte, une sorte de répertoire général des sciences.

(14) A l'exemple de certains historiens qui font naître les sciences, même physiques, au XVIIᵉ siècle. — L'humanité, d'ailleurs, a depuis longtemps, quoique d'une façon toujours approximative et hésitante, saisi et consacré la profonde vérité des vues que nous venons d'exposer. L'antiquité gréco-romaine définissait l'homme indifféremment comme un animal social ou raisonnable, et comme une espèce naturelle savante. Et la même antiquité, ayant élaboré son « droit », ce phénomène essentiellement social, l'a très justement appelé une *ratio locuta* ou *scripta*.

(15) La conscience plus ou moins isolée des autres consciences, avons-nous dit; car, dans la réalité objective, la conscience est toujours tant soit peu socialisée (éclairée par une lueur de connaissance), — chez les animaux supérieurs sans nul doute, chez les inférieurs très probablement.

(16) Le terme kantien « formes de l'esprit » est insignifiant. Si l'on entend par là que certaines qualités ou propriétés par nous attribuées aux choses (la quantité, comme on sait, est aussi une qualité, et si l'on en a fait une catégorie à part, c'est pour marquer son importance) n'existent pas dans la nature, — cela est faux; car l'esprit est le produit du monde, il est identique par essence à sa cause qu'il ne fait que manifester en la développant d'une façon particulière. Et si l'on veut dire que certains attributs existent dans la nature d'une autre façon que dans l'esprit, il faut rectifier la proposition en la généralisant, en l'étendant à toutes les qualités des choses affirmées par l'esprit. Mais l'écart dont il s'agit n'est pas *entre* l'esprit et la nature; il réside tout entier *dans* l'esprit qui, à son tour, le tire tout entier de la nature. Les choses et leurs représentations plus ou moins concrètes sont également des faisceaux d'abstractions, des « totalisations » d'éléments identiques dans les deux cas. L'esprit de l'animal, de l'enfant très jeune, du sauvage ne distingue pas ou distingue d'une façon confuse ces éléments derniers des choses et de leurs représentations. Son plus grand effort en ce sens aboutit à peine

à ce qu'on pourrait appeler des idées semi-abstraites. Le temps, l'espace, le mouvement ne se séparent pas pour lui des groupes concrets de sensations qui les manifestent parce qu'ils les contiennent. Seule, la « socialité » (l'interaction mentale, l'expérience collective) peut doter l'esprit de la puissance d'analyse qui aboutit à la généralisation et à l'abstraction. J'ai employé ailleurs, en exposant une loi mentale à laquelle j'attache une grande importance, le terme de « concepts surabstraits » qui, dans ma pensée, doit remplacer les termes métaphysiques et vraiment trop vagues de formes de l'entendement, de catégories de la raison, etc. L'analyse qui cherche les éléments, non pas d'un agrégat concret donné, mais de tous les agrégats concrets ou du plus grand nombre possible, atteint, en dernier lieu, certaines idées génériques que l'esprit ne peut plus réduire ou dépasser (à tel ou tel moment de l'évolution de nos connaissances, bien entendu). Ce sont les concepts surabstraits. Ils se reconnaissent à ce signe, que leurs « négations » sont illusoires (l'idée de néant, par exemple, opposée à celle de l'être).

(17) V. *Nouveau Programme de Sociologie*, p. 202. — Une vue analogue est quelquefois exprimée lorsqu'on dit que c'est la vie pratique et ses nécessités qui, parce qu'elles nous contraignent à grouper les mêmes choses ensemble, jettent dans notre cerveau les premières semences des noms collectifs et des idées génériques. En parlant ainsi, on vise l'expérience au sens large du mot comprenant la recherche aussi bien que l'application. Mais c'est la recherche seule qui enrichit le cerveau d'idées générales et abstraites; au contraire, l'application fait sortir ces idées du domaine spéculatif et les transfère à nouveau, les renvoie — sous une forme plus ou moins coordonnée et systématisée — dans le monde des choses concrètes. L'idée générique n'a pu jaillir que du contact prolongé des esprits; et il importe peu que ce contact se soit produit *à l'occasion* de tel ou tel fait économique (culture des mêmes plantes dans un champ, réunion des mêmes animaux en troupeaux de plus en plus considérables, et ainsi de suite), ou d'un fait familial, militaire, juridique, politique, etc.

(18) Dans l'ouvrage cité, M. Ribot, par une analyse des plus subtiles, tend à nous faire comprendre le mécanisme de l'abstraction comme un renforcement, un grossissement psychique d'une seule qualité ou d'un seul rapport au détriment de l'ensemble des autres propriétés qui constituent l'agrégat concret. Soit, dit M. Ribot, l'agrégat $d = a + b + c$. Abstraire a, ce n'est pas obtenir

$a = d - (b+c)$, ce qui supposerait b & c conservés comme tels dans la conscience (or, le mécanisme de l'attention, selon M. Ribot, s'y oppose, même si l'on avait déjà abstrait b & c). Pour M. Ribot, la représentation de d ne peut être supprimée, et b & c y sont inclus, ils y subsistent à l'état de résidus qu'on peut désigner par x; la représentation abstraite sera donc, non pas a, mais $a + x$ ou A. Je pense qu'on veut dire ici : 1° que l'abstraction, en isolant un élément, concentre sur lui notre attention; et 2° que l'abstraction se pose comme telle vis-à-vis du concret sur lequel elle opère; et, par suite, le champ de la conscience est rempli à la fois par l'abstrait et le résidu encore concret. La confusion habituelle de la connaissance avec la conscience joue dans cette solution du problème un rôle manifeste : la connaissance ne fait que s'ajouter, dans le même agrégat concret, le cerveau humain, à la conscience.

Autre remarque. On accorde quelquefois aux animaux l'abstraction dite instinctive, spontanée, « naturelle », qu'on oppose à l'abstraction réfléchie, volontaire, « artificielle » des hommes. Aligner ces adjectifs suffit pour montrer que nous avons là un exemple de savoir verbal. En réalité, la cérébration animale ne dépasse jamais l'image générique.

(10) L'étude comparée de la structure cérébrale dans l'échelle des êtres vivants tendrait à prouver que tous les mammifères, sinon tous les animaux, auraient dû être capables des fonctions intellectuelles les plus hautes. Cette structure, en effet, est partout pareille, sauf que chez les amphibies et les poissons osseux les hémisphères cérébraux restent à l'état embryonnaire, et que, chez les oiseaux, c'est la partie basale du manteau cortical, le corps strié, qui acquiert un volume énorme aux dépens des autres parties de l'écorce proprement dite, très développée, en revanche, chez les mammifères. Ici, entre l'homme et ses congénères du règne animal, toute la différence consiste dans une extension plus grande de l'écorce hémisphérique et surtout de ce qu'on appelle les cellules pyramidales ou psychiques, et dans une richesse plus grande en fibres d'association (les cellules pyramidales, d'ailleurs, ne font défaut que chez les poissons, et encore les observe-t-on chez certains d'entre eux).

Certes, l'*organisation* conditionne la *socialisation*; mais, sans le nier, il est loisible de faire cette hypothèse (et de la vérifier, peut-être, par l'étude comparée des races dites supérieures et inférieures), à savoir, que l'expérience devenue collective et très prolongée, en exerçant d'une façon intense les cellules corticales du lobe frontal et les fibres associatives (tandis que l'expérience bio-individuelle ne les sollicite que modérément), développe ces organes d'une façon exceptionnelle. Ainsi, la différence anatomique elle-même aurait une origine sociale, et l'on pourrait à bon droit en conclure que la *race* — au sens biologique du terme — ne joue dans l'histoire de la civilisation qu'un rôle subalterne et effacé.

(20) Cité par M. Espinas dans ses *Origines de la Technologie*, p. 34.

(21). Sous l'influence des idées nouvelles sur les rapports du social et du psychique, quelques néo-criticistes ont tenté de rectifier le transcendantalisme ou l'apriorisme logique de Kant. Ils émirent cette hypothèse, visiblement apparentée à la nôtre, que la communion intellectuelle — entendue comme conformité, dans toutes les consciences, des représentations mentales aux objets représentés — était la vraie source et la seule garantie de la vérité universelle ou logique. Cette conformité ne s'étend, dans tous les esprits, qu'à certains phénomènes, qu'à certains traits des processus conscientiels; et classés à part, ces caractères universels constituent les normes, les lois, les principes logiques. Communs à tous, ils deviennent obligatoires pour tous; ils sont le critère de la vérité objective (tandis que les phénomènes conscientiels qui diffèrent d'un esprit à un autre constituent la vérité subjective). Et ce n'est que dans un sens *pratique*, de pure application, que les normes logiques sont un *a priori*; on veut dire qu'elles précèdent et règlent leur propre emploi dans la découverte de la vérité objective. En ce sens, les lois de la mécanique sont données avant l'expérience — la nôtre, — elles sont l'*a priori* de l'ingénieur qui les applique. La nature verbale de l'équivoque saute aux yeux; et les récentes explications des néo-criticistes condamnent, au lieu de le sauver, l'apriorisme métaphysique de Kant.

(22) La logique et ses règles sont un produit de la vie sociale. Les pseudo-individualistes ou bio-individualistes modernes l'ont instinctivement compris; aussi poursuivent-ils volontiers de leurs sarcasmes l'idée rigoureusement conséquente avec elle-même. « Une sotte persévérance dans la même pensée, dit déjà l'un des plus notables précurseurs de Nietzsche, Ralph Emerson, est la manie des petits esprits, adorée par les petits hommes d'État et d'Église, par les petits philosophes, par les petits artistes. Une âme grande ne s'en inquiète pas. Elle pourrait aussi bien s'occuper de son ombre sur un mur. Dites ce que vous pensez aujourd'hui en

termes forts, et demain faites de même, quoique vous puissiez vous contredire d'un jour à l'autre ». — Certes, l'attachement à l'erreur reconnue est aussi puéril, et mille fois plus néfaste sans doute, que le préjugé banal qui érige en haute vertu domestique la fidélité à la personne désaimée. Mais quel motif pousse les petits esprits à suivre une voie unique? Emerson semble vouloir faire entendre que la contradiction est la marque naturelle du grand esprit. Or, rien n'est plus loin de la vérité. Les esprits larges sont nécessairement plus logiques que les esprits étroits. Mais ils le sont souvent à leur insu et toujours sans effort apparent. La peur de l'inconséquence ne les angoisse pas, comme la terreur du mal-agir ne tourmente pas les êtres essentiellement bons et loyaux.

(23) « Avec Aristote, poursuit Whewell, nous atteignons le point culminant de ce mode d'investigation. La plupart des erreurs de fait dans lesquelles est tombé ce philosophe s'expliquent par des sophismes ayant une origine verbale. Sa méthode ordinaire consiste à résoudre les plus graves parmi les questions concernant la nature qui furent soulevées par des esprits subtils et spéculatifs, au moyen du simple développement de la signification des. mots et des phrases qui sont appliqués aux notions les plus générales des choses et de leurs relations. Un autre mode de raisonnement, largement employé dans ces premières tentatives, a été la doctrine des contraires, dans laquelle on partait de cette supposition que les attributs (adjectifs ou substantifs) qui, dans la langue ordinaire ou dans un mode abstrait quelconque de conception, étaient opposés l'un à l'autre, devaient nécessairement être considérés comme les indices d'une antithèse fondamentale et fort importante à étudier, au sein de la nature même... »

Whewell a raison, et sa dernière remarque est particulièrement intéressante. Elle montre qu'entre la doctrine des contraires, journellement employée encore par l'immense majorité des philosophes, des sociologues, des moralistes, des psychologues, et notre théorie de l'identité des contraires surabstraits qui aboutit à nier le caractère objectif de certaines antithèses regardées d'habitude comme essentielles et irréductibles, il y a peut-être toute la distance qui sépare le savoir verbal du savoir réel.

(24) Quand les psychologues nous disent que certaines idées possèdent une extension si considérable qu'elles finissent par ne plus éveiller en nous que les mots ou les signes qui servent à les exprimer, ils décrivent, à leur insu peut-être, le processus signalé dans le texte. Car plus l'idée hypothétique est générale, et moins

elle garde le contact immédiat avec les faits palpables, visibles,
mesurables qui lui donnèrent naissance. L'idée de mouvement, qui,
dans l'esprit de l'homme ordinaire, se traduit par des images nettes
d'objets qui se déplacent, n'éveille chez le philosophe qu'une vision
vague et confuse ; au contraire, chez le physicien ce terme est
précisé et limité par d'autres notions abstraites; pour lui, il s'agit
d'ondes matérielles de différentes amplitudes qui se transforment
sans cesse les unes dans les autres. D'autre part, selon une comparaison déjà faite par Descartes qui l'appliquait à la marche
graduelle des raisonnements mathématiques, monter l'échelle
abstractive, c'est *prendre l'escalier* au lieu de s'élancer sans son
aide à l'étage supérieur. Mais l'abstraction verbale — l'hypothèse
changée en dogme — est une marche branlante qui s'écroule, tôt
ou tard, sous nos pieds.

(25) Nous nous sommes toujours efforcés d'appliquer au concept
de « socialité » le point de vue auquel les chimistes et les biologues modernes se placent quand ils nous parlent d' « affinité » ou
de « vie ». Nul n'a encore réussi à réduire ces trois entités les unes
aux autres : ni les chimistes l'affinité aux propriétés physiques,
ni les biologues la vie aux réactions chimiques, ni les sociologues
la socialité à la vie. Mais en définissant la phénoménalité surorganique ou sociale comme une interaction d'origine biologique, la
phénoménalité organique ou vivante comme une interaction d'origine chimique, et la phénoménalité chimique comme une interaction d'origine physique, le philosophe moniste fait voir ce qu'il
entend au juste par les termes de propriétés naturelles « irréductibles » et de propriétés « complexes ».

(26) Faut-il réfuter la thèse qui, sous prétexte que la réalité ne
comporte que *des* problèmes moraux, comme elle ne comporte
que *des* problèmes physiques et *des* problèmes physiologiques,
dénonce la vanité des efforts tendant à résoudre « le problème
moral », « le problème physique » ou « le problème physiologique »? Cette thèse ne s'offre-t-elle pas comme une puérile pétition
de principe, ne prouve-t-elle pas le vide de l'abstraction en
postulant ce vide? Elle nous dénie gauchement le droit, pourtant
bien modeste, de désigner par un terme unique la somme ou l'ensemble de certains problèmes. Et elle oublie, en outre, que tant
qu'il existera des sciences dites avec raison fondamentales, des
sciences qui décomposent la réalité concrète pour en extraire une
réalité qu'on peut aussi bien qualifier d'élémentaire, ces termes :
le problème moral, le problème de la vie, le problème de l'énergie

physique, signifieront encore le problème le plus général et, par suite, le plus essentiel — à un moment donné — dans chaque ordre correspondant de connaissances.

(27) Citons un exemple. La connaissance morale est arrivée, dans la Grèce antique, à cette première abstraction : « l'homme », la « nature humaine », constante, toujours pareille à elle-même. Mais, précisément par suite du caractère expérimental de l'induction, bornée par les cas observés (et ils ne pouvaient être aussi nombreux et variés que ceux de nos jours), cette abstraction représentait l'homme d'une seule race et d'une seule époque, le Grec, corrigé quelque peu d'après l'expérience des peuples voisins. Aussi, plus tard, le moraliste et le sociologue durent-ils recommencer l'induction grecque en élargissant sa base, en étudiant les autres nations et surtout les peuples sauvages ou barbares, en jetant les bases des disciplines préhistoriques, de la paléontologie sociale, etc. Mais tant que, par suite de causes objectives plus puissantes que leur volonté, les historiens et les psychologues se contentèrent du concept grec, sans le rajeunir par de nouvelles expériences, sans le retremper dans de nouvelles inductions, en le considérant comme un « postulat » de leurs spéculations morales, ils firent de la scolastique, ils restèrent de purs dialecticiens. Obstruées par les idées anthropocentriques, les infatuations nationales, les préjugés de race, etc., la morale et la sociologie ne s'élèvent guère au-dessus du niveau de la psychologie introspective. Or, ce qu'on appelle la méthode introspective — qu'elle s'applique à l'étude de l'individu ou de la collectivité — n'est qu'une induction extraordinairement tronquée et incomplète.

(28) Il ne saurait toutefois jamais s'agir, dans les futures études psychologiques, de remplacer la psychophysiologie par la psychosociologie. Ces deux disciplines doivent demeurer étroitement associées dans la science concrète et déductive. On a prétendu, en ces derniers temps, que biologie, psychologie, sociologie formaient un seul système scientifique aussi vaste que complexe, auquel il ne manquait encore, pour se consolider, qu'une conception d'ensemble analogue à celle du mouvement atomique, par exemple, qui unifie la physique et la chimie. Mais de telles synthèses supposent un long travail analytique préalable; et nier ou abolir ce travail, la connaissance abstraite, pour mettre à sa place la connaissance concrète qui en dérive, c'est s'attendre, après avoir tué les germes de l'organisme, à la croissance, à la floraison de l'être vivant; et c'est, pratiquement, revenir aux débuts de la science, à

ses commencements empiriques, alors que le concret prédominait sur l'abstrait.

(20) Les psychologues se sont longtemps complu en un verbalisme qui aujourd'hui nous semble intolérable. Descartes dérivait toutes les émotions (six passions principales) de l'admiration; Bossuet (douze passions) de l'amour; Spinoza, plus fin observateur, de trois états affectifs fondamentaux : le désir, la joie, la tristesse; et ainsi de suite. De nos jours, Spencer a distingué les sentiments présentatifs (liés à une perception) des représentatifs (liés à une image), et les présentatifs-représentatifs (éveillés par des images évoquées à la suite de perceptions actuelles) d e .e-représentatifs (amenés par des images grâce à d'autres image.); et Wundt, Waitz, Lehmann, d'autres encore, ont divisé avec Her at les états affectifs en sensibles et en intellectuels.

(30) La vieille psychologie soutenue par le bon sens vulgaire, rangeait les parties constituantes du phénomène affectif dans l'ordre suivant : 1° perception; 2° émotion correspondante; 3° expression organique ou corporelle (nous perdons un être aimé, nous sommes tristes, nous pleurons; on nous injurie, nous sommes irrités, nous frappons). Les théories plus récentes (James, Lange, Ribot, Dumas, etc.) transposent ainsi cet ordre sériel : 1° perception; 2° réaction organique; 3° émotion ou enregistrement dans la conscience à la fois de cette réaction et de sa cause (nous perdons un parent, nous versons des larmes, nous sommes tristes; nous rencontrons un ennemi, nous fuyons, nous avons peur; on nous insulte, nous frappons, nous sommes irrités).

(31) Höffding définit la sensation : « une comparaison élémentaire et spontanée ». Consciente, elle est le « constat d'une différence et d'une relation ». Dans la conscience, la conservation et la discrimination des sensations précède la formation de leurs synthèses spontanées, les perceptions. Celles-ci sont ou externes, localisées dans l'espace, ou internes, localisées dans le temps; ou bien elles demeurent non localisées, elles se construisent à l'aide d'éléments arbitrairement réunis (fictions). Les mouvements musculaires suscités par les sensations (qui elles-mêmes ne sont, à vrai dire, qu'une expression, une transformation spécifique du milieu ambiant, chaque fois que ces mouvements rencontrent ou croisent des mouvements ayant une autre origine (résistance, objet), déterminent le caractère objectif des perceptions et des représentations. Ceci a permis à Taine (influencé par certaines vues de

Berkeley et de Stuart Mill) de définir la perception — une hallucination vraie; c'est-à-dire normale, s'imposant à tous les êtres constitués de la même manière, s'étendant à toutes les expériences bio-individuelles, embrassant, par suite, l'expérience de l'espèce qui se résume dans la constitution mentale de chacun des individus qui la composent. Mais cette dernière expérience est encore présociale; elle se transmet d'un exemplaire de l'espèce à l'autre par la seule voie organique (hérédité et atavisme). Elle ne devient sociale (ou socio-individuelle dans chaque membre de la collectivité) que lorsqu'elle réussit à se transmettre par la voie surorganique, par l'instruction, l'éducation, la tradition, etc.

L'extériorisation (ou objectivation) est une tendance caractéristique de l'acte perceptif. Toute image tend à s'extérioriser (confusion initiale du rêve et de la réalité). Mais on peut affirmer la même chose de l'intériorisation (ou « subjectivation ») qui rapporte tout événement perçu à notre moi. On ne doute pas de la réalité du moi, malgré qu'elle suscite les mêmes objections que la réalité du monde. Le moi est le résultat d'une synthèse que certaines espèces animales sont peut-être incapables de faire (conscience impersonnelle) et qui s'évanouit également et disparaît dans certains efforts de la pensée abstraite (vie impersonnelle du savant). Mais la perception externe est plus fondamentale en ce sens qu'elle précède la perception interne. Dans la conscience de tout être, le monde existe avant le moi entièrement formé par le monde (les animaux supérieurs, les tout jeunes enfants, certains sauvages possèdent des notions assez nettes sur les objets qui les environnent et n'ont que des notions fort vagues quant à leur propre personnalité). Höffding explique cette priorité en disant : « Cela tient à ce que l'homme est pratique avant de devenir spéculatif ». Mais l'intériorisation des images est aussi utile, aussi indispensable aux fins de toute activité que leur extériorisation. C'est l'antériorité du monde inorganique par rapport au monde organique qui, se reflétant et se répercutant dans cette manifestation primordiale de la vie, la conscience, lui imprime le sceau de son origine physico-chimique. De même, l'antériorité de la vie organique par rapport à la vie sociale est déjà fortement marquée dans les premières manifestations de celle-ci. Les sociétés inférieures semblent avoir une conscience collective ou objective puissamment développée et une conscience personnelle ou subjective très faible et à peine indiquée.

(32) La psychophysique arrive à expliquer, par la succession ou la coexistence (succession ultrarapide) des sensations et des divers états de conscience, la genèse des représentations de

temps et d'espace; mais le concours de la sociologie est nécessaire au psychologue s'il veut formuler une théorie scientifique
des *concepts* correspondants. Car, pour que les idées abstraites de
temps et d'espace surgissent et s'implantent dans les cerveaux, il
faut qu'un interéchange constant d'images de cette double sorte
se produise, pendant une longue suite de générations, entre les
individus d'une même espèce biologique; et il faut qu'à la suite
de cette interaction, le contenu de leurs diverses consciences se
modifie d'une certaine manière, qu'il en sorte une « connaissance
commune ».

(33) Ou, selon une formule plus stricte qui subordonne la vie
sentimentale à la vie rationnelle, *la science fondamentale de la
Raison*. La logique, la théorie de la connaissance, la méthodologie et la classification générale des sciences, toutes ces analyses spéciales sont confiées aujourd'hui à la philosophie. Mais
ce n'est là qu'un *intérim*. Aussitôt que la sociologie et la psychologie seront devenues des sciences complètement indépendantes
de toute doctrine philosophique, il se formera, au sein de la
première, une discipline spéciale, la logique ou gnoséologie
abstraite, à laquelle correspondra, dans la seconde, une gnoséologie ou logique concrète.

(34) V. *Le Bien et le Mal*, Paris, Alcan 1895, note 1 (p. 205-212).

(35) A vrai dire, le fait historique donne lieu à deux ordres de
connaissances concrètes : la connaissance du fait historique total,
basée sur toutes les sciences abstraites sans exception (physique,
chimie, biologie, sociologie), sorte de vaste « cosmologie » qui
pourrait être l'histoire de l'univers ou de « l'humanité dans la
nature », — étude possible, mais qui n'existe pas et n'existera
peut-être jamais si certains progrès scientifiques ne se réalisent
point; et la connaissance d'une fraction importante de ce fait, de
l'âme humaine, du fait bio-social ou psychologique.
Basé sur les deux sciences abstraites immédiatement voisines,
la biologie et la sociologie, ce dernier savoir n'est pas encore
constitué. On donne aujourd'hui son nom soit à la psychophysiologie, soit à une étude des faits bio-sociaux, qui, cherchant à éliminer, dans cette classe, les causes d'ordre biologique, s'offre
comme un simple acheminement vers la science sociale abstraite.

(36) Aujourd'hui, le psychologue étudie indistinctement les
phénomènes psychophysiques, la sensation, la perception, l'émo-

tion, la représentation, l'image concrète, la mémoire, l'attention, la volition, etc., et les phénomènes psychologiques, l'abstraction, la généralisation, l'idéation, les processus rationnels, le sentiment, la volonté motivée et ainsi de suite. Le vital se confond à ses yeux avec le bio-social; et les quelques vagues indications qu'il nous donne sur l'influence du milieu historique ne suffisent pas à séparer, dans ses analyses, ces deux ordres différents de faits.

(37) Si l'on nous demandait quelle est la cause commune la plus abstraite et la plus générale de l'ichtyosaure préhistorique et du jeune homme que nous voyons déambuler dans Paris (considérés à un même point de vue, comme des organismes), nous répondrions, sans nul doute, c'est la vie et ses lois immuables. Toute la différence entre cet exemple et celui cité dans le texte consiste en ceci, que nous connaissons déjà un certain nombre de lois biologiques et que nous ignorons encore la plupart des lois sociologiques; et voilà pourquoi notre réponse paraîtra satisfaisante dans le premier cas, et fera presque sourire dans le second, où l'on préférera s'en tenir à des analogies plus concrètes. Mais s'il est vrai, dans un certain sens, que sans l'ichtyosaure il n'y aurait pas eu de jeune Parisien, ou que sans le prêtre d'Égypte et la caste sacerdotale il n'y aurait pas eu de philosophe français concevant d'une certaine manière la classification des sciences, ce n'est vraiment pas là un motif suffisant pour faire de l'ichtyosaure la cause ou le prototype du Parisien en l'an de grâce 1908, ni pour voir dans la caste égyptienne la cause ou le prototype de la hiérarchie des sciences universellement acceptée aujourd'hui.

(38) La théorie bio-sociale repousse l'identification du psychologique avec le social. Elle constate l'opposition du plus concret (le psychologique) au plus abstrait (le social), — opposition qui, il ne faut pas l'oublier, n'est que la forme revêtue dans la langue savante par le contraste à la fois fondamental et populaire entre le différent et le même, le multiple et l'un, le particulier et le général. La scolastique — et il y a une scolastique physique, chimique, biologique, sociologique aussi bien qu'une scolastique philosophique — excelle à substituer les unes aux autres, en les distinguant souvent mal à propos, ces notions élémentaires. La scolastique sociale en particulier — qui sévit surtout de nos jours — confond sans cesse le domaine du concret avec celui de l'abstrait, soit qu'elle se plaise à décorer du nom pompeux de sociologie les sociographies variées à quoi se bornent encore ses

plus heureuses tentatives, soit qu'elle continue à traiter la science de l'âme humaine comme une discipline indépendante et autonome, soit enfin qu'elle verse témérairement dans la nouvelle science sociale le contenu entier de l'ancien savoir psychologique.

Certes, nous sommes les premiers à le dire — nous avons peut-être été chronologiquement les premiers à l'affirmer d'une façon précise et non-équivoque, — nos abstractions, nos généralisations, nos procédés logiques, nos méthodes de recherche, et aussi bien nos connaissances, nos philosophies, nos arts, nos pratiques quelconques n'auraient pu ni se former, ni exister en dehors de la causalité, de la détermination sociale, ou sans le concours d'un mode particulier de l'énergie universelle, d'une phénoménalité distincte de la vie organique (quoique issue d'elle), phénoménalité que nous avons essayé de décrire et d'expliquer, par hypothèse, comme une interaction constante, indéfiniment prolongée à travers le temps et l'espace, entre certains faits ou processus de l'ordre vital. Mais cette doctrine qui élève et maintient la sociologie au rang de science fondamentale de la raison humaine, ne nous a jamais induits à effacer la ligne de démarcation qui sépare l'aspect concret (soit psychologique, soit cosmopsychologique ou historique) du phénomène social de sa face abstraite. Le sens exact du rapprochement que notre théorie opère entre le psychologique et le social s'exprime par la double formule suivante : tout phénomène social se réalise *concrètement* — ce qui veut dire, en s'unissant à d'autres phénomènes — en un fait soit psychologique, soit historique; et tout fait psychologique ou historique se réduit *abstraitement* — ce qui veut dire, en s'isolant, en se séparant d'autres phénomènes — à un phénomène social.

(39) *La Sociologie d'après M. de Roberty*, dans *L'Œuvre Nouvelle*, n° d'août 1904, p. 104.

(40) Dans le langage populaire, toujours plus ou moins imagé et équivoque, on emploie souvent l'expression : tirer, faire dériver ou faire sortir le simple du composé ; ce qui signifie autant que réduire le composé à ses éléments constitutifs, ou encore isoler dans le phénomène concret ses éléments abstraits.

(41) Remplacer l'entité grossièrement empirique des spiritualistes (l'âme) par une notion encore nécessairement entachée de verbalisme, mais déjà beaucoup plus générale et abstraite : la socialité conçue comme une modalité nouvelle de l'énergie mon-

diale, n'est pas, pour la raison et le savoir, un résultat à dédaigner. La « socialité » se range ainsi à côté des abstractions semi-verbales admises et tolérées par toutes nos sciences, à côté de la vie ou sensibilité, à côté du mouvement intermoléculaire (union de molécules en proportions définies qui produit, du moins organoleptiquement, pour nos sens, une substance, un corps, une espèce de matière), à côté du mouvement conçu d'une façon plus générale et plus abstraite encore.

Qu'est-ce que le social, le surorganique ? Autant demander qu'est-ce que le mécanique, sous ses deux grandes faces, ou qu'est-ce que l'organique, la sensibilité adaptant l'organe à sa fonction, la conscience engendrant l'habitude et aboutissant à l'automatisme ? De tels problèmes ne se peuvent résoudre *prima facie* qu'à l'aide d'hypothèses. Et quelle que soit la valeur — ou le peu de valeur — de notre hypothèse sociologique, elle sert à distinguer le surorganique de l'organique, la raison ou connaissance de la sensibilité ou conscience, la finalité sociale, d'abord inventive ou rationnelle et ensuite imitative ou traditionnelle, de l'adaptation vitale, d'abord consciente et puis automatique. Elle sert aussi à constater que les phénomènes concrets, dans un cas (les faits vitaux), sont plus simples, et, dans l'autre (les faits psychologiques et les faits historiques) — plus complexes ; car une « interaction » se manifestant entre certains phénomènes est déjà autre chose que ces phénomènes, et ajouter la première aux seconds répond fort bien à l'idée de complexité croissante du même.

Notre hypothèse est-elle conforme aux faits ? Voilà tout ce qu'on peut exiger d'elle pour lui donner aujourd'hui une place dans la science. Ces autres questions : est-elle intelligible, n'admet-elle pas une énergie occulte, un x mystérieux, etc., n'ont pas la force d'objections suffisantes pour la faire rejeter. L'attraction de Newton a longtemps soulevé et soulève encore des reproches plus graves et mieux fondés. D'ailleurs, soyons justes et avouons que ce qui ne se conçoit pas dans le phénomène vital concret, par exemple, c'est bien moins le phénomène mécanique (physico-chimique) que le phénomène sensible ou conscientiel. Aussi quand nous faisons de la sensibilité une « interaction physico-chimique », quand nous définissons le « sensible « comme de « l'intermécanique », nous rendons cette composante du phénomène concret un peu plus intelligible qu'elle ne l'était auparavant. De même, ce qui ne se conçoit pas dans le fait psychologique ou historique, c'est bien moins le sensible ou le conscient, que le rationnel, le logique et le téléologique, le fait de connaître et d'appliquer ses connaissances. Aussi, quand nous définissons cette dernière composante du fait psychologique ou historique comme de « l'interorganique » ou de

« l'interpsychophysique » (expérience collective), nous la rendons
plus intelligible, sans toutefois la ramener totalement au sensible
ou conscient. Dans cette vue, la sociologie est à la biologie ce que
celle-ci est à la chimie et ce que la chimie est à la physique. La
chimie abstraite tend déjà à être comprise comme une partie de
la physique. La sociologie se concevra-t-elle un jour comme une
partie de la biologie? La « socialisation » pourra-t-elle être considérée comme un mode particulier et plus complexe de « l'organisation »? Ce sont là des conjectures dont la vérification n'est
guère possible avant une analyse approfondie des faits correspondants. Et une telle analyse ne saurait être féconde que si elle
sépare rigoureusement ces divers ordres de phénomènes. En
physique, ou n'a atteint les abstractions dernières qu'à force
d'isoler et d'étudier séparément les phénomènes de cohésion, de
pesanteur, de calorique, de lumière, etc.; de même, si la chimie
se rattache jamais à la physique générale comme l'une de ses
parties, ce sera parce qu'on l'aura longtemps traitée comme une
science distincte et autonome.

Les termes de « chimicité », de « vie », de « socialité » (et
pourquoi pas celui de « mouvement ») font-ils involontairement
penser, comme on le dit d'une façon ironique, à celui de « dormicité », cause des vertus somnifères de l'opium? Selon nous, il y a
une certaine naïveté — conséquence de l'irréflexion ignorante
toujours prête à bafouer ce qu'elle ne comprend pas — à le prétendre aussi bien qu'à le nier. Comme tant d'autres idées d'abord
consacrées et vénérables, comme les concepts théologiques, par
exemple, de telles notions nous semblent creuses et ridicules dès
que notre savoir nous découvre, dans les phénomènes observés,
des séries nouvelles de causes et d'effets. Ces séries, toujours de
plus en plus abstraites et générales (progrès scientifique, découverte des lois qui gouvernent les faits) remplacent les séries très
particulières et foncièrement concrètes de l'empirisme initial.
La « dormicité » nous frappe comme une idée absurde parce qu'il
s'agit à nos yeux d'un phénomène particulier et concret depuis
longtemps ramené à des causes très générales et très abstraites
(phénoménalité bio-chimique). Mais, à part cela, cette idée n'est ni
plus sotte ni plus ridicule que celle de « divinité » par exemple.
Dans les deux cas, il y a aveu implicite d'ignorance, aggravé dans
le second par le postulat que la cause inconnue (de l'ensemble des
phénomènes) restera à jamais inconnaissable.

(42) Notons en passant l'étrange supposition d'un critique qui
croit que nous distinguons ces trois choses : la socialité, le phénomène surorganique et l'interaction mentale (psychophysique

et psychologique). Cet auteur nous prête — gratuitement, cela va sans dire — l'affirmation suivante : la socialité est la cause hypothétique du phénomène surorganique, lequel se manifeste par l'interaction psychologique ! !

(43) Le Dr Jankelewitch, dans la *Revue de Synthèse historique*, août 1904, p. 110 et suiv.

(44) C'est la phase à laquelle s'arrêtent les sociétés animales, — phase qui suffit également à expliquer les phénomènes de sociabilité qui unissent l'animal à l'homme et presque tous les faits auxquels nous donnons, par une juste analogie, le nom de « psychologie des bêtes ».

(45) Sans phénomènes cérébraux, d'abord psychophysiques et ensuite psychologiques, il n'y a pas et il ne saurait y avoir d'interaction entre ces phénomènes. Mais en quel sens peut-on dire que la cause de l'interaction gît tout entière dans ces manifestations ou ces divers états psychiques? Ceux qui ont tant soit peu réfléchi sur la nature du savoir et sur les méthodes de la science n'auront aucune difficulté à répondre à cette question. Oui, le phénomène cérébral se produisant dans un cerveau donné possède la propriété — latente sans doute dans tout le règne animal et s'actualisant en présence de certaines conditions, réalisées par cette portion de l'animalité qui porte le nom d'humanité, — la propriété de se modifier au contact de phénomènes cérébraux se produisant en d'autres cerveaux. Et le phénomène, modifié une première fois, conserve ou manifeste, dans les mêmes conditions, la même propriété, il se modifie encore et encore (progrès indéfini). Au phénomène modifié une première, une seconde, une troisième fois, il n'importe, et toujours concret (s'offrant comme un état particulier de la matière cérébrale), nous donnons le nom de phénomène psychologique et nous le distinguons de ce qu'il était originellement, avant sa modification, et c'est à la cause modificatrice seule — à ce que nous appelons l'interaction des consciences — que nous réservons le nom de phénomène social. Les psychosociologues ignorent cette distinction. Pour eux ou du moins pour ceux d'entre eux qui acceptent en partie notre théorie bio-sociale, le phénomène psychologique offre deux états : l'un, où il reste confiné dans un seul cerveau, et l'autre où il se communique à beaucoup d'esprits. Le phénomène psychologique posséderait ainsi une face individuelle et une face sociale; et la première serait la cause non seulement « matérielle », mais « efficiente » de la seconde.

(46) *Revue Philosophique*, dirigée par Th. Ribot, janvier 1905 :
G. Richard, *Le Conflit de la Sociologie et de la Morale philosophique.*
« La sociologie de M. de Roberty, écrit M. Richard, ne peut être
séparée de sa philosophie et celle-ci est en opposition absolue avec
le relativisme critique. M. de Roberty consacre le troisième livre
de son ouvrage (*Nouveau Programme de Sociologie*) à nous démontrer la solidarité de l'hyperpositivisme et de la sociologie dont il a
si hardiment tracé le programme. »

(47) V. à ce sujet mon livre sur *Frédéric Nietzsche*, troisième
partie, chap. VII : *Le procès de l'individualisme.*

(48) V. *Frédéric Nietzsche*, Paris, Alcan, 1902, p. 153.

(49) V. *Revue Philosophique*, n° 1 (janvier 1905) : G. Richard, *Le
Conflit de la Sociologie et de la Morale philosophique*, p. 73-79. —
La connaissance historique, toujours fortement empreinte d'empirisme, comprend aussi bien les faits que les jugements de valeur
portés sur ces faits par les contemporains ou la postérité. Et les
jugements de valeur sont eux-mêmes des faits, — subjectifs pour
ceux qui les forment, objectifs pour ceux qui les étudient et les
analysent comme tout autre événement social.

(50) *L'Œuvre Nouvelle*, n° du 15 août 1904, article cité plus haut
et intitulé : *La Sociologie d'après M. de Roberty.*

(51) *La Revue des Idées*, n° du 15 juin 1904, p. 476. — Si l'on
admettait le raisonnement de mon contradicteur, on ne pourrait
plus s'aventurer à affirmer, par exemple, que le frottement d'une
allumette contre la paroi de sa boîte est un moyen de lui faire
prendre feu, — et cela de crainte qu'on ne vous reproche « de
poser le rapport de moyen à but dans la pensée — inexistante —
de l'allumette » !

(52) *L'Œuvre Nouvelle*, article cité, p. 200-201.

(53) *Revue de Synthèse historique*, avril 1904; article cité, p. 111.

(54) *Ibidem*, p. 112.

(55) Jean Jaurès dans un article de *l'Humanité* (20 juin 1904) intitulé : *La Pensée et l'Action*. M. Jaurès ajoute encore, et nos lecteurs

sont déjà en mesure de donner un sens très précis à son affirmation : « Toute théorie sociale qui ne jaillit pas de l'action et qui
n'aboutit pas à l'action n'est qu'une scolastique fastidieuse et
vaine ».

(56) V. la brochure suggestive intitulée : *Marxisme et Idéalisme*,
du professeur Gredescul, le sympathique vice-président de la
première Douma. Charkow, 1905 (en russe).

(57) Pour être justes, ajoutons que si on la restreint à l'ordre
spéculatif, la classification marxiste se révèle comme reflétant la
séquence nécessaire et historiquement constatée des faits. Les connaissances physiques, chimiques et biologiques s'augmentent, s'ap-
profondissent et atteignent une maturité relative avant les connaissances sociologiques. Or, ce sont précisément les premières qui
assurent la satisfaction des besoins physiologiques et, en général,
des besoins « matériels » de l'homme et qui permettent à ce qu'on
appelle son « économie » — domestique ou politique — de se
fortifier et de fleurir. Cette vérité partielle met d'accord, on le voit,
Marx avec Auguste Comte. Mais loin de démontrer la subordination de l'ordre spéculatif à l'ordre pratique, elle tend, au contraire,
à exclure une telle hypothèse ; et elle explique comment l'illusion
où tomba Marx a pu naître dans son esprit.

D'autre part, le développement tardif du savoir social ne l'a
jamais empêché, à chaque époque, d'avoir sa place marquée à
côté des sciences de la nature. Seulement, son empirisme grossier
le rendait moins apte à produire une action féconde, une pratique
utile. Celle-ci restait le plus souvent vaine ou se manifestait par une
conduite que nous qualifions sévèrement aujourd'hui, que nous
jugeons blâmable ou nuisible. En outre, c'est toujours la somme
totale de nos connaissances, quel que soit leur état d'imperfection,
qui engendre la philosophie corrélative (théologie, métaphysique,
etc.) et, sous l'influence directe de celle-ci, l'art correspondant.
Or, toute activité sociale, même celle qui se borne à poursuivre des
satisfactions d'ordre purement physiologique, porte nécessairement
l'empreinte de ces deux états mentaux intermédiaires entre la connaissance et l'action (rappelons les prescriptions religieuses
réglant les moindres détails de la vie matérielle, ou encore le
rôle de la « parure » dans les fonctions sexuelles, etc.).

On a affirmé, dans le même ordre d'idées, que la science n'était
pour rien dans les « préférences » des savants, et que ce furent,
au contraire, leurs préférences qui toujours marquèrent le but de
leurs travaux et qui, par contre-coup, firent naître la science !

« C'est, dit à ce propos l'auteur d'un article récent dans la *Revue
Philosophique* (n° 1, 1907 : *Le Normal et le Pathologique en Sociologie*),
parce que la jouissance ou l'absence de douleur sont préférées à
la souffrance qu'on voit des hommes s'efforcer de combattre la
souffrance. C'est parce que la vie est préférée à la mort que des
praticiens étudient les moyens de préserver la vie et d'éloigner la
mort. Et c'est lorsque ces études intéressées se développent,
s'étendent, qu'apparaît la distinction de la science et de l'art. »
Il est incontestable que la recherche scientifique précède la science
faite (et toujours à refaire). Mais quand comprendra-t-on que
l'activité qui cherche la connaissance et l'action qui l'applique
forment deux phases essentiellement distinctes de l'évolution
sociale! Il peut être également vrai que toutes nos idées scientifiques sont des expressions abstraites de désirs antérieurs au savoir,
et que toutes ont pour but la satisfaction de ces désirs. Mais n'est-
ce pas là précisément ce qu'implique la thèse qui fait de l'idée
le mobile de l'acte?

(58) Le grand savant, le grand philosophe, le grand artiste
analysent, synthétisent, induisent, déduisent, supposent, vérifient,
affirment, démontrent logiquement ou en usant de symboles (de cas
choisis et typiques); et, en somme, ils éliminent ou abstraient, ils
identifient ou généralisent, — en opérant sur la nature et l'humanité tout entières. Ils sont, dans ce sens, les représentants, les
héraults, les porte-paroles de l'Univers.

Le grand homme d'action, qu'il soit chef d'industrie, ministre,
grand politique, grand capitaine, orateur, journaliste, etc., met
en œuvre les mêmes méthodes; mais si on y réfléchit bien, on ne
tarde pas à s'apercevoir qu'il opère presque exclusivement sur les
opinions des hommes. Ce sont ces opinions — c'est-à-dire les connaissances, les ignorances, les préjugés, les croyances, les convictions, les goûts, les préférences qui prévalent dans une société
donnée — qu'il analyse, dont il tire des inductions, qu'il cherche
à concilier, à synthétiser, dont il abstrait les parties identiques
(principes pratiques), qu'il ne fait ensuite que répandre, qu'il
s'efforce d'imposer. Les grands hommes d'action sont, en ce sens,
les représentants, les héraults, les porte-paroles d'une portion des
plus restreintes de l'Univers : les agglomérations ou sociétés
humaines, les foules dans le sens large du mot.

(59) Un savant russe (dont les ouvrages se publient d'habitude
en allemand et qui est un esprit des plus distingués), M. L. Pétragitsky, professeur à l'Université de Saint-Pétersbourg, a émis

récemmment une théorie sur les causes profondes de toute action ou conduite qu'on pourrait appeler la théorie de la *motivation émotionnelle*. Selon lui, c'est l'émotion, un état conscientiel à la fois passif et actif, distinct et indépendant de la connaissance, de l'idéation, de la volonté, qui serait la source de tout acte, l'élément ultime auquel se ramène la conduite de l'individu. M. Pétragitsky ne dististingue pas entre l'individu biologique et l'individu social. Je n'éprouve par suite aucun désir — car je n'en vois pas la nécessité — de critiquer ses idées. Elles peuvent être justes — les physiologistes sont seuls compétents en cette matière — en ce qui concerne l'action ou la conduite *psychophysique* commune aux hommes et aux animaux. Mais elles me paraissent une erreur, un biologisme manifeste, si l'on veut s'en servir pour expliquer non seulement l'aspect abstrait ou purement social (rationnel et, respectivement, irrationnel) de l'action humaine, mais même son aspect plus concret ou bio-social, psychologique ; car ici, l'explication, pour être complète, doit faire intervenir les deux facteurs simultanément, le facteur biologique (la conscience remplie par « l'émotion » de M. Pétragitsky) et le facteur social (la connaissance déterminant la volonté toujours finaliste). Sans doute, la connaissance est intimement associée à la conscience, son substratum physiologique ; mais elle n'en subsiste pas moins, et nier sa réalité, c'est faire comme celui qui, dans un ouvrage imprimé, ne verrait, sous prétexte d'objectivisme, que du papier et de l'encre typographique. — Par le fait, M. Pétragitsky a recours, dans ses descriptions détaillées des phénomènes sociaux (économiques, juridiques, politiques, etc.), à tous les facteurs d'abord rejetés par lui comme une superfétation inutile ; et c'est ce qui nous frappe le plus dans son intéressante étude intitulée : *Des motifs de la conduite humaine et plus particulièrement des motifs éthiques et de leurs diverses espèces* (Saint-Pétersbourg, 1904, en langue russe).

(60) Qu'est-ce que la longue survivance des religions? C'est la survivance du sentiment religieux beaucoup plus que celle de l'idée religieuse. Ou qu'est-ce que la perpétuité de certains rites dont on ne possède plus le sens ni même les motifs sentimentaux? C'est la survivance de l'acte à la fois au sentiment et à la connaissance.

(61) Cette différenciation est à peine accusée au début de la culture intellectuelle, ce qui permet de caractériser ce début comme une confusion des quatre grands modes de la pensée. En

outre, cette différenciation ne doit jamais s'entendre en un sens absolu, car le plus ignorant des membres d'un groupe participe déjà à l'ensemble du mouvement social.

(62) Cette manière de procéder aime à se parer des attributs extérieurs de la méthode positive ou expérimentale. Les conservateurs et les réactionnaires en matière sociale, qui pullulent dans tous les partis, même les plus avancés, nous demandent souvent si nous nous refusons à « tenir compte des faits ». Dans un de ses meilleurs articles, Clémenceau leur fit un jour cette réponse congrue : « Non certes, mais si l'idée n'avait jamais changé le fait, nous serions encore dans la caverne de nos ancêtres ».

(63) La connaissance est essentiellement une *analyse*, mot grec qui se traduit en latin par celui de *resolutio*. Or c'est par le même terme que l'actif génie latin désigne la volonté consciente qui précède immédiatement l'action. La Rome de la *ratio scripta* (et de la conquête du monde par-dessus le marché) semble ainsi avoir fortement senti les liens étroits de causalité qui unissent l'acte à la connaissance.

(64) Certes, nous savons tous que le sociologue avisé qui contribua le plus, après les théories de Jhering sur le droit, à lancer l'idée de contrainte dans la circulation savante, lui donna une ampleur, une étendue assez vaste pour embrasser là connaissance elle-même comme une espèce particulière de contrainte. Mais c'est précisément ce qu'on doit le plus reprocher à cette thèse. Ainsi que nous avons déjà eu l'occasion de le remarquer (dans notre ouvrage sur la *Constitution de l'Ethique*), elle dénature le sens strict du mot « contrainte » dont elle fait le synonyme de nécessité, de déterminisme en général. Autant vaudrait simplement dire que tous les phénomènes sociaux sont nécessairement ce qu'ils sont. Cela ne suffit pas, en vérité, et nous demandons qu'on distingue la nécessité sociale de toutes les autres. Je crois qu'en caractérisant la contrainte comme une connaissance, nous indiquons assez en quoi le déterminisme social diffère des autres déterminismes naturels.

(65) Une objection facile consiste à dire qu'en sociologie, contrairement à ce qui a lieu dans les sciences de la nature, ce n'est pas le savant, mais le politique, le législateur, en un mot, l'homme d'action qui, seul, peut tenter, organiser, sinon mener à bien des expériences. En est-on bien sûr? Croit-on vraiment que l'homme d'action peut ici se passer — ou se passe en réalité — de l'aide

efficace du savant? Les hommes d'action ne se montrent-ils pas presque toujours les esclaves dociles des idées, des préjugés, des croyances, des goûts, des sentiments collectifs qui dominent leur époque? Et quelle est donc l'origine de tous ces mobiles, si puissants que personne, en définitive, n'y résiste? En vérité, parce que, dans certaines sciences, les phénomènes beaucoup plus simples (et évoluant, dans les détails, sinon dans l'ensemble, plus rapidement) permettent au théoricien d'assumer un rôle actif, tolèrent que le savant soit « son propre garçon de laboratoire », et que dans d'autres sciences, les phénomènes infiniment plus complexes exigent une division du travail plus prononcée et surtout plus rigoureuse, — faut-il conclure, en dépit de nos belles maximes sur la continuité et l'unité des choses, qu'un abîme infranchissable sépare ces deux sortes de connaissances? Il faut se défier des concepts abstraits légués par le passé, parce qu'il faut se défier de l'expérience du passé que ces concepts représentent, dont ils sont l'expression abrégée et commode. La thèse qui refuse à la sociologie le caractère d'une science expérimentale est entièrement due à une telle expérience; cette thèse aujourd'hui n'est qu'un préjugé.

Encore une remarque. Pour arriver à la connaissance du véritable régime politique ou économique qui leur convient, les larges collectivités humaines ne reculent pas toujours devant des expériences remplies de dangers et terriblement coûteuses. L'expérimentateur isolé qui expose sa vie, l'inventeur qui se ruine en recherches, ne sont pas plus téméraires. Parmi ces expériences collectives, les unes — tel le drame grandiose de la Révolution française — sont des expériences de découverte, les autres — telle la sombre et lamentable tragédie de la récente Crise russe — sont plutôt des expériences de vérification (de la généralité de certains principes qui forment la base de la civilisation européenne). Au cours de l'expérience, à certain moments, d'ailleurs assez rares, c'est la masse entière du peuple qui tient le rôle de l'expérimentateur; et à d'autres, beaucoup plus nombreux ou fréquents, ce sont des minorités, des élites plus ou moins puissantes ou faibles (partis politiques, classes sociales, etc.). Les masses populaires profondes se comportent alors comme des forces naturelles tantôt alliées et tantôt hostiles; et malheur à l'élite, à la minorité, au parti politique qui se trompe grossièrement sur la psychologie intime des grands troupeaux humains, qui ne prévoit pas, qui n'escompte pas d'avance les brusques sautes de la faveur ou de la colère des foules.

(66) Les vues exposées dans ce chapitre donnent une importance

et une signification particulières au problème de la classification
des sciences, problème qui n'est pas philosophique, ainsi qu'on l'a
souvent dit, mais exclusivement sociologique. Si ces vues sont
justes et exactes, les lois qui gouvernent l'évolution de cette cause
primordiale des faits sociaux, la connaissance, trouveront leur
contre-partie dans les lois qui régissent l'activité ou la conduite
des hommes vivant en société; et le classement hiérarchique des
connaissances conforme à l'ordre réel de leur développement
offrira une base sûre où établir le classement, la hiérarchie de
tous les faits sociaux ou historiques sans exception.

Précédée par la classification d'Ampère dont voici le schéma :

<table>
<tr><td>Cosmologie</td><td>Noologie</td></tr>
<tr><td>1. Sciences de la matière inorganique,</td><td>1. Sciences de la pensée individuelle,</td></tr>
<tr><td>2. Sciences de la matière organique,</td><td>2. Sciences sociales,</td></tr>
</table>

la classification de Comte, fondée sur le principe de la généralité
décroissante et de la complexité croissante des phénomènes
étudiés par l'esprit humain dans les diverses sciences, tient
aujourd'hui le haut du pavé; elle est universellement admise, elle
est justement admirée.

Cette hiérarchie se présente sans conteste comme l'une des plus
belles conquêtes de la raison au XIXe siècle. Mais loin de clore
définitivement l'ère des découvertes possibles dans cette direction, elle ouvre à cet égard une nouvelle période, elle constitue le
terrain propice où germeront des efforts plus intenses et fructueux. Elle n'est pas invulnérable, elle a son talon d'Achille. Ses
principaux défauts sont au nombre de deux : 1° elle ne possède
pas une théorie compréhensive des sciences abstraites et des
sciences concrètes, elle distingue ces deux espèces de connaissances de la façon la plus empirique et la plus superficielle; et
2° elle fait de larges concessions au principe pluraliste de l'irréductibilité foncière des propriétés naturelles, elle est encore
imprégnée de l'esprit religieux ou agnostique, elle ne tient pas
suffisamment compte de l'unité fondamentale de l'univers et de
la connaissance de l'univers.

Par suite, et à titre d'essai et de simple amendement, nous
apportons à la classification de Comte les modifications suivantes.

Les connaissances humaines se répartissent en trois groupes
distincts : 1° les sciences abstraites; 2° les sciences concrètes;
3° les technologies qui correspondent au premier groupe et

surtout au second. Laissant de côté le troisième groupe qui ne soulève aucune difficulté, occupons-nous des deux autres.

A. *Les sciences abstraites*. Ce groupe comprend, non pas six, comme le voulait Comte, mais seulement quatre sciences fondamentales, qui sont la physique, la chimie, la biologie et la sociologie. Disons quelques mots de chacune d'elles.

1. La *physique* embrasse également les mathématiques. En effet, il est temps de remplacer, dans la division du savoir, le critère de l'importance et du haut degré de développement d'une étude par un principe plus rationnel. Les abstractions de matière et de mouvement, qui remplissent et dominent la physique, sont de simples fonctions, au sens mathématique du mot, du concept de quantité. Une matière indivisible et, par suite, inétendue, n'occupant ni le temps ni l'espace, est la négation pure de la matière, une contradiction *in adjecto*; et un mouvement qui déplacerait autre chose que de la matière, serait la négation du mouvement. Les mathématiques et la physique forment, à ce point de vue, un seul domaine scientifique, le vrai point de départ de cette continuité conventionnellement discontinue de phénomènes et de connaissances qu'on appelle la série, croissante en complexité et décroissante en généralité, des sciences abstraites.

2. La *chimie* se définit d'habitude : la science qui étudie la constitution des corps, des agrégats concrets répandus partout dans la nature. Définition inexacte ou insignifiante. La constitution la plus intime des agrégats concrets est leur constitution physique (quantitative et mécanique). En outre, le concept de quantité, appliqué au concept dérivé de matière, engendrant la notion d'une infinité de parties homogènes (molécules ou atomes), la physique elle-même se peut concevoir comme l'étude analytique ou abstraite de l'énergie *intra-moléculaire* appelée mouvement. C'est dans la molécule ou l'atome, cette division logiquement nécessaire de la matière, dans chaque molécule ou chaque atome indistinctement, que se déploie l'énergie dite physique.

Mais répartie en autant de centres de force qu'il peut y avoir de molécules ou d'atomes (concept de l'infini), l'énergie primordiale se complique par là, que ces centres influent ou agissent les uns sur les autres. Une telle interaction suffit à faire surgir un nouveau mode d'existence ou de force, à développer l'énergie *intermoléculaire* (ou interatomique), — l'objet exclusif de la chimie en tant que science abstraite. La chimie se pourrait donc définir : la science de l'interaction des centres d'énergie physique, interaction qui a pour conséquence aussi bien la formation première des corps dits simples, que toutes leurs associations et leurs dissociations (atomiques et en proportions définies) ultérieures.

3. La *biologie* étudie une nouvelle complication de l'énergie mondiale. Ainsi que nous l'avons vu, les centres d'énergie physique, agissant ou influant comme tels les uns sur les autres, déterminent la formation de ce qu'on pourrait appeler des centres d'énergie chimique (substances et propriétés chimiques). Or, ces nouveaux centres subissent, à leur tour, la même loi universelle d'évolution. C'est à leur interaction, qui reste virtuelle ou latente dans la plupart des cas, qui ne s'actualise qu'à l'égard d'un nombre restreint de substances et de combinaisons chimiques, qu'est due la vie, l'apparition de ce qu'on pourrait appeler des centres d'énergie biologique (éléments, cellules, tissus vivants et leurs propriétés). La biologie est la science de l'interaction chimique qui atteint son point culminant avec la phénoménalité cérébrale ou psychophysique.

4. La *sociologie* clôt la série des sciences abstraites. Les centres d'énergie biologique ayant parcouru leur cycle évolutif spécial, étant devenus des centres d'énergie cérébrale ou psychophysique, influent, agissent les uns sur les autres, et produisent ainsi le phénomène de l'interaction mentale, de la socialité, de l'expérience collective ou inter-individuelle venant élargir et approfondir, corriger et, en fin de compte, remplacer (phénomène de survie sociale) l'expérience bio-individuelle ou intra-subjective. La sociologie est la science de l'interaction psychophysique qui, au fur et à mesure de son intime union avec l'interaction chimique (ou énergie vitale), engendre le phénomène psychologique et se transmue en interaction psychologique. Celle-ci, enfin, détermine l'apparition d'un vaste ensemble de faits nouveaux : la culture des forces de l'esprit ou la civilisation.

B. — Passons au groupe des *sciences concrètes*. Nous avons trop souvent dit ce que nous entendions par ce terme, nous avons trop souvent défini la science concrète « un faisceau — d'ampleur diverse — de connaissances abstraites », pour revenir encore une fois sur ce sujet. Bornons-nous donc à brièvement indiquer, à titre d'exemple, quelques combinaisons de connaissances abstraites qui semblent pouvoir être considérées, sinon comme de véritables sciences concrètes, — la plupart de ces études n'ayant pas dépassé aujourd'hui la phase descriptive, — du moins comme des matériaux qui serviront à l'établissement futur de telles sciences. Ce sont, pour la physique alliée à la chimie : la cosmographie et la cosmologie, la géographie et la géologie, l'astronomie, la météorologie, la cristallographie, etc.; pour la chimie alliée à la biologie : la paléontologie, la botanique et la zoologie, l'anthropologie, etc.; enfin, pour la biologie alliée à la sociologie : la psychologie, l'ethnologie, l'histoire particulière des peuples, des États, etc.

(67) Chez son théoricien le plus récent, le professeur Windelband, de Heidelberg, cette conception prend la forme de la définition suivante : « La philosophie est la connaissance critique des valeurs universelles ». Cet auteur veut que ce soit la philosophie qui juge les choses en dernier ressort : elle a pour objet des « Beurtheilungen », tandis que les sciences proprement dites nous donnent des « Urtheile ».

(68) Voici, tracé par un publiciste de talent, un parallèle suggestif des deux siècles auxquels les hommes mûrs de notre époque appartiennent également : « Le XIX⁰ siècle, dit M. Hanoteaux, fut un grand remueur d'idées ; son esprit et son âme étaient essentiellement romantiques ; il a déchaîné les mots et les métaphores. Mais le poids du passé le retenait encore. Ses révolutions furent violentes et courtes, suivies de réactions brutales. Il agita plus qu'il ne fonda. Si les révolutions du XX⁰ siècle accomplissent l'orbe qu'elles commencent à dessiner, elles seraient autrement réalistes et efficaces. Elles frapperaient l'arbre à la racine. Ce sont les principes qui sont discutés maintenant... Rien ne subsistera qui ne pourra soutenir la rigueur de l'implacable examen. *Deux doigts de bon sens enfoncent toutes les philosophies.* Montaigne disait : « Les trognes ne nous effraient plus »; il forgeait ainsi l'instrument des investigations futures : l'irrespect. »

Ce n'est assurément ni l'esprit critique s'attaquant aux principes, ni l'irrespect portant la hache à la racine de l'arbre qui firent défaut aux grands iconoclastes, aux audacieux négateurs des trois siècles écoulés depuis la Renaissance. Ce qui confina l'action sociale de cette mémorable période en des bornes que nous jugeons aujourd'hui étroites, ce qui parsema la voie du progrès de sérieux obstacles, ce qui creusa une sorte de chiasme entre la théorie acceptée par quelques-uns et la pratique ou la conduite effective de tous, ce fut la solitude, l'isolement — hélas! trop splendide — de ces quelques-uns, ce fut l'indifférence et quelquefois le mépris et la haine des foules pour les novateurs, ce fut l'indicible ignorance et l'avilissement des masses. Le bétail humain restait fidèle à ses bergers et à ses chiens de garde dont le bon sens — et ils en possédaient juste pour deux doigts — fonçait sur toutes les philosophies, s'il ne les démolissait pas toutes, *ad majorem gloriam* de la seule conception d'ensemble dont pouvait s'accommoder la barbarie ambiante. Si le XX⁰ siècle réalise le quart de ce que lui prédit ou lui souhaite l'auteur cité, il le devra au *désencrassement* préalable de l'intelligence populaire, à un nettoyage à fond qui, enlevant les scories de la morale pratique inspirée par le dogme religieux, laissera la place nette à une technologie de l'action inspirée par une philosophie conforme aux remarquables progrès accomplis dans toutes les branches du savoir. *In hoc signo vinces.*

(69) Les sciences cherchent, trouvent, choisissent, façonnent les matériaux qui serviront à construire l'édifice philosophique, une conception générale du monde. Ce devoir de la recherche, ce droit au choix après essai est ce qui constitue le caractère hypothétique de la pensée savante. La tâche du philosophe est autre. Elle s'assimile à celle de l'architecte qui aurait devant lui une quantité limitée de pièces de construction qu'il ne pourrait ni augmenter à volonté ni remplacer par des pièces d'une qualité supérieure. Le philosophe est placé devant ce dilemme : s'il n'emploie que les matériaux parfaits, il élevera une très petite partie de l'édifice (ainsi que l'a fait Auguste Comte); et s'il utilise tout ce que lui fournissent, à un moment donné, les sciences, il achèvera son œuvre, il pourra même le faire d'une façon irréprochable au point de vue des règles de l'art (dans l'espèce, l'art logique); mais la construction sera, selon la nature de la matière employée, plus ou moins solide ou fragile. Le vrai philosophe n'hésitera pas : il choisira résolûment la seconde alternative. Et je prétends qu'il sera justifié par les données ou conditions de son problème. Cette nécessité d'user de tous les matériaux fournis par la science, cette impossibilité d'en trouver d'autres, cette absence de choix où s'accuse la vanité profonde des hypothèses universelles, voilà ce qui constitue l'apodictisme inévitable de la pensée synthétique.

Une autre comparaison fera peut-être encore mieux saisir le sens que nous attachons aux termes d'hypothétisme et d'apodictisme. L'enquête sur un fait quelconque et le jugement porté sur sa valeur générale sont, comme chacun sait, deux choses dissemblables et qu'il y a un intérêt de premier ordre à tenir rigoureusement séparées. L'enquête qui remplit une tâche analytique, qui fait des suppositions sur chaque détail et les vérifie, a toujours pour règle suprême le doute. Le jugement qui se fonde sur les résultats acquis par l'enquête, le verdict prononcé en dernier lieu est, au contraire, une œuvre de synthèse d'où toute nouvelle supposition n'ayant pas été l'objet d'une recherche et d'une vérification préalables, doit être sévèrement bannie. Et l'on convient volontiers qu'il serait monstrueux — du moins dans les cas graves — de confler ces deux fonctions disparates au même juge. Or, comme la justice dans les pays barbares, c'est dans cette situation — de juge et de partie à la fois — que se sont toujours trouvées les deux grandes formes de la philosophie hypothétique : les théologies et les systèmes métaphysiques.

La philosophie telle que nous la concevons — la synthèse apodictique — évite avec soin cette erreur. Elle fonde logiquement sa solution du problème synthétique, sa conception unitaire du monde sur les données qui lui sont fournies par la recherche confiée à la science (hypothèses dont les unes, déjà vérifiées, revêtent la dignité de lois universellement admises, et les autres, aux titres encore discutés, aspirent à ce rang). Certes, le cas peut se présenter, il est même fréquent, où l'instruction a été mal conduite, hâtivement établie; si, néanmoins, le verdict est prononcé (et les nécessités pratiques de la vie jouent ce tour aux juges des tribunaux aussi bien qu'aux philosophes), la solution obtenue (tels le monisme transcendant ou le dualisme puéril qui ont fait rage pendant de longs siècles) demeure entachée des plus graves défauts. Que si, au contraire, on se sent accablé par les lacunes et l'insuffisance de la recherche au point de suspendre son jugement, on offre le triste spectacle qu'il nous fut donné de contempler durant une bonne partie du siècle passé : le spectacle d'une époque satisfaite d'une demi-philosophie comme le positivisme. Voilà, en somme, ce que nous avons voulu dire en défendant — dans tant de livres divers — la thèse de l'apodictisme philosophique.

Les partisans de la vue qui donne pour office propre à la philosophie « d'expliquer ce que la science laisse inexpliqué », prolongent, font durer jusqu'à nos jours un état mental caractéristique de la première enfance des sociétés.

La différenciation des divers modes de la pensée sociale fut nécessairement précédée par leur confusion, ou, selon la terminologie spencérienne, par leur homogénéité diffuse. En particulier, la pensée synthétique et la pensée analytique mêlaient à tout propos aussi bien leurs objets que leurs méthodes, formant ensemble un amalgame hybride qui charriait à la fois les semences des sciences futures et les germes des conceptions mondiales corrélatives. Dans ces conditions, les théologies et les métaphysiques ne se lassaient point de combler les lacunes manifestes et béantes des sciences particulières. Mais comment proposer la même tâche à la pensée synthétique déjà différenciée de la pensée analytique? Prenons un exemple particulier. La psychologie moderne, basée sur la psychophysique (la biologie), mais mal soutenue encore par la sociologie en enfance, déclare d'une façon aussi catégorique que décourageante : « le passage de l'organique au conscient est à jamais inexplicable ». Les psychologues de l'école positive ajoutent, il est vrai, que la psychologie, science de faits, n'a pas à s'occuper de ce passage. Mais c'est là, évidemment, un simple lapsus logique : car qu'est-ce que le passage de l'organique au conscient, sinon à son tour un fait, le fait capital de la psychologie? Quoi qu'il en soit, comment la métaphysique pourrait-elle intervenir là où la science spéciale fait défaut? Comment pourrait-elle, ainsi qu'on le dit couramment, avoir pour objet ce que la science s'avoue incapable de saisir et d'atteindre? On nous propose donc — sérieusement — le recours à l'hypothèse invérifiable, à la supposition dont on sait d'avance qu'on ne pourra jamais dire si elle est vraie ou fausse!

Et si l'on nous objecte qu'il s'agit ici, non de certitude, mais de probabilité, du plus haut degré possible de vraisemblance, nous répondons que toutes nos connaissances particulières sont dans le même cas; elles ne sont que « relativement vraies »; et les hypothèses incomplètement vérifiées qui pullulent dans les sciences ne le sont même que très relativement. On voit dans quel cercle vicieux tournent les derniers défenseurs de la philosophie hypothétique. Et lorsque, en outre, ils définissent la philosophie comme une critique générale des sciences, ils tombent dans un nouveau paralogisme : en effet, critiquer les résultats du savoir, c'est sûrement séparer l'invérifié du vérifié, et nullement ajouter à l'invérifié l'invérifiable! Toute science, d'ailleurs, fait dans ses propres limites la départition des hypothèses vérifiées ou en voie de l'être et des conjectures que l'expérience de l'époque condamne (et qui seront peut-être reprises un jour).

(70) Le néo-positivisme n'a pas fait surgir jusqu'ici ce groupement discipliné d'ouvriers de la pensée qu'on appelle une école. Mais il n'est pas resté non plus la doctrine hétérodoxe d'un solitaire. Bon nombre de ses thèses, dont quelques-unes essentielles, se sont rapidement répandues, ont trouvé de l'écho dans des esprits très dissemblables et qui, par suite, choisissaient dans l'exposé total les points qui pouvaient s'accorder avec leurs autres croyances, et rejetaient ou passaient sous silence le reste. C'est ainsi, pour citer quelques exemples, que l'agnosticisme, naguère encore considéré comme la « substantifique moelle » de toute saine philosophie, s'est vu violemment attaqué par un nombre croissant de philosophes, positivistes et métaphysiciens. C'est ainsi encore que le principe servant de fondement à la loi de corrélation entre les sciences et la philosophie, principe autrefois si discuté et traité de paradoxe, semble être devenu aujourd'hui une vérité courante. Un sort assez semblable échut à d'autres thèses néo-positivistes ayant un caractère plus spécial et se rapportant soit à la double origine des phénomènes psychologiques et aux liens étroits qui unissent la psychologie à la sociologie et

à la biologie (théorie bio-sociale), soit à la nature et au rôle de l'inversion finaliste, soit à l'identité essentielle des faits sociaux et des faits moraux, soit à l'autonomie de la sociologie et à l'irréductibilité temporaire du phénomène social, etc.

Voici, d'ailleurs, à cet égard, l'involontaire et curieux témoignage d'un philosophe sagace, d'un écrivain de talent, M. F. Rauh. Parlant — trop élogieusement sans doute — de mon *Nouveau Programme de Sociologie*, il dit : « Ce livre est d'un esprit vigoureusement systématique. Il contient, comme tous ceux de M. de R., des idées intéressantes, profondes, et, dans une large mesure, vraies. Signalons l'idée fondamentale de la sociologie de l'auteur, que le fait social est un fait spécifique, que les faits psychologiques dits supérieurs sont des faits sociaux individualisés par une conscience et un organisme. Signalons encore l'idée fondamentale de sa philosophie, qu'il n'y a pas d'Inconnaissable, qu'il ne faut pas opposer la pensée et le réel (la nature pensant en nous quand nous pensons), pas plus que l'abstrait et le concret, tous deux étant également réels, celui-ci même plus que celui-là, s'il est vrai que le savoir ait une valeur, etc. » — « Mais tout cela, demande M. Rauh, est-il aussi « nouveau » que le croit M de R. ? » Et, voulant chronologiquement documenter ses doutes à ce propos, M. Rauh ajoute : M. Durkheim a, vers la même époque que M. de R., commencé à défendre en France l'idée de l'originalité du fait social... Il a mis au service de cette idée une Revue, et toute une pléiade de travailleurs » (*Revue Internationale de l'Enseignement*, janvier 1906). Je ferai simplement observer à M. Rauh que l'excellent travail de M. Durkheim, défendant l'idée en question et quelques autres idées analogues ou connexes, *Les règles de la méthode sociologique*, fut publié en 1895, tandis que la première édition de ma *Sociologie* porte le millésime de 1881 et ne fait, en vérité, que reproduire les *Notes sociologiques* parues dans la revue *La Philosophie positive* de 1876 à 1878. Il y a entre ces deux dates un intervalle de dix-neuf ans, une génération au point de vue scolaire ! Et ce n'est pas là, je pense, ce que M. Rauh a voulu constater.

Mais revenons à notre sujet. En ce qui touche plus particulièrement la conception néo-positiviste de la philosophie elle-même, on peut y distinguer deux parts. L'une comprend nos vues déjà entrées dans la circulation générale, et l'autre — celles qu'on repousse encore, auxquelles la majorité des esprits se montre réfractaire ou nettement hostile.

La conception néo-positiviste de la philosophie fut précédée par la conception positiviste qui se laisse résumer par ces quelques mots : « la philosophie est la science unifiée ». Or, le

moindre reproche qu'on puisse adresser à cette définition de
Comte et aux nombreuses définitions qui, en vérité, ne font que
la reproduire (celle, par exemple, de Paulsen : « la philosophie
est le résumé abstrait — *Inbegriff* — de toutes les connaissances
scientifiques » ; ou celle, plus développée, de Wundt : « la philosophie est la science universelle qui réunit les données générales des diverses sciences en un système logique excluant la
contradiction »), c'est de demeurer extraordinairement vagues,
imprécises. Tendent-elles à identifier la philosophie et la science,
ou à les différencier? Signifient-elles que la science, la pensée
analytique, constitue la cause déterminante de la philosophie,
de la pensée synthétique, ou veulent-elles faire entendre le contraire : que la philosophie est l'unité primordiale qui contient,
comme une somme ses composantes, les germes des diverses
sciences, et qui engendre celles-ci, qui les laisse prendre, à mesure
qu'elles s'accroissent et s'augmentent, leur essor séparé? On a
attribué à ces définitions les deux sens à la fois. Il s'en faut donc
de beaucoup qu'elles soient claires. Elles ont besoin d'être longuement commentées par l'œuvre totale des philosophes qui les
énoncent. Mais de telles recherches ne laissent subsister aucun
doute sur l'intention véritable de Comte et des philosophes qui se
rallient à sa manière de voir. Ce n'est pas la différenciation, c'est
l'identification de plus en plus complète de la philosophie avec la
science qu'ils poursuivent. Ils n'admettent pas qu'entre le savoir
et la philosophie la distance soit au moins aussi grande qu'entre la
philosophie et l'art, ou entre l'art et l'action utile. Ils ne soup-
çonnent pas non plus le paralogisme latent impliqué par leur
conception de la philosophie : la science unifiée, qu'est-ce, sinon
la pensée sociale qui serait simultanément analytique et synthétique, hypothétique et apodictique? Supposer que les partisans de
la vue critiquée se bornent à y affirmer avec nous que lors du
passage de la science à la philosophie, le mode synthétique et
apodictique de la pensée sociale reste conditionné et déterminé
par son mode analytique et hypothétique, n'est guère possible, si
l'on songe que dans sa loi des trois états Auguste Comte place les
conceptions scientifiques sous la dépendance immédiate des
conceptions philosophiques, celles-ci colorant toujours celles-là,
les formant à leur image, leur imprimant un sceau indélébile.
D'ailleurs, dans cette inversion particulière établie par Comte, on
trouve comme l'écho d'une tendance plus générale qui caractérise
tout son siècle. Faire précéder les sciences par la philosophie, la
philosophie par l'art, et toutes les formes de la recherche spéculative par l'action appliquée, constitue une même illusion, à la fois
empirique et téléologique, qui consiste à faire précéder le moyen

(la cause) par la fin (l'effet), ou à intervertir l'ordre causal en le transformant en une succession finaliste.

Quoi qu'il en soit, ces vues sur la nature et le rôle de la philosophie semblent déjà avoir beaucoup perdu de leur récente autorité sur les esprits. La conception néo-positiviste est en progrès. La philosophie n'apparaît plus aussi souvent sous la figure de la *mater dolorosa* qui, dans les affres et les angoisses de la recherche de l'absolu, engendre toutes les sciences; on s'habitue, au contraire, de plus en plus, à la considérer comme le produit commun de celles-ci. On peut s'assurer du changement survenu à cet égard dans les idées courantes en consultant les nouveaux manuels de philosophie et certains ouvrages analogues de vulgarisation. On y trouve déjà des définitions de ' philosophie qui, lui donnant pour ' base ou pour point d   épart « l'analyse réfléchie de toutes nos connaissances, et des p cédés par lesquels elles sont acquises », lui assignent pour but « d'arriver à une conception de la *réalité*, de *l'être*, de la *substance* ou de *l'absolu*, ces quatre mots étant *synonymes* et signifiant la nature fondamentale de tout ce qui existe ». Dans le même ordre d'idées, et tout en maintenant la division classique de la philosophie en trois parties : logique et théorie de la connaissance (études psychologiques), morale (études sociologiques) et métaphysique, on subordonne strictement cette dernière partie aux deux premières, on voit dans la philosophie proprement dite la « fonction », au sens mathématique du terme, sinon de l'ensemble du savoir (comme l'enseigne la loi de corrélation entre les sciences et la philosophie), du moins de l'une de ses fractions les plus notables, qui comprend les sciences du monde surorganique.

Des réflexions assez pareilles sont suggérées par l'examen attentif de la seconde voie qui conduit peu à peu à la différenciation ultime de la philosophie et des sciences. Nous voulons parler de l'altération graduelle que semblent subir les vues des philosophes sur le rôle joué par l'hypothèse dans leurs méditations. On s'achemine lentement vers la reconnaissance du caractère nécessairement apodictique des synthèses mondiales. En effet, tandis que certains philosophes (par exemple, M. Fouillée) se contentent de réduire à son minimum la valeur de la méthode hypothétique en philosophie, tandis qu'ils affirment, notamment, que puisque le caractère problématique des hypothèses croît avec leur degré d'éloignement par rapport aux faits observables, les hypothèses métaphysiques sont les moins sûres, — d'autres écrivains (par exemple, M. Lucien Arréat) vont plus loin, ils déclarent déjà que l'hypothèse du philosophe se distingue profondément de celle du

savant. A les entendre, « l'hypothèse rationnelle du philosophe —
à l'encontre de celle du physicien — vise un arrangement logique
des choses plutôt qu'elle n'introduit un principe nouveau permettant de résumer un plus grand nombre de faits sous une formule
unique ». Encore quelques pas dans cette voie, et l'on comprendra sans doute qu'une synthèse peut offrir un caractère hautement
problématique (ainsi que cela arrive chaque fois que les analyses
conjecturales sur lesquelles elle se fonde prédominent sur les
analyses certaines), sans pour cela être elle-même, le moins du
monde, une hypothèse, au vrai sens méthodologique de ce terme.

(71) M. Espinas, dans son savant ouvrage sur les *Origines de la
Technologie*, définit admirablement la conscience religieuse comme
un état permanent de confusion « des trois points de vue scientifique, pratique et esthétique ».

(72) Comme le dit très bien M. Gustave Geffroy dans un article
publié par *La Coopération des Idées*, « l'art est destiné, de plus en
plus, à jouer dans l'avenir un grand rôle. C'est la force que nous
avons à notre disposition pour créer une harmonie sociale, une
entente humaine, qui n'ont jamais existé... Aujourd'hui la masse
humaine veut vivre d'une vie personnelle et non représentative,
elle sort de l'ombre, elle s'avance, vient occuper la scène de
l'histoire. Il lui faut se reconnaître, parler un même langage,
achever de créer la conscience universelle, la vie harmonieuse
de l'esprit. L'art est le signe visible de cette vie... »

Le même auteur fait encore ces excellentes remarques : « Écrire
pour tous, cela ne veut pas dire chercher le succès auprès de tous,
cela veut dire penser à tous... Sous prétexte d'individualisme,
ceux qui sont nés de la masse humaine se détachent de cette
masse, s'ingénient à mettre leur moi en formules, se grisent
d'observations immédiates sur eux-mêmes et sur leurs pareils, de
rythmes personnels, à peine nés, sitôt évanouis... Pourquoi la
séparation de l'artiste et de la foule ? La revendication de l'individualité n'a aucun sens si elle n'est pas sous-entendue pour tous,
étendue à tous. Réclamer le droit de tous, c'est réclamer le droit
de chacun. Créer une aristocratie, ou créer simplement son moi,
que pourrait bien signifier cela, si c'est vraiment la création
bornée, la vie conquise par quelques-uns ou par un seul ? »

(73) Nos erreurs, on le sait, sont presque toujours des vérités
incomplètes dues à des faits mal interprétés. Tel est assurément
le cas des trois erreurs signalées par nous. Car, d'une part, on ne

saurait nier que les faits sociaux concrets ne soient des faits bio-sociaux et même cosmo-bio-sociaux, donc, des faits soumis en partie aux lois vitales et aux lois physico-chimiques; et, d'autre part, les faits bio-sociaux qui forment l'objet propre des études psychologiques, constituent aussi l'une des principales matières sur lesquelles s'exercent l'observation, la description et l'expérimentation du sociologue. Enfin, personne ne conteste qu'une activité particulière, hésitante et tâtonnante, à laquelle convient le nom de recherche, et qui est toujours intimement associée aux trois modes spéculatifs de la pensée sociale (connaissance, philosophie, art), ne précède et ne conditionne la résultante technique de cette pensée, l'action pratique, le travail, la conduite humaine rationnellement motivée.

(74) Le mouvement, la vibration physiologique ne peut donner naissance à l'émotion du beau qu'en se compliquant par l'interaction des consciences, qu'en se transformant en un composé bio-social. Il y a là deux séries différentes de causes. (Ainsi, physiologiquement parlant, le rouge excite et le violet déprime. Mais le *beau* violet stimulera quand même; cette qualité aura une origine bio-sociale, psychologique, et l'activité qui s'ensuivra sera, à son tour, bio-sociale, et non pas physiologique seulement.)

Certains théoriciens du beau simplifient encore plus les choses. Ils cherchent à identifier le beau objectif avec ce qu'ils appellent le rythme ou les rythmes du monde extérieur. A les entendre, lorsque le rythme externe ou physique s'accorde avec le rythme interne (ou physiologique?) de l'être humain, le beau objectif se transforme en beau subjectif et produit le sentiment esthétique qui n'est qu'une « sensation d'aise physiologique » (Ch. Henry, Griveau et quelques autres). Il est vrai qu'il est facile d'interpréter cette « théorie du rythme » d'une autre façon. Qu'est-ce que le rythme du monde externe, sinon l'ensemble des lois qui le régissent, ou la somme des vérités que ces lois expriment? Et qu'est-ce que le rythme du monde interne, sinon l'ensemble des vérités morales qui s'y font jour? L'art aurait ainsi pour fin ultime d'accorder (par un certain choix et la représentation symbolique qui fixe ce choix) les vérités ou le rythme du monde extérieur avec les vérités ou le rythme du monde intérieur. Et la vibration à l'unisson ainsi provoquée constituerait la joie ou la stimulation esthétique, de même que tout désaccord se traduirait comme une peine ou une dépression *ejusdem generis*.

(75) La théorie qui assimile l'art au jeu en le faisant également

dériver d'un surcroît de force vitale, insiste beaucoup sur le caractère « désintéressé » de ces deux sortes de phénomènes. Mais la dépense d'un excédent d'énergie vitale en mouvements musculaires (le jeu) ne satisfait-elle pas à un besoin physiologique pressant ? Et, dans ces conditions, la recherche et la prise de la nourriture, par exemple, se rangeront-elles aussi parmi les activités « désintéressées » ? La théorie de l'art-jeu se targue de ramener le moins connu et le moins simple — l'art — au plus connu et au plus simple — le jeu. Mais confondre n'est pas réduire; et la preuve en est que le jeu se pourrait tirer de l'art au moins autant que l'art du jeu. En effet, le jeu n'est pas un fait exclusivement biologique; il est, comme l'art, essentiellement imitatif des mouvements, des gestes, des paroles, des actes d'autrui; il contient donc un élément social, il exprime une interaction psychique. Et celle-ci, pour grossière qu'elle puisse être au début des sociétés humaines, contient en germe — à l'état non-différencié — tous les modes essentiels de la pensée collective; elle est déjà, par suite, en une certaine mesure, esthétique.

(76) Je l'ai dit à maintes reprises, et je le répète encore : la sociologie et la psychologie opèrent sur un fonds expérimental commun, elles observent et étudient la même réalité concrète, mais chacune se pose une tâche spéciale et emploie pour l'accomplir des méthodes différentes. Il devrait y avoir une théorie de la connaissance et une logique qui, étudiant la part revenant à l'interaction des esprits, à l'expérience collective dans la formation et l'évolution du savoir, arriveraient ainsi à formuler les lois « sociales » — purement abstraites — de la connaissance ; cela, sans empiéter le moins du monde sur le domaine de la théorie psychologique des mêmes faits, qui poursuit un autre but, qui nous découvre, intimement lié à l'aspect social, l'aspect organique du phénomène cognitif. Et pareillement, il devrait y avoir une théorie sociologique de la formation et de l'évolution des croyances synthétiques et apodictiques de l'humanité, étude qui précéderait naturellement et rendrait plus fructueuse la théorie psychologique corrélative. Enfin, il devrait y avoir — au grand avantage de l'esthétique psychologique aujourd'hui boiteuse, marchant sur un seul pied, s'appuyant uniquement sur la physiologie des sens — une étude sociologique de la formation et de l'évolution des idées, des sentiments, des goûts esthétiques.

(77) Pourtant, quand il est original, l'artiste « heurte de front les traditions »; il « étonne et scandalise les masses »; il « s'oppose

au philistin » dans une mesure plus grande que le savant ou même le philosophe. Oui, sans doute, mais rien ne paraît plus naturel, si l'on considère la nature syncrétique et symbolique de l'art, et qu'il s'adresse au grand public d'une façon plus immédiate que la science ou la philosophie. Lorsque la science était confondue avec la philosophie, et celle-ci avec l'art (personnification divine, mythologie, etc.), l'inventeur ou l'apôtre d'une nouvelle religion scandalisait tout autant, sinon plus, la masse des philistins. Jésus ne paya-t-il pas de sa vie le scandale, peut-être moins philosophique qu'esthétique au sens propre du mot, que provoquèrent ses discours et ses gestes? Et il en fut vraisemblablement de même dans tous les autres cas de persécution religieuse.

(78) L'originalité biologique s'allie ou ne s'allie pas à l'originalité sociale. Elle peut compliquer ce dernier phénomène (le psychologue, par suite, fera bien d'en tenir compte), elle ne le détermine pas (aussi le sociologue pourra-t-il en faire abstraction). Combien ne voyons-nous pas d'hommes supérieurement doués au point de vue cérébral qui ne produisent rien, qui n'ont aucune individualité sociale marquée; ou d'hommes inférieurs à la moyenne qui néanmoins ne rentrent pas dans la classe des criminels plus ou moins originaux?

(70) Les théories émises jusqu'à ce jour sur cet aspect du problème esthétique, l'individualité dans l'art, sont confuses et peu probantes. Schiller, Schopenhauer, Wagner, Guyau, Nietzsche — je ne cite que quelques vedettes, et j'en passe — se sont tour à tour occupés de la question. Mais leur ancêtre commun est Kant, qui distingue la sensibilité, toujours individuelle, et l'entendement, toujours universel, et qui voit dans l'imagination (la faculté-maîtresse, selon lui, de l'artiste) le lien qui unit la sensibilité à l'entendement, le terme moyen qui sert à individualiser l'entendement (et sans doute aussi à universaliser la sensibilité). Cette maigre psychologie aide Kant à prouver que l'art est essentiellement une individualisation, — thèse fort juste si l'on entend par là que l'art est le mode « syncrétique » de la pensée sociale. En adoptant ce point de vue, on ne peut que souscrire à certaines formules heureuses de Kant, comme celle-ci, par exemple : l'art exprime par des nuances dans l'ordre de la sensibilité un rapport universel aperçu par l'artiste. Je saisis moins bien ce que Kant a voulu dire en ajoutant que l'artiste doit *avant tout* satisfaire sa sensibilité. L'individualité est une conception plus large que la sensibilité qu'elle renferme, mais à côté ou au-dessus de laquelle elle place l'entendement, la connaissance, les rapports universels

des êtres et des choses. Si donc l'œuvre d'art n'est telle qu'à la condition d'exprimer sensiblement un rapport général, — d'inscrire un dogme dans un symbole, ainsi que le dira, un siècle plus tard, dans un style superbement lapidaire, un noble artiste, — c'est *avant tout* la raison, et non la pure sensibilité, qui se satisfait par la culture et le culte du beau.

(80) Dans ce domaine, l'empirisme crut faire merveille en combattant de toutes ses forces l'apriorisme. Les faits concrets et particuliers s'opposaient ainsi aux « principes ». On oubliait une seule chose : que les idées vagues qu'on décorait du nom de « principes » — la liberté, l'équité, la justice, le droit etc., par exemple, — ne constituaient encore que des abstractions ou des entités « verbales ». Pour obtenir de tels résultats, on n'avait nul besoin de soumettre les phénomènes concrets à une analyse patiente et toujours « expérimentale ». Il suffisait de les distribuer en des groupes plus ou moins vastes, différenciés par des caractères superficiels et extérieurs (par suite, en des groupes très mal délimités). A la somme de ces caractères s'attachait telle ou telle étiquette, tel ou tel nom générique érigé en principe explicatif, en « cause » des faits correspondants.

(81) Postulat ou point de départ bien plus que conclusion ou point d'arrivée, le pragmatisme a pu momentanément réunir et rapprocher entre elles les doctrines philosophiques les plus divisées sur tout le reste. Les philosophes, les moralistes et aussi bien les sociologues s'arrêtèrent souvent à mi-route, sans voir d'une façon claire à quoi ils s'engageaient en acceptant ce postulat. Le rationalisme de Kant et de Comte ont pu ainsi vivre et se développer côte à côte non seulement avec l'activisme intransigeant de la sociologie marxiste, mais encore avec l'acosmisme illusionniste (ou l'autothéisme anarchique) des disciples de Nietzsche, c'est-à-dire avec la « position philosophique », l'attitude mentale qui, seule, eut l'audace d'aller jusqu'au bout, de tirer du postulat pragmatique ses conséquences les plus extrêmes. En effet, quand l'action, par un grand A, est posée comme le germe primitif et l'origine du monde surorganique, quand elle est considérée comme se déterminant elle-même et motivant tout le reste, l'individu qui agit devient le « maître absolu de la vérité et par là même du monde »; il commande à la raison et à la logique dont le double joug se révèle comme illusoire; il est *libre*, dans l'ancien sens métaphysique du terme, de vivre et de penser à sa guise; il décrète la vérité; il est « l'ennemi des lois », des coercitions sociales qu'il s'était naïvement imposées sous le nom de

« devoirs », aussi bien que des coercitions naturelles qui, loin d'être nécessaires et immuables, sont contingentes et finissent toujours par fléchir devant son « geste » souverain.

(82) Qu'une conception d'art préside à toute œuvre technique et l'inspire, se confirme par maintes observations. Invoquons à ce propos le témoignage d'un savant qui a spécialement et minutieusement étudié les origines des techniques humaines, M. Espinas. Citant l'opinion de Geiger, d'après laquelle les plus anciennes roues (à vent, hydrauliques, etc.) furent les « roues à prières », encore en usage dans les temples bouddhistes du Thibet et du Japon, M. Espinas pense que ce fait et d'autres analogues qu'il mentionne également, tendent à prouver que « la plupart des fonctions nouvelles, soit individuelles, soit sociales, s'exercent selon le mode esthétique, comme jeu, avant de s'exercer comme travail » (*Les Origines de la Technologie*, Paris, Alcan, 1897, p. 47).

L'influence de la philosophie sur l'art et de celui-ci sur l'action se révèle dans tout le domaine pratique, dans chaque invention, chaque outil, chaque objet d'usage, — une fois qu'on veut tenir les yeux ouverts sur cet aspect de la question. Voici, par exemple, une description topique à cet égard de la barque des anciens Grecs, que nous empruntons au livre si instructif de M. Espinas : « Elle paraissait aux Grecs de l'époque dont nous nous occupons quelque chose de vivant : elle avait un visage, l'avant; des joues, les courbures de chaque côté de l'étrave; des yeux, les trous pour l'ancre ou l'écubier; des oreilles saillantes, les battoirs. Les formes consacrées se prêtaient aussi complaisamment que possible à ces interprétations : les écubiers étaient toujours découpés en forme d'yeux; les flancs du navire s'arrondissaient comme le corps d'un oiseau; l'étambot se recourbait en volutes élégantes et représentait tantôt une aigrette, tantôt un corymbe. Un ensemble d'images *poétiques*, empruntées inconsciemment aux formes organiques, et de sentiments *religieux*, voilait aux yeux des marins le caractère artificiel de cette machine dont la manœuvre était déjà pourtant compliquée. »

(83) Nous avons vu que les faits sociaux concrets, les actes accomplis, se rattachent tous, de la façon la plus étroite, au mode ultime, pratique ou téléologique, de la pensée sociale; et, d'une façon plus large ou indirecte, à la série entière des autres modes de cette pensée. De tels actes répercutent toute la série et il est difficile — et, rigoureusement parlant, impossible — de les classifier en les rattachant d'une façon exclusive à l'un ou l'autre de ses

termes. On le fait souvent néanmoins, et même l'on accroît indéfiniment le nombre des catégories ou classes ainsi obtenues, on nous parle non seulement de faits scientifiques, philosophiques, esthétiques et techniques, mais encore de faits politiques, économiques, industriels, militaires, etc., etc. On caractérise ainsi beaucoup moins le fait concret que le point de vue spécial auquel on se place pour l'examiner. On identifie le fait concret toujours multiforme quant à ses causes ou origines interpsychiques, avec tel ou tel de ses aspects — improprement dit technique alors qu'il est abstrait — qu'on a accoutumé d'exemplifier par telle ou telle sorte d'actions. La bataille de Salamine paraît un fait exclusivement militaire, le traité de Westphalie un fait politique, la bulle *Unigenitus* un fait religieux, etc., parce que et tant que nous omettons de considérer les causes multiples qui contribuèrent puissamment, quoique d'une façon moins apparente, à l'éclosion de chacun de ces faits. Et c'est là aussi, quand on s'est consciemment ou inconsciemment placé au point de vue de l'empirique ou du pragmatiste et qu'on emploie les méthodes préférées par cette catégorie de chercheurs, la raison pour laquelle il est comparativement si facile d'expliquer la somme entière des faits qui composent l'histoire par une seule classe d'événements choisie *ad hoc*. Autrefois, les faits politiques (et même les faits de violence militaire) jouaient couramment le rôle de faits premiers ou générateurs de tous les autres. Aujourd'hui, comme chacun sait, la mode est aux faits économiques.

On parle souvent aussi d'imitation, de contagion par l'exemple, etc. Mais on oublie qu'entre le fait imité et le fait qui imite et qu'on dérive du premier, s'intercale toujours une série de causes qui sont les *mêmes* (ou approximativement les mêmes) dans les deux cas et qui expliquent suffisamment la répétition du fait concret. Nous savons — ou nous croyons savoir — de quels termes se compose cette série. Et quand ces termes ne sont plus pareils (il ne s'agit pas, bien entendu, d'une différence de nature, mais d'une différence de degré), quand nous avons affaire à une connaissance des choses plus haute, ou seulement plus claire, à une conception du monde plus profonde, ou seulement plus large, à des idées et des goûts esthétiques plus développés ou plus affinés, — alors, loin que le fait concret soit approuvé et, par suite, imité, il est réprouvé et, par suite, contrecarré et combattu de toutes façons. Un vol, par exemple, n'est pas seulement imité par les voleurs, il est aussi poursuivi par la police, flétri par l'opinion, prohibé par la loi et condamné par les juges. Il aurait fallu, pour illustrer notre thèse, citer un nombre considérable de cas divers, ou même passer en revue les principales classes de faits sociaux concrets.

Mais nous avons depuis longtemps contracté l'habitude — déplorable au point de vue de la vulgarisation de nos idées, mais qui économise notre temps, et personne, hélas! n'en a de reste, — l'habitude d'abandonner ce soin à nos lecteurs, de les faire ainsi participer à notre travail; et il est trop tard maintenant pour nous amender. Nous nous bornerons donc, ici, à constater, d'une façon générale, que le fait historique ou l'acte n'est jamais la cause efficiente d'un autre acte; qu'il forme seulement l'objet ou la matière sur laquelle s'exerce la recherche analytique (de l'acteur lui-même ou du témoin); qu'une telle recherche enrichit les cerveaux participants d'une expérience — ancienne ou nouvelle — et forge, en partant de ce point, la chaîne totale des causes qui produisent ou déterminent l'action suivante, imitatrice, réfrénatrice, innovatrice ou simplement indifférente, par rapport à la première.

(84) *Nouveau Programme de Sociologie*, p. *110-112*. Les basiliques, a-t-on pu dire dans un sens analogue, sont des Anciens Testaments, les mosquées des Corans, et les églises des Évangiles.

(85) On pourrait tout aussi bien définir l'amour considéré comme une manifestation esthétique — la plus large, la plus populaire, la plus fondamentale de toutes peut-être, — une harmonie des âmes ou, plus strictement, des facultés affectives des âmes, des sentiments; harmonie toujours rehaussée, comme il arrive dans les choses de l'art, par de multiples contrastes, intellectuels, physiologiques, etc.

(86) L'analyse scientifique plus complète (celle qui constate la vérité contemporaine) suppose à sa source une analyse moins complète (la vérité ancienne taxée aujourd'hui d'erreur); et la synthèse philosophique suppose à son origine une synthèse de moins en moins parfaite (ce qui est historiquement prouvé soit par la grande série religieuse du fétichisme — polythéisme — monothéisme, soit par le dualisme du principe spirituel et du principe matériel, de l'âme et du corps, soit par l'existence des trois monismes partiels, le matérialisme, le sensualisme et l'idéalisme). De même, la beauté a pour antécédent nécessaire la « moindre beauté », ainsi que doit scientifiquement se définir aujourd'hui toute laideur, et le bien a pour antécédent le « moins bien » ou le mal. Rappelons à ce propos qu'il y a deux manières d'éveiller dans les intelligences l'idée de beauté, de produire dans les âmes le sentiment (si improprement appelé quelquefois sensation) du

beau : la façon directe, et la façon indirecte, par son contraste, la laideur. De là, ces formes d'art qu'on appelle la satire, la caricature, le roman et la peinture réalistes, etc. (Selon une fine remarque d'Ivan Tourguénieff, le naturalisme, même grossier, est supérieur au « maniérisme », à l'affectation en matière d'art, simplement parce qu'il est une recherche de la vérité « toujours belle », et qu'il n'est pas obsédé par le souci de la beauté « toujours rare »).

(87) La plupart des psychologues admettent que les états affectifs — et les états volitifs qui leur succèdent — se développent grâce aux états intellectuels auxquels les uns et les autres s'associent. Toute surexcitation affective se répercute dans deux directions à la fois : elle affaiblit ou obnubile l'état intellectuel correspondant, et elle a pour conséquence une activité impulsive ou déréglée. Et toute surexcitation intellectuelle (un scepticisme exagéré par exemple) se traduit par un affaiblissement de la transmission d'abord sentimentale, ensuite volitive (sécheresse du cœur, suivie d'une sorte de rigidité de l'action, et quelquefois aboulie suivie d'une impuissance d'agir plus ou moins complète).

(88) Si notre vie active est stimulée par la pensée esthétique, ce qu'on nomme notre vie sentimentale en est pénétrée et imprégnée tout entière. Ainsi que le remarque fort justement le Dr Toulouse, « les sentiments les plus généraux et les plus profonds de notre vie morale, l'amour maternel et l'amour sexuel, sont pour la plus grosse part formés par la littérature. Ils ne sont point tels dans la nature ; et c'est même par ce moyen qu'ils s'épurent et progressent ». En vérité, ils se transforment, à la longue, en de véritables manifestations esthétiques. Le même auteur constate encore que les « poètes conduisent notre vie sentimentale. Ils offrent des modèles et les éducateurs les imposent à tous. Chacun dans son existence et selon ses moyens cherche à se rapprocher d'un héros de roman ».

89) Certes, un clou se fabrique d'après certaines règles dictées par la connaissance des propriétés du fer, de l'acier, etc. ; mais le mouvement — automatique ou quasi-automatique — que l'ouvrier exécute, n'est qu'une partie, la moins importante, de son activité pratique et téléologique, je n'ai pas besoin de le démontrer ; et tout le reste appartient sans doute beaucoup plus à ses croyances générales et à sa conception esthétique du monde qu'à sa pensée analytique.

(90) La pensée esthétique occupe, à tous égards, une place inter-

médiaire entre la pensée spéculative proprement dite et la pensée pratique. La valeur sociale, la puissance de l'art croît en raison directe du degré de maturité atteint par la science et surtout par la philosophie; et la même loi régit les rapports qui ne tardent pas à s'établir entre l'efficacité de la civilisation « pratique et utilitaire » et l'élévation de la culture esthétique des élites et des masses. Toujours et partout, d'étroites relations ont existé entre l'art d'un pays et sa vie pratique, industrielle, agricole, ses arts techniques, ses habitudes, ses mœurs et ses lois. Cette liaison se manifeste plus ou moins nettement, selon que l'art est plus ou moins développé et la vie sociale plus ou moins active et variée, ou calme et monotone; mais dans certaines conditions et à certaines époques, elle éclate avec force à tous les yeux (la Grèce antique, l'Italie de la Renaissance, les Pays Bas au XVIIe siècle, le Japon moderne, dans les descriptions de MM. Régamey et Rydiard Kipling, etc.).

(91) On ne saurait trop insister sur la part qui, dans la genèse de la « révolution russe », revient à ces initiateurs esthétiques, à ces poètes, ces romanciers, ces musiciens, ces peintres, qui s'appellent Pouchkine, Lermontoff, Gogol, Tourguéneff, Herzen, Dostoïevsky, Nekrassof, Saltykoff, Tolstoï, Tchehoff, Gorki, Andréeff; ou Glinka, Dargomijsky, Borodine, Tchaïkovsky, Rimski-Korsakoff; ou Ivanoff, Péroff, Répine, Verestchaguine, Maliavine, Antokolsky, Troubetskoï, etc.

Les rapports entre l'art et tous les domaines de la vie active, sans en exclure la politique militante et l'exercice du droit, ont toujours été aussi intimes que fructueux; mais pendant de longs siècles notre ignorance sociologique ou les dénatura, ou n'en tint aucun compte. On commence à revenir du vieux préjugé qui inspira Platon et qu'Aristote combattit vainement (dans sa défense mémorable de la tragédie qui, en appliquant à faux la sensibilité des auditeurs, les « purge » de toute sensiblerie, les rend à la vie plus énergiques et plus joyeux). On commence à apprécier à sa juste valeur la grande mission sociale que l'art accomplit, et son mystérieux pouvoir sur les actions humaines. « Qui pourrait nier, demande, par exemple, M. Maurice Le Blond (dans un article intitulé *L'art et la politique*), que Zola, lorsqu'il écrit *Germinal* ou *Travail*; Anatole France, quand il pétrit le type immortel de Bergeret; Émile Verhaeren, quand il compose les *Forces Tumultueuses*; qui pourrait nier encore que des musiciens comme Gustave Charpentier, que des écrivains comme Mirbeau, que de grands statuaires comme Dalou et Constantin Meunier n'aient pas, non seulement sur notre avenir social, mais je dirais presque sur les prochaines élections, une influence aussi considérable que les fragiles discours de M. Méline ou de M. Barthou? Car ce n'est pas seulement de belles phrases qu'ils écrivent, mais ils inscrivent dans le vif de notre chair pensante les préceptes impérieux de la justice et de la beauté; car ce n'est pas seulement de fortes statues qu'ils dressent impeccables dans l'air lumineux, c'est notre être moral qu'ils taillent et qu'ils sculptent à l'image de leurs conceptions ». L'auteur ajoute : « Méfions-nous des apôtres du fait économique. Souvenons-nous, à ce propos, que — il y a plus d'un demi-siècle — quand vint devant le Parlement la discussion de la loi autorisant la construction des chemins de fer, ce fut Lamartine qui soutint le projet. Thiers, qui passait pour un homme d'affaires avisé et retors, le combattit au contraire. Et savez-vous de quel argument il se servit? Jamais, prétendait-il, on ne trouverait suffisamment de fer pour construire une ligne de Paris à Marseille. »

(92) Constater l'influence stimulatrice et régulatrice du plaisir esthétique sur notre activité ne signifie nullement donner à l'art pour but spécial le plaisir qu'il dérive de son propre exercice. Tant s'en faut. Une telle fin ne saurait différencier l'art des trois autres termes du « cycle » interpsychique; car, d'une façon générale, elle se peut affirmer aussi bien de la science, de la philosophie et de l'action. Le savant qui demeure indifférent à la découverte de la vérité analytique, le philosophe n'éprouvant aucune joie à voir s'ouvrir ou s'élargir devant lui l'horizon mental, l'homme d'action se désintéressant du résultat de sa conduite, ces choses ne se voient guère, et elles ne pourraient se concevoir que comme des anomalies, des exceptions étranges et presque monstrueuses.

(93) J'avoue que je n'aime guère l'opposition du subjectif à l'objectif. Les illusions psychologiques elles-mêmes sont des modes du réel. D'autre part, s'il est vrai qu'une chose est ou nous paraît bonne parce que nous la désirons, il est non moins vrai que nous la désirons parce qu'elle est ou nous paraît bonne.

(94) Un moraliste russe de haute notoriété dans son pays, M. Solovieff, demande si l'artiste peut, en restant artiste, nous montrer le bien sous la face du mal et découvrir, inversement, le mal sous l'apparence du bien; et il répond en déniant ce droit à l'artiste. Il n'a pas tort, sous cette réserve toutefois, que tant que l'éthique ne deviendra pas une science positive, exacte, chaque collectivité, chaque époque, et dans celle-ci chaque forte indivi-

dualité pourront apprécier à leur guise le bien et le mal. Si dans certains cas l'artiste commettra le crime de lèse-vérité, dans d'autres, au contraire, en glorifiant ce qui nous semble le mal, ou en abaissant ce qui nous semble le bien, il préparera le triomphe de la vérité morale future. A mesure que l'éthique se constituera en sociologie, l'art perdra cette allure qui nous semble libre et qui, en réalité, reflète seulement le doute, le scepticisme propre à la recherche du savoir avec laquelle se confond encore, par l'entremise de la métaphysique, la pure recherche de la beauté.

(95) Il n'y a peut-être que cela de vrai dans la vue de Spencer — partagée par Émerson — qui fait naître le beau de l'ancien utile, qui prétend qu'une chose, dès qu'elle cesse de servir à la satisfaction de nos besoins immédiats, devient belle en tant que « survivance ». Les vieilles coutumes, les antiques croyances, les institutions disparues, etc., revêtent à nos yeux un caractère de beauté que nous refusons aux choses modernes ou contemporaines. Mais si le char traîné par des bœufs paraît généralement plus auguste et plus noble que l'automobile ou le bicycle — qui pourtant réalise la vision grecque de la Fortune — c'est que l'âme des foules conserve pieusement le souvenir des lointaines admirations ancestrales.

TABLE DES MATIÈRES

LIVRE Second.

LES ORIGINES RATIONNELLES DE L'ACTION

1204-07. — Coulommiers. Imp. PAUL BRODARD. — 2-08.

BIBLIOTHÈQUE DE PHILOSOPHIE CONTEMPORAINE

Volumes in-8, brochés, à 3 fr. 75, 5 fr., 7 fr. 50 et 10 fr.

EXTRAIT DU CATALOGUE

Herbert Spencer. Prem. principes. 11e éd. 10 fr.
— Principes de psychologie. 2 vol. 20 fr.
— Principes de biologie. 5e édit. 2 vol. 20 fr.
— Principes de sociologie. 5 vol. 43 fr. 75
— Essais sur le progrès. 5e éd. 7 fr. 50
— Essais de politique. 4e éd. 7 fr. 50
— Essais scientifiques. 3e éd. 7 fr. 50
— De l'éducation. 10e éd. 5 fr.
— Justice. 7 fr. 50
— Le rôle moral de la bienfaisance. 7 fr. 50
— Morale des différents peuples. 7 fr. 50
— Problèmes de morale. 7 fr. 50
— Une autobiographie. 10 fr.
Th. Ribot. — Hérédité psychologique. 7 fr. 50
— La psychologie anglaise contemp. 7 fr. 50
— La psychologie allemande contemp. 7 fr. 50
— Psychologie des sentiments. 7e éd. 7 fr. 50
— L'évolution des idées génér. 2e éd. 5 fr.
— L'imagination créatrice. 3e éd. 5 fr.
— La logique des sentiments. 3e éd. 3 fr. 75
— Essais sur les passions. 2e édit. 3 fr. 75
A. Fouillée. — Liberté et déterminisme. 7 fr. 50
— Systèmes de morale contemporains. 7 fr. 50
— Morale, art et religion, d'ap. Guyau. 3 fr. 75
— L'avenir de la métaphysique. 2e éd. 5 fr.
— L'évolut. des idées-forces. 2e éd. 7 fr. 50
— Psychologie des idées-forces. 2 vol. 15 fr.
— Tempérament et caractère. 2e éd. 7 fr. 50
— Le mouvement positiviste. 2e éd. 7 fr. 50
— Le mouvement idéaliste. 2e éd. 7 fr. 50
— Psychologie du peuple français. 7 fr. 50
— La France au point de vue moral. 7 fr. 50
— Esquisse psych. des peuples europ. 10 fr.
— Nietzsche et l'immoralisme. 5 fr.
— Le moralisme de Kant. 7 fr. 50
— Élém. sociol. de la morale. 7 fr. 50
— Morale des idées-forces. 7 fr. 50
E. de Roberty. — Ancienne et nouvelle philosophie. 7 fr. 50
— Philosophie du siècle. 2e éd. 5 fr.
— Nouveau programme de sociologie. 5 fr.
— Sociologie de l'action. 7 fr. 50
Liard. — Descartes. 2e édit. 5 fr.
— Science positive et métaph. 5e éd. 7 fr. 50
Guyau. — Morale anglaise contemp. 5e éd. 7 fr. 50
— Probl. de l'esthétique cont. 3e éd. 7 fr. 50
— Morale sans obligation ni sanction. 5 fr.
— L'art au point de vue social. 2e éd. 5 fr.
— Hérédité et éducation. 3e édit. 5 fr.
— L'irréligion de l'avenir. 5e édit. 7 fr. 50
H. Marion. — Solidarité morale. 6e éd. 5 fr.
Schopenhauer. — Sagesse dans la vie. 5 fr.
— Le monde comme volonté. 3 vol. 22 fr. 50
Garofalo. — La criminologie. 5e édit. 7 fr. 50
P. Souriau. — L'esthét. du mouvement. 5 fr.
— La beauté rationnelle. 10 fr.
F. Paulhan. — L'activité mentale. 10 fr.
— Esprits logiques et esprits faux. 7 fr. 50
— Les caractères. 2e éd. 5 fr.
— Les mensonges du caractère. 5 fr.
— Le mensonge de l'art. 5 fr.
Pierre Janet. — L'autom. psych. 5e édit. 7 fr. 50
H. Bergson. — Matière et mémoire. 5e éd. 5 fr.
— Données imméd. de la conscience. 3 fr. 75
— L'évolution créatrice. 3e éd. 7 fr. 50
Collins. — Résumé de la phil. de Spencer. 10 fr.
Novicow. — Justice et expansion de la vie. 7 fr. 50
J. Payot. — Éduc. de la volonté. 28e éd. 10 fr.
— La croyance. 2e éd. 5 fr.
Durkheim. — Division du travail social. 7 fr. 50
— Le suicide, étude sociologique. 7 fr. 50
Gustave Le Bon. — Psychologie du socialisme. 5e éd. 7 fr. 50
Lévy-Bruhl. — Philosophie de Jacobi. 5 fr.
— Philos. d'Aug. Comte. 2e édit. 7 fr. 50
— La morale et la science des mœurs. 3e éd. 5 fr.
G. Tarde. — La logique sociale. 3e éd. 7 fr. 50
— Les lois de l'imitation. 5e éd. 7 fr. 50
— L'opposition universelle. 7 fr. 50
— L'opinion et la foule. 2e édit. 5 fr.
— Psychologie économique. 2 vol. 15 fr. 50
Izoulet. — La cité moderne. 7e éd. 10 fr.
Foucault. — Le rêve. 5 fr.
G. de Greef. — Transform. social. 2e éd. 7 fr. 50
— La sociologie économique. 3 fr. 75
Séailles. — Le génie dans l'art. 3e éd. 5 fr.
— La philosophie de Renouvier. 7 fr. 50

V. Brochard. — De l'erreur. 2e éd. 5 fr.
E. Boutroux. — Études d'histoire de la philosophie. 2e éd. 7 fr. 50
H. Lichtenberger. — Richard Wagner. 10 fr.
— Henri Heine penseur. 3 fr. 75
Thomas. — L'éduc. des sentiments. 4e éd. 5 fr.
Rauh. — La méthode dans la psych. 5 fr.
— L'expérience morale. 3 fr. 75
Bouglé. — Les idées égalitaires. 2e éd. 3 fr. 75
Dumas. — La tristesse et la joie. 7 fr. 50
— Psychol. de deux Messies positivistes. 5 fr.
G. Renard. — La méthode scientifique de l'histoire littéraire. 10 fr.
Renouvier. — Dilemmes de la métaphys. 5 fr.
— Hist. et solut. des probl. métaphys. 7 fr. 50
— Doctrine de Kant. 7 fr. 50
— Science de la morale. 2 vol. 15 fr.
Sollier. — Le problème de la mémoire. 3 fr. 75
— Psychologie de l'idiot. 2e éd. 5 fr.
— Le mécanisme des émotions. 5 fr.
Hartenberg. — Les timides et la timidité. 5 fr.
— Physionomie et caractère. 5 fr.
Le Dantec. — L'unité dans l'être vivant. 7 fr. 50
— Les limites du connaissable. 2e éd. 3 fr. 75
Ossip-Lourié. — Philos. russe cont. 2e éd. 5 fr.
— Psychol. des romanciers russes. 7 fr. 50
Lapie. — Logique de la volonté. 7 fr. 50
Xavier Léon. — Philosophie de Fichte. 10 fr.
Oldenberg. — La religion du Véda. 10 fr.
— Le Bouddha. 2e éd. 7 fr. 50
Weber. — Vers le positivisme absolu par l'idéalisme. 7 fr. 50
Tardieu. — L'ennui. 5 fr.
Gley. — Psychologie physiol. et pathol. 5 fr.
Saint-Paul. — Le langage intérieur. 5 fr.
Lubac. — Psychologie rationnelle. 3 fr. 75
Halévy. — Radical. philos. 3 vol. 22 fr. 50
V. Egger. — La parole intérieure. 2e édit. 5 fr.
Palante. — Combat pour l'individu. 3 fr. 75
Fournière. — Théories socialistes. 7 fr. 50
Dauriac. — L'esprit musical. 5 fr.
Lauvrière. — Edgar Poe. 10 fr.
Jacoby. — La sélection chez l'homme. 10 fr.
Ruyssen. — Évolution du jugement. 5 fr.
Myers. — La personnalité humaine. 7 fr. 50
Bazaillas. — La vie personnelle. 5 fr.
— Musique et inconscience. 5 fr.
Hébert. — L'évolution de la foi catholique. 5 fr.
— Le divin. 5 fr.
Sully Prudhomme. — La religion selon Pascal. 7 fr. 50
A. Sabatier. — Philos. de l'effort. 2e édit. 7 fr. 50
Isambert. — Idées socialistes. 7 fr. 50
Finot. — Le préjugé des races. 3e éd. 7 fr. 50
— Philosophie de la longévité. 12e édit. 5 fr.
E.-Bernard Leroy. — Le langage. 5 fr.
Landry. — Morale rationnelle. 5 fr.
Hoffding. — Philosophie moderne. 2 vol. 20 fr.
— Esquisse d'une psychologie. 3e éd. 7 fr. 50
— Philosophes contemporains. 3 fr. 75
Rignano. — Transmis. des caractères. 5 fr.
Rageot. — Le succès. 3 fr. 75
Luquet. — Idées génér. de psychologie. 5 fr.
Barnoux. — Psych. de l'Angleterre cont. 7 fr. 50
— Les crises belliqueuses.
Lacombe. — Individus et soc. chez Taine. 7.50
Riemann. — L'esthétique musicale. 5 fr.
Binet. — Les révélations de l'écriture. 5 fr.
Nayrac. — L'attention. 3 fr. 75
Delvaille. — Vie sociale et éducation. 3 fr. 75
Belot. — Études de morale positive. 7 fr. 50
Evellin. — La raison pure. 5 fr.
Hémon. — Philos. de M. Sully Prudhomme. 7 fr. 50
Draghicesco. — Probl. de la conscience. 3 fr. 75
Lyon. — Idéalisme anglais au XVIIIe siècle. 7 fr. 50
— Enseignement et religion. 3 fr. 75
Waynbaum. — La physionomie. 5 fr.
Keim. — Helvétius. 10 fr.
Grasset. — Introd. physiol. à l'étude de la philosophie. 5 fr.
Bouhac. — L'idée de phénomène. 5 fr.
— La psychologie inconnue. 5 fr.
Bayet. — L'idée de bien. 3 fr. 75
Chide. — Le mobilisme moderne. 5 fr.
Jastrow. — La subconscience. 7 fr. 50

www.ingramcontent.com/pod-product-compliance
Lightning Source LLC
LaVergne TN
LVHW020142030726
842520LV00001B/234